운이 좋아지는
사주공부

내가 직접 사주팔자 뽑고 대처하는 법

운이 좋아지는 사주공부

엄나연 지음

스위치북

머리말

내 사주에 반짝반짝 윤기를

'사주'가 미신이라고?

'사주' 하면 맨 먼저 무엇이 떠오르는가? 점집, 점쟁이, 미신…. 그래서인지 사주를 못 믿을 허황된 이야기라고 낮잡아 보는 사람들이 적지 않다.

사주 보는 일을 업으로 삼는 사람으로서 "그렇다, 아니다" 말하는 건 좀 반칙 같다. 다만, 이렇게 말하련다. 믿는 사람에겐 힘이 되고, 그렇지 않는 사람에겐 아무것도 아니라고. 모든 믿음이 그러하듯이.

'팔자' 타령은 이제 그만!

사주명리학은 자연의 섭리에 순응하며 사는 인간이 음양오행陰陽五行과 상생상극相生相剋의 원리, 하늘과 땅의 운행을 담은 팔자八字 안에서 어느 기운을 만나면 '까치 손님'을 맞고 어느 기운을 만나면 '까마귀 손님'을 맞는지 알아봄으로써 삶을 지혜롭게 살아가는 방법을 깨우치는 학문이다.

여기서 중요한 것이 사람이 타고난 '팔자'와 외부 세계의 '기운'이다. 이 둘이 만나서 사람의, '나의' 운명을 만든다.
사주학은 한 마디로, 사람의 팔자와 기운을 맞추고 조율하는 일인 것이다.

아무리 사주팔자가 좋아도
그러나 솔직히 털어놓자면, 사주학은 짧은 문자로 설명할 수 없고 쉽게 이해하기도 어려운 학문이다. 한 치 앞을 알 수 없는 인생사에서 날마다 달마다 시시각각 변하는 운을 본다는 것은 쉬운 일이 아니다.
그뿐인가? "사주 좋은 것이 운 좋은 것만 못하다"는 말이 있다. 사주는 태어난 생년월일로 정해진 운명이라고 하지만, 아무리 좋은 사주를 타고나도 사는 형편이 어지럽고 주변 환경이 거칠고 험하면 좋은 팔자를 꽃피우지 못하게 된다. 사주가 좋아도 "내 팔자!", 나빠도 "내 팔자!"를 외치는 이유가 여기에 있다.

내 '까치 손님'은 어디에?
그나마 다행인 점은, 사주는 타고나지만 '기운'은 만난다는 것이다. 사주가 아무리 좋아도 그 사람을 둘러싼 기운이 좋지 않으면 못다 핀 꽃 한 송이가 되듯, 사주가 나빠도 좋은 기운을 만나면 꽃을 피우고 좋은 열매를 맺을 수 있다! 진짜로 그렇다!

사람의 운명은 환경과 노력 여하에 따라, 살아가면서 만나는 사람들과의 상호작용 속에서 얼마든지 변화할 수 있다. 태어난 사주는 고칠 수 없지만 운은 얼마든지 고치면서 삶을 꾸려 나갈 수 있다. 운을 불러일으키고 만들어 가는 것은 어디까지나 본인의 노력 여부에 달려 있다.

넘쳐나는 오행은 달래고, 부족한 오행은 …

내 사주는 오행五行, 곧 나무木 불火 흙土 금金 물水의 '다섯 가지 별나라' 중 어디에 속할까? 우주 만물을 이루는 이 다섯 가지 물질은 어떻게 조화를 이루고 변화할까?

태어난 연월일시를 알면 자신의 사주팔자를 확인하는 것은 어렵지 않다. 하지만 그 문자가 무엇을 의미하는지 모른다면 아무 소용이 없다. 얕은 지식으로 섣불리 운을 논하는 것은 위험하고 또 경계할 일이지만, 자신이 아는 바를 잘만 활용한다면 뒤틀린 인생 회로를 다시 맞추고 반짝반짝 윤기 나는 삶을 꾸려 나가는 좋은 방편이 될 수 있다.

어떻게? 나에게 넘쳐나는 오행은 달래고 부족한 오행은 채우면 된다. 말이 쉽다고? 말처럼 쉽다.

나는 이 다섯 별의 세계를 알고 눈이 번쩍 뜨였다. 지루하고 건조했던 내 삶에 갑자기 물기가 돌았다.

이 책은 운명을 뒤흔드는 길을 알려 주는 책이 아니다. 다만, 우리 삶과 생활에 작은 윤기를 더할 방편을 귀띔해 주고자 한다. 사주는 보는 이에 따라 인생의 길잡이가 될 수도 쓸모없는 미신이 될 수도 있다.
나를 둘러싼 기운을 체크해 보자. 어떤 기운을 만나면 '까치 손님'을 맞이할 수 있을까?

갑오년을 맞이하며
엄나연

| 차례 |

머리말_내 사주에 반짝반짝 윤기를

운이 좋아지는 사주 공부 1단계
사주의 기본 원리
모든 것은 음양오행에서 시작된다

사주팔자? . . . 12
우주의 두 가지 마음 음양陰陽 . . . 14
운명을 관장하는 다섯 별나라 오행五行 . . . 15
팔자를 구성하는 기본 문자 천간天干과 지지地支 . . . 16
간지의 마법 육십갑자六十甲子 . . . 20
음양오행과 천간지지의 만남 . . . 23

운이 좋아지는 사주 공부 3단계
사주팔자 해석하기

지피지기 백전백승 . . . 58
오행의 상생相生과 상극相剋 . . . 60
오행의 성질 . . . 66
천간의 성질 . . . 83
지지의 성질 . . . 94

운이 좋아지는 사주 공부 2단계
사주팔자 세우기

네 개의 기둥 세우기 . . . 28
《만세력》 활용하기 . . . 30
연주年柱 세우기 . . . 32
월주月柱 세우기 . . . 35
일주日柱 세우기 . . . 40
시주時柱 세우기 . . . 42
사주 구성 요소의 오행 찾기 . . . 52

운이 좋아지는 사주 공부 4단계
사주 대처법

오행별 사주 조율법 . . . 100
목성별 . . . 101 / 화성별 . . . 105 / 토성별 . . . 109 /
금성별 . . . 113 / 수성별 . . . 117

운이 좋아지는 사주 공부 5단계
사주 활용하기

12지로 보는 애정 지수 . . . 122

오행과 사주에 기반한 궁합 진단 . . . 137

적중률 높은 살殺 . . . 144

이날 이 일만은… 백기일百忌日 . . . 145

모든 일이 불리한 복단일伏斷日 . . . 148

2014년 복단일 달력 . . . 150

2015년 복단일 달력 . . . 162

★ **부록** 1950~2020년 만세력 . . . 176

이 책에는 아리따 글꼴이 사용되었습니다.

운이 좋아지는 사주 공부
1단계

사주의 기본원리

모든 것은
음양오행에서 시작된다

사주팔자?

'사주팔자'란 한 마디로 우리가 타고난 운명이다. '사주四柱'는 인간의 운명을 지탱하는 네 개의 기둥이다. 네 개의 기둥은 태어난 '연/월/일/시'를 가리키고, 각각 두 개의 글자로 이루어져 있다. 그래서 '팔자八字', 말 그대로 '여덟 글자'다.

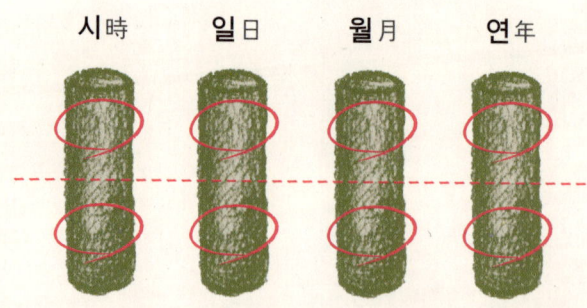

"아이고, 내 팔자야!"라고 할 때 '팔자'가 바로 이 여덟 글자다. 대체 이 여덟 글자 안에 뭐가 들어 있길래 이렇게 사람의 운명을 들었다 놨다 하는 걸까?

그 비밀이 바로 '음양陰陽'과 '오행五行' 안에 들어 있다. 그러면 '음양오행'이란 또 무엇인가? 쉽게 말해, 우주 만물의 탄생과 운행 원리다. 음양오행이 없으면 '팔자'는 그저 여덟 개의 글자일 뿐이다. 따라서 사주를 직접 뽑고 조율하려면, 음양오행을 먼저 알아야 한다.

우주의 두 가지 마음 음양陰陽

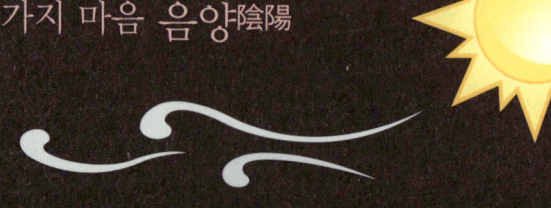

낮은 양陽이고 밤은 음陰이다. 빛은 양陽이고 어둠은 음陰이다. 음陰은 그늘이고 어두운 형체이며 조용조용하고, 양陽은 태양의 햇살처럼 밝고 환한 형체이며 명랑하다.

음과 양이 한편으로는 대립하고, 한편으로는 조화를 이루면서 새로운 것이 생성되고, 운동하며, 변화를 거듭한다.

우리는 매일 낮과 밤을 맞이하고, 빛과 그림자를 경험하며 그 과정에서 즐거움과 고통을 느낀다

모든 사람이 매일 음과 양의 길을 운항하며 희로애락의 조화 속에서 살고 있으니, 자연의 원리를 이해하면 곧 인간 삶의 원리도 이해할 수 있다.

운명을 관장하는 다섯 별나라 오행五行

우리 삶의 터전인 지구는 자전과 공전을 거듭하며 태양 주위를 도는 하나의 별이다. 인간의 삶은 지구와 태양계 별들, 그리고 달의 운동과 변화에 영향을 받을 수밖에 없다. 인간의 생성과 소멸은 우주의 순환 이치와 한 몸처럼 연결되어 있다. 이 우주 만물과 자연을 구성하는 다섯 가지 기본 물질인 나무木, 불火, 흙土, 쇠金, 물水이 바로 오행五行이다.

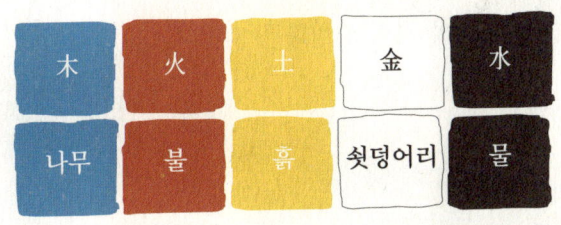

인간의 운명인 사주도 오행으로 구성되어 있으니, 모든 사람은 태어난 연월일시에 따라 저마다 다른 오행을 타고나는 셈이다. 나무, 불, 흙, 쇠, 물. 이 다섯 가지 물질의 기운과 음양의 조화를 탐구하는 것이 사주명리학의 첫걸음이다.

팔자를 구성하는 기본 문자
천간天干과 지지地支

나라마다 고유의 언어와 문자가 있듯, 사주명리학에도 기본 문자가 있다. 음양오행의 원리와 함께 반드시 알아야 할 문자가 바로 '천간天干'과 '지지地支'이다.

'천간'은 하늘의 운행 법도를 뜻하는 10개의 글자이며, '지지'는 땅의 흐름을 뜻하는 12개의 글자이다. 글자 수에 맞추어 '십간십이지'라고도 한다.

예로부터 사주명리학에서는 천간과 지지의 조합으로 하늘과 땅의 흐름, 운세와 기운의 변화를 읽었다.

열 개의 하늘 10간

갑	을	병	정	무	기	경	신	임	계
甲	乙	丙	丁	戊	己	庚	辛	壬	癸

열두 개의 땅 12지

자	축	인	묘	진	사	오	미	신	유	술	해
子	丑	寅	卯	辰	巳	午	未	申	酉	戌	亥

사주는 천간 10개 글자와 지지 12개 글자, 합해서 22개 글자의 조합으로 이루어졌다. 철학관에 사주를 보러 가면, 생년월일을 물어보고 종이에 어지럽게 한자를 죽 늘여 쓰는 것을 볼 수 있다. 뭔가 복잡하고 어려워 보이지만, 실은 이 22개 글자가 전부이다.

사람들은 이 22개의 문자로 이루어진 저마다의 '여덟 글자', 즉 팔자를 갖고 있다. 인간이 무작정 밟고 건너야 하는 스물두 개의 구름다리인 천간과 지지는, 사주팔자에서 운세의 맥을 형성하는 동맥과 정맥이다.

열 개의 하늘
십간

♥ 별을 그리고 가운데 꼭대기에 천간의 첫 글자 갑甲과 두 번째 글자 을乙을 쓴다. 오른쪽 방향으로 돌아가며 순서대로 두 개씩 짝을 지어 천간을 써 넣어 보자. 뒤에 나올 천간과 오행의 관계를 알려주는 그림이니 눈여겨 볼 것!

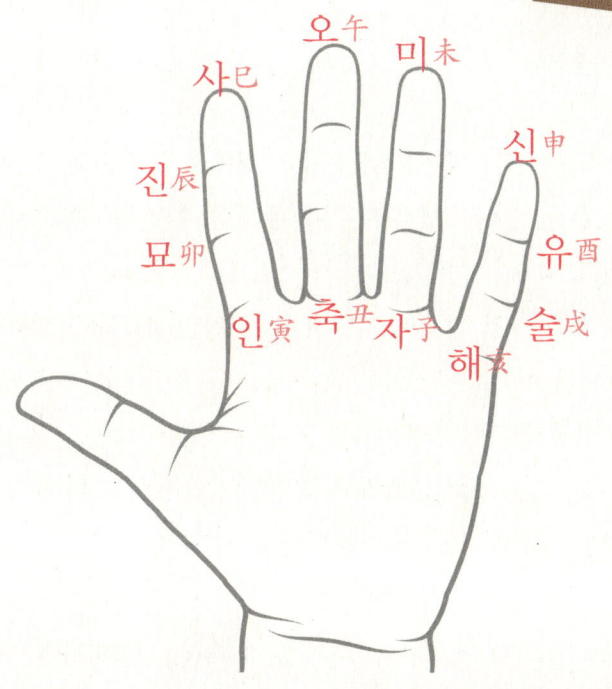

열두 개의 땅 십이지

 왼쪽 손바닥을 펴 보자. 약지 맨 아래 마디부터 왼쪽 방향으로 돌아가며 손가락 마디에 지지 열두 글자를 순서대로 대응시켜 본다. 왼손 엄지손가락으로 짚어 가면 쉽게 외울 수 있다.

간지의 마법
육십갑자 六十甲子

천간과 지지는 사주에서 '육십갑자'의 형태로 활용된다. '육십갑자'란 천간 열 글자와 지지 열두 글자를 순서대로 짝을 맞춘 것이다.

천간의 첫 글자인 갑甲과 지지의 첫 글자인 자子가 합하여 '갑자甲子'를 이루고, 뒤 이어 다음 글자를 순서대로 짝을 맞추어 보면 60개의 조합을 이룬 뒤 다시 처음 상태인 '갑자甲子'가 된다. 이 60개의 조합과 순환을 '육십갑자'라고 한다. 천간과 지지가 짝을 이루었다 해서 '간지'라고도 한다.

2013년은 뱀띠 해 계사년癸巳年이고, 2014년은 말띠 해 갑오년甲午年이다. '계사년' '갑오년' 등이 연도의 육십갑자식 표현이다. 연도뿐만 아니라 월, 일, 시도 육십갑자(간지)로 나타낼 수 있다. 계사년이 있으면 계사월, 계사일, 계사시도 있다.
연/월/일/시 네 기둥인 '사주四柱'를 이렇게 육십갑자로 표현하면 여덟 글자가 되어 '팔자八字'가 되니, 연/월/일/시 네 자리가 여덟 글자로 바뀌는 비밀이 바로 이 육십갑자 안에

육십갑자표

갑자 甲子	을축 乙丑	병인 丙寅	정묘 丁卯	무진 戊辰	기사 己巳	경오 庚午	신미 辛未	임신 壬申	계유 癸酉
갑술 甲戌	을해 乙亥	병자 丙子	정축 丁丑	무인 戊寅	기묘 己卯	경진 庚辰	신사 辛巳	임오 壬午	계미 癸未
갑신 甲申	을유 乙酉	병술 丙戌	정해 丁亥	무자 戊子	기축 己丑	경인 庚寅	신묘 辛卯	임진 壬辰	계사 癸巳
갑오 甲午	을미 乙未	병신 丙申	정유 丁酉	무술 戊戌	기해 己亥	경자 庚子	신축 辛丑	임인 壬寅	계묘 癸卯
갑진 甲辰	을사 乙巳	병오 丙午	정미 丁未	무신 戊申	기유 己酉	경술 庚戌	신해 辛亥	임자 壬子	계축 癸丑
갑인 甲寅	을묘 乙卯	병진 丙辰	정사 丁巳	무오 戊午	기미 己未	경신 庚申	신유 辛酉	임술 壬戌	계해 癸亥

♥ 우리 조상들은 예로부터 육십갑자(간지)로 연/월/일/시를 나타냈다. 육십갑자는 결혼·이사·개업 등의 날짜를 정할 때 나쁜 날을 취하지 않고 좋은 날로 가려잡는 택일, 좋은 이름을 정하는 성명학은 물론이고 풍수, 한의학 분야에서도 중요하게 쓰인다.

숨어 있다.

2014년 1월 1일 오전 10시에 태어난 아무개는 계사癸巳년, 갑자甲子월, 임신壬申일, 을사乙巳시에 태어났다고 말할 수 있다. 연/월/일/시 네 자리에 해당하는 '계사/갑자/임신/을사'가 바로 아무개의 '팔자'다.(연월일시의 육십갑자를 찾는 방법은 〈2단계 사주팔자 세우기〉 참조)

음양오행과 천간지지의 만남

그런데 궁금하다. 그저 한자에 불과한 여덟 글자에 어떻게 사람의 운명이 담겨 있다는 것일까?

22개의 문자로 이루어진 천간과 지지에도 음양오행의 원리가 적용되니, 이로써 육십갑자로 이루어진 사주팔자는 새로운 의미를 얻게 된다.

목木, 화火, 토土, 금金, 수水 오행은 자연을 구성하는 기본 물질이자, 양과 음의 조화로 생성되는 자연의 다섯 가지 움직임, 기운을 뜻한다. 자연의 일부인 인간의 세상살이도 오행의 운행 원리 속에 놓여 있다. 사주팔자를 구성하는 천간과 지지 22개의 문자도 마찬가지다.

천간과 지지의 음양오행을 모른다면, 사주와 팔자는 흰 종이에 적힌 검정 글자에 불과하다.

천간의 음양오행

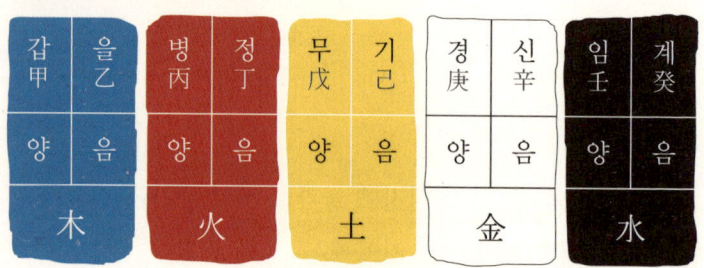

♥ 갑甲·을乙은 나무木다. 그러나 같은 오행에 속하더라도 음양에 따라 갈린다. 갑과 을은 모두 나무지만 갑은 양, 을은 음이어서 다르다. 음양오행에 따른 천간의 성질은 〈3단계 사주 해석하기〉에서 살펴보자.

지지의 음양오행

자子	축丑	인寅	묘卯	진辰	사巳	오午	미未	신申	유酉	술戌	해亥
양	음	양	음	양	음	양	음	양	음	양	음
水	土	木	木	土	火	火	土	金	金	土	水

♥ 지지는 천간보다 두 글자가 더 많다. 그래서 목, 화, 금, 수에는 지지가 두 개씩 속하고 토에는 네 개의 지지가 속한다. 마찬가지로 같은 오행에도 음양이 있어서 예컨대 해亥·자子는 같은 물水에 속하더라도 음양에 따라 성격이 다시 갈린다. 음양오행에 따른 지지의 성질은 〈3단계 사주 해석하기〉에서 살펴보자.

모든 것은 음양오행에서 시작된다

운이 좋아지는 사주 공부
2단계

사주팔자 세우기

네 개의 기둥 세우기

세로로 반듯하게 연/월/일/시 네 개의 기둥을 세우고, 각 기둥에 천간과 지지(육십갑자)를 찾아서 자리에 넣으면 팔자가 완성된다.

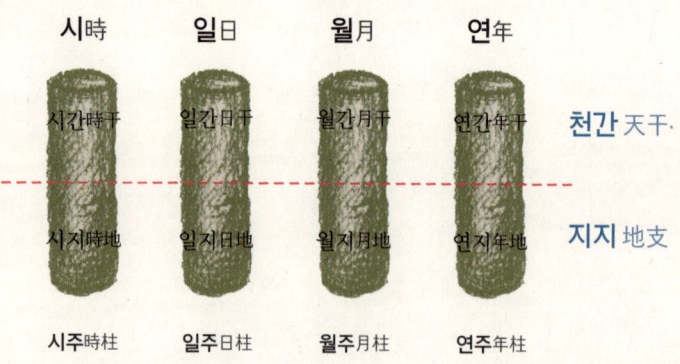

네 개의 기둥은 자리에 따라 각기 다른 이름을 갖고 있다. 태어난 연도의 기둥은 연주年柱, 월의 기둥은 월주月柱, 태어난 날의 기둥은 일주日柱, 시의 기둥은 시주時柱다.

팔자도 자리에 따라 정해진 이름이 있다. 연주의 천간은 연간 年干, 지지는 연지年地다. 월주의 천간은 월간月干, 지지는 월지月地다. 일주의 천간은 일간日干, 지지는 일지日地다. 시주의 천간은 시간時干, 지지는 시지時地다.

《만세력》 활용하기

요즘에는 인터넷과 스마트폰 어플리케이션의 발달로 태어난 연/월/일/시만 입력하면 누구나 손쉽게 사주팔자를 확인할 수 있다. 하지만 사주를 제대로 공부하려면 《만세력》을 보고 연/월/일/시를 하나씩 짚어 가며 여덟 글자를 찾아보는 것이 좋다. 아무리 사주의 고수라 해도 《만세력》 없이는 사주를 세울 수 없다. 《만세력》이 어떤 책이기에?

《만세력》은 매우 오랜 세월에 걸쳐 만들어진 역학 달력이다. 태양의 움직임과 달의 변화 등 수백 년간 쌓인 천문 현상 데이터를 바탕으로 뽑아낸 양력과 음력, 절기 등의 각종 정보가 《만세력》에 수록되어 있다. 우리에게 중요한 것은 육십갑자 곧 간지다. 《만세력》은 연과 월, 그리고 일의 날짜 하나하나에 해당하는 간지(육십갑자)를 모두 수록하고 있다. 그래서 이 《만세력》이 있어야만 연/월/일/시를 여덟 글자 팔자로 바꿀 수가 있다.

《만세력》은 그 외에도 두루두루 활용 가치가 높은 책이니, 보는 법을 익혀서 곁에 두고 찾아볼 것을 권한다.

만세력의 구성

서기 2014년 **甲午**

월(양력)	1월			2월			3월			4월			5월			6월		
월간지	乙丑			丙寅			丁卯			戊辰			己巳			庚午		
절기시작	소한小寒 5일 19:23			입춘立春 4일 07:02			경칩驚蟄 6일 01:01			청명淸明 5일 05:46			입하立夏 5일 22:59			망종芒種 6일 03:02		
	대한大寒 20일 12:50			우수雨水 19일 02:59			춘분春分 21일 01:56			곡우穀雨 20일 12:55			소만小滿 21일 11:58			하지夏至 21일 19:50		
양력	요일	음력	일진	요일	음력	일진	요일	음력	일진	요일	음력	일진	요일	음력	일진	요일	음력	일진
1	수	12월 1	壬申	토	2	癸卯	토	2월 1	辛未	화	2	壬寅	목	3	壬申	일	4	癸卯
2	목	2	癸酉	일	3	甲辰	일	2	壬申	수	3	癸卯	금	4	癸酉	월	5	甲辰
3	금	3	甲戌	월	4	乙巳	월	3	癸酉	목	4	甲辰	토	5	甲戌	화	6	乙巳
4	토	4	乙亥	화	5	丙午	화	4	甲戌	금	5	乙巳	일	6	乙亥	수	7	丙午
5	일	5	丙子	수	6	丁未	수	5	乙亥	토	6	丙午	월	7	丙子	목	8	丁未
6	월	6	丁丑	목	7	戊申	목	6	丙子	일	7	丁未	화	8	丁丑	금	9	戊申
7	화	7	戊寅	금	8	己酉	금	7	丁丑	월	8	戊申	수	9	戊寅	토	10	己酉
8	수	8	己卯	토	9	庚戌	토	8	戊寅	화	9	己酉	목	10	己卯	일	11	庚戌
9	목	9	庚辰	일	10	辛亥	일	9	己卯	수	10	庚戌	금	11	庚辰	월	12	辛亥
10	금	10	辛巳	월	11	壬子	월	10	庚辰	목	11	辛亥	토	12	辛巳	화	13	壬子
11	토	11	壬午	화	12	癸丑	화	11	辛巳	금	12	壬子	일	13	壬午	수	14	癸丑
12	일	12	癸未	수	13	甲寅	수	12	壬午	토	13	癸丑	월	14	癸未	목	15	甲寅
13	월	13	甲申	목	14	乙卯	목	13	癸未	일	14	甲寅	화	15	甲申	금	16	乙卯
14	화	14	乙酉	금	15	丙辰	금	14	甲申	월	15	乙卯	수	16	乙酉	토	17	丙辰
15	수	15	丙戌	토	16	丁巳	토	15	乙酉	화	16	丙辰	목	17	丙戌	일	18	丁巳
16	목	16	丁亥	일	17	戊午	일	16	丙戌	수	17	丁巳	금	18	丁亥	월	19	戊午
17	금	17	戊子	월	18	己未	월	17	丁亥	목	18	戊午	토	19	戊子	화	20	己未
18	토	18	己丑	화	19	庚申	화	18	戊子	금	19	己未	일	20	己丑	수	21	庚申
19	일	19	庚寅	수	20	辛酉	수	19	己丑	토	20	庚申	월	21	庚寅	목	22	辛酉
20	월	20	辛卯	목	21	壬戌	목	20	庚寅	일	21	辛酉	화	22	辛卯	금	23	壬戌
21	화	21	壬辰	금	22	癸亥	금	21	辛卯	월	22	壬戌	수	23	壬辰	토	24	癸亥
22	수	22	癸巳	토	23	甲子	토	22	壬辰	화	23	癸亥	목	24	癸巳	일	25	甲子
23	목	23	甲午	일	24	乙丑	일	23	癸巳	수	24	甲子	금	25	甲午	월	26	乙丑
24	금	24	乙未	월	25	丙寅	월	24	甲午	목	25	乙丑	토	26	乙未	화	27	丙寅
25	토	25	丙申	화	26	丁卯	화	25	乙未	금	26	丙寅	일	27	丙申	수	28	丁卯
26	일	26	丁酉	수	27	戊辰	수	26	丙申	토	27	丁卯	월	28	丁酉	목	29	戊辰
27	월	27	戊戌	목	28	己巳	목	27	丁酉	일	28	戊辰	화	29	戊戌	금	6월 1	己巳
28	화	28	己亥	금	29	庚午	금	28	戊戌	월	29	己巳	수	30	己亥	토	2	庚午
29	수	29	庚子				토	29	己亥	화	4월 1	庚午	목	5월 1	庚子	일	3	辛未
30	목	30	辛丑				일	30	庚子	수	2	辛未	금	2	辛丑	월	4	壬申
31	금	1월 1	壬寅				월	3월 1	辛丑				토	3	壬寅			

❖ 《만세력》에는 음력과 절기, 연·월·일의 간지가 기록되어 있다.

사주팔자 세우기 31

연주年柱 세우기

《만세력》에서 연도 옆에 씌어진 두 글자가 연주다.
2013년은 계사년癸巳年, 2014년은 갑오년甲午年인데, 이 '계사'와 '갑오'가 2013년과 2014년에 태어난 사람의 연주가 된다. 간단하다. 다만, 한 가지 주의할 것이 있다.

입춘이 지나야 새해가 시작된다!

사주명리학에서는 입춘立春(통상 양력 2월 4일)이 지나야 해가 바뀐다. 태어난 날이 입춘 전인지, 입춘 뒤인지를 확인해서 입춘 전이라면 전년도 연주를 세우고 입춘 뒤일 때는 금년도 연주를 세운다.

2012년(임진년) 만세력을 보면, 2월 4일 19:22분에 입춘이 시작된다. 따라서 2012년 2월 4일 오전 12시에 태어난 아이는 연주가 임진壬辰이 아니라 신묘辛卯(2011년)다. 1분 차이로 연주가 달라질 수 있다.

입춘이 지나야 새해가 시작된다

서기 2012년 **임진壬辰**

월(양력)	1월			2월			3월			4월			5월			6월		
월간지	辛丑			壬寅			癸卯			甲辰			乙巳			丙午		
절기시작	소한小寒 6일 07:43			입춘立春 4일 19:22			경칩驚蟄 5일 13:20			청명淸明 4일 18:05			입하立夏 5일 11:19			망종芒種 5일 15:25		
	대한大寒 21일 01:09			우수雨水 19일 15:17			춘분春分 20일 14:14			곡우穀雨 20일 01:11			소만小滿 21일 00:15			하지夏至 21일 08:06		
양력	요일	음력	일진	요일	음력	일진	요일	음력	일진	요일	음력	일진	요일	음력	일진	요일	음력	일진
1	일	8	辛酉	수	10	壬辰	목	9	辛酉	일	11	壬辰	화	11	壬戌	금	12	癸巳
2	월	9	壬戌	목	11	癸巳	금	10	壬戌	월	12	癸巳	수	12	癸亥	토	13	甲午
3	화	10	癸亥	금	12	甲午	토	11	癸亥	화	13	甲午	목	13	甲子	일	14	乙未
4	수	11	甲子	토	13	乙未	일	12	甲子	수	14	乙未	금	14	乙丑	월	15	丙申
5	목	12	乙丑	일	14	丙申	월	13	乙丑	목	15	丙申	토	15	丙寅	화	16	丁酉
6	금	13	丙寅	월	15	丁酉	화	14	丙寅	금	16	丁酉	일	16	丁卯	수	17	戊戌
7	토	14	丁卯	화	16	戊戌	수	15	丁卯	토	17	戊戌	월	17	戊辰	목	18	己亥
8	일	15	戊辰	수	17	己亥	목	16	戊辰	일	18	己亥	화	18	己巳	금	19	庚子
9	월	16	己巳	목	18	庚子	금	17	己巳	월	19	庚子	수	19	庚午	토	20	辛丑
10	화	17	庚午	금	19	辛丑	토	18	庚午	화	20	辛丑	목	20	辛未	일	21	壬寅
11	수	18	辛未	토	20	壬寅	일	19	辛未	수	21	壬寅	금	21	壬申	월	22	癸卯
12	목	19	壬申	일	21	癸卯	월	20	壬申	목	22	癸卯	토	22	癸酉	화	23	甲辰
13	금	20	癸酉	월	22	甲辰	화	21	癸酉	금	23	甲辰	일	23	甲戌	수	24	乙巳
14	토	21	甲戌	화	23	乙巳	수	22	甲戌	토	24	乙巳	월	24	乙亥	목	25	丙午
15	일	22	乙亥	수	24	丙午	목	23	乙亥	일	25	丙午	화	25	丙子	금	26	丁未
16	월	23	丙子	목	25	丁未	금	24	丙子	월	26	丁未	수	26	丁丑	토	27	戊申
17	화	24	丁丑	금	26	戊申	토	25	丁丑	화	27	戊申	목	27	戊寅	일	28	己酉
18	수	25	戊寅	토	27	己酉	일	26	戊寅	수	28	己酉	금	28	己卯	월	29	庚戌
19	목	26	己卯	일	28	庚戌	월	27	己卯	목	29	庚戌	토	29	庚辰	화	30	辛亥
20	금	27	庚辰	월	29	辛亥	화	28	庚辰	금	30	辛亥	일	30	辛巳	5월		壬子
21	토	28	辛巳	화	30	壬子	수	29	辛巳	윤3월		壬子	4월		壬午	목	2	癸丑
22	일	29	壬午	2월		癸丑	3월		壬午	일		癸丑	화	2	癸未	금	3	甲寅
23	1월		癸未	목	2	甲寅	금	2	癸未	월	3	甲寅	수	3	甲申	토	4	乙卯
24	화	2	甲申	금	3	乙卯	토	3	甲申	화	4	乙卯	목	4	乙酉	일	5	丙辰
25	수	3	乙酉	토	4	丙辰	일	4	乙酉	수	5	丙辰	금	5	丙戌	월	6	丁巳
26	목	4	丙戌	일	5	丁巳	월	5	丙戌	목	6	丁巳	토	6	丁亥	화	7	戊午
27	금	5	丁亥	월	6	戊午	화	6	丁亥	금	7	戊午	일	7	戊子	수	8	己未
28	토	6	戊子	화	7	己未	수	7	戊子	토	8	己未	월	8	己丑	목	9	庚申
29	일	7	己丑	수	8	庚申	목	8	己丑	일	9	庚申	화	9	庚寅	금	10	辛酉
30	월	8	庚寅				금	9	庚寅	월	10	辛酉	수	10	辛卯	토	11	壬戌
31	화	9	辛卯				토	10	辛卯				목	11	壬辰			

2011년 신묘辛卯

❖ 생일이 음력 11월 12월, 1월 2월인 사람은 입춘일을 반드시 확인해야 한다.

사주팔자 세우기 33

연주 세우기 연습

1968년 음력 1월 13일 오전 12시생

월(양력)	1월	2월閏	3월	4월	5월	6월
월간지	癸丑	甲寅	乙卯	丙辰	丁巳	戊午
절기시작	소한小寒 6일 15:26 대한大寒 21일 08:54	입춘立春 5일 03:07 우수雨水 19일 23:09	경칩驚蟄 5일 21:18 춘분春分 20일 22:22	청명淸明 5일 02:21 곡우穀雨 20일 09:41	입하立夏 5일 19:56 소만小滿 21일 09:41	망종芒種 6일 00:19 하지夏至 21일 17:13

서기 1968년 **무신戊申**

양력	요일	음력	일진	요일	음력	일진	요일	음력	일진	요일	음력	일진	요일	음력	일진	요일	음력	일진
1	일	2	庚午	목	3	辛丑	금	3	庚午	월	4	辛丑	수	4	辛未	토	6	壬寅
2	화	3	辛未	금	4	壬寅	토	4	辛未	화	5	壬寅	목	5	壬申	일	7	癸卯
3	수	4	壬申	토	5	癸卯	일	5	壬申	수	6	癸卯	금	6	癸酉	월	8	甲辰
4	목	5	癸酉	일	6	甲辰	월	6	癸酉	목	7	甲辰	토	7	甲戌	화	9	乙巳
5	금	6	甲戌	월	7	乙巳	화	7	甲戌	금	8	乙巳	일	8	乙亥	수	10	丙午
6	토	7	乙亥	화	8	丙午	수	8	乙亥	토	9	丙午	월	9	丙子	목	11	丁未
7	일	8	丙子	수	9	丁未	목	9	丙子	일	10	丁未	화	10	丁丑	금	12	戊申
8	월	9	丁丑	목	10	戊申	금	10	丁丑	월	11	戊申	수	11	戊寅	토	13	己酉
9	화	10	戊寅	금	11	己酉	토	11	戊寅	화	12	己酉	목	12	己卯	일	14	庚戌
10	수	11	己卯	토	12	庚戌	일	12	己卯	수	13	庚戌	금	13	庚辰	월	15	辛亥
11	목	12	庚辰	일	13	辛亥	월	13	庚辰	목	14	辛亥	토	14	辛巳	화	16	壬子

절기 입춘이 들어오는 날

이 사람이 태어난 1968년은 무신년戊申年이다.

음력 1월생이므로 입춘이 지난 뒤에 태어났는지 확인해 봐야 한다. 그런데 입춘일(양력 2월 5일) 이후에 태어났으므로 이 사람의 연주는 무신戊申이다.

❖ 연주는 사람의 띠를 정하는 자리다. 연주의 두 번째 자리, 곧 지지에 해당하는 글자가 바로 그해 태어난 사람의 띠를 결정한다. 무신년생은 지지가 '신申'이므로 원숭이띠!

월주月柱 세우기

월주月柱는 태어난 달의 기둥이다.
《만세력》에서 **양력** 월 아래 씌어진 간지가 월주다. 생일이 음력이라면 양력 생일 날짜로 바꾸어 찾는 것이 편하다. 그 날짜에 해당하는 **양력** 월의 간지가 나의 월주가 된다.
다만, 월주를 세울 때도 한 가지 확인할 것이 있다.

절기가 들어오는 시각부터 월주가 바뀐다!

월주도 절기와 관련이 있다. 입춘이 지나야 새해가 시작되듯, 절기가 지나야 새로운 달이 시작된다. 잘 알다시피 1년은 24절기로 이루어져 있다. 한 달에 두 번의 절기가 드는데, 그중 먼저 들어오는 절기가 새로운 달의 시작을 알린다.

2012년 음력 10월 19일에 태어난 사람의 월주를 확인해 보자. 2012년 10월 19일은 양력 12월 2일이다. 12월의 시작을 알리는 대설은 12월 7일 02:18에 시작된다. 이 시각부터 임자壬子월이 시작되는 것이다. 따라서 12월 2일에 태어난 사람은 전월(11월)의 간지인 신해辛亥월이 월주가 된다.

단기 4345년

월(양력)	7월	8월	9월	10월	11월	12월
월간지	丁未	戊申	己酉	庚戌	辛亥	壬子
절기 시작	소서小暑 7일 01:40	입추立秋 7일 11:30	백로白露 7일 14:28	한로寒露 8일 06:11	입동立冬 7일 09:25	대설大雪 7일 02:18
	대서大暑 22일 19:00	처서處暑 23일 02:06	추분秋分 22일 23:48	상강霜降 23일 09:13	소설小雪 22일 06:49	동지冬至 21일 20:11

양력	요일	음력	일진	요일	음력	일진	요일	음력	일진	요일	음력	일진	요일	음력	일진	요일	음력	일진
1	일	12	癸亥	수	14	甲午	토	15	乙丑	월	16	乙未	목	18	丙寅	토	18	丙申
2	월	13	甲子	목	15	乙未	일	16	丙寅	화	17	丙申	금	19	丁卯	일	19	丁酉
3	화	14	乙丑	금	16	丙申	월	17	丁卯	수	18	丁酉	토	20	戊辰	월	20	戊戌
4	수	15	丙寅	토	17	丁酉	화	18	戊辰	목	19	戊戌	일	21	己巳	화	21	己亥
5	목	16	丁卯	일	18	戊戌	수	19	己巳	금	20	己亥	월	22	庚午	수	22	庚子
6	금	17	戊辰	월	19	己亥	목	20	庚午	토	21	庚子	화	23	辛未	목	23	辛丑
7	토	18	己巳	화	20	庚子	금	21	辛未	일	22	辛丑	수	24	壬申	금	24	壬寅
8	일	19	庚午	수	21	辛丑	토	22	壬申	월	23	壬寅	목	25	癸酉	토	25	癸卯
9	월	20	辛未	목	22	壬寅	일	23	癸酉	화	24	癸卯	금	26	甲戌	일	26	甲辰
10	화	21	壬申	금	23	癸卯	월	24	甲戌	수	25	甲辰	토	27	乙亥	월	27	乙巳
11	수	22	癸酉	토	24	甲辰	화	25	乙亥	목	26	乙巳	일	28	丙子	화	28	丙午
12	목	23	甲戌	일	25	乙巳	수	26	丙子	금	27	丙午	월	29	丁丑	수	29	丁未
13	금	24	乙亥	월	26	丙午	목	27	丁丑	토	28	丁未	화	30	戊寅		11월	戊申
14	토	25	丙子	화	27	丁未	금	28	戊寅	일	29	戊申		10월	己卯	금	2	己酉
15	일	26	丁丑	수	28	戊申	토	29	己卯		9월	己酉	목	2	庚辰	토	3	庚戌

❖ 연주와 마찬가지로 월주도 1분 차이로 바뀔 수 있으니, 절기 시작 시간을 반드시 확인해야 한다.

'계절의 기운' 절기

절기節氣는 계절을 알리는 신호다.
1년은 24개의 절기로 이루어져 있다. 그중 매월 상순에 드는 12개의 절기가 새로운 달의 시작을 알린다.

새 달의 시작을 알리는 절기

1월	2월	3월	4월	5월	6월
소한小寒 겨울 중 가장 추운 때	입춘立春 봄의 시작	경칩驚蟄 개구리가 잠에서 깨어남	청명淸明 봄 농사를 준비하는 시기	입하立夏 여름의 시작	망종亡種 씨를 뿌리는 시기

7월	8월	9월	10월	11월	12월
소서小暑 여름 더위의 시작	입추立秋 가을의 시작	백로白露 이슬이 내리기 시작	한로寒露 찬 이슬이 내림	입동立冬 겨울의 시작	대설大雪 겨울 큰 눈이 옴

꽃이 피는 봄, 여름의 무더위, 이슬 내리는 가을이 지나면 얼음이 어는 겨울이 시작되고 겨울 추위를 이기고 나면 다시 봄이 돌아온다. 인간의 삶은 자연의 운행과 변화에 영향받을 수밖에 없다.

월주 세우기 연습

2004년 음력 윤2월 13일생

(손글씨 주석: 3월 간지, 4월 간지)

서기 2004년 신묘辛卯

월(양력)	1월	2월	3월	4월	5월	6월
월간지	乙丑	丙寅	丁卯	戊辰	己巳	庚午
절기시작	소한小寒 6일 09:18 대한大寒 21일 02:42	입춘立春 4일 20:55 우수雨水 19일 16:49	경칩驚蟄 5일 14:55 춘분春分 20일 15:48	청명淸明 4일 19:43 곡우穀雨 20일 02:50	입하立夏 5일 13:02 소만小滿 21일 01:58	망종亡種 5일 17:13 하지夏至 21일 09:56

양력	요일	음력	일진	요일	음력	일진	요일	음력	일진	요일	음력	일진	요일	음력	일진	요일	음력	일진
1	목	10	己卯	일	11	庚戌	월	11	己卯	목	12	庚戌	토	13	庚辰	화	14	辛亥
2	금	11	庚辰	월	12	辛亥	화	12	庚辰	금	13	辛亥	일	14	辛巳	수	15	壬子
3	토	12	辛巳	화	13	壬子	수	13	辛巳	토	14	壬子	월	15	壬午	목	16	癸丑
4	일	13	壬午	수	14	癸丑	목	14	壬午	일	15	癸丑	화	16	癸未	금	17	甲寅
5	월	14	癸未	목	15	甲寅	금	15	癸未	월	16	甲寅	수	17	甲申	토	18	乙卯
6	화	15	甲申	금	16	乙卯	토	16	甲申	화	17	乙卯	목	18	乙酉	일	19	丙辰
7	수	16	乙酉	토	17	丙辰	일	17	乙酉	수	18	丙辰	금	19	丙戌	월	20	丁巳

(일부 생략)

17	토	26	乙未		27	丙寅	목	27	乙未	토	28	丙寅	월	29	丙申	목	30	丁丑
18	일	27	丙申	수	28	丁卯	목	28	丙申	일	29	丁卯	화	30	丁酉	5월		戊辰
19	월	28	丁酉	목	29	戊辰	금	29	丁酉	월	3월	戊辰	수	4월	戊戌	토	2	己巳
20	화	29	戊戌	금	2월	己巳	토	30	戊戌	화	2	己巳	목	2	己亥	일	3	庚午
21	수	30	己亥	토	2	庚午	일	윤2월	己亥	수	3	庚午	금	3	庚子	월	4	辛未
22	목	1월	庚子	일	3	辛未	월	2	庚子	목	4	辛未	토	4	辛丑	화	5	壬申
23	금	2	辛丑	월	4	壬申	화	3	辛丑	금	5	壬申	일	5	壬寅	수	6	癸酉
24	토	3	壬寅	화	5	癸酉	수	4	壬寅	토	6	癸酉	월	6	癸卯	목	7	甲戌
25	일	4	癸卯	수	6	甲戌	목	5	癸卯	일	7	甲戌	화	7	甲辰	금	8	乙亥

윤2월 13일은 양력 4월 2일이다. 4월의 첫 절기인 청명이 4월 4일 19시 43분에 시작되므로, 이 사람의 월주는 무진戊辰이 아니라 3월 간지인 정묘丁卯이다. 생일이 윤달인 사람은 본달과 헷갈리지 않도록 주의!

1983년 양력 7월 13일 아침 6시생

7월 간지 →

단기 4316년

월(양력)	7월	8월	9월	10월	11월	12월
월간지	己未	庚申	辛酉	壬戌	癸亥	甲子
절기시작	소서小暑 8일 01:43	입추立秋 8일 11:30	백로白露 8일 14:20	한로寒露 9일 05:51	입동立冬 8일 08:52	대설大雪 8일 01:34
	대서大暑 23일 19:04	처서處暑 24일 02:07	추분秋分 23일 23:42	상강霜降 24일 08:54	소설小雪 23일 06:18	동지冬至 22일 19:30

양력	요일	음력	일진	요일	음력	일진	요일	음력	일진	요일	음력	일진	요일	음력	일진	요일	음력	일진
1	금	21	庚寅	월	23	辛酉	목	24	壬辰	토	25	壬戌	화	27	癸巳	목	27	癸亥
2	토	22	辛卯	화	24	壬戌	금	25	癸巳	일	26	癸亥	수	28	甲午	금	28	甲子
3	일	23	壬辰	수	25	癸亥	토	26	甲午	월	27	甲子	목	29	乙未	토	29	乙丑
4	월	24	癸巳	목	26	甲子	일	27	乙未	화	28	乙丑	금	30	丙申		11월	丙寅
5	화	25	甲午	금	27	乙丑	월	28	丙申	수	29	丙寅		10월	丁酉	월	2	丁卯
6	수	26	乙未	토	28	丙寅	화	29	丁酉		9월	丁卯	일	2	戊戌	화	3	戊辰
7	목	27	丙申	일	29	丁卯		8월	戊戌	금	2	戊辰	월	3	己亥	수	4	己巳
8	금	28	丁酉	월	30	戊辰	목	2	己亥	토	3	己巳	화	4	庚子	목	5	庚午
9	토	29	戊戌		7월	己巳	금	3	庚子	일	4	庚午	수	5	辛丑	금	6	辛未
10		6월	己亥	수	2	庚午	토	4	辛丑	월	5	辛未	목	6	壬寅	토	7	壬申
11	월	2	庚子	목	3	辛未	일	5	壬寅	화	6	壬申	금	7	癸卯	일	8	癸酉
12	화	3	辛丑	금	4	壬申	월	6	癸卯	수	7	癸酉	토	8	甲辰	월	9	甲戌
13	수	4	壬寅	토	5	癸酉	화	7	甲辰	목	8	甲戌	일	9	乙巳	화	10	乙亥
14	목	5	癸卯	일	6	甲戌	수	8	乙巳	금	9	乙亥	월	10	丙午	수	11	丙子

절기 소서가 들어오는 날 →
← 양력

1983년 7월의 첫 절기인 소서小暑는 7월 8일 오전 1시 43분에 시작된다. 이 사람은 소서 이후에 태어났으니 월주는 7월 간지인 기미己未이다.

일주日柱 세우기

일주는 사주에서 가장 민감하고 중요하게 다루는 본인의 자리다. 본인이 오행 중 어디에 속하는지를 정하는 자리가 바로 일주, 그중에서도 일간이다.
일간은 시주를 세울 때도 꼭 필요한 자리다. 일간을 모르면 시주를 세울 수가 없다.
나의 사주를 해석할 때 가장 중요한 역할을 하는 자리이므로 꼭 기억해 둘 것!
일주는 《만세력》에서 날짜 옆에 씌어진 간지를 확인하면 쉽게 찾을 수 있다. 양력 생일인 사람은 양력 날짜를, 음력 생일인 사람은 음력 날짜를 찾아보면 된다.

일주 세우기 연습

1968년 음력 1월 17일 오전 12시생

서기 1968년 무신戊申

월(양력)	1월			2월閏			3월			4월			5월			6월		
월간지	癸丑			甲寅			乙卯			丙辰			丁巳			戊午		
절기시작	소한小寒 6일 15:26			입춘立春 5일 03:07			경칩驚蟄 5일 21:18			청명淸明 5일 02:21			입하立夏 5일 19:56			망종亡種 6일 00:19		
	대한大寒 21일 08:54			우수雨水 19일 23:09			춘분春分 20일 22:22			곡우穀雨 20일 09:41			소만小滿 21일 09:41			하지夏至 21일 17:13		
양력	요일	음력	일진	요일	음력	일진	요일	음력	일진	요일	음력	일진	요일	음력	일진	요일	음력	일진
1	일	2	庚午	목	3	辛丑	금	3	庚午	월	4	辛丑	수	4	辛未	토	6	壬寅
2	화	3	辛未	금	4	壬寅	토	4	辛未	화	5	壬寅	목	5	壬申	일	7	癸卯
3	수	4	壬申	토	5	癸卯	일	5	壬申	수	6	癸卯	금	6	癸酉	월	8	甲辰
4	목	5	癸酉	일	6	甲辰	월	6	癸酉	목	7	甲辰	토	7	甲戌	화	9	乙巳
5	금	6	甲戌	월	7	乙巳	화	7	甲戌	금	8	乙巳	일	8	乙亥	수	10	丙午
6	토	7	乙亥	화	8	丙午	수	8	乙亥	토	9	丙午	월	9	丙子	목	11	丁未
7	일	8	丙子	수	9	丁未	목	9	丙子	일	10	丁未	화	10	丁丑	금	12	戊申
8	월	9	丁丑	목	10	戊申	금	10	丁丑	월	11	戊申	수	11	戊寅	토	13	己酉
9	화	10	戊寅	금	11	己酉	토	11	戊寅	화	12	己酉	목	12	己卯	일	14	庚戌
10	수	11	己卯	토	12	庚戌	일	12	己卯	수	13	庚戌	금	13	庚辰	월	15	辛亥
11	목	12	庚辰	일	13	辛亥	월	13	庚辰	목	14	辛亥	토	14	辛巳	화	16	壬子
12	금	13	辛巳	월	14	壬子	화	14	辛巳	금	15	壬子	일	15	壬午	수	17	癸丑
13	토	14	壬午	화	15	癸丑	수	15	壬午	토	16	癸丑	월	16	癸未	목	18	甲寅
14	일	15	癸未	수	16	甲寅	목	16	癸未	일	17	甲寅	화	17	甲申	금	19	乙卯
15	월	16	甲申	목	17	乙卯	금	17	甲申	월	18	乙卯	수	18	乙酉	토	20	丙辰
16	화	17	乙酉	금	18	丙辰	토	18	乙酉	화	19	丙辰	목	19	丙戌	일	21	丁巳
17	수	18	丙戌	토	19	丁巳	일	19	丙戌	수	20	丁巳	금	20	丁亥	월	22	戊午
18	목	19	丁亥	일	20	戊午	월	20	丁亥	목	21	戊午	토	21	戊子	화	23	己未
19	금	20	戊子	월	21	己未	화	21	戊子	금	22	己未	일	22	己丑	수	24	庚申

생일이 음력이므로 음력 날짜를 찾아야 한다. 이 사람의 일주는 을묘乙卯다.

시주時柱 세우기

연주, 월주, 일주는 《만세력》을 보고 찾았지만, 시주는 〈시간지 조견표〉를 확인해야 한다.
〈시간지 조견표〉는 간단하게 구성되어 있다.
본인의 일간(일주의 앞자리)과 태어난 시간을 대입하면 시주를 알 수 있다.
그런데 시간을 표기하는 방법이 조금 다르다.
하루를 24시간으로 쪼개는 근대적 시간 개념이 확립되기 전, 우리 조상들은 12지지로 표현된 시간 단위를 사용했다. 〈12지지 시간표〉를 보고 태어난 시간을 12지지 시간 단위로 환산한 뒤, 〈시간지 조견표〉에서 일주를 확인하자.

12지지 시간표

시간	지지	
11:00 ~ 1:00	자子시	
1:00 ~ 3:00	축丑시	새벽
3:00 ~ 5:00	인寅시	
5:00 ~ 7:00	묘卯시	아침
7:00 ~ 9:00	진辰시	
9:00 ~ 11:00	사巳시	정오
11:00 ~ 1:00	오午시	
1:00 ~ 3:00	미未시	오후
3:00 ~ 5:00	신申시	
5:00 ~ 7:00	유酉시	
7:00 ~ 9:00	술戌시	저녁
9:00 ~ 11:00	해亥시	

12시 - - - (9:00 ~ 11:00 사시와 11:00 ~ 1:00 오시 사이)

태어난 시간이 새벽 3시 30분이라면 '인寅시', 오후 6시라면 '유酉시'가 된다. 그런데 오전 7시 20분에 태어났다면 묘卯시일까, 진辰시일까? 12지지 시간이 바뀌는 경계의 시간에 태어난 경우 30분까지는 앞 시간의 간지를 따른다. 따라서 오전 7시 20분에 태어났다면 진辰시가 아니라 묘卯시다.

시간지 조견표

일간 생시	갑甲일 기己일	을乙일 경庚일	병丙일 신辛일	정丁일 임壬일	무戊일 계癸일
(朝) 자子	갑자 甲子	병자 丙子	무자 戊子	경자 庚子	임자 壬子
축丑	을축 乙丑	정축 丁丑	기축 己丑	신축 辛丑	계축 癸丑
인寅	병인 丙寅	무인 戊寅	경인 庚寅	임인 壬寅	갑인 甲寅
묘卯	정묘 丁卯	기묘 己卯	신묘 辛卯	계묘 癸卯	을묘 乙卯
진辰	무진 戊辰	경진 庚辰	임진 壬辰	갑진 甲辰	병진 丙辰
사巳	기사 己巳	신사 辛巳	계사 癸巳	을사 乙巳	정사 丁巳
오午	경오 庚午	임오 壬午	갑오 甲午	병오 丙午	무오 戊午
미未	신미 辛未	계미 癸未	을미 乙未	정미 丁未	기미 己未
신申	임신 壬申	갑신 甲申	병신 丙申	무신 戊申	경신 庚申
유酉	계유 癸酉	을유 乙酉	정유 丁酉	기유 己酉	신유 辛酉
술戌	갑술 甲戌	병술 丙戌	무술 戊戌	경술 庚戌	임술 壬戌
해亥	을해 乙亥	정해 丁亥	기해 己亥	신해 辛亥	계해 癸亥
(夜) 자子	병자 丙子	무자 戊子	경자 庚子	임자 壬子	갑자 甲子

태어난 시간을 12지지 시간으로 환산한 뒤, 앞서 뽑았던 일주의 앞자리(일간)를 확인하고 〈시간지 조견표〉를 찾아보면 시주를 뽑을 수 있다.

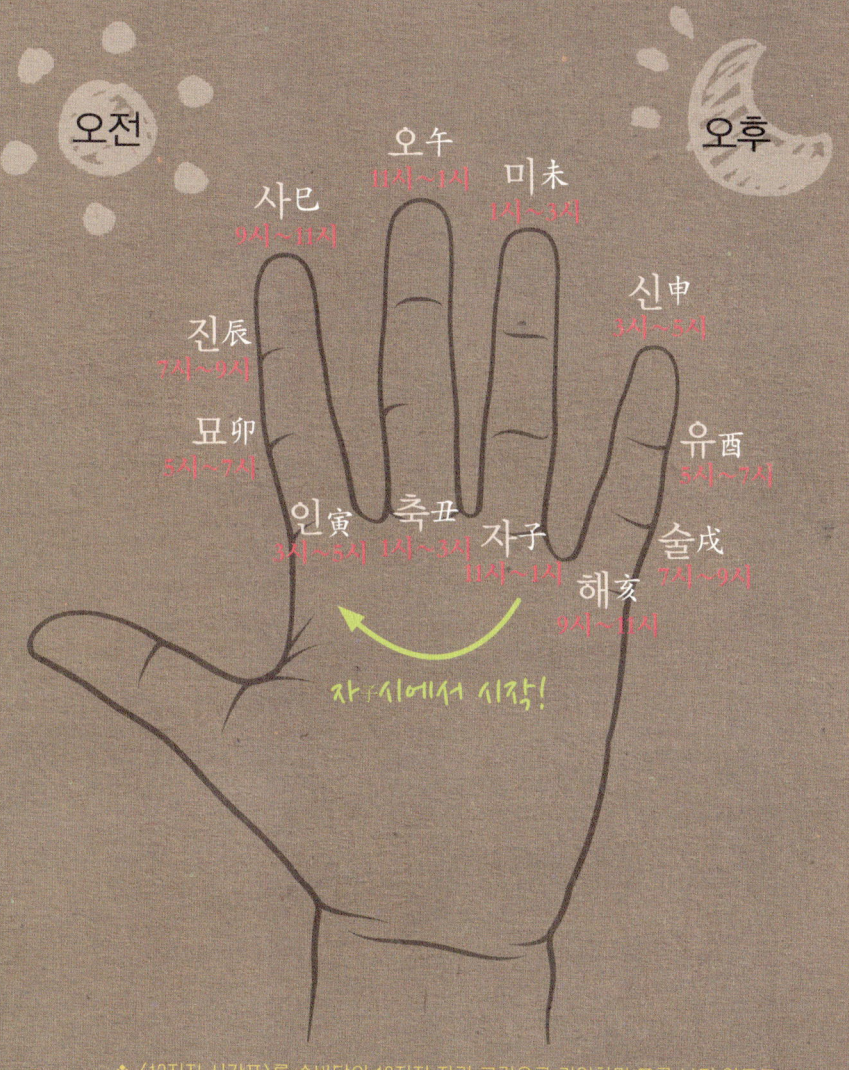

❖ 〈12지지 시간표〉를 손바닥의 12지지 자리 그림으로 기억하면 표를 보지 않고도 시간을 환산할 수 있다.

시주 세우기 연습

1983년 양력 7월 13일 아침 6시생

시주는 세 가지 단계를 거쳐 확인한다.

1. 본인의 일간을 확인한다.
2. 태어난 시를 12지지 시간으로 환산한다.
3. 일간과 12지지 시간을 〈시간지 조견표〉에서 확인한다.

이제 실제로 세워보자.

1. 이 사람의 일주는 임인壬寅이므로, 일간은 임壬이다.

단기 4316년

월(양력)	7월			8월			9월			10월			11월			12월		
월간지	己未			庚申			辛酉			壬戌			癸亥			甲子		
절기 시작	소서小暑 8일 01:43			입추立秋 8일 11:30			백로白露 8일 14:20			한로寒露 9일 05:51			입동立冬 8일 08:52			대설大雪 8일 01:34		
	대서大暑 23일 19:04			처서處暑 24일 02:07			추분秋分 23일 23:42			상강霜降 24일 08:54			소설小雪 23일 06:18			동지冬至 22일 19:30		
양력	요일	음력	일진	요일	음력	일진	요일	음력	일진	요일	음력	일진	요일	음력	일진	요일	음력	일진
1	금	21	庚寅	월	23	辛酉	목	24	壬辰	토	25	壬戌	화	27	癸巳	목	27	癸亥
2	토	22	辛卯	화	24	壬戌	금	25	癸巳	일	26	癸亥	수	28	甲午	금	28	甲子
3	일	23	壬辰	수	25	癸亥	토	26	甲午	월	27	甲子	목	29	乙未	토	29	乙丑
4	월	24	癸巳	목	26	甲子	일	27	乙未	화	28	乙丑	금	30	丙申	일	11월	丙寅
5	화	25	甲午	금	27	乙丑	월	28	丙申	수	29	丙寅	토	10월	丁酉	월	2	丁卯
6	수	26	乙未	토	28	丙寅	화	29	丁酉	목	9월	丁卯	일	2	戊戌	화	3	戊辰
7	목	27	丙申	일	29	丁卯	수	8월	戊戌	금	2	戊辰	월	3	己亥	수	4	己巳
8	금	28	丁酉	월	30	戊辰	목	2	己亥	토	3	己巳	화	4	庚子	목	5	庚午
9	토	29	戊戌	화	7월	己巳	금	3	庚子	일	4	庚午	수	5	辛丑	금	6	辛未
10	일	6월	己亥	수	2	庚午	토	4	辛丑	월	5	辛未	목	6	壬寅	토	7	壬申
11	월	2	庚子	목	3	辛未	일	5	壬寅	화	6	壬申	금	7	癸卯	일	8	癸酉
12	화	3	辛丑	금	4	壬申	월	6	癸卯	수	7	癸酉	토	8	甲辰	월	9	甲戌
13	수	4	壬寅	토	5	癸酉	화	7	甲辰	목	8	甲戌	일	9	乙巳	화	10	乙亥
14	목	5	癸卯	일	6	甲戌	수	8	乙巳	금	9	乙亥	월	10	丙午	수	11	丙子

일주 임인壬寅이므로 일간은 임壬이다

2. 태어난 시간은 아침 6시이므로 12지지 시간으로 환산하면 '묘卯시'다.

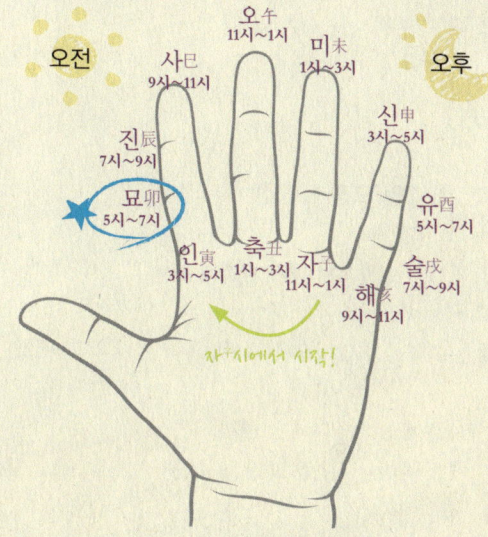

3. 〈시간지 조견표〉에서 일간 임壬, 묘卯시에 해당하는 시주는 계묘癸卯다.

일간 생시	갑甲일 기己일	을乙일 경庚일	병丙일 신辛일	정丁일 임壬일	무戊일 계癸일
(朝) 자子	갑자 甲子	병자 丙子	무자 戊子	경자 庚子	임자 壬子
축丑	을축 乙丑	정축 丁丑	기축 己丑	신축 辛丑	계축 癸丑
인寅	병인 丙寅	무인 戊寅	경인 庚寅	임인 壬寅	갑인 甲寅
묘卯	정묘 丁卯	기묘 己卯	신묘 辛卯	계묘 癸卯	을묘 乙卯

본격적인 사주 뽑기

이제 연주, 월주, 일주, 시주까지 세워 보았다. 네 개의 기둥을 세웠으니 드디어 사주를 뽑을 수 있다!

2013년 양력 2월 2일 오전 10시생

연주 입춘이 지나지 않았으니 해가 바뀌었다 해도 계사癸巳가 아니고 임진壬辰이다.
월주 2월 입춘이 지나지 않았으니 갑인甲寅이 아니고 그 전월인 계축癸丑이다.
일주 양력 날짜를 확인하면 기해己亥일이다.
시주 일간은 기己, 태어난 시간은 오전 10시, 곧 사巳시이므로 기사己巳이다.

	시時	일日	월月	연年
천간	기己	기己	계癸	임壬
지지	사巳	해亥	축丑	진辰

<월주> 2월 첫 절기인 입춘 전이므로 '계축'을 월주로 세운다

<연주> 생일이 입춘 전이므로 '계사'가 아니라 전년도 (2012년) 간지 '임진'을 연주로 세운다

서기 2013년 계사癸巳

월 (양력)	1월	2월	3월	4월	5월	6월
월 간지	癸丑	甲寅	乙卯	丙辰	丁巳	戊午
절기 시작	소한小寒 5일 13:33	입춘立春 4일 01:13	경칩驚蟄 5일 19:14	청명淸明 5일 00:02	입하立夏 5일 17:17	망종芒種 5일 21:22
	대한大寒 20일 06:51	우수雨水 18일 21:01	춘분春分 20일 20:01	곡우穀雨 20일 07:02	소만小滿 21일 06:09	하지夏至 21일 14:03

절기 입춘이 들어오는 날

양력	요일	음력	일진	요일	음력	일진	요일	음력	일진	요일	음력	일진	요일	음력	일진	요일	음력	일진
1	화	20	丁卯	금	21	戊戌	금	20	丙寅	월	21	丁酉	수	22	丁卯	토	23	戊戌
2	수	21	戊辰	토	22	己亥	토	21	丁卯	화	22	戊戌	목	23	戊辰	일	24	己亥
3	목	22	己巳	일	23	庚子	일	22	戊辰	수	23	己亥	금	24	己巳	월	25	庚子
4	금	23	庚午	월	24	辛丑	월	23	己巳	목	24	庚子	토	25	庚午	화	26	辛丑
5	토	24		화	25	壬寅	화	24	庚午	금	25	辛丑	일	26	辛未	수	27	壬寅
6	일	25	壬申	수	26	癸卯	수	25	辛未	토	26	壬寅	월	27	壬申	목	28	癸卯
7	월	26	癸酉	목	27	甲辰	목	26	壬申	일	27	癸卯	화	28	癸酉	금	29	甲辰
8	화	27	甲戌	금	28	乙巳	금	27	癸酉	월	28	甲辰	수	29	甲戌	토	30	乙巳
9	수	28	乙亥	토	29	丙午	토	28	甲戌	화	29	乙巳	목	30	乙亥	5월		丙午
10	목	29	丙子	1월		丁未	일	29	乙亥	3월		丙午	4월		丙子	월	2	丁未
11	금	30	丁丑	월	2	戊申	월	30	丙子	목	2	丁未	토	2	丁丑	화	3	戊申
12	12월		戊寅	화	3	己酉	2월		丁丑	금	3	戊申	일	3	戊寅	수	4	己酉
13	일	2	己卯	수	4	庚戌	수	2	戊寅	토	4	己酉	월	4	己卯	목	5	庚戌
14	월	3	庚辰	목	5	辛亥	목	3	己卯	일	5	庚戌	화	5	庚辰	금	6	辛亥
15	화	4	辛巳	금	6	壬子	금	4	庚辰	월	6	辛亥	수	6	辛巳	토	7	壬子
16	수	5	壬午	토	7	癸丑	토	5	辛巳	화	7	壬子	목	7	壬午	일	8	癸丑
17	목	6	癸未	일	8	甲寅	일	6	壬午	수	8	癸丑	금	8	癸未	월	9	甲寅
18	금	7	甲申	월	9	乙卯	월	7	癸未	목	9	甲寅	토	9	甲申	화	10	乙卯
19	토	8	乙酉	화	10	丙辰	화	8	甲申	금	10	乙卯	일	10	乙酉	수	11	丙辰
20	일	9	丙戌	수	11	丁巳	수	9	乙酉	토	11	丙辰	월	11	丙戌	목	12	丁巳
21	월	10	丁亥	목	12	戊午	목	10	丙戌	일	12	丁巳	화	12	丁亥	금	13	戊午
22	화	11	戊子	금	13	己未	금	11	丁亥	월	13	戊午	수	13	戊子	토	14	己未
23	수	12	己丑	토	14	庚申	토	12	戊子	화	14	己未	목	14	己丑	일	15	庚申
24	목	13	庚寅	일	15	辛酉	일	13	己丑	수	15	庚申	금	15	庚寅	월	16	辛酉

사주팔자 세우기 49

사주 세우기 연습

《만세력》과 〈시간지 조견표〉를 보고 사주팔자 네 기둥을 세우는 방법을 알아보았다. 차근차근 따라하면 누구나 자기 손으로 사주팔자를 확인할 수 있다.(부록 〈만세력〉 참조)

★　　년　　월　　일　　시생

연주

월주

일주

시주

	시時	일日	월月	연年
천간 지지				

사주 구성 요소의
오행 찾기

사주팔자를 구성하는 천간과 지지 22자는 고유의 음양오행을 갖고 있다. 천간과 지지는 음양오행이 배정됨으로써 풍부하고 다채로운 의미를 얻는다.
사주팔자 여덟 글자의 천간 지지를 각 글자가 속한 오행으로 다시 정리해 보면 다음과 같다.

천간 지지 오행

오행五行	목木	화火	토土	금金	수水
천간天干	갑甲·을乙	병丙·정丁	무戊·기己	경庚·신辛	임壬·계癸
지지地支	인寅·묘卯	오午·사巳	진辰·축丑 술戌·미未	신申·유酉	자子·해亥

이 표를 보고 사주팔자 여덟 자리의 오행을 뽑아 보자.

2013년 양력 2월 2일 오전 10시생

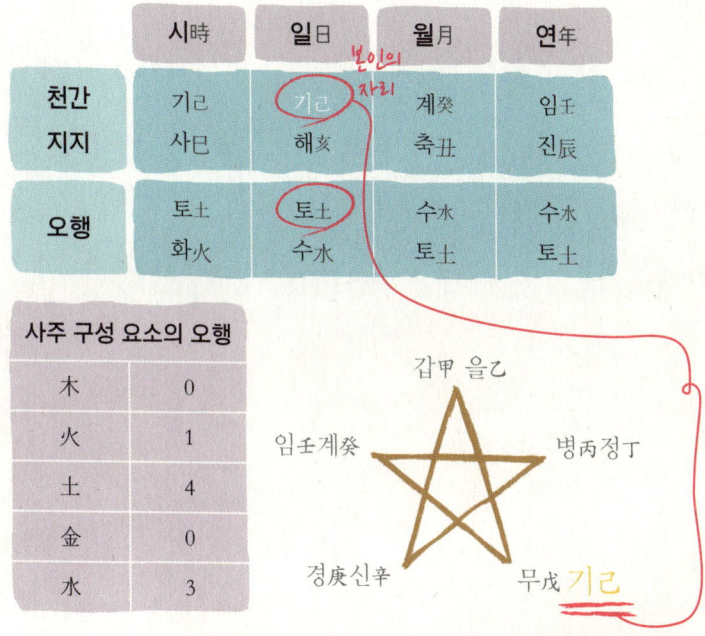

	시時	일日	월月	연年
천간 지지	기己 사巳	기己 해亥	계癸 축丑	임壬 진辰
오행	토土 화火	토土 수水	수水 토土	수水 토土

사주 구성 요소의 오행	
木	0
火	1
土	4
金	0
水	3

사주 여덟 글자 중 본인의 자리는 일간(일주의 천간)이다. 이 사람은 일간이 '기己'이므로 토성별에 속한다. 다른 여덟 글자 구성 요소의 오행 구성도 정리해 보니, 목木과 금金이 부족하고 토土 기운이 압도적으로 많은 것을 알 수 있다.

오행 찾기 연습

	시時	일日	월月	연年
천간 지지		○		
오행				

사주 구성 요소의 오행	
木	
火	
土	
金	
水	

	시 時	일 日	월 月	연 年
천간 지지				
오행				

사주 구성 요소의 오행	
木	
火	
土	
金	
水	

운이 좋아지는 사주 공부
3단계

사주팔자 해석하기

지피지기 백전백승

나만의 여덟 글자와 오행을 확인했다면, 이제 이 여덟 글자와 내가 속한 오행 안에 담긴 비밀을 풀어 보자. 여덟 글자의 의미를 풀고 그 안에서 운을 판가름 하는 것이 사주 공부의 완성이다.

삶은 부메랑이라고 한다. 우리의 생각, 말, 행동은 언젠가 틀림없이 되돌아온다. 그래서 나는 가끔 자신감을 잃을 때마다 이렇게 외친다.
"난 당당해, 난 특별해, 난 대단해!"
운을 불러일으키고 만들어 가는 것은 본인의 노력에 달려 있다. 사람들은 늘 운발 좋고 때깔 좋은 삶을 갈망한다. 나의 사주를 조화롭게 만들어 가는 것은 풍요로운 삶을 만드는 방법 중 하나다.
사주가 너무 뜨거우면 식혀 주고, 너무 차가우면 데워 주어야 한다. 나무가 너무 많은 밀림이면 나무를 쳐 주는 도끼가 필요하다. 인간은 자연의 이치를 거슬러서는 살아갈 수 없는 존

재이다. 자연도 조화가 필요하듯이 사람의 사주도 조화가 필요하다.

타고난 나의 사주를 북돋우고 오행을 잘 다스려 일이 술술 잘 풀리는 환경을 만들고 인생을 윤기 나게 가꾸려면 어떻게 해야 할까?

'지피지기 백전백승.' 나의 사주에서 넘쳐나는 오행은 무엇인지, 부족한 오행은 무엇인지 확인했다면, 이제 오행의 운영 원리, 천간과 지지 스물두 글자의 성질을 알아보자.

오행의 상생相生과 상극相剋

목木·화火·토土·금金·수水의 오행은 그 성질과 기운에 따라서 서로 만났을 때 좋은 영향을 주고받기도 하고 부딪히기도 한다.
자연의 순리대로 서로 조화를 이루는 관계를 **상생**相生, 상대를 파괴하고 누르는 관계를 **상극**相剋이라고 한다.

물이 나무를 만나면 나무가 잘 자라게 북돋워 주지만,
물이 불을 만나면 활활 타오르는 불의 기운을 잠재워 버린다.
물과 나무는 상생이지만, 물과 불은 상극이다.

나의 사주가 하늘을 향해 시원하게 뻗은 나무라면?
나의 사주가 여름 햇볕에 지글지글 타오르는 뜨거운 태양이라면?
나의 사주가 단단하고 강건한 쇳덩어리라면?
오행의 상생 상극은 사주에서 넘치는 기운을 달래고, 모자라는 기운을 북돋우는 데 기본이 되는 원리다.

서로 도와주는 사이

목생화 木生火
나무가 있어야 불을 피우고

화생토 火生土
나무가 다 타면 재가 되어 흙으로

토생금 土生金
흙에서는 쇠를 캘 수 있고

금생수 金生水
쇠가 있는 곳에서는 물이 나온다

수생목 水生木
물이 있어야 나무가 무럭무럭 잘 자랄 수 있다

오행의 상생회로

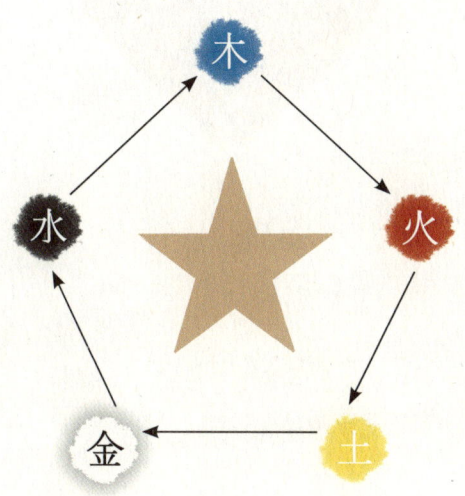

가운데 별을 그리고 가운데 꼭대기부터 오른쪽으로 목, 화, 토, 금, 수를 순서대로 쓰면 오행회로가 완성된다. 오행은 오른쪽로 순환하여 원을 그리며 상생의 흐름을 완성한다.

서로 상처 주는 사이

목극토 木剋土
목은 흙에서 영양분을 뺏고

토극수 土剋水
흙은 물을 탁하게 하거나 흐름을 막는다

수극화 水剋火
물은 불을 끄고

화극금 火剋金
불은 쇠를 녹인다

금극목 金剋木
쇠는 톱이나 날카로운 칼이 되어 나무를 자르거나 벤다

오행의 상극회로

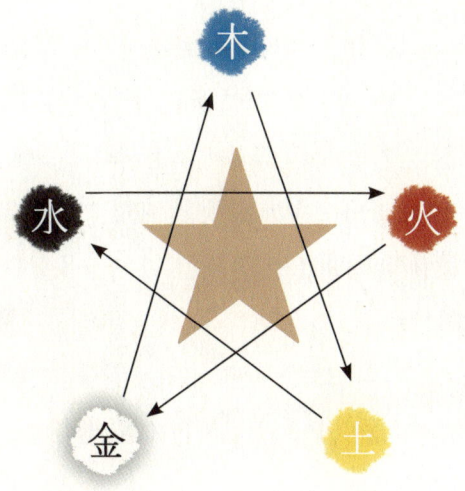

오행회로에서 서로 마주 보고 있는 오행은 상극이다. 서로 쏘아 보며 밀어내는 형국이니 상처를 받을 수밖에. 그림으로 오행회로를 익혀 두면 상생, 상극 관계를 쉽게 기억할 수 있다.

오행의 성질

오행의 성질과 그 작동 원리는 사주명리학은 물론이고 성명학, 택일, 풍수, 한의학 등 다양한 분야의 기본 원리로 활용되며, 우리 삶의 거의 모든 영역에 적용된다.
목木·화火·토土·금金·수水 오행은 다섯 개의 물질이면서, 동시에 그 물질적 특성이 갖고 있는 기운을 뜻한다. 불火 하면 무엇이 떠오르는가? 활활 타오르며 열기를 내뿜는 불길. 물水 하면 무엇이 떠오르는가? 메마른 땅을 촉촉히 적시며 졸졸 흐르는 시냇물. 불火과 물水은 이렇게 다른 성질과 기운을 갖고 있다.
자연은 물론이고 인간 삶의 모든 영역에 이 오행의 원리가 적용되니, 이를 잘 이해하고 적용하면 운기 있는 사주를 만드는 데 활용할 여지가 많다.
기억하자. 삶의 변화는 작은 것에서 시작된다.

자연 오기

오행 안에 담긴 자연의 다섯 가지 기운

목木 봄바람이 살랑살랑

화火 무더운 여름 날씨에 온몸에 열기가

토土 습기 많은 축축한 땅

금金 쌀쌀해지니 건조하네요

수水 쌩쌩 추운 겨울, 냉한 기운

절기 오행

1년 열두 달, 봄·여름·가을·겨울
사계절에 담긴 오행 원리

오행	목木	화火	토土	금金	수水
절기	봄 1, 2월	여름 4, 5월	끝절 3, 6, 9, 12월	가을 7, 8월	겨울 10, 11월

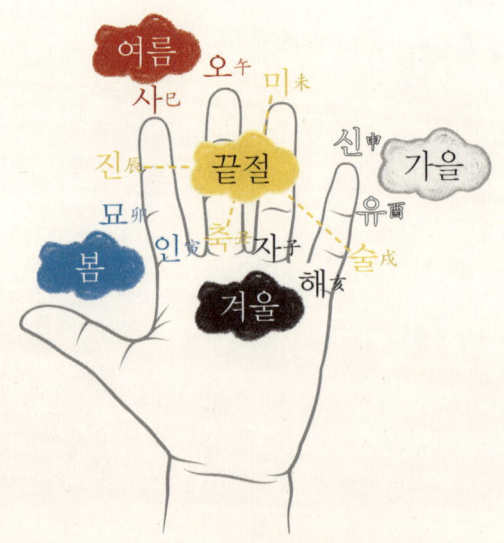

❖ '끝절'은 계절이 바뀌는 3·6·9·12월의 환절기를 가리킨다.

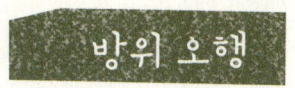

동東·서西·남南·북北·중앙中의 다섯 가지
방위에 담긴 오행 원리

오행	목木	화火	토土	금金	수水
방위	동東	남南	중中	서西	북北

오상五常

사람이 갖추어야 할 다섯 가지 덕성에 담긴
오행 원리

오행	목木	화火	토土	금金	수水
오상	인仁	예禮	신信	의義	지智

❖ 서울의 사대문 중 동대문의 원래 이름은 '흥인문興仁門', 곧 인仁을 불러일으키는 문이라는 뜻이다. '인仁'과 방위 '동쪽'은 오행 중 목木에 해당한다. 남대문인 숭례문崇禮門은 오행 중 화火(예禮·남쪽), 서대문인 돈의문敦義門은 오행 중 금金(의義·서쪽), 북대문인 홍지문弘智門은 수水(지智·북쪽)에 속한다. 우리 조상들은 동서남북의 사대문에 인의예지仁義禮智를 대응시키고 중앙에 보신각普信閣의 신信을 두어 오상을 갖추었다. 오행의 이치는 우리 생활 곳곳에 깊숙이 뿌리 내리고 있다.

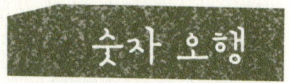

숫자에 담긴 오행 원리

오행	목木	화火	토土	금金	수水
수	3, 8	2, 7	5, 10	4, 9	1, 6

❖ 현관문 비밀번호, 은행계좌 비밀번호, 인터넷 암호… 매일매일 수없이 접하는 수많은 번호들에도 오행이 담겨 있다. 이왕이면 나의 사주를 북돋워 주는 숫자를 선택하면 좋지 않을까?

소리 오행

소리에 담긴 오행 원리

소리 오행은 특히 이름을 짓는 성명학에서 중요하게 다룬다. '범은 죽어서 가죽을 남기고 사람을 죽어서 이름을 남긴다虎死留皮 人死留名'고 할 만큼, 이름은 한 인격체를 대표하는 상징이다.
평생 동안 수없이 많은 사람의 입을 통해 불려지고, 헤아릴 수 없을 정도로 많이 듣게 되는 이름은 내 삶을 키워 가는 '평생의 영양분'이다.
이름을 바꾸는 것은 스스로 운명을 개척해 보려는 적극적인 의지의 표현일 수도 있다.
자신에게 딱 맞는 이름을 사람들이 불러 주는 것은 성공하라는 축원과도 같다.

목木 가, 카

화火 나, 다, 라, 타

토土 아, 하

금金 사, 자, 차

수水 마, 바, 파

성명학에서 꼽는 길수 吉數

성과 이름을 합한 총 획수가 다음의 숫자인 경우 성명학에서 길하다고 본다.

1, 3, 5, 6, 7, 8, 11, 15, 16, 17, 18, 21, 23, 24, 25, 29, 31, 32, 33, 35, 37, 38, 39, 41, 45, 47, 48, 52, 57, 58, 61, 63, 65, 67, 68, 71, 73, 81

오방색 - 다섯 가지 색의 혁명

다섯 가지 방위색에 담긴 오행 원리

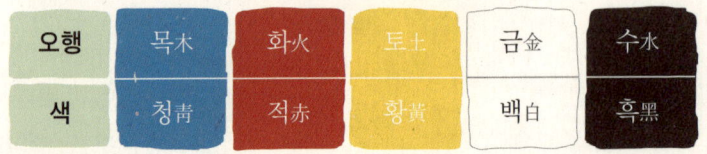

요즘 '색채 치료color therapy'가 심리 치료의 한 분야로 각광을 받고 있다. 색은 인간의 신진대사 작용에 영향을 미치며 내면을 변화시키는 힘을 갖고 있다. 사람의 감각 중 시각이 70퍼센트를 차지한다고 하니, 색이 우리 삶에 얼마나 큰 영향을 미치는지 알 수 있다. 색에도 오행이 있으니 잘 활용하여 삶의 기복을 잡고, 넘쳐흐르는 오행과 모자란 오행 에너지를 조율하면서 운을 부추겨 보자.

색의 혁명은 옷장 속에서부터 시작된다. 셔츠 색깔 하나가 내 운을 좌지우지하겠는가마는, 적어도 운이 흐를 환경은 만들고 나서 운을 기다려야 하지 않겠는가.

나무의 색깔 파란색

고집이 세고 굽힐 줄 모르는 나무의 성질을 가진, 생각이 깊은 색. 과감한 행동력을 발휘해야 할 때, 누군가와 확실하게 담판을 지을 일이 있을 때, 자신을 강하게 표현하고 싶을 때 파란색으로 멋들어지게 차려입을 것을 권한다.

TV 드라마를 보면, 대기업 회의실에서 중요한 결정을 내릴 때 주인공이 파란색 와이셔츠를 많이 입는다. 시선을 잡아끌고 강한 의지를 보여 주는 색깔 활용의 좋은 예이다.

남南 火 불의 색 빨간색

심장의 색, 힘의 색으로 기를 상승시키며 한 해의 번영을 약속하는 색. 자유로이 표현하고 행동하고 싶을 때, 많은 에너지가 필요할 때, 강력한 캐릭터의 빨간색이 잘 어울린다.

감정 기복이 심해 보일 수도 있지만, 강렬한 흥분과 에너지를 부여하고 싶을 때 활용하면 효과를 볼 수 있다.

흙의 색 노란색

土 중中

금전운과 사업운을 타고 싶을 때 노란색의 힘을 빌려라. 정착을 원하거나 좀 더 현실적으로 살고 싶을 때 기분을 강화해 주는 밝고 명랑한 색. 문제를 똑바로 직시하고 현실에 충실할 수 있게 도와주는 색이다. 금전운을 원하거나 간절히 바랄 때 기원하는 마음을 담아 공간을 변화시키는 데 적용할 수 있다. 새해에 노란색 달력을 걸어 놓고 금전운을 부추겨 보면 어떨까?

서西 金
단단한 쇠의 색 흰색

모든 색을 아우르는 대표 색. 무한한 가능성과 쉼 없는 창조성이 담겨 있어 질리지 않는 색이다. 생각을 정리하거나 좀 더 높은 곳에서 멀리 관망하고 싶을 때, 흰색 옷을 입고 마음을 가다듬어 보자.

水 북北

물의 색 검정

타인이 함부로 이러쿵저러쿵 잔소리를 늘어놓을 수 없게 압도하는 권위 있고 근사하면서 고급스러운 분위기를 자아내는 신비의 색. 검정색은 입는 사람에 따라 장엄해 보이기도 하고 초라해 보이기도 한다. 잘못 입으면 의기소침해 보이고 사람을 우울하게 만들 수도 있으니 주의할 것.

우리 신체와 오행

인간의 신체에 담긴 오행 원리

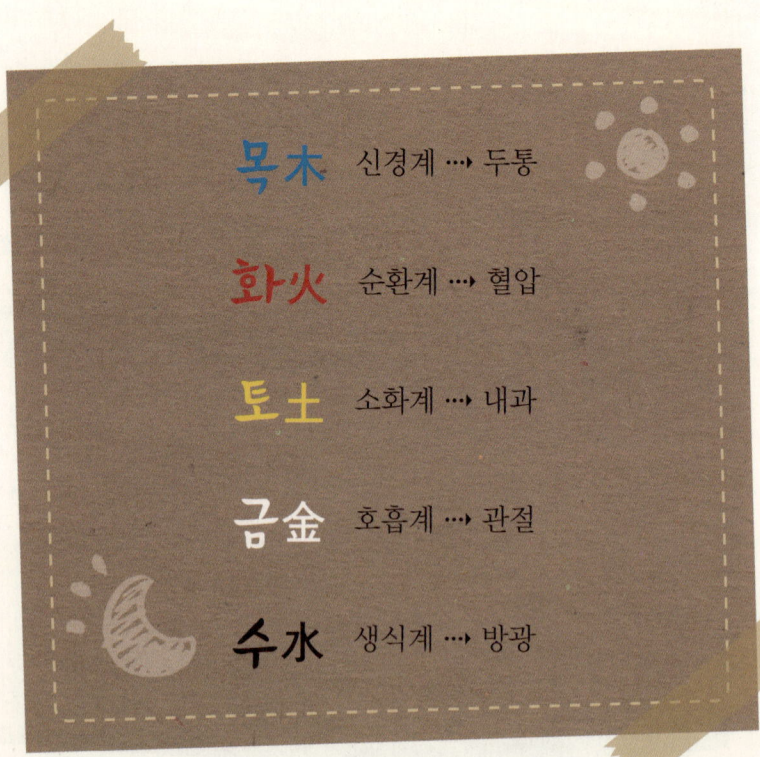

목木   신경계 … 두통

화火   순환계 … 혈압

토土   소화계 … 내과

금金   호흡계 … 관절

수水   생식계 … 방광

오행 오미 五味

오장육부를 달래는 다섯 가지 맛

목木 신맛肝에 속하여 간肝을 이롭게 하는 음식
→ 매실, 오미자, 견과류

화火 쓴맛苦에 속하여 심장心을 이롭게 하는 음식
→ 씀바귀, 도라지, 은행

토土 단맛甘에 속하며 비脾를 이롭게 하는 음식
→ 참외, 감, 꿀

금金 매운맛辛에 속하며 폐肺를 이롭게 하는 음식
→ 마늘, 양파, 생강, 무

수水 짠맛鹹에 속하며 신장腎을 이롭게 하는 음식
→ 김, 미역, 해조류

오행 소속 일람표

지금까지 살펴본 오행의 성질을 〈오행 소속 일람표〉로 정리했다. 이 표를 잘 기억해 두면 사주학의 길을 반은 넘은 것과 같다.

오행五行	목木	화火	토土	금金	수水
천간天干	갑甲·을乙	병丙·정丁	무戊·기己	경庚·신辛	임壬·계癸
지지地支	인寅·묘卯	오午·사巳	진辰·축丑 술戌·미未	신申·유酉	자子·해亥
수數	3, 8	2, 7	5, 10	4, 9	1, 6
방위方位	동東	남南	중中	서西	북北
색色	청靑	적赤	황黃	백白	흑黑
절기	봄 1, 2월	여름 4, 5월	끝절(환절기) 3, 6, 9, 12월	가을 7, 8월	겨울 10, 11월
오상五常	인仁	예禮	신信	의義	지智
오음五音	ㄱㅋ	ㄴㄷㄹㅌ	ㅇㅎ	ㅅㅈㅊ	ㅁㅂㅍ
오기五氣	바람風	열火	습濕	조燥	한寒
오미五味	신맛酸	쓴맛苦	단맛甘	매운맛辛	짠맛鹹
오장五臟	간肝	심心	비脾	폐肺	신腎

천간의 성질

사주팔자 여덟 글자 중 나의 오행 소속을 결정하는 자리는 일주의 천간, 곧 일간이다. 나의 일간이 갑甲이나 을乙이면 오행 중 목木에 속하며, 일간이 경庚이나 신辛이면 금金에 속한다. 같은 목木과 금金이라 하더라도 음양에 따라 갈린다.
천간의 오행 소속을 염두에 두고, 나의 일간을 중심으로 천간의 성질을 살펴보자.

甲
갑

나뭇가지에 잎이 많아
바람 잘 날 없는 파란만장한 인생이지만
강직한 추진력으로 과거를 돌아보지 않는
미래 지향적 기질이 있다.
바람을 많이 받아도 뿌리가 깊은 나무는
침착성과 인내심, 강한 정신력으로 이를 이겨낸다.

자기주장이 강하며 직선적이고 굽힐 줄 모르는 **나무**

乙 을

담장을 타고 멋들어지게 늘어진 넝쿨나무

강한 끈기와 자존심을 갖고 있으며
생활력이 강하고 수단이 좋은 살림꾼이다.
작고 연약해 보이지만
큰 나무를 칭칭 감고 올라가듯 의타심이 많다.
소리 없는 시기와 질투도 만만치 않다.

갑과 을은 나무이다. 갑은 양陽의 나무이고, 을은 음陰의 나무이다. 목木이 많은 사람은 생각이 많고 항상 새로운 것을 시도하기를 즐기며, 누군가에게 굽히려 하지 않고 자기 의견을 양보하지 않는 황소고집이다. 반대로 목木이 없으면 무언가 하고자 하는 의욕이 부족하며 새로운 것에 적응하는 데 서툰 편이다.

병 丙

여름 땡볕에 지글지글 타오르는 태양

장마 끝자락 큰 나무에 숨어
목청이 터질 것같이 맴맴 우는 매미처럼
호언장담하며 언변이 좋아 선동하는 기질이 있다.
베풀기 좋아하는 기질이
뒤에 가서 다혈질로 오해를 사기 쉽다.
동쪽에서 올라와 서쪽으로 지는 성질로
변화무쌍하며 활동적이다.

병과 정은 불이다. 병은 양陽의 불이고 정은 음陰의 불이다. 화火가 많은 사람은 욱하는 기질 때문에 열 번을 잘하다가도 한 번의 입초시로 도루묵을 만드는 불덩어리 사주다. 물을 자주 마시고 마음을 다스려라. 반대로 화가 없으면 정열도 없고 변화를 두려워하며 신체적으로 찬 기운 도는 사람이 많으니 찬 음식보다는 따뜻한 차로 몸의 열기를 당길 것.

생일잔치에서 빼놓을 수 없는
열심히 자기 몸을 불태우며 타오르는 촛불

丁 정

온순하고 봉사하는 마음이 있지만
순간적으로 욱하는 기질 때문에
본의 아니게 공든 탑을 무너뜨리는 경향도 있다.
끈기와 정열이 있어 책임감이 높다.

무 戊

무표정한 모습으로 높이 솟은 중후하고 믿음직스러운 큰 산

신용과 약속을 중요시하고
신앙심이 있지만
보수적이며 비타협적이다.

> 무와 기는 흙이다. 무는 양陽의 흙이고 기는 음陰의 흙이다. 토土는 돈에 대한 관심과 관련이 있다. 토土가 많고 적음에 따라 재물운과 거지운을 왔다갔다 한다.

근기

곡식을 심으면 금방이라도 열매를 맺을 것 같은 보기 좋은 문전옥답

인정 있고 어리숙해 보이지만
이해타산이 빠르며 자기중심적이다.
강하게 자리 잡고 있는 기름진 땅처럼
자기 관리가 철저하다.

庚 경

단단하고 강건한 큰 쇳덩어리

명예를 중요시한다.
자신을 과신하고 상대방을 누르는 성질이 있다.
냉정하고 날카롭다.
일에 차질이 생겨
시비 구설수에 올라 오해를 사기도 한다.
마음먹은 일은 무조건 행동에 옮긴다.

> 경과 신은 쇳덩어리다. 경은 양陽의 쇠이고 신은 음陰의 쇠이다. 금金이 많은 사람은 타고난 재주가 많다. 남자는 잠자리 기술과, 여자는 자궁 쪽 질병과 관계가 있다. 금이 없는 사주는 여리고 무르다.

한 도 개 불빛 아래서 반짝반짝 빛나는 보석

辛
신

섬세하고 깔끔해며
멋쟁이라서 인기가 있다.
작고 예리하며 날카로운 칼날처럼 비수를 찌르는
바른말을 잘한다.
여린 면이 있는가 하면
깍쟁이처럼 야무진 모습을 보인다.

壬 임

늦은 저녁 유람선 위에서 바라보는

조용한 한강

위기의 순간에 임기응변에 능하며
지혜롭고 총명하다.
두뇌 회전이 빨라
특수 전문직이 잘 어울린다.

> 임과 계는 물이다. 임은 양陽의 물이고 계는 음陰의 물이다. 물水이 없으면 융통성이 부족할 수 있다. 남자가 물이 많으면 바람기가 있다고 한다. 특히 여자는 물이 없으면 곤란하니 생수를 옆에 끼고 살 것.

계 癸

졸졸 흐르는 시냇물

표현력이 좋아 사교성은 있지만
감정 기복이 심해 고독감에 휩싸일 수도 있다.
생기가 넘치고 발랄해 보이지만
느리고 겁이 많다.

지지의 성질

'지지地支'의 열두 글자는 열두 마리 동물을 의미하며 사람의 띠를 결정한다. 태어난 해의 지지가 그 사람의 띠가 된다.
한국 사람이라면 누구나 자기 띠를 알고 있다. 띠가 좋은 해에는 출산율이 올라갈 만큼, 띠는 희로애락과 생로병사를 예견하는 중요한 요소다. 열두 동물의 특성과 성질을 모두 한 자리에 모으면 인간의 속성이 그대로 드러난다.
나의 띠를 염두에 두고 지지의 성질을 살펴보자.

의지와 추진력은 약하지만 눈치가 빠르며
사교성이 있어 사회생활에 잘 적응하고,
재물을 모으는 재주가 있으며
돌아다니기를 좋아한다.

은근한 고집으로 외유내강하며
부지런하고 명예욕이 강하다.
화가 나면 아무도 못 말리는 성격.

주관이 뚜렷하고 구속을 싫어한다.
명예와 품위를 지키려 하며
활발하지만 생각 없이 일처리를 하기도 한다.
추진력은 강하지만 독선적인 성질로
불신을 살 수 있다.
의협심과 의리가 있다.

마음이 여리고 내면에 갈등이 있으나
베풀기를 좋아한다.
겁이 많아 놀라기를 잘하고
여성의 경우 우울한 성향이 강할 수 있다.

성격이 강하고 추진력이 있다.
사치와 화려함을 좋아하며
온순하지만 건드리면 사납다.
재주가 있고 한탕주의적이다.

두뇌가 명석하며 명랑하고 활동적이다.
사소한 일로 화를 내어 실패수가 있다.
싫증을 잘 느끼며 방황하는 기질이 있다.

감수성이 풍부하고 활동적이다
역마살 기운으로 앉아서 놀지 못하며
대인관계가 원만하다.

신경이 예민하고 자존심이 강하며
유순하면서 강직한 외유내강의 성격.

재주와 감각이 뛰어나고 사교적이며
임기응변에 능하다.
일 마무리를 잘 못하며,
여성의 경우 신경질적이다.

안정적이고 섬세하며
꾸준하게 노력하며 처세에 능하다.
부지런하고 속박을 싫어하고
이기적이며 성격이 예민하고 직선적이다.

몸과 마음이 항상 바쁘고 책임감이 있으며
임기응변에 능하다.
친화력이 있으나 부모형제와의 인연이 약
하다.

머리가 좋고 의리는 있으나 독선적이다.
고독하며 자기 관리를 잘한다.
베풀기를 좋아하고 사람을 가려서 사귄다.

운이 좋아지는 사주 공부
4단계

사주 대처법

오행별 사주 조율법

지금까지 내 사주를 직접 세우고, 일간을 근거로 내가 목木·화火·토土·금金·수水 다섯 가지 별 중 어느 별에 속하며, 넘쳐나는 오행과 부족한 오행은 무엇인지를 확인해 보았다.

이제 오행을 조화롭게 다스리기 위해 앞에서 살펴본 오행의 운영 원리와 천간과 지지의 성질을 내 사주에 적용해 볼 차례다. 다섯 가지 오행별의 특징은 무엇인지, 하나의 오행 기운이 두드러지게 넘쳐날 때 이를 어떻게 달래고 부족한 기운을 채울 수 있는지, 생활에서 적용할 수 있는 방법을 정리해 보았다. 사주에 따른 오행의 역량은 이미 결정돼 있지만, 여러 가지 방법으로 부족한 오행을 보완할 수 있다는 것을 기억하자.

천간 지지 오행

오행五行	목木	화火	토土	금金	수水
천간天干	갑甲·을乙	병丙·정丁	무戊·기己	경庚·신辛	임壬·계癸
지지地支	인寅·묘卯	오午·사巳	진辰·축丑 술戌·미未	신申·유酉	자子·해亥

목성별

봄바람이 살랑살랑 봄기운을 맞이하여
틈만 나면 솟구치는 스타일

천간 갑甲과 을乙, 지지 인寅과 묘卯가 목木의 기운이다. 따뜻한 성질을 갖고 있고 색깔은 파란색, 방위는 동쪽이다. 사람이 갖추어야 할 덕성 중 인仁에 해당한다.

인체에서 목木은 간에 속하며 신맛을 주관한다. 간이 허약한 체질은 매실, 오미자, 견과류를 섭취하면 좋다. 사주에서 목木 기운이 부족하다면 ㄱ, ㅋ 소리가 나는 이름으로 개명하여 부족한 오행을 보충할 수 있다. 개명할 때 총 획수의 길수吉數를 맞추는 것을 잊지 말 것.

목성별 사주 예시

	시時	일日	월月	연年
천간 지지	임壬 오午	을乙 묘卯	갑甲 인寅	무戊 신申
오행	수水 화火	목木 목木	목木 목木	토土 금金

사주 구성 요소의 오행

木	4
火	1
土	1
金	1
水	1

갑甲 을乙

임壬계癸 　　　　　 병丙정丁

경庚신辛 　　 무戊기己

★ 특징

목성별의 일간을 살펴보니 천간이 을乙, 목木 중에서도 음목陰木이다. 음陰간 을乙목으로 태어난 것이다. 목기가 압도적으로 많다. 목기를 갖고 태어난 목木일생은 심성이 어질고 착하며 솟구치는 성질이 있어서 미래 지향적이며 은근한 끈기와 지구력이 돋보이고 정신력이 강한 편이다. 그러나 목기가 많으면 큰 뜻을 세워 성취하려는 욕구에 밀려 많은 것을 놓칠 위험이 있다.

★ 대처법

목木기가 너무 많은 사람은 동쪽을 피해 서쪽으로 머리를 두고 자고, 책상도 서쪽으로 놓는 것이 좋다. 머리가 맑아져서 집중력이 향상될 것이다. 가구는 원목보다는 금속 소재를 고르고 흰색, 아이보리색 등 백색 계통의 인테리어를 택하는 것이 좋다. 파란색이나 초록색 계통의 옷보다는 흰색 계열의 옷을 추천한다. 기차·비행기·유람선 같은 금속 계통의 모형이나 그림으로 집을 장식하고 몸에 귀걸이와 목걸이, 팔찌 등 액세서리를 착용해 기분 전환을 꾀하는 것도 좋다. 은행계좌나 현관문 비밀번호 등 중요한 숫자에 4, 9를 넣어라. 매운맛이 나는 무, 마늘, 양파 등의 음식을 섭취하는 것이 좋다. 왕성한 목기를 잡아 주는 방법을 잘 운용하면 때깔 있는 사주로 둔갑하는 데 문제가 없을 것이다.

화성별

무더운 여름 날씨에 더운 기운을 맞이
하면 꽃을 피우고 매미처럼 울어대는
활기찬 스타일

천간 중 병丙과 정丁, 지지 중 사巳와 오午가 화火의 기운이다. 더운 성질이며 색깔은 붉은색, 방위는 남쪽, 덕성은 예禮에 해당한다.

인체에서 화火는 심장에 속하고 쓴맛을 주관한다. 심장을 이롭게 하는 음식인 씀바귀, 은행, 도라지를 많이 먹으면 좋다.

화火 기운이 부족한 사주는 ㄴ, ㄷ, ㄹ, ㅌ 소리가 나는 이름으로 개명하면 부족한 오행을 보충할 수 있다. 길수吉數도 꼭 확인할 것.

화성별 사주 예시

	시時	일日	월月	연年
천간 지지	갑甲 오午	병丙 술戌	병丙 신申	병丙 자子
오행	목木 화火	화火 토土	화火 금金	화火 수水

사주 구성 요소의 오행

木	1
火	4
土	1
金	1
水	1

갑甲을乙
임壬계癸　　　병丙 정丁
경庚신辛　　무戊기己

⭐ 특징

화성별의 일간을 살펴보니 양陽간 병丙화로 태어났다(천간이 양병陽丙). 화기가 압도적으로 많다. 화기를 갖고 태어난 화火일생은 마음이 너그러우며 부드러워 남을 돕는 봉사심을 안고 있다. 정열적이고 폭발적이며 솔직 분명하고 변화가 심하다.

⭐ 대처법

화기가 지나치게 많으면 심장이나 폐가 영향을 받을 수 있는 요소가 따라다니므로, 수영 등 물을 가까이하는 취미 생활로 강력한 화기를 조절할 것을 권한다.
화기가 왕성한 사람은 남쪽을 피해 서쪽이나 북쪽으로 머리를 두고 자고, 책상도 북쪽이나 서쪽으로 배치할 것을 권한다. 원목 가구나 붉은 계열 가구는 가급적 피하고, 검은색 계통의 모던한 인테리어를 선택하는 것이 좋다. 붉은색 계통의 옷보다는 흰색이나 검은색으로 멋을 내 보자.

바다, 강, 호수 등 물 근처에 살면 금상첨화지만, 여건이 안 된다면 집 안에 작은 수족관이나 미니 분수대를 놓아 두자. 생활에서 활용하면 좋은 추천 숫자는 1과 6이다. 건강을 해치지 않는 한도 내에서 짠맛이 좋으며 김, 미역, 오이, 검은깨, 물이 많은 과일을 섭취하면 좋다.

토성별

모든 기본이 두루두루 절정에 서 있는
균형 잡힌 스타일

천간의 무戊와 기己, 지지의 진辰·술戌·축丑·미未가 토土의 기운이다. 다른 천간과 지지의 성질에 따라서 변화되는 특성이 있으며 색깔은 황색, 방위는 중앙에 해당한다. 토土의 덕성은 신信이다. 인체에서 토土는 비장에 속하며 단맛을 주관한다. 참외, 감, 꿀이 비장이 약한 사람에게 좋다.

사주에서 토土 기운이 부족하다면 ㅇ, ㅎ 소리가 나는 이름으로 개명하면 부족한 오행을 보충할 수 있다. 길수吉數도 맞추어 보자.

토성별 사주 예시

	시時	일日	월月	연年
천간 지지	신辛 미未	기己 미未	경庚 술戌	임壬 오午
오행	금金 토土	토土 토土	금金 토土	수水 화火

사주 구성 요소의 오행

木	0
火	1
土	4
金	2
水	1

갑甲 을乙
임壬계癸 병丙정丁
경庚신辛 무戊 기己

110 운이 좋아지는 사주 공부

★ 특징

토성별의 일간을 살펴보니 음陰간 기己토로 태어났다(천간이 음기陰己). 토기가 많은 사주임을 한눈에 알 수 있다. 토기를 갖고 태어난 토土일생은 신의가 있고 심성이 착하며 성실하고 책임감이 강하다. 침착하여 남을 잘 포용하지만 보수적인 경향이 있다. 그래서 한번 눈 밖에 난 사람에게는 어림도 없다.

★ 대처법

토기가 많은 사람은 동쪽으로 머리를 두고 자고, 공부하는 책상도 동쪽으로 놓아 보자. 노랑이나 황색 계열의 인테리어는 피하고, 파란색이나 초록색의 자연 인테리어를 추천한다. 노랑 계통의 옷은 피하고 초록색이나 파란색으로 멋을 내 보자.
나무나 숲 등 풍경 그림을 걸어 놓거나, 실내에 화분

을 들이고 베란다에 작은 정원을 꾸미는 것도 좋다. 신경이 예민할 때는 삼림욕으로 마음을 다스려 보자. 추천하는 숫자는 3과 8이다. 신맛 나는 과일, 산채비빔밥처럼 나물이 듬뿍 들어 있는 음식을 섭취하면 좋다.

금성별

쌀쌀하고 건조한 가을 기운을 맞이하면 결실을 맺어 열매를 수확하는 스타일

천간 중 경庚과 신辛, 지지 중 신申과 유酉가 금金의 기운이다.

서늘하고 건조한 성질을 갖고 있으며 색깔은 흰색, 방위는 서쪽이다. 금金의 덕성은 의義이다.

인체에서 금金은 폐에 속하며 매운맛을 주관한다. 폐를 이롭게 하는 음식은 마늘, 양파, 생강, 무이다.

금金의 기운이 없으면 ㅅ, ㅈ, ㅊ 발음이 나는 이름으로 개명하는 것도 좋다. 물론 길수吉數도 확인하자.

금성별 사주 예시

	시時	일日	월月	연年
천간 지지	경庚 진辰	경庚 인寅	계癸 유酉	기己 사巳
오행	금金 토土	금金 목木	수水 금金	토土 화火

사주 구성 요소의 오행

木	1
火	1
土	2
金	3
水	1

갑甲을乙

병丙정丁

임壬계癸

경庚신辛

무戊기己

⭐ 특징

금성별의 일간을 살펴보니 양陽간 경庚금으로 태어났다(천간이 양경陽庚). 사주 구성 요소를 보니 강한 금 기운이 느껴진다. 금金기를 갖고 태어난 금金일생은 날카롭고 결단력이 있으며 냉정하면서도 신의가 두텁고 의리가 있으며 용감하다. 그러나 지나치게 강직하여 자기주장이 뚜렷하고 고집이 세다. 붉은색 기운의 도움을 받아 쇠의 기운을 나긋나긋하게 해 줄 것을 추천한다.

⭐ 대처법

금기가 많은 사주는 서쪽은 피하고 남쪽을 향해 책상을 놓거나 남쪽 방향으로 잠자리를 배치하는 것이 좋다. 흰색은 피하고 붉은색을 인테리어에 활용하고, 분홍빛이 도는 커튼, 쿠션, 소파를 추천한다. 옷도 하얀색 계열보다는 빨간색 계통의 화려한 색깔을 골라

입는 것이 좋다. 사람들 눈에 띄는 것이 부담스럽다면 속옷을 화려하게 입는 것도 괜찮은 방법이다.

태양, 노을, 따뜻한 나라의 풍경 그림을 걸어 놓거나, 실내에 벽난로를 설치하는 것도 좋다. 추천 숫자는 2와 7이다. 쓴맛이 나는 더덕·취나물·도라지, 붉은색이 도는 채소(토마토)나 과일을 많이 먹어라. 가끔 향이 나는 초를 켜서 분위기를 누그러뜨리고 은은한 조명 아래에서 와인을 한 잔 마시며 강한 금 기운을 달래 보자.

수성별

쌩쌩 추운 겨울 기운을 맞이하면
새로운 도약과 탄생을 위해
잠깐 지혜롭게 쉬어 가는 스타일

천간 중 임壬과 계癸, 지지 중 해亥와 자子가 수水의 기운이다. 냉한 성질을 갖고 있으며 색깔은 검은색, 방위는 북쪽이다. 수水의 덕성은 지智이다.

수水는 인체에서 신장에 속하며 짠맛을 주관한다. 신장에 좋은 음식은 김, 미역, 해조류이다. 사주팔자에서 물 기운이 없어 갈증 나는 사주는 ㅁ, ㅂ, ㅍ 발음이 나는 이름으로 개명하면 부족한 오행을 보충할 수 있다.

수성별 사주 예시

	시時	일日	월月	연年
천간 지지	임壬 자子	임壬 진辰	계癸 해亥	계癸 사巳
오행	수水 수水	수水 토土	수水 수水	수水 화火

사주 구성 요소의 오행

木	0
火	1
土	1
金	0
水	6

임壬 계癸

갑甲을乙
병丙정丁
무戊기己
경庚신辛

⭐ 특징

수성별의 일간을 보니 양陽간 임壬수로 태어났다(천간이 양임陽壬). 금金기와 목木기가 없으면서 천간이 전부 물 덩어리다. 수水기를 갖고 태어난 수水일생은 임기응변이 좋고 활동적이며 변화무쌍하고 총명하고 지혜롭다.
수水 기운이 왕성하면 진취적이고 명예욕과 성취욕이 강해 편법을 구사할 수도 있다. 물 덩어리인 수水 기운을 잡아 주고 극하는 토土로 채워 줄 것을 권한다.

⭐ 대처법

아파트보다는 마당이 있는 단독주택이나 황토집에 거주하면 좋다. 여행을 간다면 괌이나 하와이 같은 바닷가보다 중국, 프랑스 같은 건조한 나라를 선택해 보자. 노란색이나 붉은색 옷으로 멋을 내고, 횃불이나 반딧불, 캠프파이어 사진을 걸어 두는 것도 좋다.

추천 숫자는 2, 7, 5, 10이다. 차가운 수水 기운에 따뜻한 온기를 돌게 해 주는 생강, 단맛이 나는 초콜릿을 권한다. 호박, 바나나, 참외도 좋은 과일이다. 수 기운과는 부동산 관련 직업이나 고깃집 운영이 어울린다.

운이 좋아지는 사주 공부
5단계

사주 활용하기

12지로 보는 애정 지수

사귈까 말까 고민 중인 상대가 있다면, 지금 사귀고 있는 애인과의 궁합이 궁금하다면, 의도하지 않았는데 자꾸 부딪히는 친구가 신경 쓰인다면… 십이지로 보는 애정 지수를 확인해 보자. 상대를 이해하고 관계를 새롭게 정립하는 데 도움이 될 것이다.

쓸데없고 불필요한 잡동사니 감정들을 가지치기하고
인생을 즐기자.
좋은 열매는 나의 몫임을 기억하라!

나와 상대방의 사주에서 태어난 연도의 지지(연지年支)와 태어난 날의 지지(일지日支)를 먼저 확인하자. 연도의 지지를 기준으로 나의 십이지를 정하고, 일주의 지지를 참고하라. 만약 하나의 사주에 두 개 이상 포함된 십이지가 있다면, 해당 십이지의 기본 성향이 강한 것이다.

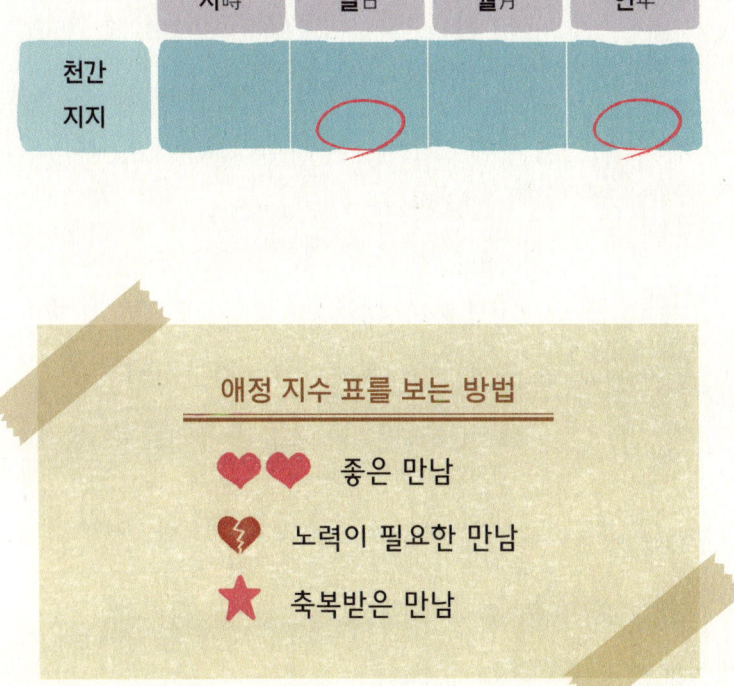

애정 지수 표를 보는 방법

♥♥ 좋은 만남

💔 노력이 필요한 만남

★ 축복받은 만남

 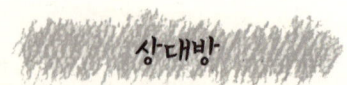

자子(쥐)	서로 손발이 되어 주는 사이
축丑(소)	변화를 좋아하는 쥐띠와 인내심이 강한 소띠는 쿵짝이 잘 맞는 사이 ★
인寅(호랑이)	미적지근한 태도가 싸움의 불씨가 될 수 있는 사이
묘卯(토끼)	자기주장만 앞세우지 말고 서로 양보해야 하는 사이
진辰(용)	같은 목적을 공유하며 즐거운 데이트를 기대할 수 있는 사이 ❤❤
사巳(뱀)	취미 생활이나 모임을 함께한다면 점점 가까워질 수 있는 사이
오午(말)	기질이 전혀 달라 노력이 필요한 사이
미未(양)	서로 의견 충돌이 있어도 대화 상대로는 적합한 사이 💔
신申(원숭이)	마음을 알아 가며 이해하고 소통이 잘되는 사이 ❤❤
유酉(닭)	서로 조금만 관심을 기울이면 친구로서 얼마든지 좋은 관계를 유지할 수 있는 사이
술戌(개)	자기 멋대로 마음대로 지내지만 않는다면 따로국밥은 면할 수 있는 사이
해亥(돼지)	많은 애기를 나누지 않아도 마음이 맞는 사이

 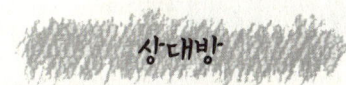

자子(쥐)	화기애애한 분위기 속에서 무르익어 가는 사이 ⭐
축丑(소)	사귀는 데 조금도 문제가 되지 않는 사이
인寅(호랑이)	최선을 다해도 상대가 알아주지 않는다면 인내하면서까지 사귈 수는 없는 사이
묘卯(토끼)	시간을 두고 서로 차츰 알아 가면 점점 사랑의 씨앗이 무르익을 사이
진辰(용)	특별한 감정에 이끌려 한 방에 푹 빠질 수 있는 사이
사巳(뱀)	친절함과 편안함에 눈이 멀어져 가는 사이 ❤❤
오午(말)	선후배 간으로서 서로 아껴 주고 존중해 주면 아무 탈 없는 사이
미未(양)	서로 이해하기 힘들고 마음은 안 맞지만 닮은꼴로 버팅기는 사이 💔
신申(원숭이)	마음을 터놓고 지내면 감각적인 재능에 매력을 느끼는 사이
유酉(닭)	결정적인 결점을 감싸 주는 사이 ❤❤
술戌(개)	쓸데없이 하고 싶은 말만 다 하지 않으면 적당한 선을 유지할 수 있는 사이
해亥(돼지)	서로 다른 의식과 개념이 아무 문제가 되지 않는 사이

 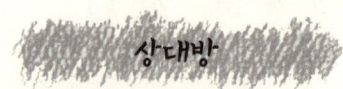

자子(쥐)	정말 어렵고 힘들 때 결정적으로 도와주는 구세주
축丑(소)	거리를 유지하면서 도와주고 아껴 주는 사이
인寅(호랑이)	적극적인 호감으로 함께 인생을 즐길 수 있는 사이
묘卯(토끼)	손을 잡고 일을 계획하면 나의 재능을 인정받을 수 있는 사이
진辰(용)	두 사람 모두 결단력 있고 똑 부러지는 성격이지만 양보하고 이해해 주는 자세로 사귀면 아무 탈 없는 사이
사巳(뱀)	성격과 마음이 둘 다 따로따로여서 친해지기 어려운 데도 서로 이해해 주는 사이 ❤❤
오午(말)	서로 상대의 영역을 건드리지 않는다면 무해무덕한 사이
미未(양)	막상막하의 상대지만 위로하는 마음으로 다가가는 사이
신申(원숭이)	마음이 통하지 않고 만나면 서로의 감정을 억누르지 못하는 사이 💔
유酉(닭)	현실적으로 바라보며 끌리는 사이
술戌(개)	서로 닮은 성향에 끌려 질리지 않는 사이 ❤❤
해亥(돼지)	양보하고 배려하는 마음으로 서로를 대한다면 만나서 반가운 사이 ⭐

 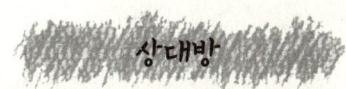

자子(쥐)	재미를 느끼기 어려우며 자극을 주기에는 미달인 상대이므로 되풀이되는 행동은 피해야 좋은 사이
축丑(소)	상대에게 귀를 기울이는 자세가 필요한 사이
인寅(호랑이)	맞춰 주고 맞춰 가면 아무 탈 없는 사이
묘卯(토끼)	모든 것을 포용하고 감싸 주는 사이
진辰(용)	마음이 맞지 않아 친해지기 어렵고 힘들지만 서로의 마음을 보여 준다면 좋은 관계를 맺을 수 있는 사이
사巳(뱀)	상대방의 결점이 신경 쓰여도 마음을 열고 보완하면 장점으로 받아들일 수 있는 사이
오午(말)	모든 것에 끌려서 해롱해롱하므로 맺고 끊는 면을 보여 주는 것이 필요한 사이
미未(양)	허물없이 마음을 터놓고 지내는 사이 ❤❤
신申(원숭이)	가끔은 본심을 그대로 보여 주는 것이 친해지는 지름길
유酉(닭)	한 번 붙어서 이판사판 싸우는 순간 앙숙이 되는 사이 💔
술戌(개)	마음을 터놓고 지내는 사이 ⭐
해亥(돼지)	순수한 마음으로 대해 보기 좋은 사이 ❤❤

 본인 진辰

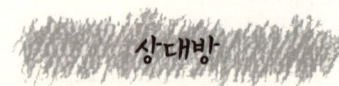 상대방

자子(쥐)	힘과 용기를 북돋워 주는, 세상에 둘도 없는 사이 ❤️❤️
축丑(소)	엎치락뒤치락 잦은 싸움 끝에 서로 비위를 맞춰 가는 사이
인寅(호랑이)	말보다 행동으로 보여 주며, 자기 멋대로 하는 것을 두 눈 뜨고 못 보는 사이
묘卯(토끼)	의견 충돌이 잦아 뒤돌아 설 수 있지만 양보하는 마음으로 바라본다면 관계를 유지할 수 있는 사이
진辰(용)	강한 개성을 서로 보완하면 문제없는 사이
사巳(뱀)	편안한 상대로서 대화가 통하는 사이
오午(말)	논리와 법칙을 따지지 말고 소통하면서 맞춰 가야 하는 사이
미未(양)	서로 성격이 딱 떨어져서 길게 바라보아야 사귈 수 있는 사이
신申(원숭이)	큰 마음으로 받아들여 서로 재지 않는다면 사귀어 볼 만한 사이 ❤️❤️
유酉(닭)	여태까지 만나 보지 못했던 매력에 취하는 사이 ⭐
술戌(개)	우유부단한 부분을 보듬어 주면 부둥켜안고 사귈 수 있는 사이 💔
해亥(돼지)	한 방에 의기투합이 이루어질 수 있는 사이

 본인 사巳

 상대방

자子(쥐)	속박하면 줄행랑칠 수 있으니 자유롭고 편안하게 사귄다면 문제없는 사이
축丑(소)	포용력으로 감싸 주면 차 한 잔 놓고도 몇 시간 동안 대화할 수 있는 사이 ❤❤
인寅(호랑이)	아무것도 아닌 일에도 불신을 사 싸움으로 번질 수 있으므로 비위를 맞춰야만 하는 사이
묘卯(토끼)	무엇이든 코드가 맞아서 한 번에 불붙는 사이
진辰(용)	만나면 왠지 설레고 두근두근한 정열적인 사이
사巳(뱀)	어른스럽고 안정되어 차분하게 사귀는 사이
오午(말)	황소고집만 부리지 않는다면 필요성을 느끼는 사이
미未(양)	억지로 맞추며 지내기보다 속을 툭 털어놓고 지내면 좋은 사이
신申(원숭이)	돌발적인 싸움만 피한다면 영원히 친한 사이 ⭐
유酉(닭)	있는 그대로 보여 준다면 보기 좋은 사이 ❤❤
술戌(개)	마음을 숨기면서 진전하는 사이
해亥(돼지)	자기주장만 앞세우지 말고 상대의 마음을 읽어 준다면 좋으련만… 💔

 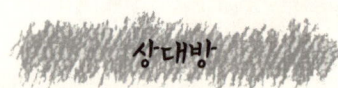

자子(쥐)	모든 것이 엇박자, 노력해야 산다. 💔
축丑(소)	한 발짝 물러나서 상대를 알아 가는 사이
인寅(호랑이)	본인이 주도권을 잡고 흔들면서도 약점을 감싸 주는 사이 ❤️❤️
묘卯(토끼)	솔직하게 대하고 믿어 주는 것이 무엇보다 우선인 사이
진辰(용)	과격한 기질과 의식을 신경 쓰지 않고 사귀는 사이
사巳(뱀)	쓸데없는 걱정만 삼가면 형제자매같이 지내는 사이
오午(말)	서로의 장점을 살려 가며 상쾌하고 깔끔하게 진전하는 사이
미未(양)	친숙하게 대해 줘서 마음이 차분하고 부드러워지는 사이 ⭐
신申(원숭이)	싸워도 빨리 회복되며 친해질 수 있는 사이
유酉(닭)	감추면서 대하지 말고 상부상조하며 지내면 좋은 사이
술戌(개)	같이 있는 것만으로도 무언가 이루어진 것 같은 사이 ❤️❤️
해亥(돼지)	먼 안목으로 사귀어야 좋은 사이…

본인 미未

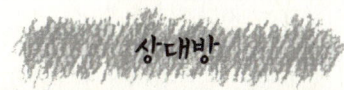

자子(쥐)	숨길 필요 없이 마음을 툭 터놓고 지내야 하는 사이
축丑(소)	싸움이 잦으니 보듬어 주면 좋으련만… 💔
인寅(호랑이)	의견 충돌이 걷잡을 수 없지만 귀를 기울여 주는 사이
묘卯(토끼)	이상적인 만남으로 소통이 되는 사이 ❤️❤️
진辰(용)	의견을 존중하면 마음 편하게 지낼 수 있는 사이
사巳(뱀)	어디로 화살이 날아갈지 몰라 천방지축이지만 포용력으로 지내는 사이
오午(말)	사귀기까지 시간이 걸리지만 코드가 맞는 사이 ⭐
미未(양)	길게 오래 사귀어도 질리지 않는 사이
신申(원숭이)	짝사랑으로만 끝날 수 있는 사이
유酉(닭)	불티나게 싸운 뒤에도 서로 자극을 주며 지내는 사이
술戌(개)	이득을 추구하지 않는다면 길게 사귈 수 있는 사이
해亥(돼지)	어려운 난관도 헤쳐 가며 지내는 사이 ❤️❤️

 본인 申申

 상대방

자子(쥐)	서로를 이해하며 솔직하게 부담 없이 지내는 사이 ❤❤
축丑(소)	마음이 통하지 않는 구석이 있으나 시간이 해결해 줄 수 있는 사이
인寅(호랑이)	모든 것이 빗나가고 엇박자, 서로 한 발짝씩 양보하면 좋으련만… 💔
묘卯(토끼)	정말 어려울 때 한 번쯤 구해 줄 수 있는 사이
진辰(용)	적극적으로 서로 호감을 갖고 지내는 사이 ❤❤
사巳(뱀)	돌발적인 충돌만 피한다면 얼마든지 즐겁게 놀고 재미있게 지내는 사이 ⭐
오午(말)	의지하면서 둘도 없는 친구로 지내는 사이
미未(양)	요령껏 상대의 마음을 알아준다면 서로에게 의지가 될 수 있는 사이
신申(원숭이)	겸손한 마음으로 서로 간섭만 하지 않는다면 사귀어 볼 만한 사이
유酉(닭)	서로 목적의식을 갖고 사귄다면 성취할 수 있는 사이
술戌(개)	가끔은 자극이 필요한 사이
해亥(돼지)	넓은 가슴으로 안아 준다면 의지하며 지내는 사이

본인 유酉

 상대방

자子(쥐)	부담만 주지 않는다면 문제가 되지 않는 사이
축丑(소)	너무 허물없이 지내지만 않는다면 좋은 일만 생길 수 있는 사이 ❤❤
인寅(호랑이)	본심으로 대한다면 잘 지낼 수 있는 사이
묘卯(토끼)	각자 다른 길을 간다 해도 친절한 마음으로 대하면 좋으련만… 💔
진辰(용)	많은 얘기를 나누지 않아도 상대의 마음을 알 수 있는 사이
사巳(뱀)	잔소리만 안 한다면 인생관이 통해 관심을 끄는 사이 ❤❤
오午(말)	무리하지 않는다면 겸손하게 지내는 사이
미未(양)	서로 기대를 심어 주지 않는다면 발 맞춰 갈 수 있는 사이
신申(원숭이)	적당한 마음 씀씀이로 상대의 마음을 읽어 준다면 문제없는 사이
유酉(닭)	독단적인 성격만 버린다면 서로 의지되는 사이
술戌(개)	서로의 존재가 마음을 잇는 연결 고리가 되는 사이 ★
해亥(돼지)	꾸역꾸역 억지로 사귀지 않아도 되는 사이

본인 술戌

 상대방

자子(쥐)	곤란할 때 나를 구제해 주며 의지가 되는 사이
축丑(소)	겉치레로 대하지 않는다면 좋은 사이
인寅(호랑이)	서로 양보하고 지낼 수만 있다면 갈라놓을 수 없는 사이 ❤❤
묘卯(토끼)	호흡이 척척! 쿵짝이 딱! 맞는 사이 ★
진辰(용)	친구와 연인을 별개로 구분할 수 있다면 부딪치고 깨져도 아무렇지 않은 사이 💔
사巳(뱀)	속궁합은 맞지만 겉궁합은 맞추어 가야 하는 사이
오午(말)	자극이 서로를 잇는 연결 고리가 되는 ❤❤
미未(양)	감정적으로 대하지 않으면 얼마든지 친해질 수 있는 사이
신申(원숭이)	타산적으로 계산하지 않는다면 사귀어 볼 만한 사이
유酉(닭)	한쪽으로 치우치는 이상주의를 추구하지 않는다면 괜찮은 사이
술戌(개)	서로 존중하며 조화를 이루면 금상첨화인 사이
해亥(돼지)	성실한 상대이므로 싸움의 발단을 만들지 않는다면 잘 지낼 수 있는 사이

본인 해亥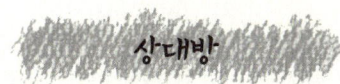

자子(쥐)	재능을 알아주고 인정해 주는 사이
축丑(소)	즐거운 인생을 쿨하게 마음껏 놀아 보자며 건배하는 사이
인寅(호랑이)	꾸미지 않아도 되는 사이 ★
묘卯(토끼)	죽마고우처럼 좋은 만남을 늘 감사하며 지내는 사이 ❤❤
진辰(용)	토닥거리며 감싸 주는 마음으로 지내는 사이
사巳(뱀)	당기고 밀치며 얼굴을 붉히지만 않는다면 그럭저럭 이루어지는 사이 💔
오午(말)	뒤끝 없는 만남으로 길게 바라보며 지내는 사이
미未(양)	있는 그대로의 모습이 편한 사이 ❤❤
신申(원숭이)	분수에 맞게 상대에 대한 예의를 지켜 준다면 자연스러운 사이
유酉(닭)	의견이 맞을 때는 좋지만 만나 가면서 어려워질 수 있는 사이
술戌(개)	막힘 없는 대화에 조금은 부담이 되는 사이
해亥(돼지)	의견이 맞지 않을 때 어느 한쪽이 양보해야 하는 사이

사주 활용하기

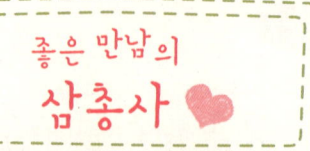

좋은 만남의
삼총사

범띠　　말띠　　개띠

뱀띠　　닭띠　　소띠

원숭이띠　쥐띠　용띠

돼지띠　토끼띠　양띠

오행과 사주에 기반한
궁합 진단

'궁합'은 사주를 오행에 맞추어 보아 합合하는 좋은 궁합과, 부딪히는 충沖의 궁합을 가늠하는 방법으로, 흔히 결혼을 앞둔 남녀 사이에 많이 본다. 하지만 궁합이 꼭 연인 사이에만 해당되는 것은 아니다.

우리는 주변의 많은 사람들과 영향을 주고받으며 살고 있다. 주는 것 없이 미운 친구가 있는가 하면, 받은 것 없이 베풀고 싶은 친구가 있다. 형제자매 간도 마찬가지다. 모든 인간관계의 비밀이 사주 구성 요소 속에 숨어 있다. 첫 만남부터 코드가 잘 맞는 사람이 있고, 아무리 노력해도 계속 어긋나는 사람도 있다. "아" 하면 "어" 하고 소통이 잘되는 사람도 있고, 자꾸 오해만 쌓여 가는 사람이 있다. 막연하게 느껴지는 감정은 궁합과 신기할 정도로 잘 들어맞는다.

천간과 지지의 합과 충의 관계를 확인하고, 상대와 나의 사주를 놓고 궁합을 맞추어 보자.

천간합 天干合

서로 극하면서 음양이 다르면 합

갑甲	기己
을乙	경庚
병丙	신辛
정丁	임壬
무戊	계癸

천간충 天干沖

서로 극하면서 음양이 같으면 충

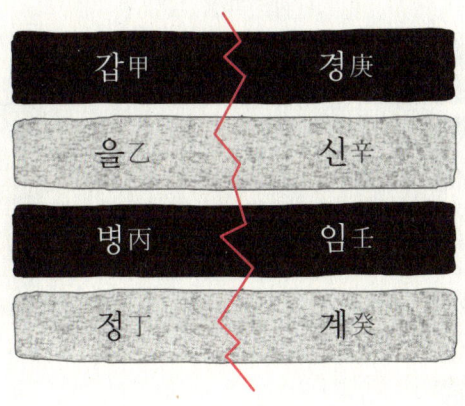

지지합 地支合

서로 줄넘기를 하며 호흡이 잘 맞는 사이

자子	축丑
인寅	해亥
묘卯	술戌
진辰	유酉
사巳	신申
오午	미未

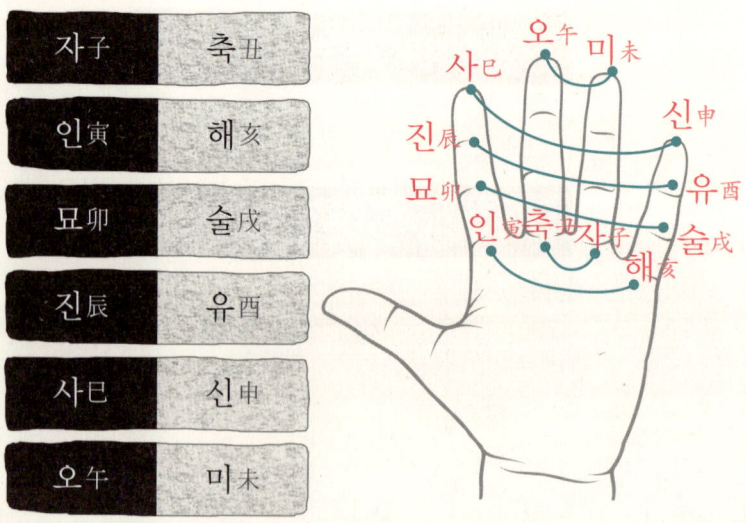

지지충 地支沖

서로 레이저를 쏘는 앙숙 사이

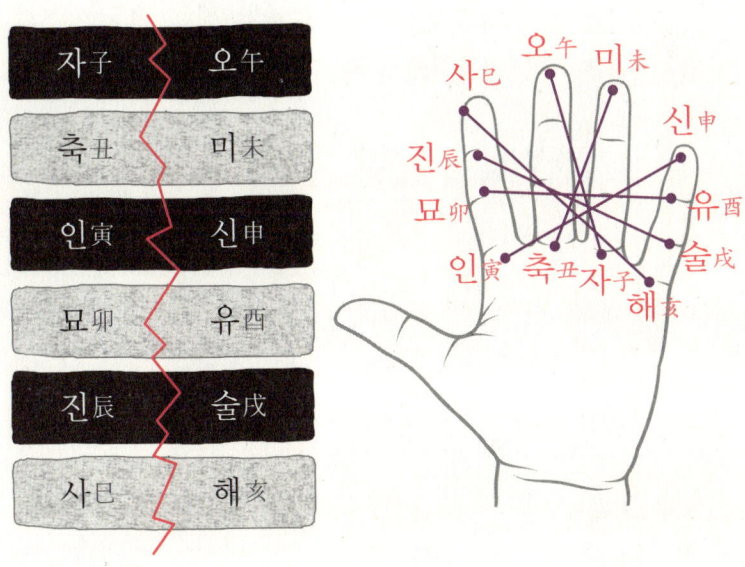

천생연분 궁합

1. 상대방 일간이 나의 일간을 부추겨 줄 때(상생)
2. 나의 일간이 상대방 일간을 부추겨 줄 때(상생)
3. 일간이 서로 합이 될 때(천간합)
4. 남녀 사주의 오행을 비교해 보았을 때
   서로 부족한 오행을 보완해 주는 경우

남자	오행	여자
3	목木	1
1	화火	2
3	토土	1
1	금金	3
0	수水	1

5. 일간이 동일한 경우는 무난

서로 미워하며 부딪치는 궁합

1. 남자의 일간이 여자 일간의 신경을 거스를 때(극충)
2. 여자의 일간이 남자 일간의 신경을 거스를 때(극충)
3. 남녀 사주의 오행을 비교해 보았을 때 부족한 오행을 보완해 주지 못하는 경우
4. 남녀 사주 오행을 비교하여 극충이 많을 때

서로 부딪치는 궁합

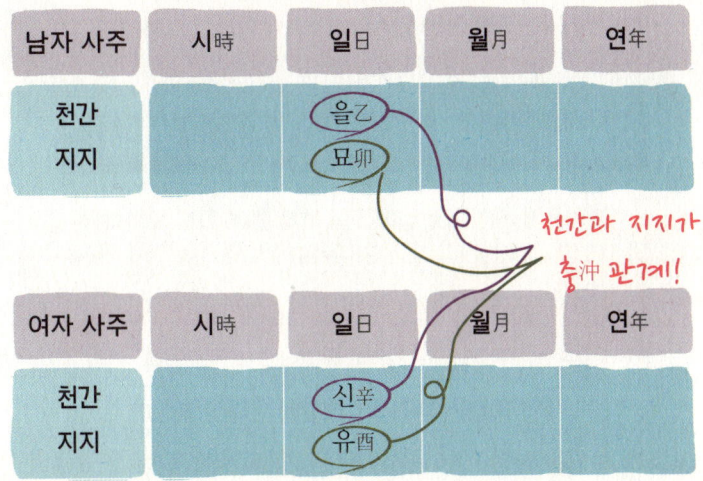

적중률 높은 살殺

사주팔자 중 지지에 해당하는 네 자리를 보고 '살'을 판가름한다. 해당하는 글자가 지지에 많이 포함되어 있을수록 강한 성향을 보인다.

| 도화살桃花殺 | 자子 오午 묘卯 유酉 |

연예인이라면 도화살은 필수다. '인기살'이라고도 볼 수 있다.

| 역마살驛馬殺 | 인寅 사巳 신申 해亥 |

활동력이 왕성해서 집에 진득하게 붙어 있지 못한다.

| 화개살華蓋殺 | 진辰 술戌 축丑 미未 |

자유와 독립을 추구하여 낭만과 풍류를 즐긴다.

이날 이 일만은…
백기일 百忌日

'모든 일에 좋지 않은 날'이라는 뜻이다. 그렇다고 아무 일도 하지 말라는 것은 아니다. 일상생활에서 해야 할 여러 가지 구체적인 일들을 정리하여 행하지 않는 것이 좋은 날을 정리하였다. 만세력의 일진을 보고 해당 천간과 지지가 포함된 날은 다음의 일을 피하자.

갑甲	개업은 불리하다. 재물이나 곡식을 함부로 뿌리거나 내어주지 말 것.
을乙	씨앗을 뿌리거나 나무를 심지 않는다.
병丙	부뚜막을 만들거나 수리하지 않는다.
정丁	머리를 자르거나 다듬지 않는다.
무戊	논밭이나 토지를 인수하지 않는다.
기己	서적이나 문서를 훼손하지 않는다.

경庚 침이나 뜸 치료를 받지 않는다.

신辛 간장을 담그지 않는다. 장을 담그면 벌레가 생기거나 맛이 변질될 수 있다.

임壬 물을 가두거나 물길을 막지 않는다.

계癸 송사나 시비를 벌이지 않는다.

자子 길흉을 묻거나 점을 치지 않는다.

축丑 결혼이나 약혼을 하지 않는다.

인寅 복을 빌거나 제사를 지내지 않는다.

묘卯 우물이나 연못을 파지 않는다.

진辰	울음소리를 내지 않는다.
사巳	이사를 하지 않으며 멀리 가지 않는다.
오午	집을 수리하지 않는다.
미未	약을 먹지 않는다.
신申	침구를 들이거나 문상을 가지 않는다.
유酉	손님을 초청하거나 모임을 갖지 않는다.
술戌	개를 집 안에 들이지 않는다.
해亥	혼사를 치르지 않는다.

모든 일이 불리한
복단일伏斷日

백사불리百事不利, 곧 백 가지 일이 다 불리하므로 어떤 일도 하지 않는 것이 좋은 날. 그렇다고 밥을 먹고, 학교에 가서 공부하고, 출근하여 일을 하는 등의 일상생활을 하지 말라는 것은 아니다. 평소에 하지 않는 특별한 일들은 되도록 피하고 하지 않는 게 좋다는 뜻.

만세력의 일진과 요일을 확인하여 다음의 천간 지지가 포함되었을 때는 특별한 일은 피하라!

요일	지지
월月요일	미未
화火요일	인寅, 유酉
수水요일	진辰, 해亥
목木요일	축丑, 오午
금金요일	신申
토土요일	묘卯, 술戌
일日요일	자子, 사巳

복단일에 피해야 할 일

- 중요한 계약을 마무리하고 도장을 찍는 일
- 중요한 행사
- 오랜만의 여행
- 해외여행
- 입사 원서 제출

복단일에 하면 좋은 일

- 골치 아픈 애인과의 관계 정리하기
- 술, 담배 끊는 날

2014년 복단일

일	월	화	수	목	금	토
			1 壬申 음 12.1	2 癸酉	3 甲戌	4 乙亥
5 丙子 소한 ☠	6 丁丑	7 戊寅 ☠	8 己卯	9 庚辰 ♥	10 辛巳 ♥	11 壬午
12 癸未	13 甲申	14 乙酉 ☠	15 丙戌	16 丁亥	17 戊子	18 己丑
19 庚寅 ♥	20 辛卯 ♥ 대한	21 壬辰	22 癸巳	23 甲午 ☠	24 乙未	25 丙申
26 丁酉	27 戊戌	28 己亥	29 庚子 ♥	30 辛丑 ☠	31 壬寅 음 1.1	

 복단일

♥ 손없는 날 : 나쁜 신들이 회의를 하러 가서 이사하기 좋은 날
(음력 날짜 끝수가 9·0인 날)

일	월	화	수	목	금	토
						1 癸卯 ☠
2 甲辰	3 乙巳	4 丙午 입춘	5 丁未	6 戊申	7 己酉	8 庚戌 ♥☠
9 辛亥 ♥	10 壬子	11 癸丑	12 甲寅	13 乙卯	14 丙辰	15 丁巳
16 戊午	17 己未 ☠	18 庚申 ♥	19 辛酉 ♥ 우수	20 壬戌	21 癸亥	22 甲子
23 乙丑	24 丙寅	25 丁卯	26 戊辰 ☠	27 己巳	28 庚午 ♥	

3월

일	월	화	수	목	금	토
						1 辛未 음 2.1
2 壬申	3 癸酉	4 甲戌	5 乙亥 ☠	6 丙子 경칩	7 丁丑	8 戊寅
9 己卯 ♥	10 庚辰 ♥	11 辛巳	12 壬午	13 癸未	14 甲申 ☠	15 乙酉
16 丙戌	17 丁亥	18 戊子	19 己丑 ♥	20 庚寅 ♥	21 辛卯 춘분	22 壬辰
23 癸巳 ☠	24 甲午	25 乙未	26 丙申	27 丁酉	28 戊戌	29 己亥 ♥
30 庚子 ♥ ☠	31 辛丑 음 3.1					

일	월	화	수	목	금	토
		1 壬寅 ☠	2 癸卯	3 甲辰	4 乙巳	5 丙午 청명
6 丁未	7 戊申	8 己酉 ❤ ☠	9 庚戌 ❤	10 辛亥	11 壬子	12 癸丑
13 甲寅	14 乙卯	15 丙辰	16 丁巳	17 戊午 ☠	18 己未 ❤	19 庚申 ❤
20 辛酉 곡우	21 壬戌	22 癸亥	23 甲子	24 乙丑 ☠	25 丙寅	26 丁卯
27 戊辰	28 己巳 ❤	29 庚午 ❤ 음 4.1	30 辛未			

사주 활용하기

일	월	화	수	목	금	토
				1 壬申	2 癸酉	3 甲戌 ☠
4 乙亥	5 丙子 입하	6 丁丑	7 戊寅 ♥	8 己卯 ♥	9 庚辰	10 辛巳
11 壬午	12 癸未 ☠	13 甲申	14 乙酉	15 丙戌	16 丁亥	17 戊子 ♥
18 己丑 ♥	19 庚寅	20 辛卯	21 壬辰 소만 ☠	22 癸巳	23 甲午	24 乙未
25 丙申	26 丁酉	27 戊戌 ♥	28 己亥 ♥ ☠	29 庚子 음 5.1	30 辛丑	31 壬寅

6월

일	월	화	수	목	금	토
1 癸卯	2 甲辰	3 乙巳	4 丙午	5 丁未	6 戊申 망종 ☠	7 己酉 ❤
8 庚戌	9 辛亥	10 壬子	11 癸丑	12 甲寅	13 乙卯	14 丙辰
15 丁巳 ☠	16 戊午 ❤	17 己未 ❤	18 庚申	19 辛酉	20 壬戌	21 癸亥 하지
22 甲子 ☠	23 乙丑	24 丙寅 ☠	25 丁卯	26 戊辰 음 6.1	27 己巳	28 庚午
29 辛未	30 壬申					

사주 활용하기

일	월	화	수	목	금	토
		1 癸酉 ☠	2 甲戌	3 乙亥	4 丙子 ♥	5 丁丑 ♥
6 戊寅	7 己卯 소서	8 庚辰	9 辛巳	10 壬午 ☠	11 癸未	12 甲申
13 乙酉	14 丙戌 ♥	15 丁亥 ♥	16 戊子	17 己丑 ☠	18 庚寅	19 辛卯 ☠
20 壬辰	21 癸巳	22 甲午	23 乙未 대서	24 丙申 ♥	25 丁酉 ♥	26 戊戌 ☠
27 己亥 음 7.1	28 庚子	29 辛丑	30 壬寅	31 癸卯		

일	월	화	수	목	금	토
					1 甲辰	2 乙巳
3 丙午	4 丁未 ♥ ☠	5 戊申 ♥	6 己酉	7 庚戌 입추	8 辛亥	9 壬子
10 癸丑	11 甲寅	12 乙卯	13 丙辰 ☠	14 丁巳 ♥	15 戊午 ♥	16 己未
17 庚申	18 辛酉	19 壬戌	20 癸亥 ☠	21 甲子	22 乙丑	23 丙寅 처서
24 丁卯 ♥	25 戊辰 음 8.1	26 己巳	27 庚午	28 辛未	29 壬申 ☠	30 癸酉
31 甲戌						

일	월	화	수	목	금	토
	1 乙亥	2 丙子 ♥	3 丁丑 ♥	4 戊寅	5 己卯	6 庚辰
7 辛巳 ☠	8 壬午 백로	9 癸未	10 甲申	11 乙酉	12 丙戌 ♥	13 丁亥 ♥
14 戊子 ☠	15 己丑	16 庚寅 ☠	17 辛卯	18 壬辰	19 癸巳	20 甲午
21 乙未	22 丙申 ♥	23 丁酉 ☠ ♥ 추분	24 戊戌 음 9.1	25 己亥	26 庚子	27 辛丑
28 壬寅	29 癸卯	30 甲辰				

10월

일	월	화	수	목	금	토
			1 乙巳	2 丙午 ♥ ☠	3 丁未 ♥	4 戊申
5 己酉	6 庚戌	7 辛亥	8 壬子 한로	9 癸丑 ☠	10 甲寅	11 乙卯 ☠
12 丙辰 ♥	13 丁巳 ♥	14 戊午	15 己未	16 庚申	17 辛酉	18 壬戌 ☠
19 癸亥	20 甲子	21 乙丑	22 丙寅 ♥	23 丁卯 ♥ 상강	24 戊辰 음(윤)9.1	25 己巳
26 庚午	27 辛未 ☠	28 壬申	29 癸酉	30 甲戌	31 乙亥	

11월

일	월	화	수	목	금	토
						1 丙子 ♥
2 丁丑 ♥	3 戊寅	4 己卯	5 庚辰 ☠	6 辛巳	7 壬午 입동	8 癸未
9 甲申	10 乙酉	11 丙戌 ♥	12 丁亥 ♥☠	13 戊子	14 己丑	15 庚寅
16 辛卯	17 壬辰	18 癸巳	19 甲午	20 乙未	21 丙申 ♥☠	22 丁酉 소설 음 10.1
23 戊戌	24 己亥	25 庚子	26 辛丑	27 壬寅	28 癸卯	29 甲辰
30 乙巳 ♥☠						

12월

일	월	화	수	목	금	토
	1 丙午 ♥	2 丁未	3 戊申	4 己酉	5 庚戌	6 辛亥
7 壬子 대설 ☠	8 癸丑	9 甲寅 ☠	10 乙卯 ♥	11 丙辰 ♥	12 丁巳	13 戊午
14 己未	15 庚申	16 辛酉 ☠	17 壬戌	18 癸亥	19 甲子	20 乙丑 ♥
21 丙寅 ♥	22 丁卯 동지 음 11.1	23 戊辰	24 己巳	25 庚午 ☠	26 辛未	27 壬申
28 癸酉	29 甲戌	30 乙亥 ♥	31 丙子 ♥			

사주 활용하기

2015년 복단일

일	월	화	수	목	금	토
				1 丁丑	2 戊寅	3 己卯 ☠
4 庚辰	5 辛巳	6 壬午 소한	7 癸未	8 甲申	9 乙酉 ♥	10 丙戌 ♥ ☠
11 丁亥	12 戊子	13 己丑	14 庚寅	15 辛卯	16 壬辰	17 癸巳
18 甲午	19 乙未 ♥	20 丙申 대한 음 12.1 ☠	21 丁酉	22 戊戌	23 己亥	24 庚子
25 辛丑	26 壬寅	27 癸卯	28 甲辰 ♥	29 乙巳 ♥	30 丙午	31 丁未

 복단일

♥ 손없는 날 : 나쁜 신들이 회의를 하러 가서 이사하기 좋은 날
(음력 날짜 끝수가 9·0인 날)

일	월	화	수	목	금	토
1 戊申	2 己酉	3 庚戌	4 辛亥 입춘 ☠	5 壬子	6 癸丑	7 甲寅 ♥
8 乙卯 ♥	9 丙辰	10 丁巳	11 戊午	12 己未	13 庚申 ☠	14 辛酉
15 壬戌	16 癸亥	17 甲子 ♥	18 乙丑 ♥	19 丙寅 우수 음 12.1	20 丁卯	21 戊辰
22 己巳 ☠	23 庚午	24 辛未	25 壬申	26 癸酉	27 甲戌 ♥	28 乙亥 ♥

일	월	화	수	목	금	토
1 丙子 ☠	2 丁丑	3 戊寅 경칩	4 己卯	5 庚辰	6 辛巳	7 壬午
8 癸未	9 甲申 ♥	10 乙酉 ♥ ☠	11 丙戌	12 丁亥	13 戊子	14 己丑
15 庚寅	16 辛卯	17 壬辰	18 癸巳	19 甲午 ☠	20 乙未 음 2.1	21 丙申 춘분
22 丁酉	23 戊戌	24 己亥	25 庚子	26 辛丑 ☠	27 壬寅	28 癸卯 ♥ ☠
29 甲辰 ♥	30 乙巳	31 丙午				

4월

일	월	화	수	목	금	토
			1 丁未	2 戊申	3 己酉	4 庚戌 ☠
5 辛亥 청명	6 壬子	7 癸丑 ♥	8 甲寅 ♥☠	9 乙卯	10 丙辰	11 丁巳
12 戊午	13 己未 ☠	14 庚申	15 辛酉	16 壬戌	17 癸亥 ♥	18 甲子 ♥
19 乙丑 음 3.1	20 丙寅 곡우	21 丁卯	22 戊辰 ☠	23 己巳	24 庚午	25 辛未
26 壬申	27 癸酉 ♥	28 甲戌 ♥	29 乙亥 ☠	30 丙子		

5월

일	월	화	수	목	금	토
					1 丁丑	2 戊寅
3 己卯	4 庚辰	5 辛巳	6 壬午 입하	7 癸未 ♥	8 甲申 ♥ ☠	9 乙酉
10 丙戌	11 丁亥	12 戊子	13 己丑	14 庚寅	15 辛卯	16 壬辰
17 癸巳 ♥ ☠	18 甲午 음 4.1	19 乙未	20 丙申	21 丁酉 소만	22 戊戌	23 己亥
24 庚子 ☠	25 辛丑	26 壬寅 ♥ ☠	27 癸卯 ♥	28 甲辰	29 乙巳	30 丙午
31 丁未						

6월

일	월	화	수	목	금	토
	1 戊申	2 己酉 ☠	3 庚戌	4 辛亥	5 壬子 ♥	6 癸丑 ♥ 망종
7 甲寅	8 乙卯	9 丙辰	10 丁巳	11 戊午 ☠	12 己未	13 庚申
14 辛酉	15 壬戌 ♥	16 癸亥 음 5.1	17 甲子	18 乙丑 ☠	19 丙寅	20 丁卯 ☠
21 戊辰	22 己巳 하지	23 庚午	24 辛未 ♥	25 壬申 ♥	26 癸酉	27 甲戌 ☠
28 乙亥	29 丙子	30 丁丑				

사주 활용하기

일	월	화	수	목	금	토
			1 戊寅	2 己卯	3 庚辰	4 辛巳 ♥
5 壬午 ♥	6 癸未 ☠	7 甲申 소서	8 乙酉	9 丙戌	10 丁亥	11 戊子
12 己丑	13 庚寅	14 辛卯 ♥	15 壬辰 ♥ ☠	16 癸巳 음 6.1	17 甲午	18 乙未
19 丙申	20 丁酉	21 戊戌	22 己亥 ☠	23 庚子 대서	24 辛丑 ♥	25 壬寅 ♥
26 癸卯	27 甲辰	28 乙巳	29 丙午	30 丁未	31 戊申 ☠	

일	월	화	수	목	금	토
						1 己酉
2 庚戌	3 辛亥 ♥	4 壬子 ♥	5 癸丑	6 甲寅	7 乙卯	8 丙辰 입추
9 丁巳 ☠	10 戊午	11 己未	12 庚申	13 辛酉 ♥	14 壬戌 음 7.1	15 癸亥
16 甲子 ☠	17 乙丑	18 丙寅 ☠	19 丁卯	20 戊辰	21 己巳	22 庚午 ♥
23 辛未 ♥ 처서	24 壬申	25 癸酉 ☠	26 甲戌	27 乙亥	28 丙子	29 丁丑
30 戊寅	31 己卯					

일	월	화	수	목	금	토
		1 庚辰 ❤	2 辛巳 ❤	3 壬午 ☠	4 癸未	5 甲申
6 乙酉	7 丙戌	8 丁亥 백로	9 戊子	10 己丑 ☠	11 庚寅 ❤	12 辛卯 ❤ ☠
13 壬辰 음 8.1	14 癸巳	15 甲午	16 乙未	17 丙申	18 丁酉	19 戊戌 ☠
20 己亥	21 庚子 ❤	22 辛丑 ❤	23 壬寅 추분	24 癸卯	25 甲辰	26 乙巳
27 丙午	28 丁未 ☠	29 戊申	30 己酉			

10월

일	월	화	수	목	금	토
				1 庚戌 ♥	2 辛亥 ♥	3 壬子
4 癸丑	5 甲寅	6 乙卯	7 丙辰 ☠	8 丁巳 한로	9 戊午	10 己未
11 庚申 ♥	12 辛酉 ♥	13 壬戌 음 9.1	14 癸亥 ☠	15 甲子	16 乙丑	17 丙寅
18 丁卯	19 戊辰	20 己巳	21 庚午 ♥	22 辛未 ♥	23 壬申 ☠	24 癸酉 상강
25 甲戌	26 乙亥	27 丙子	28 丁丑	29 戊寅	30 己卯	31 庚辰 ♥

사주 활용하기

11월

일	월	화	수	목	금	토
1 辛巳 ☠	2 壬午	3 癸未	4 甲申	5 乙酉	6 丙戌	7 丁亥
8 戊子 입동 ☠	9 己丑	10 庚寅 ♥ ☠	11 辛卯 ♥	12 壬辰 음 10.1	13 癸巳	14 甲午
15 乙未	16 丙申	17 丁酉 ☠	18 戊戌	19 己亥	20 庚子 ♥	21 辛丑 ♥
22 壬寅	23 癸卯 소설	24 甲辰	25 乙巳	26 丙午 ☠	27 丁未	28 戊申
29 己酉	30 庚戌 ♥					

12월

일	월	화	수	목	금	토
		1 辛亥 ♥	2 壬子	3 癸丑 ☠	4 甲寅	5 乙卯 ☠
6 丙辰	7 丁巳 대설	8 戊午	9 己未	10 庚申 ♥	11 辛酉 음 11.1	12 壬戌 ☠
13 癸亥	14 甲子	15 乙丑	16 丙寅	17 丁卯	18 戊辰	19 己巳 ♥
20 庚午 ♥	21 辛未 ☠	22 壬申 동지	23 癸酉	24 甲戌	25 乙亥	26 丙子 ☠
27 丁丑	28 戊寅	29 己卯 ♥	30 庚辰 ☠	31 辛巳		

사주 활용하기

- 《만세력》은 사주명리학에서 두루 사용되는 일종의 달력으로 양력과 음력, 절기, 간지를 비롯하여 많은 정보가 수록되어 있다. 여러 종류의 《만세력》을 참고하여 그중 사주와 기본적인 운을 뽑는 데 필요한 정보만을 추리고 알아보기 쉽도록 정리하여 수록하였다.
- 《만세력》 보는 법은 본문 31쪽 참조

부록

만세력
1950~2020년

서기 1950년 **경인庚寅**

월(양력)	1월			2월			3월			4월			5월			6월		
월간지	丁丑			戊寅			己卯			庚辰			辛巳			壬午		
절기시작	소한小寒 6일 06:39			입춘立春 4일 18:21			경칩驚蟄 6일 12:35			청명淸明 5일 17:44			입하立夏 6일 11:25			망종亡種 6일 15:51		
	대한大寒 21일 00:00			우수雨水 19일 14:18			춘분春分 21일 13:35			곡우穀雨 21일 00:59			소만小滿 22일 00:27			하지夏至 22일 08:36		
양력	요일	음력	일진	요일	음력	일진	요일	음력	일진	요일	음력	일진	요일	음력	일진	요일	음력	일진
1	일	13	丙申	수	15	丁卯	수	13	乙未	토	14	丙寅	월	15	丙申	목	16	丁卯
2	월	14	丁酉	목	16	戊辰	목	14	丙申	일	15	丁卯	화	16	丁酉	금	17	戊辰
3	화	15	戊戌	금	17	己巳	금	15	丁酉	월	16	戊辰	수	17	戊戌	토	18	己巳
4	수	16	己亥	토	18	庚午	토	16	戊戌	화	17	己巳	목	18	己亥	일	19	庚午
5	목	17	更子	일	19	辛未	일	17	己亥	수	18	庚午	금	19	更子	월	20	辛未
6	금	18	辛丑	월	20	壬申	월	18	更子	목	19	辛未	토	20	辛丑	화	21	壬申
7	토	19	壬寅	화	21	癸酉	화	19	辛丑	금	20	壬申	일	21	壬寅	수	22	癸酉
8	일	20	癸卯	수	22	甲戌	수	20	壬寅	토	21	癸酉	월	22	癸卯	목	23	甲戌
9	월	21	甲辰	목	23	乙亥	목	21	癸卯	일	22	戊辰	화	23	甲辰	금	24	乙亥
10	화	22	乙巳	금	24	丙子	금	22	甲辰	월	23	乙亥	수	24	乙巳	토	25	丙子
11	수	23	丙午	토	25	丁丑	토	23	乙巳	화	24	丙子	목	25	丙午	일	26	丁丑
12	목	24	丁未	일	26	戊寅	일	24	丙午	수	25	丁丑	금	26	丁未	월	27	戊寅
13	금	25	戊申	월	27	己卯	월	25	丁未	목	26	戊寅	토	27	戊申	화	28	己卯
14	토	26	己酉	화	28	庚辰	화	26	戊申	금	27	己卯	일	28	己酉	수	29	庚辰
15	일	27	庚戌	수	29	辛巳	수	27	己酉	토	28	庚辰	월	29	庚戌	목	30	辛巳
16	월	28	辛亥	목	30	壬午	목	28	庚戌	일	29	辛巳	화	30	辛亥	금	5월	壬午
17	화	29	壬子	금	1월	癸未	금	29	辛亥	월	3월	壬午	수	4월	壬子	토	2	癸未
18	수	12월	癸丑	토	2	甲申	토	30	壬子	화	2	癸未	목	2	癸丑	일	3	甲申
19	목	2	甲寅	일	3	乙酉	일	2월	癸丑	수	3	甲申	금	3	甲寅	월	4	乙酉
20	금	3	乙卯	월	4	丙戌	월	2	甲寅	목	4	乙酉	토	4	乙卯	화	5	丙戌
21	토	4	丙辰	화	5	丁亥	화	3	乙卯	금	5	丙戌	일	5	丙辰	수	6	丁亥
22	일	5	丁巳	수	6	戊子	수	4	丙辰	토	6	丁亥	월	6	丁巳	목	7	戊子
23	월	6	戊午	목	7	己丑	목	5	丁巳	일	7	戊子	화	7	戊午	금	8	己丑
24	화	7	己未	금	8	庚寅	금	6	戊午	월	8	己丑	수	8	己未	토	9	庚寅
25	수	8	庚申	토	9	辛卯	토	7	己未	화	9	庚寅	목	9	庚申	일	10	辛卯
26	목	9	辛酉	일	10	壬辰	일	8	庚申	수	10	辛卯	금	10	辛酉	월	11	壬辰
27	금	10	壬戌	월	11	癸巳	월	9	辛酉	목	11	壬辰	토	11	壬戌	화	12	癸巳
28	토	11	癸亥	화	12	甲午	화	10	壬戌	금	12	癸巳	일	12	癸亥	수	13	甲午
29	일	12	甲子				수	11	癸亥	토	13	甲午	월	13	甲子	목	14	乙未
30	월	13	乙丑				목	12	甲子	일	14	乙未	화	14	乙丑	금	15	丙申
31	화	14	丙寅				금	13	乙丑				수	15	丙寅			

단기 4283년

월(양력)	7월	8월	9월	10월	11월	12월
월간지	癸未	甲申	乙酉	丙戌	丁亥	戊子
절기시작	소서小暑 8일 02:13	입추立秋 8일 11:55	백로白露 8일 14:34	한로寒露 9일 05:52	입동立冬 8일 08:44	대설大雪 8일 01:22
	대서大暑 23일 19:30	처서處暑 24일 02:23	추분秋分 23일 23:44	상강霜降 24일 08:45	소설小雪 23일 06:03	동지冬至 22일 19:13

양력	요일	음력	일진	요일	음력	일진	요일	음력	일진	요일	음력	일진	요일	음력	일진	요일	음력	일진
1	토	16	丁酉	화	18	戊辰	금	19	己亥	일	20	己巳	수	22	庚子	금	22	庚午
2	일	17	戊戌	수	19	己巳	토	20	庚子	월	21	庚午	목	23	辛丑	토	23	辛未
3	월	18	己亥	목	20	庚午	일	21	辛丑	화	22	辛未	금	24	壬寅	일	24	壬申
4	화	19	庚子	금	21	辛未	월	22	壬寅	수	23	壬申	토	25	癸卯	월	25	癸酉
5	수	20	辛丑	토	22	壬申	화	23	癸卯	목	24	癸酉	일	26	甲辰	화	26	甲戌
6	목	21	壬寅	일	23	癸酉	수	24	甲辰	금	25	甲戌	월	27	乙巳	수	27	乙亥
7	금	22	癸卯	월	24	甲戌	목	25	乙巳	토	26	乙亥	화	28	丙午	목	28	丙子
8	토	23	甲辰	화	25	乙亥	금	26	丙午	일	27	丙子	수	29	丁未	금	29	丁丑
9	일	24	乙巳	수	26	丙子	토	27	丁未	월	28	丁丑	목	30	戊申	11월	戊寅
10	월	25	丙午	목	27	丁丑	일	28	戊申	화	29	戊寅	10월	己酉	일	2	己卯
11	화	26	丁未	금	28	戊寅	월	29	己酉	9월	己卯	토	2	庚戌	월	3	庚辰
12	수	27	戊申	토	29	己卯	8월	庚戌	목	2	庚辰	일	3	辛亥	화	4	辛巳
13	목	28	己酉	일	30	庚辰	수	2	辛亥	금	3	辛巳	월	4	壬子	수	5	壬午
14	금	29	庚戌	7월	辛巳	목	3	壬子	토	4	壬午	화	5	癸丑	목	6	癸未
15	6월	辛亥	화	2	壬午	금	4	癸丑	일	5	癸未	수	6	甲寅	금	7	甲申
16	일	2	壬子	수	3	癸未	토	5	甲寅	월	6	甲申	목	7	乙卯	토	8	乙酉
17	월	3	癸丑	목	4	甲申	일	6	乙卯	화	7	乙酉	금	8	丙辰	일	9	丙戌
18	화	4	甲寅	금	5	乙酉	월	7	丙辰	수	8	丙戌	토	9	丁巳	월	10	丁亥
19	수	5	乙卯	토	6	丙戌	화	8	丁巳	목	9	丁亥	일	10	戊午	화	11	戊子
20	목	6	丙辰	일	7	丁亥	수	9	戊午	금	10	戊子	월	11	己未	수	12	己丑
21	금	7	丁巳	월	8	戊子	목	10	己未	토	11	己丑	화	12	庚申	목	13	庚寅
22	토	8	戊午	화	9	己丑	금	11	庚申	일	12	庚寅	수	13	辛酉	금	14	辛卯
23	일	9	己未	수	10	庚寅	토	12	辛酉	월	13	辛卯	목	14	壬戌	토	15	壬辰
24	월	10	庚申	목	11	辛卯	일	13	壬戌	화	14	壬辰	금	15	癸亥	일	16	癸巳
25	화	11	辛酉	금	12	壬辰	월	14	癸亥	수	15	癸巳	토	16	甲子	월	17	甲午
26	수	12	壬戌	토	13	癸巳	화	15	甲子	목	16	甲午	일	17	乙丑	화	18	乙未
27	목	13	癸亥	일	14	甲午	수	16	乙丑	금	17	乙未	월	18	丙寅	수	19	丙申
28	금	14	甲子	월	15	乙未	목	17	丙寅	토	18	丙申	화	19	丁卯	목	20	丁酉
29	토	15	乙丑	화	16	丙申	금	18	丁卯	일	19	丁酉	수	20	戊辰	금	21	戊戌
30	일	16	丙寅	수	17	丁酉	토	19	戊辰	월	20	戊戌	목	21	己巳	토	22	己亥
31	월	17	丁卯	목	18	戊戌				화	21	己亥				일	23	庚子

서기 1951년 신묘 辛卯

월(양력)	1월			2월			3월			4월			5월			6월		
월간지	己丑			庚寅			辛卯			壬辰			癸巳			甲午		
절기시작	소한小寒 6일 18:10			입춘立春 5일 05:53			경칩驚蟄 6일 00:07			청명淸明 5일 05:15			입하立夏 5일 22:54			망종亡種 6일 03:20		
	대한大寒 21일 11:38			우수雨水 20일 01:57			춘분春分 21일 01:14			곡우穀雨 20일 12:37			소만小滿 21일 12:04			하지夏至 21일 20:13		
양력	요일	음력	일진	요일	음력	일진	요일	음력	일진	요일	음력	일진	요일	음력	일진	요일	음력	일진
1	월	24	辛丑	목	25	壬申	목	24	庚子	일	25	辛未	화	26	辛丑	금	27	壬申
2	화	25	壬寅	금	26	癸酉	금	25	辛丑	월	26	壬申	수	27	壬寅	토	28	癸酉
3	수	26	癸卯	토	27	甲戌	토	26	壬寅	화	27	癸酉	목	28	癸卯	일	29	甲戌
4	목	27	甲辰	일	28	乙亥	일	27	癸卯	수	28	甲戌	금	29	甲辰	월	30	乙亥
5	금	28	乙巳	월	29	丙子	월	28	甲辰	목	29	乙亥	토	30	乙巳	5월		丙子
6	토	29	丙午	1월		丁丑	화	29	乙巳	3월		丙子	4월		丙午	수	2	丁丑
7	일	30	丁未	수	2	戊寅	수	30	丙午	토	2	丁丑	월	2	丁未	목	3	戊寅
8	12월		戊申	목	3	己卯	2월		丁未	일	3	戊寅	화	3	戊申	금	4	己卯
9	화	2	己酉	금	4	庚辰	금	2	戊申	월	4	己卯	수	4	己酉	토	5	庚辰
10	수	3	庚戌	토	5	辛巳	토	3	己酉	화	5	庚辰	목	5	庚戌	일	6	辛巳
11	목	4	辛亥	일	6	壬午	일	4	庚戌	수	6	辛巳	금	6	辛亥	월	7	壬午
12	금	5	壬子	월	7	癸未	월	5	辛亥	목	7	壬午	토	7	壬子	화	8	癸未
13	토	6	癸丑	화	8	甲申	화	6	壬子	금	8	癸未	일	8	癸丑	수	9	甲申
14	일	7	甲寅	수	9	乙酉	수	7	癸丑	토	9	甲申	월	9	甲寅	목	10	乙酉
15	월	8	乙卯	목	10	丙戌	목	8	甲寅	일	10	乙酉	화	10	乙卯	금	11	丙戌
16	화	9	丙辰	금	11	丁亥	금	9	乙卯	월	11	丙戌	수	11	丙辰	토	12	丁亥
17	수	10	丁巳	토	12	戊子	토	10	丙辰	화	12	丁亥	목	12	丁巳	일	13	戊子
18	목	11	戊午	일	13	己丑	일	11	丁巳	수	13	戊子	금	13	戊午	월	14	己丑
19	금	12	己未	월	14	庚寅	월	12	戊午	목	14	己丑	토	14	己未	화	15	庚寅
20	토	13	庚申	화	15	辛卯	화	13	己未	금	15	庚寅	일	15	庚申	수	16	辛卯
21	일	14	辛酉	수	16	壬辰	수	14	庚申	토	16	辛卯	월	16	辛酉	목	17	壬辰
22	월	15	壬戌	목	17	癸巳	목	15	辛酉	일	17	壬辰	화	17	壬戌	금	18	癸巳
23	화	16	癸亥	금	18	甲午	금	16	壬戌	월	18	癸巳	수	18	癸亥	토	19	甲午
24	수	17	甲子	토	19	乙未	토	17	癸亥	화	19	甲午	목	19	甲子	일	20	乙未
25	목	18	乙丑	일	20	丙申	일	18	甲子	수	20	乙未	금	20	乙丑	월	21	丙申
26	금	19	丙寅	월	21	丁酉	월	19	乙丑	목	21	丙申	토	21	丙寅	화	22	丁酉
27	토	20	丁卯	화	22	戊戌	화	20	丙寅	금	22	丁酉	일	22	丁卯	수	23	戊戌
28	일	21	戊辰	수	23	己亥	수	21	丁卯	토	23	戊戌	월	23	戊辰	목	24	己亥
29	월	22	己巳				목	22	戊辰	일	24	己亥	화	24	己巳	금	25	庚子
30	화	23	庚午				금	23	己巳	월	25	庚子	수	25	庚午	토	26	辛丑
31	수	24	辛未				토	24	庚午				목	26	辛未			

단기 4284년

월(양력)	7월			8월			9월			10월			11월			12월		
월간지	乙未			丙申			丁酉			戊戌			己亥			庚子		
절기시작	소서小暑 8일 07:54			입추立秋 8일 17:37			백로白露 8일 20:18			한로寒露 9일 11:36			입동立冬 8일 14:27			대설大雪 8일 07:02		
	대서大暑 24일 01:21			처서處暑 24일 08:16			추분秋分 24일 05:37			상강霜降 24일 14:36			소설小雪 23일 11:51			동지冬至 23일 01:00		
양력	요일	음력	일진	요일	음력	일진	요일	음력	일진	요일	음력	일진	요일	음력	일진	요일	음력	일진
1	일	27	壬寅	수	29	癸酉	토	8월	甲辰	월	9월	甲戌	목	3	乙巳	토	3	乙亥
2	월	28	癸卯	목	30	甲戌	일	2	乙巳	화	2	乙亥	금	4	丙午	일	4	丙子
3	화	29	甲辰	금	7월	乙亥	월	3	丙午	수	3	丙子	토	5	丁未	월	5	丁丑
4	수	6월	乙巳	토	2	丙子	화	4	丁未	목	4	丁丑	일	6	戊申	화	6	戊寅
5	목	2	丙午	일	3	丁丑	수	5	戊申	금	5	戊寅	월	7	己酉	수	7	己卯
6	금	3	丁未	월	4	戊寅	목	6	己酉	토	6	己卯	화	8	庚戌	목	8	庚辰
7	토	4	戊申	화	5	己卯	금	7	庚戌	일	7	庚辰	수	9	辛亥	금	9	辛巳
8	일	5	己酉	수	6	庚辰	토	8	辛亥	월	8	辛巳	목	10	壬子	토	10	壬午
9	월	6	庚戌	목	7	辛巳	일	9	壬子	화	9	壬午	금	11	癸丑	일	11	癸未
10	화	7	辛亥	금	8	壬午	월	10	癸丑	수	10	癸未	토	12	甲寅	월	12	甲申
11	수	8	壬子	토	9	癸未	화	11	甲寅	목	11	甲申	일	13	乙卯	화	13	乙酉
12	목	9	癸丑	일	10	甲申	수	12	乙卯	금	12	乙酉	월	14	丙辰	수	14	丙戌
13	금	10	甲寅	월	11	乙酉	목	13	丙辰	토	13	丙戌	화	15	丁巳	목	15	丁亥
14	토	11	乙卯	화	12	丙戌	금	14	丁巳	일	14	丁亥	수	16	戊午	금	16	戊子
15	일	12	丙辰	수	13	丁亥	토	15	戊午	월	15	戊子	목	17	己未	토	17	己丑
16	월	13	丁巳	목	14	戊子	일	16	己未	화	16	己丑	금	18	庚申	일	18	庚寅
17	화	14	戊午	금	15	己丑	월	17	庚申	수	17	庚寅	토	19	辛酉	월	19	辛卯
18	수	15	己未	토	16	庚寅	화	18	辛酉	목	18	辛卯	일	20	壬戌	화	20	壬辰
19	목	16	庚申	일	17	辛卯	수	19	壬戌	금	19	壬辰	월	21	癸亥	수	21	癸巳
20	금	17	辛酉	월	18	壬辰	목	20	癸亥	토	20	癸巳	화	22	甲子	목	22	甲午
21	토	18	壬戌	화	19	癸巳	금	21	甲子	일	21	甲午	수	23	乙丑	금	23	乙未
22	일	19	癸亥	수	20	甲午	토	22	乙丑	월	22	乙未	목	24	丙寅	토	24	丙申
23	월	20	甲子	목	21	乙未	일	23	丙寅	화	23	丙申	금	25	丁卯	일	25	丁酉
24	화	21	乙丑	금	22	丙申	월	24	丁卯	수	24	丁酉	토	26	戊辰	월	26	戊戌
25	수	22	丙寅	토	23	丁酉	화	25	戊辰	목	25	戊戌	일	27	己巳	화	27	己亥
26	목	23	丁卯	일	24	戊戌	수	26	己巳	금	26	己亥	월	28	庚午	수	28	庚子
27	금	24	戊辰	월	25	己亥	목	27	庚午	토	27	庚子	화	29	辛未	목	29	辛丑
28	토	25	己巳	화	26	庚子	금	28	辛未	일	28	辛丑	수	30	壬申	금	12월	壬寅
29	일	26	庚午	수	27	辛丑	토	29	壬申	월	29	壬寅	목	11월	癸酉	토	2	癸卯
30	월	27	辛未	목	28	壬寅	일	30	癸酉	화	10월	癸卯	금	2	甲戌	일	3	甲辰
31	화	28	壬申	금	29	癸卯				수	2	甲辰				월	4	乙巳

서기 1952년 임진 **壬辰**

월(양력)	1월			2월			3월			4월			5월			6월		
월간지	辛丑			壬寅			癸卯			甲辰			乙巳			丙午		
절기시작	소한小寒 6일 18:10			입춘立春 5일 05:53			경칩驚蟄 6일 00:07			청명淸明 5일 05:15			입하立夏 5일 22:54			망종亡種 6일 03:20		
	대한大寒 21일 11:38			우수雨水 19일 20:10			춘분春分 21일 19:26			곡우穀雨 21일 06:48			소만小滿 22일 06:15			하지夏至 22일 14:25		
양력	요일	음력	일진	요일	음력	일진	요일	음력	일진	요일	음력	일진	요일	음력	일진	요일	음력	일진
1	화	5	丙午	금	6	丁丑	토	6	丙午	화	7	丁丑	목	8	丁未	일	9	戊寅
2	수	6	丁未	토	7	戊寅	일	7	丁未	수	8	戊寅	금	9	戊申	월	10	己卯
3	목	7	戊申	일	8	己卯	월	8	戊申	목	9	己卯	토	10	己酉	화	11	庚辰
4	금	8	己酉	월	9	庚辰	화	9	己酉	금	10	庚辰	일	11	庚戌	수	12	辛巳
5	토	9	庚戌	화	10	辛巳	수	10	庚戌	토	11	辛巳	월	12	辛亥	목	13	壬午
6	일	10	辛亥	수	11	壬午	목	11	辛亥	일	12	壬午	화	13	壬子	금	14	癸未
7	월	11	壬子	목	12	癸未	금	12	壬子	월	13	癸未	수	14	癸丑	토	15	甲申
8	화	12	癸丑	금	13	甲申	토	13	癸丑	화	14	甲申	목	15	甲寅	일	16	乙酉
9	수	13	甲寅	토	14	乙酉	일	14	甲寅	수	15	乙酉	금	16	乙卯	월	17	丙戌
10	목	14	乙卯	일	15	丙戌	월	15	乙卯	목	16	丙戌	토	17	丙辰	화	18	丁亥
11	금	15	丙辰	월	16	丁亥	화	16	丙辰	금	17	丁亥	일	18	丁巳	수	19	戊子
12	토	16	丁巳	화	17	戊子	수	17	丁巳	토	18	戊子	월	19	戊午	목	20	己丑
13	일	17	戊午	수	18	己丑	목	18	戊午	일	19	己丑	화	20	己未	금	21	庚寅
14	월	18	己未	목	19	庚寅	금	19	己未	월	20	庚寅	수	21	庚申	토	22	辛卯
15	화	19	庚申	금	20	辛卯	토	20	庚申	화	21	辛卯	목	22	辛酉	일	23	壬辰
16	수	20	辛酉	토	21	壬辰	일	21	辛酉	수	22	壬辰	금	23	壬戌	월	24	癸巳
17	목	21	壬戌	일	22	癸巳	월	22	壬戌	목	23	癸巳	토	24	癸亥	화	25	甲午
18	금	22	癸亥	월	23	甲午	화	23	癸亥	금	24	甲午	일	25	甲子	수	26	乙未
19	토	23	甲子	화	24	乙未	수	24	甲子	토	25	乙未	월	26	乙丑	목	27	丙申
20	일	24	乙丑	수	25	丙申	목	25	乙丑	일	26	丙申	화	27	丙寅	금	28	丁酉
21	월	25	丙寅	목	26	丁酉	금	26	丙寅	월	27	丁酉	수	28	丁卯	토	29	戊戌
22	화	26	丁卯	금	27	戊戌	토	27	丁卯	화	28	戊戌	목	29	戊辰	윤5월		己亥
23	수	27	戊辰	토	28	己亥	일	28	戊辰	수	29	己亥	금	30	己巳	월	2	更子
24	목	28	己巳	일	29	更子	월	29	己巳	4월		更子	5월		庚午	화	3	辛丑
25	금	29	庚午	2월		辛丑	화	30	庚午	금	2	辛丑	일	2	辛未	수	4	壬寅
26	토	30	辛未	화	2	壬寅	3월		辛未	토	3	壬寅	월	3	壬申	목	5	癸卯
27	1월		壬申	수	3	癸卯	목	2	壬申	일	4	癸卯	화	4	癸酉	금	6	甲辰
28	월	2	癸酉	목	4	甲辰	금	3	癸酉	월	5	甲辰	수	5	甲戌	토	7	乙巳
29	화	3	甲戌	금	5	乙巳	토	4	甲戌	화	6	乙巳	목	6	乙亥	일	8	丙午
30	수	4	乙亥				일	5	乙亥	수	7	丙午	금	7	丙子	월	9	丁未
31	목	5	丙子				월	6	丙子				토	8	丁丑			

단기 4285년

월(양력)	7월			8월			9월			10월			11월			12월		
월간지	丁未			戊申			己酉			庚戌			辛亥			壬子		
절기 시작	소서小暑 7일 13:45			입추立秋 7일 23:31			백로白露 8일 02:14			한로寒露 8일 17:32			입동立冬 7일 20:22			대설大雪 7일 12:56		
	대서大暑 23일 07:07			처서處暑 23일 14:03			추분秋分 23일 11:24			상강霜降 23일 20:22			소설小雪 22일 17:36			동지冬至 22일 06:43		
양력	요일	음력	일진	요일	음력	일진	요일	음력	일진	요일	음력	일진	요일	음력	일진	요일	음력	일진
1	화	10	戊申	금	11	己卯	월	12	庚戌	수	13	庚辰	토	14	辛亥	일	15	辛巳
2	수	11	己酉	토	12	庚辰	화	13	辛亥	목	14	辛巳	일	15	壬子	화	16	壬午
3	목	12	庚戌	일	13	辛巳	수	14	壬子	금	15	壬午	월	16	癸丑	수	17	癸未
4	금	13	辛亥	월	14	壬午	목	15	癸丑	토	16	癸未	화	17	甲寅	목	18	甲申
5	토	14	壬子	화	15	癸未	금	16	甲寅	일	17	甲申	수	18	乙卯	금	19	乙酉
6	일	15	癸丑	수	16	甲申	토	17	乙卯	월	18	乙酉	목	19	丙辰	토	20	丙戌
7	월	16	甲寅	목	17	乙酉	일	18	丙辰	화	19	丙戌	금	20	丁巳	일	21	丁亥
8	화	17	乙卯	금	18	丙戌	월	19	丁巳	수	20	丁亥	토	21	戊午	월	22	戊子
9	수	18	丙辰	토	19	丁亥	화	20	戊午	목	21	戊子	일	22	己未	화	23	己丑
10	목	19	丁巳	일	20	戊子	수	21	己未	금	22	己丑	월	23	庚申	수	24	庚寅
11	금	20	戊午	월	21	己丑	목	22	庚申	토	23	庚寅	화	24	辛酉	목	25	辛卯
12	토	21	己未	화	22	庚寅	금	23	辛酉	일	24	辛卯	수	25	壬戌	금	26	壬辰
13	일	22	庚申	수	23	辛卯	토	24	壬戌	월	25	壬辰	목	26	癸亥	토	27	癸巳
14	월	23	辛酉	목	24	壬辰	일	25	癸亥	화	26	癸巳	금	27	甲子	일	28	甲午
15	화	24	壬戌	금	25	癸巳	월	26	甲子	수	27	甲午	토	28	乙丑	월	29	乙未
16	수	25	癸亥	토	26	甲午	화	27	乙丑	목	28	乙未	일	29	丙寅	화	30	丙申
17	목	26	甲子	일	27	乙未	수	28	丙寅	금	29	丙申	월	10월	丁卯	수	11월	丁酉
18	금	27	乙丑	월	28	丙申	목	29	丁卯	토	30	丁酉	화	2	戊辰	수	2	戊戌
19	토	28	丙寅	화	29	丁酉	금	8월	戊辰	일	9월	戊戌	수	3	己巳	목	3	己亥
20	일	29	丁卯	수	30	戊戌	토	2	己巳	월	2	己亥	목	4	庚午	금	4	庚子
21	월	30	戊辰	목	7월	己亥	일	3	庚午	화	3	庚子	금	5	辛未	토	5	辛丑
22	화	6월	己巳	금	2	庚子	월	4	辛未	수	4	辛丑	토	6	壬申	일	6	壬寅
23	수	2	庚午	토	3	辛丑	화	5	壬申	목	5	壬寅	일	7	癸酉	월	7	癸卯
24	목	3	辛未	일	4	壬寅	수	6	癸酉	금	6	癸卯	월	8	甲戌	화	8	甲辰
25	금	4	壬申	월	5	癸卯	목	7	甲戌	토	7	甲辰	화	9	乙亥	수	9	乙巳
26	토	5	癸酉	화	6	甲辰	금	8	乙亥	일	8	乙巳	수	10	丙子	목	10	丙午
27	일	6	甲戌	수	7	乙巳	토	9	丙子	월	9	丙午	목	11	丁丑	금	11	丁未
28	월	7	乙亥	목	8	丙午	일	10	丁丑	화	10	丁未	금	12	戊寅	토	12	戊申
29	화	8	丙子	금	9	丁未	월	11	戊寅	수	11	戊申	토	13	己卯	일	13	己酉
30	수	9	丁丑	토	10	戊申	화	12	己卯	목	12	己酉	일	14	庚辰	월	14	庚戌
31	목	10	戊寅	일	11	己酉				금	13	庚戌				수	15	辛亥

서기 1953년 계사癸巳

월(양력)	1월			2월			3월			4월			5월			6월		
월간지	癸丑			甲寅			乙卯			丙辰			丁巳			戊午		
절기시작	소한小寒 6일 00:02			입춘立春 4일 11:46			경칩驚蟄 6일 06:02			청명淸明 5일 11:13			입하立夏 6일 04:52			망종亡種 6일 09:16		
	대한大寒 20일 17:21			우수雨水 19일 07:41			춘분春分 21일 07:01			곡우穀雨 20일 18:25			소만小滿 21일 17:53			하지夏至 22일 02:00		
양력	요일	음력	일진	요일	음력	일진	요일	음력	일진	요일	음력	일진	요일	음력	일진	요일	음력	일진
1	목	16	壬子	일	18	癸未	일	16	辛亥	수	18	壬午	금	18	壬子	일	20	癸未
2	금	17	癸丑	월	19	甲申	월	17	壬子	목	19	癸未	토	19	癸丑	화	21	甲申
3	토	18	甲寅	화	20	乙酉	화	18	癸丑	금	20	甲申	일	20	甲寅	수	22	乙酉
4	일	19	乙卯	수	21	丙戌	수	19	甲寅	토	21	乙酉	월	21	乙卯	목	23	丙戌
5	월	20	丙辰	목	22	丁亥	목	20	乙卯	일	22	丙戌	화	22	丙辰	금	24	丁亥
6	화	21	丁巳	금	23	戊子	금	21	丙辰	월	23	丁亥	수	23	丁巳	토	25	戊子
7	수	22	戊午	토	24	己丑	토	22	丁巳	화	24	戊子	목	24	戊午	일	26	己丑
8	목	23	己未	일	25	庚寅	일	23	戊午	수	25	己丑	금	25	己未	월	27	庚寅
9	금	24	庚申	월	26	辛卯	월	24	己未	목	26	庚寅	토	26	庚申	화	28	辛卯
10	토	25	辛酉	화	27	壬辰	화	25	庚申	금	27	辛卯	일	27	辛酉	수	29	壬辰
11	일	26	壬戌	수	28	癸巳	수	26	辛酉	토	28	壬辰	월	28	壬戌	5월		癸巳
12	월	27	癸亥	목	29	甲午	목	27	壬戌	일	29	癸巳	화	29	癸亥	금	2	甲午
13	화	28	甲子	금	30	乙未	금	28	癸亥	월	30	甲午	4월		甲子	토	3	乙未
14	수	29	乙丑	1월		丙申	토	29	甲子	3월		乙未	목	2	乙丑	일	4	丙申
15	12월		丙寅	일	2	丁酉	2월		乙丑	수	2	丙申	금	3	丙寅	월	5	丁酉
16	금	2	丁卯	월	3	戊戌	월	2	丙寅	목	3	丁酉	토	4	丁卯	화	6	戊戌
17	토	3	戊辰	화	4	己亥	화	3	丁卯	금	4	戊戌	일	5	戊辰	수	7	己亥
18	일	4	己巳	수	5	更子	수	4	戊辰	토	5	己亥	월	6	己巳	목	8	更子
19	월	5	庚午	목	6	辛丑	목	5	己巳	일	6	更子	화	7	庚午	금	9	辛丑
20	화	6	辛未	금	7	壬寅	금	6	庚午	월	7	辛丑	수	8	辛未	토	10	壬寅
21	수	7	壬申	토	8	癸卯	토	7	辛未	화	8	壬寅	목	9	壬申	일	11	癸卯
22	목	8	癸酉	일	9	甲辰	일	8	壬申	수	9	癸卯	금	10	癸酉	월	12	甲辰
23	금	9	甲戌	월	10	乙巳	월	9	癸酉	목	10	甲辰	토	11	甲戌	화	13	乙巳
24	토	10	乙亥	화	11	丙午	화	10	甲戌	금	11	乙巳	일	12	乙亥	수	14	丙午
25	일	11	丙子	수	12	丁未	수	11	乙亥	토	12	丙午	월	13	丙子	목	15	丁未
26	월	12	丁丑	목	13	戊申	목	12	丙子	일	13	丁未	화	14	丁丑	금	16	戊申
27	화	13	戊寅	금	14	己酉	금	13	丁丑	월	14	戊申	수	15	戊寅	토	17	己酉
28	수	14	己卯	토	15	庚戌	토	14	戊寅	화	15	己酉	목	16	己卯	일	18	庚戌
29	목	15	庚辰				일	15	己卯	수	16	庚戌	금	17	庚辰	월	19	辛亥
30	금	16	辛巳				월	16	庚辰	목	17	辛亥	토	18	辛巳	화	20	壬子
31	토	17	壬午				화	17	辛巳				일	19	壬午			

단기 4286년

월 (양력)	7월			8월			9월			10월			11월			12월		
월간지	己未			庚申			辛酉			壬戌			癸亥			甲子		
절기시작	소서小暑 7일 19:35			입추立秋 8일 05:15			백로白露 8일 07:53			한로寒露 8일 23:10			입동立冬 8일 02:01			대설大雪 7일 18:37		
	대서大暑 23일 12:52			처서處暑 23일 19:45			추분秋分 23일 17:06			상강霜降 24일 02:06			소설小雪 22일 23:22			동지冬至 22일 12:31		
양력	요일	음력	일진	요일	음력	일진	요일	음력	일진	요일	음력	일진	요일	음력	일진	요일	음력	일진
1	수	21	癸丑	토	22	甲申	화	23	乙卯	목	24	乙酉	일	25	丙辰	화	25	丙戌
2	목	11	甲寅	일	23	乙酉	수	24	丙辰	금	25	丙戌	월	26	丁巳	수	26	丁亥
3	금	23	乙卯	월	24	丙戌	목	25	丁巳	토	26	丁亥	화	27	戊午	목	27	戊子
4	토	24	丙辰	화	25	丁亥	금	26	戊午	일	27	戊子	수	28	己未	금	28	己丑
5	일	25	丁巳	수	26	戊子	토	27	己未	월	28	己丑	목	29	庚申	토	29	庚寅
6	월	26	戊午	목	27	己丑	일	28	庚申	화	29	庚寅	금	30	辛酉	일	11월	辛卯
7	화	27	己未	금	28	庚寅	월	29	辛酉	수	30	辛卯	토	10월	壬戌	월	2	壬辰
8	수	28	庚申	토	29	辛卯	화	8월	壬戌	목	9월	壬辰	일	2	癸亥	화	3	癸巳
9	목	29	辛酉	일	30	壬辰	수	2	癸亥	금	2	癸巳	월	3	甲子	수	4	甲午
10	금	30	壬戌	월	7월	癸巳	목	3	甲子	토	3	甲午	화	4	乙丑	목	5	乙未
11	토	6월	癸亥	화	2	甲午	금	4	乙丑	일	4	乙未	수	5	丙寅	금	6	丙申
12	일	2	甲子	수	3	乙未	토	5	丙寅	월	5	丙申	목	6	丁卯	토	7	丁酉
13	월	3	乙丑	목	4	丙申	일	6	丁卯	화	6	丁酉	금	7	戊辰	일	8	戊戌
14	화	4	丙寅	금	5	丁酉	월	7	戊辰	수	7	戊戌	토	8	己巳	월	9	己亥
15	수	5	丁卯	토	6	戊戌	화	8	己巳	목	8	己亥	일	9	庚午	화	10	庚子
16	목	6	戊辰	일	7	己亥	수	9	庚午	금	9	庚子	월	10	辛未	수	11	辛丑
17	금	7	己巳	월	8	庚子	목	10	辛未	토	10	辛丑	화	11	壬申	목	12	壬寅
18	토	8	庚午	화	9	辛丑	금	11	壬申	일	11	壬寅	수	12	癸酉	금	13	癸卯
19	일	9	辛未	수	10	壬寅	토	12	癸酉	월	12	癸卯	목	13	甲戌	토	14	甲辰
20	월	10	壬申	목	11	癸卯	일	13	甲戌	화	13	甲辰	금	14	乙亥	일	15	乙巳
21	화	11	癸酉	금	12	甲辰	월	14	乙亥	수	14	乙巳	토	15	丙子	월	16	丙午
22	수	12	甲戌	토	13	乙巳	화	15	丙子	목	15	丙午	일	16	丁丑	화	17	丁未
23	목	13	乙亥	일	14	丙午	수	16	丁丑	금	16	丁未	월	17	戊寅	수	18	戊申
24	금	14	丙子	월	15	丁未	목	17	戊寅	토	17	戊申	화	18	己卯	목	19	己酉
25	토	15	丁丑	화	16	戊申	금	18	己卯	일	18	己酉	수	19	庚辰	금	20	庚戌
26	일	16	戊寅	수	17	己酉	토	19	庚辰	월	19	庚戌	목	20	辛巳	토	21	辛亥
27	월	17	己卯	목	18	庚戌	일	20	辛巳	화	20	辛亥	금	21	壬午	일	22	壬子
28	화	18	庚辰	금	19	辛亥	월	21	壬午	수	21	壬子	토	22	癸未	월	23	癸丑
29	수	19	辛巳	토	20	壬子	화	22	癸未	목	22	癸丑	일	23	甲申	화	24	甲寅
30	목	20	壬午	일	21	癸丑	수	23	甲申	금	23	甲寅	월	24	乙酉	수	25	乙卯
31	금	21	癸未	월	22	甲寅				토	24	乙卯				목	26	丙辰

서기 1954년 갑오 甲午

월(양력)	1월	2월	3월	4월	5월	6월
월간지	乙丑	丙寅	丁卯	戊辰	己巳	庚午
절기시작	소한小寒 6일 05:45	입춘立春 4일 17:31	경칩驚蟄 6일 11:49	청명淸明 5일 16:59	입하立夏 6일 10:38	망종亡種 6일 15:01
	대한大寒 20일 23:11	우수雨水 19일 13:32	춘분春分 21일 12:53	곡우穀雨 21일 00:20	소만小滿 21일 23:47	하지夏至 22일 07:54

양력	요일	음력	일진	요일	음력	일진	요일	음력	일진	요일	음력	일진	요일	음력	일진	요일	음력	일진
1	금	27	丁巳	월	28	戊子	일	26	丙辰	목	28	丁亥	토	29	丁巳	5월		戊子
2	토	28	戊午	화	29	己丑	화	27	丁巳	금	29	戊午	일	30	戊午	수	2	己丑
3	일	29	己未	수	30	庚寅	수	28	戊午	3월		己丑	4월		己未	목	3	庚寅
4	월	30	庚申	1월		辛卯	목	29	己未	일	2	庚寅	화	2	庚申	금	4	辛卯
5	12월		辛酉	금	2	壬辰	2월		庚申	월	3	辛卯	수	3	辛酉	토	5	壬辰
6	수	2	壬戌	토	3	癸巳	토	2	辛酉	화	4	壬辰	목	4	壬戌	일	6	癸巳
7	목	3	癸亥	일	4	甲午	일	3	壬戌	수	5	癸巳	금	5	癸亥	월	7	甲午
8	금	4	甲子	월	5	乙未	월	4	癸亥	목	6	甲午	토	6	甲子	화	8	乙未
9	토	5	乙丑	화	6	丙申	화	5	甲子	금	7	乙未	일	7	乙丑	수	9	丙申
10	일	6	丙寅	수	7	丁酉	수	6	乙丑	토	8	丙申	월	8	丙寅	목	10	丁酉
11	월	7	丁卯	목	8	戊戌	목	7	丙寅	일	9	丁酉	화	9	丁卯	금	11	戊戌
12	화	8	戊辰	금	9	己亥	금	8	丁卯	월	10	戊戌	수	10	戊辰	토	12	己亥
13	수	9	己巳	토	10	庚子	토	9	戊辰	화	11	己亥	목	11	己巳	일	13	庚子
14	목	10	庚午	일	11	辛丑	일	10	己巳	수	12	庚子	금	12	庚午	월	14	辛丑
15	금	11	辛未	월	12	壬寅	월	11	庚午	목	13	辛丑	토	13	辛未	화	15	壬寅
16	토	12	壬申	화	13	癸卯	화	12	辛未	금	14	壬寅	일	14	壬申	수	16	癸卯
17	일	13	癸酉	수	14	甲辰	수	13	壬申	토	15	癸卯	월	15	癸酉	목	17	甲辰
18	월	14	甲戌	목	15	乙巳	목	14	癸酉	일	16	甲辰	화	16	甲戌	금	18	乙巳
19	화	15	乙亥	금	16	丙午	금	15	甲戌	월	17	乙巳	수	17	乙亥	토	19	丙午
20	수	16	丙子	토	17	丁未	토	16	乙亥	화	18	丙午	목	18	丙子	일	20	丁未
21	목	17	丁丑	일	18	戊申	일	17	丙子	수	19	丁未	금	19	丁丑	월	21	戊申
22	금	18	戊寅	월	19	己酉	월	18	丁丑	목	20	戊申	토	20	戊寅	화	22	己酉
23	토	19	己卯	화	20	庚戌	화	19	戊寅	금	21	己酉	일	21	己卯	수	23	庚戌
24	일	20	庚辰	수	21	辛亥	수	20	己卯	토	22	庚戌	월	22	庚辰	목	24	辛亥
25	월	21	辛巳	목	22	壬子	목	21	庚辰	일	23	辛亥	화	23	辛巳	금	25	壬子
26	화	22	壬午	금	23	癸丑	금	22	辛巳	월	24	壬子	수	24	壬午	토	26	癸丑
27	수	23	癸未	토	24	甲寅	토	23	壬午	화	25	癸丑	목	25	癸未	일	27	甲寅
28	목	24	甲申	일	25	乙卯	일	24	癸未	수	26	甲寅	금	26	甲申	월	28	乙卯
29	금	25	乙酉				월	25	甲申	목	27	乙卯	토	27	乙酉	화	29	丙辰
30	토	26	丙戌				화	26	乙酉	금	28	丙辰	일	28	丙戌	6월		丁巳
31	일	27	丁亥				수	27	丙戌				월	29	丁亥			

단기 4287년

월(양력)	7월			8월			9월			10월			11월			12월		
월간지	辛未			壬申			癸酉			甲戌			乙亥			丙子		
절기 시작	소서小暑 8일 01:19			입추立秋 8일 10:59			백로白露 8일 13:38			한로寒露 9일 04:57			입동立冬 8일 07:51			대설大雪 8일 00:29		
	대서大暑 23일 18:45			처서處暑 24일 01:36			추분秋分 23일 22:55			상강霜降 24일 07:56			소설小雪 23일 05:14			동지冬至 22일 18:24		
양력	요일	음력	일진	요일	음력	일진	요일	음력	일진	요일	음력	일진	요일	음력	일진	요일	음력	일진
1	목	2	戊午	일	3	己丑	수	5	庚申	금	5	庚寅	월	6	辛酉	수	7	辛卯
2	금	3	己未	월	4	庚寅	목	6	辛酉	토	6	辛卯	화	7	壬戌	목	8	壬辰
3	토	4	庚申	화	5	辛卯	금	7	壬戌	일	7	壬辰	수	8	癸亥	금	9	癸巳
4	일	5	辛酉	수	6	壬辰	토	8	癸亥	월	8	癸巳	목	9	甲子	토	10	甲午
5	월	6	壬戌	목	7	癸巳	일	9	甲子	화	9	甲午	금	10	乙丑	일	11	乙未
6	화	7	癸亥	금	8	甲午	월	10	乙丑	수	10	乙未	토	11	丙寅	월	12	丙申
7	수	8	甲子	토	9	乙未	화	11	丙寅	목	11	丙申	일	12	丁卯	화	13	丁酉
8	목	9	乙丑	일	10	丙申	수	12	丁卯	금	12	丁酉	월	13	戊辰	수	14	戊戌
9	금	10	丙寅	월	11	丁酉	목	13	戊辰	토	13	戊戌	화	14	己巳	목	15	己亥
10	토	11	丁卯	화	12	戊戌	금	14	己巳	일	14	己亥	수	15	庚午	금	16	庚子
11	일	12	戊辰	수	13	己亥	토	15	庚午	월	15	庚子	목	16	辛未	토	17	辛丑
12	월	13	己巳	목	14	庚子	일	16	辛未	화	16	辛丑	금	17	壬申	일	18	壬寅
13	화	14	庚午	금	15	辛丑	월	17	壬申	수	17	壬寅	토	18	癸酉	월	19	癸卯
14	수	15	辛未	토	16	壬寅	화	18	癸酉	목	18	癸卯	일	19	甲戌	화	20	甲辰
15	목	16	壬申	일	17	癸卯	수	19	甲戌	금	19	甲辰	월	20	乙亥	수	21	乙巳
16	금	17	癸酉	월	18	甲辰	목	20	乙亥	토	20	乙巳	화	21	丙子	목	22	丙午
17	토	18	甲戌	화	19	乙巳	금	21	丙子	일	21	丙午	수	22	丁丑	금	23	丁未
18	일	19	乙亥	수	20	丙午	토	22	丁丑	월	22	丁未	목	23	戊寅	토	24	戊申
19	월	20	丙子	목	21	丁未	일	23	戊寅	화	23	戊申	금	24	己卯	일	25	己酉
20	화	21	丁丑	금	22	戊申	월	24	己卯	수	24	己酉	토	25	庚辰	월	26	庚戌
21	수	22	戊寅	토	23	己酉	화	25	庚辰	목	25	庚戌	일	26	辛巳	화	27	辛亥
22	목	23	己卯	일	24	庚戌	수	26	辛巳	금	26	辛亥	월	27	壬午	수	28	壬子
23	금	24	庚辰	월	25	辛亥	목	27	壬午	토	27	壬子	화	28	癸未	목	29	癸丑
24	토	25	辛巳	화	26	壬子	금	28	癸未	일	28	癸丑	수	29	甲申	금	30	甲寅
25	일	26	壬午	수	27	癸丑	토	29	甲申	월	29	甲寅	11월	1	乙酉	12월	1	乙卯
26	월	27	癸未	목	28	甲寅	일	30	乙酉	화	30	乙卯	금	2	丙戌	일	2	丙辰
27	화	28	甲申	금	29	乙卯	9월	1	丙戌	10월	1	丙辰	토	3	丁亥	월	3	丁巳
28	수	29	乙酉	8월	1	丙辰	화	2	丁亥	목	2	丁巳	일	4	戊子	화	4	戊午
29	목	30	丙戌	일	2	丁巳	수	3	戊子	금	3	戊午	월	5	己丑	수	5	己未
30	금	7월 1	丁亥	월	3	戊午	목	4	己丑	토	4	己未	화	6	庚寅	목	6	庚申
31	토	2	戊子	화	4	己未				일	5	庚申				금	7	辛酉

서기 1955년 을미 乙未

월 (양력)	1월			2월			3월			4월			5월			6월		
월간지	丁丑			戊寅			己卯			庚辰			辛巳			壬午		
절기 시작	소한小寒 6일 11:36			입춘立春 4일 23:18			경칩驚蟄 6일 17:31			청명淸明 5일 22:39			입하立夏 6일 16:18			망종亡種 6일 20:43		
	대한大寒 21일 05:02			우수雨水 19일 19:19			춘분春分 21일 18:35			곡우穀雨 21일 05:58			소만小滿 22일 05:24			하지夏至 22일 13:31		
양력	요일	음력	일진	요일	음력	일진	요일	음력	일진	요일	음력	일진	요일	음력	일진	요일	음력	일진
1	토	8	壬戌	화	9	癸巳	화	7	辛酉	금	9	壬辰	일	10	壬戌	수	11	癸巳
2	일	9	癸亥	수	10	甲午	수	8	壬戌	토	10	癸巳	월	11	癸亥	목	12	甲午
3	월	10	甲子	목	11	乙未	목	9	癸亥	일	11	甲午	화	12	甲子	금	13	乙未
4	화	11	乙丑	금	12	丙申	금	10	甲子	월	12	乙未	수	13	乙丑	토	14	丙申
5	수	12	丙寅	토	13	丁酉	토	11	乙丑	화	13	丙申	목	14	丙寅	일	15	丁酉
6	목	13	丁卯	일	14	戊戌	일	12	丙寅	수	14	丁酉	금	15	丁卯	월	16	戊戌
7	금	14	戊辰	월	15	己亥	월	13	丁卯	목	15	戊戌	토	16	戊辰	화	17	己亥
8	토	15	己巳	화	16	庚子	화	14	戊辰	금	16	己亥	일	17	己巳	수	18	庚子
9	일	16	庚午	수	17	辛丑	수	15	己巳	토	17	庚子	월	18	庚午	목	19	辛丑
10	월	17	辛未	목	18	壬寅	목	16	庚午	일	18	辛丑	화	19	辛未	금	20	壬寅
11	화	18	壬申	금	19	癸卯	금	17	辛未	월	19	壬寅	수	20	壬申	토	21	癸卯
12	수	19	癸酉	토	20	甲辰	토	18	壬申	화	20	癸卯	목	21	癸酉	일	22	甲辰
13	목	20	甲戌	일	21	乙巳	일	19	癸酉	수	21	甲辰	금	22	甲戌	월	23	乙巳
14	금	21	乙亥	월	22	丙午	월	20	甲戌	목	22	乙巳	토	23	乙亥	화	24	丙午
15	토	22	丙子	화	23	丁未	화	21	乙亥	금	23	丙午	일	24	丙子	수	25	丁未
16	일	23	丁丑	수	24	戊申	수	22	丙子	토	24	丁未	월	25	丁丑	목	26	戊申
17	월	24	戊寅	목	25	己酉	목	23	丁丑	일	25	戊申	화	26	戊寅	금	27	己酉
18	화	25	己卯	금	26	庚戌	금	24	戊寅	월	26	己酉	수	27	己卯	토	28	庚戌
19	수	26	庚辰	토	27	辛亥	토	25	己卯	화	27	庚戌	목	28	庚辰	일	29	辛亥
20	목	27	辛巳	일	28	壬子	일	26	庚辰	수	28	辛亥	금	29	辛巳	5월		壬子
21	금	28	壬午	월	29	癸丑	월	27	辛巳	목	29	壬子	토	30	壬午	화	2	癸丑
22	토	29	癸未	화	30	甲寅	화	28	壬午	윤3월		癸丑	4월		癸未	수	3	甲寅
23	일	30	甲申	2월		乙卯	수	29	癸未	토	2	甲寅	일	2	甲申	목	4	乙卯
24	1월		乙酉	목	2	丙辰	3월		甲申	일	3	乙卯	화	3	乙酉	금	5	丙辰
25	화	2	丙戌	금	3	丁巳	금	2	乙酉	월	4	丙辰	수	4	丙戌	토	6	丁巳
26	수	3	丁亥	토	4	戊午	토	3	丙戌	화	5	丁巳	목	5	丁亥	일	7	戊午
27	목	4	戊子	일	5	己未	일	4	丁亥	수	6	戊午	금	6	戊子	월	8	己未
28	금	5	己丑	월	6	庚申	월	5	戊子	목	7	己未	토	7	己丑	화	9	庚申
29	토	6	庚寅				화	6	己丑	금	8	庚申	일	8	庚寅	수	10	辛酉
30	일	7	辛卯				수	7	庚寅	토	9	辛酉	월	9	辛卯	목	11	壬戌
31	월	8	壬辰				목	8	辛卯				화	10	壬辰			

단기 4288년

월 (양력)	7월			8월			9월			10월			11월			12월		
월간지	癸未			甲申			乙酉			丙戌			丁亥			戊子		
절기시작	소서小暑 8일 07:06			입추立秋 8일 16:50			백로白露 8일 19:32			한로寒露 9일 10:52			입동立冬 8일 13:45			대설大雪 8일 06:23		
	대서大暑 24일 00:25			처서處暑 24일 07:19			추분秋分 24일 04:41			상강霜降 24일 13:43			소설小雪 23일 11:01			동지冬至 23일 00:11		
양력	요일	음력	일진	요일	음력	일진	요일	음력	일진	요일	음력	일진	요일	음력	일진	요일	음력	일진
1	금	12	癸亥	월	14	甲午	목	15	乙丑	토	16	乙未	화	17	丙寅	목	18	丙申
2	토	13	甲子	화	15	乙未	금	16	丙寅	일	17	丙申	수	18	丁卯	금	19	丁酉
3	일	14	乙丑	수	16	丙申	토	17	丁卯	월	18	丁酉	목	19	戊辰	토	20	戊戌
4	월	15	丙寅	목	17	丁酉	일	18	戊辰	화	19	戊戌	금	20	己巳	일	21	己亥
5	화	16	丁卯	금	18	戊戌	월	19	己巳	수	20	己亥	토	21	庚午	월	22	更子
6	수	17	戊辰	토	19	己亥	화	20	庚午	목	21	更子	일	22	辛未	화	23	辛丑
7	목	18	己巳	일	20	更子	수	21	辛未	금	22	辛丑	월	23	壬申	수	24	壬寅
8	금	19	庚午	월	21	辛丑	목	22	壬申	토	23	壬寅	화	24	癸酉	목	25	癸卯
9	토	20	辛未	화	22	壬寅	금	23	癸酉	일	24	癸卯	수	25	甲戌	금	26	甲辰
10	일	21	壬申	수	23	癸卯	토	24	甲戌	월	25	甲辰	목	26	乙亥	토	27	乙巳
11	월	22	癸酉	목	24	甲辰	일	25	乙亥	화	26	乙巳	금	27	丙子	일	28	丙午
12	화	23	甲戌	금	25	乙巳	월	26	丙子	수	27	丙午	토	28	丁丑	월	29	丁未
13	수	24	乙亥	토	26	丙午	화	27	丁丑	목	28	丁未	일	29	戊寅	화	30	戊申
14	목	25	丙子	일	27	丁未	수	28	戊寅	금	29	戊申	10월		己卯	11월		己酉
15	금	26	丁丑	월	28	戊申	목	29	己卯	토	30	己酉	화	2	庚辰	목	2	庚戌
16	토	27	戊寅	화	29	己酉	8월		庚辰	9월		庚戌	수	3	辛巳	금	3	辛亥
17	일	28	己卯	수	30	庚戌	토	2	辛巳	월	2	辛亥	목	4	壬午	토	4	壬子
18	월	29	庚辰	7월		辛亥	일	3	壬午	화	3	壬子	금	5	癸未	일	5	癸丑
19	6월		辛巳	금	2	壬子	월	4	癸未	수	4	癸丑	토	6	甲申	월	6	甲寅
20	수	2	壬午	토	3	癸丑	화	5	甲申	목	5	甲寅	일	7	乙酉	화	7	乙卯
21	목	3	癸未	일	4	甲寅	수	6	乙酉	금	6	乙卯	월	8	丙戌	수	8	丙辰
22	금	4	甲申	월	5	乙卯	목	7	丙戌	토	7	丙辰	화	9	丁亥	목	9	丁巳
23	토	5	乙酉	화	6	丙辰	금	8	丁亥	일	8	丁巳	수	10	戊子	금	10	戊午
24	일	6	丙戌	수	7	丁巳	토	9	戊子	월	9	戊午	목	11	己丑	토	11	己未
25	월	7	丁亥	목	8	戊午	일	10	己丑	화	10	己未	금	12	庚寅	일	12	庚申
26	화	8	戊子	금	9	己未	월	11	庚寅	수	11	庚申	토	13	辛卯	월	13	辛酉
27	수	9	己丑	토	10	庚申	화	12	辛卯	목	12	辛酉	일	14	壬辰	화	14	壬戌
28	목	10	庚寅	일	11	辛酉	수	13	壬辰	금	13	壬戌	월	15	癸巳	수	15	癸亥
29	금	11	辛卯	월	12	壬戌	목	14	癸巳	토	14	癸亥	화	16	甲午	목	16	甲子
30	토	12	壬辰	화	13	癸亥	금	15	甲午	일	15	甲子	수	17	乙未	금	17	乙丑
31	일	13	癸巳	수	14	甲子				월	16	乙丑				토	18	丙寅

서기 1956년 병신 丙申

월(양력)	1월			2월			3월			4월			5월			6월		
월간지	己丑			庚寅			辛卯			壬辰			癸巳			甲午		
절기 시작	소한小寒 6일 17:30			입춘立春 5일 05:12			경칩驚蟄 5일 23:24			청명淸明 5일 04:31			입하立夏 5일 22:10			망종亡種 6일 02:36		
	대한大寒 21일 10:48			우수雨水 20일 01:05			춘분春分 21일 00:20			곡우穀雨 20일 11:43			소만小滿 21일 11:13			하지夏至 21일 19:24		
양력	요일	음력	일진	요일	음력	일진	요일	음력	일진	요일	음력	일진	요일	음력	일진	요일	음력	일진
1	일	19	丁卯	수	20	戊戌	목	19	丁卯	일	21	戊戌	화	21	戊辰	금	23	己亥
2	월	20	戊辰	목	21	己亥	금	20	戊辰	월	22	己亥	수	22	己巳	토	24	庚子
3	화	21	己巳	금	22	庚子	토	21	己巳	화	23	庚子	목	23	庚午	일	25	辛丑
4	수	22	庚午	토	23	辛丑	일	22	庚午	수	24	辛丑	금	24	辛未	월	26	壬寅
5	목	23	辛未	일	24	壬寅	월	23	辛未	목	25	壬寅	토	25	壬申	화	27	癸卯
6	금	24	壬申	월	25	癸卯	화	24	壬申	금	26	癸卯	일	26	癸酉	수	28	甲辰
7	토	25	癸酉	화	26	甲辰	수	25	癸酉	토	27	甲辰	월	27	甲戌	목	29	乙巳
8	일	26	甲戌	수	27	乙巳	목	26	甲戌	일	28	乙巳	화	28	乙亥	금	30	丙午
9	월	27	乙亥	목	28	丙午	금	27	乙亥	월	29	丙午	수	29	丙子	5월	1	丁未
10	화	28	丙子	금	29	丁未	토	28	丙子	화	30	丁未	4월	1	丁丑	일	2	戊申
11	수	29	丁丑	토	30	戊申	일	29	丁丑	3월	1	戊申	금	2	戊寅	월	3	己酉
12	목	30	戊寅	1월	1	己酉	2월	1	戊寅	목	2	己酉	토	3	己卯	화	4	庚戌
13	12월	1	己卯	월	2	庚戌	화	2	己卯	금	3	庚戌	일	4	庚辰	수	5	辛亥
14	토	2	庚辰	화	3	辛亥	수	3	庚辰	토	4	辛亥	월	5	辛巳	목	6	壬子
15	일	3	辛巳	수	4	壬子	목	4	辛巳	일	5	壬子	화	6	壬午	금	7	癸丑
16	월	4	壬午	목	5	癸丑	금	5	壬午	월	6	癸丑	수	7	癸未	토	8	甲寅
17	화	5	癸未	금	6	甲寅	토	6	癸未	화	7	甲寅	목	8	甲申	일	9	乙卯
18	수	6	甲申	토	7	乙卯	일	7	甲申	수	8	乙卯	금	9	乙酉	월	10	丙辰
19	목	7	乙酉	일	8	丙辰	월	8	乙酉	목	9	丙辰	토	10	丙戌	화	11	丁巳
20	금	8	丙戌	월	9	丁巳	화	9	丙戌	금	10	丁巳	일	11	丁亥	수	12	戊午
21	토	9	丁亥	화	10	戊午	수	10	丁亥	토	11	戊午	월	12	戊子	목	13	己未
22	일	10	戊子	수	11	己未	목	11	戊子	일	12	己未	화	13	己丑	금	14	庚申
23	월	11	己丑	목	12	庚申	금	12	己丑	월	13	庚申	수	14	庚寅	토	15	辛酉
24	화	12	庚寅	금	13	辛酉	토	13	庚寅	화	14	辛酉	목	15	辛卯	일	16	壬戌
25	수	13	辛卯	토	14	壬戌	일	14	辛卯	수	15	壬戌	금	16	壬辰	월	17	癸亥
26	목	14	壬辰	일	15	癸亥	월	15	壬辰	목	16	癸亥	토	17	癸巳	화	18	甲子
27	금	15	癸巳	월	16	甲子	화	16	癸巳	금	17	甲子	일	18	甲午	수	19	乙丑
28	토	16	甲午	화	17	乙丑	수	17	甲午	토	18	乙丑	월	19	乙未	목	20	丙寅
29	일	17	乙未	수	18	丙寅	목	18	乙未	일	19	丙寅	화	20	丙申	금	21	丁卯
30	월	18	丙申				금	19	丙申	월	20	丁卯	수	21	丁酉	토	22	戊辰
31	화	19	丁酉				토	20	丁酉				목	22	戊戌			

단기 4289년

월(양력)	7월			8월			9월			10월			11월			12월		
월간지	乙未			丙申			丁酉			戊戌			己亥			庚子		
절기 시작	소서小暑 7일 12:58			입추立秋 7일 22:40			백로白露 8일 01:19			한로寒露 8일 16:36			입동立冬 7일 19:26			대설大雪 7일 12:02		
	대서大暑 23일 06:20			처서處暑 23일 13:15			추분秋分 23일 10:35			상강霜降 23일 19:34			소설小雪 22일 16:50			동지冬至 22일 05:59		
양력	요일	음력	일진	요일	음력	일진	요일	음력	일진	요일	음력	일진	요일	음력	일진	요일	음력	일진
1	일	23	己巳	수	25	庚子	토	27	辛卯	월	27	辛丑	목	29	壬申	토	29	壬寅
2	월	24	庚午	목	26	辛丑	일	28	壬辰	화	28	壬寅	금	30	癸酉	11월		癸卯
3	화	25	辛未	금	27	壬寅	월	29	癸巳	수	29	癸卯	10월		甲戌	월	2	甲辰
4	수	26	壬申	토	28	癸卯	화	30	甲午	9월		甲辰	일	2	乙亥	화	3	乙巳
5	목	27	癸酉	월	29	甲辰	8월		乙未	금	2	乙巳	월	3	丙子	수	4	丙午
6	금	28	甲戌	7월		乙巳	목	2	丙申	토	3	丙午	화	4	丁丑	목	5	丁未
7	토	29	乙亥	화	2	丙午	금	3	丁酉	일	4	丁未	수	5	戊寅	금	6	戊申
8	6월		丙子	수	3	丁未	토	4	戊戌	월	5	戊申	목	6	己卯	토	7	己酉
9	월	2	丁丑	목	4	戊申	일	5	己亥	화	6	己酉	금	7	庚辰	일	8	庚戌
10	화	3	戊寅	금	5	己酉	월	6	庚子	수	7	庚戌	토	8	辛巳	월	9	辛亥
11	수	4	己卯	토	6	庚戌	화	7	辛丑	목	8	辛亥	일	9	壬午	화	10	壬子
12	목	5	庚辰	일	7	辛亥	수	8	壬寅	금	9	壬子	월	10	癸未	수	11	癸丑
13	금	6	辛巳	월	8	壬子	목	9	癸卯	토	10	癸丑	화	11	甲申	목	12	甲寅
14	토	7	壬午	화	9	癸丑	금	10	甲辰	일	11	甲寅	수	12	乙酉	금	13	乙卯
15	일	8	癸未	수	10	甲寅	토	11	乙巳	월	12	乙卯	목	13	丙戌	토	14	丙辰
16	월	9	甲申	목	11	乙卯	일	12	丙午	화	13	丙辰	금	14	丁亥	일	15	丁巳
17	화	10	乙酉	금	12	丙辰	월	13	丁未	수	14	丁巳	토	15	戊子	월	16	戊午
18	수	11	丙戌	토	13	丁巳	화	14	戊申	목	15	戊午	일	16	己丑	화	17	己未
19	목	12	丁亥	일	14	戊午	수	15	己酉	금	16	己未	월	17	庚寅	수	18	庚申
20	금	13	戊子	월	15	己未	목	16	庚戌	토	17	庚申	화	18	辛卯	목	19	辛酉
21	토	14	己丑	화	16	庚申	금	17	辛亥	일	18	辛酉	수	19	壬辰	금	20	壬戌
22	일	15	庚寅	수	17	辛酉	토	18	壬子	월	19	壬戌	목	20	癸巳	토	21	癸亥
23	월	16	辛卯	목	18	壬戌	일	19	癸丑	화	20	癸亥	금	21	甲午	일	22	甲子
24	화	17	壬辰	금	19	癸亥	월	20	甲寅	수	21	甲子	토	22	乙未	월	23	乙丑
25	수	18	癸巳	토	20	甲子	화	21	乙卯	목	22	乙丑	일	23	丙申	화	24	丙寅
26	목	19	甲午	일	21	乙丑	수	22	丙辰	금	23	丙寅	월	24	丁酉	수	25	丁卯
27	금	20	乙未	월	22	丙寅	목	23	丁巳	토	24	丁卯	화	25	戊戌	목	26	戊辰
28	토	21	丙申	화	23	丁卯	금	24	戊午	일	25	戊辰	수	26	己亥	금	27	己巳
29	일	22	丁酉	수	24	戊辰	토	25	己未	월	26	己巳	목	27	庚子	토	28	庚午
30	월	23	戊戌	목	25	己巳	일	26	庚申	화	27	庚午	금	28	辛丑	일	29	辛未
31	화	24	己亥	금	26	庚午				수	28	辛未				월	30	壬申

서기 1957년 정유 丁酉

월(양력)	1월			2월			3월			4월			5월			6월		
월간지	辛丑			壬寅			癸卯			甲辰			乙巳			丙午		
절기시작	소한小寒 5일 23:10			입춘立春 4일 10:55			경칩驚蟄 6일 05:10			청명淸明 5일 10:19			입하立夏 6일 03:58			망종亡種 6일 08:25		
	대한大寒 20일 16:39			우수雨水 19일 06:58			춘분春分 21일 06:16			곡우穀雨 20일 17:41			소만小滿 21일 17:10			하지夏至 22일 01:21		
양력	요일	음력	일진	요일	음력	일진	요일	음력	일진	요일	음력	일진	요일	음력	일진	요일	음력	일진
1	화	12월	癸酉	금	2	甲辰	금	30	壬申	월	2	癸卯	수	2	癸酉	토	4	甲辰
2	수	2	甲戌	토	3	乙巳	토	2월	癸酉	화	3	甲辰	목	3	甲戌	일	5	乙巳
3	목	3	乙亥	일	4	丙午	일	2	甲戌	수	4	乙巳	금	4	乙亥	월	6	丙午
4	금	4	丙子	월	5	丁未	월	3	乙亥	목	5	丙午	토	5	丙子	화	7	丁未
5	토	5	丁丑	화	6	戊申	화	4	丙子	금	6	丁未	일	6	丁丑	수	8	戊申
6	일	6	戊寅	수	7	己酉	수	5	丁丑	토	7	戊申	월	7	戊寅	목	9	己酉
7	월	7	己卯	목	8	庚戌	목	6	戊寅	일	8	己酉	화	8	己卯	금	10	庚戌
8	화	8	庚辰	금	9	辛亥	금	7	己卯	월	9	庚戌	수	9	庚辰	토	11	辛亥
9	수	9	辛巳	토	10	壬子	토	8	庚辰	화	10	辛亥	목	10	辛巳	일	12	壬子
10	목	10	壬午	일	11	癸丑	일	9	辛巳	수	11	壬子	금	11	壬午	월	13	癸丑
11	금	11	癸未	월	12	甲寅	월	10	壬午	목	12	癸丑	토	12	癸未	화	14	甲寅
12	토	12	甲申	화	13	乙卯	화	11	癸未	금	13	甲寅	일	13	甲申	수	15	乙卯
13	일	13	乙酉	수	14	丙辰	수	12	甲申	토	14	乙卯	월	14	乙酉	목	16	丙辰
14	월	14	丙戌	목	15	丁巳	목	13	乙酉	일	15	丙辰	화	15	丙戌	금	17	丁巳
15	화	15	丁亥	금	16	戊午	금	14	丙戌	월	16	丁巳	수	16	丁亥	토	18	戊午
16	수	16	戊子	토	17	己未	토	15	丁亥	화	17	戊午	목	17	戊子	일	19	己未
17	목	17	己丑	일	18	庚申	일	16	戊子	수	18	己未	금	18	己丑	월	20	庚申
18	금	18	庚寅	월	19	辛酉	월	17	己丑	목	19	庚申	토	19	庚寅	화	21	辛酉
19	토	19	辛卯	화	20	壬戌	화	18	庚寅	금	20	辛酉	일	20	辛卯	수	22	壬戌
20	일	20	壬辰	수	21	癸亥	수	19	辛卯	토	21	壬戌	월	21	壬辰	목	23	癸亥
21	월	21	癸巳	목	22	甲子	목	20	壬辰	일	22	癸亥	화	22	癸巳	금	24	甲子
22	화	22	甲午	금	23	乙丑	금	21	癸巳	월	23	甲子	수	23	甲午	토	25	乙丑
23	수	23	乙未	토	24	丙寅	토	22	甲午	화	24	乙丑	목	24	乙未	일	26	丙寅
24	목	24	丙申	일	25	丁卯	일	23	乙未	수	25	丙寅	금	25	丙申	월	27	丁卯
25	금	25	丁酉	월	26	戊辰	월	24	丙申	목	26	丁卯	토	26	丁酉	화	28	戊辰
26	토	26	戊戌	화	27	己巳	화	25	丁酉	금	27	戊辰	일	27	戊戌	수	29	己巳
27	일	27	己亥	수	28	庚午	수	26	戊戌	토	28	己巳	월	28	己亥	목	30	庚午
28	월	28	庚子	목	29	辛未	목	27	己亥	일	29	庚午	화	29	庚子	금	6월	辛未
29	화	29	辛丑				금	28	庚子	월	30	辛未	수	5월	辛丑	토	2	壬申
30	수	30	壬寅				토	29	辛丑	화	4월	壬申	목	2	壬寅	일	3	癸酉
31	목	1월	癸卯				일	3월	壬寅				금	3	癸卯			

단기 4290년

월(양력)	7월			8월			9월			10월			11월			12월		
월간지	丁未			戊申			己酉			庚戌			辛亥			壬子		
절기 시작	소서小暑 7일 18:48			입추立秋 8일 04:32			백로白露 8일 07:12			한로寒露 8일 22:30			입동立冬 8일 01:20			대설大雪 7일 17:56		
	대서大暑 23일 12:15			처서處暑 23일 19:08			추분秋分 23일 16:26			상강霜降 24일 01:24			소설小雪 22일 22:39			동지冬至 22일 11:49		
양력	요일	음력	일진	요일	음력	일진	요일	음력	일진	요일	음력	일진	요일	음력	일진	요일	음력	일진
1	월	4	甲戌	목	6	乙巳	일	8	丙子	화	8	丙午	금	10	丁丑	일	10	丁未
2	화	5	乙亥	금	7	丙午	월	9	丁丑	수	9	丁未	토	11	戊寅	월	11	戊申
3	수	6	丙子	토	8	丁未	화	10	戊寅	목	10	戊申	일	12	己卯	화	12	己酉
4	목	7	丁丑	일	9	戊申	수	11	己卯	금	11	己酉	월	13	庚辰	수	13	庚戌
5	금	8	戊寅	월	10	己酉	목	12	庚辰	토	12	庚戌	화	14	辛巳	목	14	辛亥
6	토	9	己卯	화	11	庚戌	금	13	辛巳	일	13	辛亥	수	15	壬午	금	15	壬子
7	일	10	庚辰	수	12	辛亥	토	14	壬午	월	14	壬子	목	16	癸未	토	16	癸丑
8	월	11	辛巳	목	13	壬子	일	15	癸未	화	15	癸丑	금	17	甲申	일	17	甲寅
9	화	12	壬午	금	14	癸丑	월	16	甲申	수	16	甲寅	토	18	乙酉	월	18	乙卯
10	수	13	癸未	토	15	甲寅	화	17	乙酉	목	17	乙卯	일	19	丙戌	화	19	丙辰
11	목	14	甲申	일	16	乙卯	수	18	丙戌	금	18	丙辰	월	20	丁亥	수	20	丁巳
12	금	15	乙酉	월	17	丙辰	목	19	丁亥	토	19	丁巳	화	21	戊子	목	21	戊午
13	토	16	丙戌	화	18	丁巳	금	20	戊子	일	20	戊午	수	22	己丑	금	22	己未
14	일	17	丁亥	수	19	戊午	토	21	己丑	월	21	己未	목	23	庚寅	토	23	庚申
15	월	18	戊子	목	20	己未	일	22	庚寅	화	22	庚申	금	24	辛卯	일	24	辛酉
16	화	19	己丑	금	21	庚申	월	23	辛卯	수	23	辛酉	토	25	壬辰	월	25	壬戌
17	수	20	庚寅	토	22	辛酉	화	24	壬辰	목	24	壬戌	일	26	癸巳	화	26	癸亥
18	목	21	辛卯	일	23	壬戌	수	25	癸巳	금	25	癸亥	월	27	甲午	수	27	甲子
19	금	22	壬辰	월	24	癸亥	목	26	甲午	토	26	甲子	화	28	乙未	목	28	乙丑
20	토	23	癸巳	화	25	甲子	금	27	乙未	일	27	乙丑	수	29	丙申	금	29	丙寅
21	일	24	甲午	수	26	乙丑	토	28	丙申	월	28	丙寅	목	30	丁酉	토	11월	丁卯
22	월	25	乙未	목	27	丙寅	일	29	丁酉	화	29	丁卯	금	10월	戊戌	일	2	戊辰
23	화	26	丙申	금	28	丁卯	월	30	戊戌	수	9월	戊辰	토	2	己亥	월	3	己巳
24	수	27	丁酉	토	29	戊辰	화	윤9월	己亥	목	2	己巳	일	3	庚子	화	4	庚午
25	목	28	戊戌	일	8월	己巳	수	2	庚子	금	3	庚午	월	4	辛丑	수	5	辛未
26	금	29	己亥	월	2	庚午	목	3	辛丑	토	4	辛未	화	5	壬寅	목	6	壬申
27	토	7월	庚子	화	3	辛未	금	4	壬寅	일	5	壬申	수	6	癸卯	금	7	癸酉
28	일	2	辛丑	수	4	壬申	토	5	癸卯	월	6	癸酉	목	7	甲辰	토	8	甲戌
29	월	3	壬寅	목	5	癸酉	일	6	甲辰	화	7	甲戌	금	8	乙巳	일	9	乙亥
30	화	4	癸卯	금	6	甲戌	월	7	乙巳	수	8	乙亥	토	9	丙午	월	10	丙子
31	수	5	甲辰	토	7	乙亥				목	9	丙子				화	11	丁丑

서기 1958년 무술戊戌

월(양력)	1월			2월			3월			4월			5월			6월		
월간지	癸丑			甲寅			乙卯			丙辰			丁巳			戊午		
절기시작	소한小寒 6일 22:28			입춘立春 4일 16:49			경칩驚蟄 6일 11:05			청명淸明 5일 16:12			입하立夏 6일 09:49			망종亡種 6일 14:12		
	대한大寒 20일 22:28			우수雨水 19일 12:48			춘분春分 21일 12:06			곡우穀雨 20일 23:27			소만小滿 21일 22:51			하지夏至 22일 06:57		
양력	요일	음력	일진	요일	음력	일진	요일	음력	일진	요일	음력	일진	요일	음력	일진	요일	음력	일진
1	수	12	戊寅	토	13	己酉	토	11	丁丑	화	13	戊申	목	13	戊寅	일	14	己酉
2	목	13	己卯	일	14	庚戌	일	12	戊寅	수	14	己酉	금	14	己卯	월	15	庚戌
3	금	14	庚辰	월	15	辛亥	월	13	己卯	목	15	庚戌	토	15	庚辰	화	16	辛亥
4	토	15	辛巳	화	16	壬子	화	14	庚辰	금	16	辛亥	일	16	辛巳	수	17	壬子
5	일	16	壬午	수	17	癸丑	수	15	辛巳	토	17	壬子	월	17	壬午	목	18	癸丑
6	월	17	癸未	목	18	甲寅	목	16	壬午	일	18	癸丑	화	18	癸未	금	19	甲寅
7	화	18	甲申	금	19	乙卯	금	17	癸未	월	19	甲寅	수	19	甲申	토	20	乙卯
8	수	19	乙酉	토	20	丙辰	토	18	甲申	화	20	乙卯	목	20	乙酉	일	21	丙辰
9	목	20	丙戌	일	21	丁巳	일	19	乙酉	수	21	丙辰	금	21	丙戌	월	22	丁巳
10	금	21	丁亥	월	22	戊午	월	20	丙戌	목	22	丁巳	토	22	丁亥	화	23	戊午
11	토	22	戊子	화	23	己未	화	21	丁亥	금	23	戊午	일	23	戊子	수	24	己未
12	일	23	己丑	수	24	庚申	수	22	戊子	토	24	己未	월	24	己丑	목	25	庚申
13	월	24	庚寅	목	25	辛酉	목	23	己丑	일	25	庚申	화	25	庚寅	금	26	辛酉
14	화	25	辛卯	금	26	壬戌	금	24	庚寅	월	26	辛酉	수	26	辛卯	토	27	壬戌
15	수	26	壬辰	토	27	癸亥	토	25	辛卯	화	27	壬戌	목	27	壬辰	일	28	癸亥
16	목	27	癸巳	일	28	甲子	일	26	壬辰	수	28	癸亥	금	28	癸巳	월	29	甲子
17	금	28	甲午	월	29	乙丑	월	27	癸巳	목	29	甲子	토	29	甲午	5월		乙丑
18	토	29	乙未	화	30	丙寅	화	28	甲午	금	30	乙丑	일	30	乙未	수	2	丙寅
19	일	30	丙申	1월		丁卯	수	29	乙未	3월		丙寅	4월		丙申	목	3	丁卯
20	12월		丁酉	목	2	戊辰	2월		丙申	일	2	丁卯	화		丁酉	금	4	戊辰
21	화	2	戊戌	금	3	己巳	금	2	丁酉	월	3	戊辰	수	3	戊戌	토	5	己巳
22	수	3	己亥	토	4	庚午	토	3	戊戌	화	4	己巳	목	4	己亥	일	6	庚午
23	목	4	庚子	일	5	辛未	일	4	己亥	수	5	庚午	금	5	庚子	월	7	辛未
24	금	5	辛丑	월	6	壬申	월	5	庚子	목	6	辛未	토	6	辛丑	화	8	壬申
25	토	6	壬寅	화	7	癸酉	화	6	辛丑	금	7	壬申	일	7	壬寅	수	9	癸酉
26	일	7	癸卯	수	8	甲戌	수	7	壬寅	토	8	癸酉	월	8	癸卯	목	10	甲戌
27	월	8	甲辰	목	9	乙亥	목	8	癸卯	일	9	甲戌	화	9	甲辰	금	11	乙亥
28	화	9	乙巳	금	10	丙子	금	9	甲辰	월	10	乙亥	수	10	乙巳	토	12	丙子
29	수	10	丙午				토	10	乙巳	화	11	丙子	목	11	丙午	일	13	丁丑
30	목	11	丁未				일	11	丙午	수	12	丁丑	금	12	丁未	월	14	戊寅
31	금	12	戊申				월	12	丁未				토	13	戊申			

단기 4291년

월(양력)	7월			8월			9월			10월			11월			12월		
월간지	己未			庚申			辛酉			壬戌			癸亥			甲子		
절기시작	소서小暑 8일 00:33			입추立秋 8일 10:17			백로白露 8일 12:59			한로寒露 9일 04:19			입동立冬 8일 07:12			대설大雪 7일 23:50		
	대서大暑 23일 17:50			처서處暑 24일 00:46			추분秋分 23일 22:09			상강霜降 24일 07:11			소설小雪 23일 04:29			동지冬至 22일 17:40		
양력	요일	음력	일진	요일	음력	일진	요일	음력	일진	요일	음력	일진	요일	음력	일진	요일	음력	일진
1	화	15	己卯	금	16	庚戌	월	18	辛巳	수	19	辛亥	토	20	壬午	월	21	壬子
2	수	16	庚辰	토	17	辛亥	화	19	壬午	목	20	壬子	일	21	癸未	화	22	癸丑
3	목	17	辛巳	일	18	壬子	수	20	癸未	금	21	癸丑	월	22	甲申	수	23	甲寅
4	금	18	壬午	월	19	癸丑	목	21	甲申	토	22	甲寅	화	23	乙酉	목	24	乙卯
5	토	19	癸未	화	20	甲寅	금	22	乙酉	일	23	乙卯	수	24	丙戌	금	25	丙辰
6	일	20	甲申	수	21	乙卯	토	23	丙戌	월	24	丙辰	목	25	丁亥	토	26	丁巳
7	월	21	乙酉	목	22	丙辰	일	24	丁亥	화	25	丁巳	금	26	戊子	일	27	戊午
8	화	22	丙戌	금	23	丁巳	월	25	戊子	수	26	戊午	토	27	己丑	월	28	己未
9	수	23	丁亥	토	24	戊午	화	26	己丑	목	27	己未	일	28	庚寅	화	29	庚申
10	목	24	戊子	일	25	己未	수	27	庚寅	금	28	庚申	월	29	辛卯	수	30	辛酉
11	금	25	己丑	월	26	庚申	목	28	辛卯	토	29	辛酉	10월		壬辰	11월		壬戌
12	토	26	庚寅	화	27	辛酉	금	29	壬辰	일	30	壬戌	수	2	癸巳	금	2	癸亥
13	일	27	辛卯	수	28	壬戌	8월		癸巳	9월		癸亥	목	3	甲午	토	3	甲子
14	월	28	壬辰	목	29	癸亥	일	2	甲午	화	2	甲子	금	4	乙未	일	4	乙丑
15	화	29	癸巳	7월		甲子	월	3	乙未	수	3	乙丑	토	5	丙申	월	5	丙寅
16	수	30	甲午	토	2	乙丑	화	4	丙申	목	4	丙寅	일	6	丁酉	화	6	丁卯
17	6월		乙未	일	3	丙寅	수	5	丁酉	금	5	丁卯	월	7	戊戌	수	7	戊辰
18	금	2	丙申	월	4	丁卯	목	6	戊戌	토	6	戊辰	화	8	己亥	목	8	己巳
19	토	3	丁酉	화	5	戊辰	금	7	己亥	일	7	己巳	수	9	庚子	금	9	庚午
20	일	4	戊戌	수	6	己巳	토	8	庚子	월	8	庚午	목	10	辛丑	토	10	辛未
21	월	5	己亥	목	7	庚午	일	9	辛丑	화	9	辛未	금	11	壬寅	일	11	壬申
22	화	6	庚子	금	8	辛未	월	10	壬寅	수	10	壬申	토	12	癸卯	월	12	癸酉
23	수	7	辛丑	토	9	壬申	화	11	癸卯	목	11	癸酉	일	13	甲辰	화	13	甲戌
24	목	8	壬寅	일	10	癸酉	수	12	甲辰	금	12	甲戌	월	14	乙巳	수	14	乙亥
25	금	9	癸卯	월	11	甲戌	목	13	乙巳	토	13	乙亥	화	15	丙午	목	15	丙子
26	토	10	甲辰	화	12	乙亥	금	14	丙午	일	14	丙子	수	16	丁未	금	16	丁丑
27	일	11	乙巳	수	13	丙子	토	15	丁未	월	15	丁丑	목	17	戊申	토	17	戊寅
28	월	12	丙午	목	14	丁丑	일	16	戊申	화	16	戊寅	금	18	己酉	일	18	己卯
29	화	13	丁未	금	15	戊寅	월	17	己酉	수	17	己卯	토	19	庚戌	월	19	庚辰
30	수	14	戊申	토	16	己卯	화	18	庚戌	목	18	庚辰	일	20	辛亥	화	20	辛巳
31	목	15	己酉	일	17	庚辰				금	19	辛巳				수	21	壬午

만세력 193

서기 1959년 기해 己亥

월(양력) 월간지	1월 乙丑			2월 丙寅			3월 丁卯			4월 戊辰			5월 己巳			6월 庚午		
절기시작	소한小寒 6일 10:58 대한大寒 21일 04:19			입춘立春 4일 22:42 우수雨水 19일 18:38			경칩驚蟄 6일 16:57 춘분春分 21일 17:55			청명淸明 5일 22:03 곡우穀雨 21일 05:16			입하立夏 6일 15:39 소만小滿 22일 04:42			망종芒種 6일 20:00 하지夏至 22일 12:50		
양력	요일	음력	일진	요일	음력	일진	요일	음력	일진	요일	음력	일진	요일	음력	일진	요일	음력	일진
1	목	22	癸未	일	24	甲寅	일	22	壬午	수	24	癸丑	금	24	癸未	월	25	甲寅
2	금	23	甲申	월	25	乙卯	월	23	癸未	목	25	甲寅	토	25	甲申	화	26	乙卯
3	토	24	乙酉	화	26	丙辰	화	24	甲申	금	26	乙卯	일	26	乙酉	수	27	丙辰
4	일	25	丙戌	수	27	丁巳	수	25	乙酉	토	27	丙辰	월	27	丙戌	목	28	丁巳
5	월	26	丁亥	목	28	戊午	목	26	丙戌	일	28	丁巳	화	28	丁亥	금	29	戊午
6	화	27	戊子	금	29	己未	금	27	丁亥	월	29	戊午	수	29	戊子	5월	己未	
7	수	28	己丑	토	30	庚申	토	28	戊子	화	30	己未	목	30	己丑	일	2	庚申
8	목	29	庚寅	1월	辛酉		일	29	己丑	3월	庚申		4월	庚寅		월	3	辛酉
9	12월	辛卯		월	2	壬戌	2월	庚寅		목	2	辛酉	토	2	辛卯	화	4	壬戌
10	토	2	壬辰	화	3	癸亥	화	2	辛卯	금	3	壬戌	일	3	壬辰	수	5	癸亥
11	일	3	癸巳	수	4	甲子	수	3	壬辰	토	4	癸亥	월	4	癸巳	목	6	甲子
12	월	4	甲午	목	5	乙丑	목	4	癸巳	일	5	甲子	화	5	甲午	금	7	乙丑
13	화	5	乙未	금	6	丙寅	금	5	甲午	월	6	乙丑	수	6	乙未	토	8	丙寅
14	수	6	丙申	토	7	丁卯	토	6	乙未	화	7	丙寅	목	7	丙申	일	9	丁卯
15	목	7	丁酉	일	8	戊辰	일	7	丙申	수	8	丁卯	금	8	丁酉	월	10	戊辰
16	금	8	戊戌	월	9	己巳	월	8	丁酉	목	9	戊辰	토	9	戊戌	화	11	己巳
17	토	9	己亥	화	10	庚午	화	9	戊戌	금	10	己巳	일	10	己亥	수	12	庚午
18	일	10	庚子	수	11	辛未	수	10	己亥	토	11	庚午	월	11	庚子	목	13	辛未
19	월	11	辛丑	목	12	壬申	목	11	庚子	일	12	辛未	화	12	辛丑	금	14	壬申
20	화	12	壬寅	금	13	癸酉	금	12	辛丑	월	13	壬申	수	13	壬寅	토	15	癸酉
21	수	13	癸卯	토	14	甲戌	토	13	壬寅	화	14	癸酉	목	14	癸卯	일	16	甲戌
22	목	14	甲辰	일	15	乙亥	일	14	癸卯	수	15	甲戌	금	15	甲辰	월	17	乙亥
23	금	15	乙巳	월	16	丙子	월	15	甲辰	목	16	乙亥	토	16	乙巳	화	18	丙子
24	토	16	丙午	화	17	丁丑	화	16	乙巳	금	17	丙子	일	17	丙午	수	19	丁丑
25	일	17	丁未	수	18	戊寅	수	17	丙午	토	18	丁丑	월	18	丁未	목	20	戊寅
26	월	18	戊申	목	19	己卯	목	18	丁未	일	19	戊寅	화	19	戊申	금	21	己卯
27	화	19	己酉	금	20	庚辰	금	19	戊申	월	20	己卯	수	20	己酉	토	22	庚辰
28	수	20	庚戌	토	21	辛巳	토	20	己酉	화	21	庚辰	목	21	庚戌	일	23	辛巳
29	목	21	辛亥				일	21	庚戌	수	22	辛巳	금	22	辛亥	월	24	壬午
30	금	22	壬子				월	22	辛亥	목	23	壬午	토	23	壬子	화	25	癸未
31	토	23	癸丑				화	23	壬子				일	24	癸丑			

단기 4292년

월(양력)	7월			8월			9월			10월			11월			12월		
월간지	辛未			壬申			癸酉			甲戌			乙亥			丙子		
절기 시작	소서小暑 8일 06:20			입추立秋 8일 16:04			백로白露 8일 18:48			한로寒露 9일 10:10			입동立冬 8일 13:02			대설大雪 8일 05:37		
	대서大暑 23일 23:45			처서處暑 24일 06:44			추분秋分 24일 04:08			상강霜降 24일 13:11			소설小雪 23일 10:27			동지冬至 22일 23:34		
양력	요일	음력	일진	요일	음력	일진	요일	음력	일진	요일	음력	일진	요일	음력	일진	요일	음력	일진
1	수	26	甲申	토	27	乙卯	화	29	丙戌	목	29	丙辰	일	10월	丁亥	화	2	丁巳
2	목	27	乙酉	일	28	丙辰	수	30	丁亥	금	9월	丁巳	월	2	戊子	수	3	戊午
3	금	28	丙戌	월	29	丁巳	목	8월	戊子	토	2	戊午	화	3	己丑	목	4	己未
4	토	29	丁亥	화	7월	戊午	금	2	己丑	일	3	己未	수	4	庚寅	금	5	庚申
5	일	30	戊子	수	2	己未	토	3	庚寅	월	4	庚申	목	5	辛卯	토	6	辛酉
6	월	6월	己丑	목	3	庚申	일	4	辛卯	화	5	辛酉	금	6	壬辰	일	7	壬戌
7	화	2	庚寅	금	4	辛酉	월	5	壬辰	수	6	壬戌	토	7	癸巳	월	8	癸亥
8	수	3	辛卯	토	5	壬戌	화	6	癸巳	목	7	癸亥	일	8	甲午	화	9	甲子
9	목	4	壬辰	일	6	癸亥	수	7	甲午	금	8	甲子	월	9	乙未	수	10	乙丑
10	금	5	癸巳	월	7	甲子	목	8	乙未	토	9	乙丑	화	10	丙申	목	11	丙寅
11	토	6	甲午	화	8	乙丑	금	9	丙申	일	10	丙寅	수	11	丁酉	금	12	丁卯
12	일	7	乙未	수	9	丙寅	토	10	丁酉	월	11	丁卯	목	12	戊戌	토	13	戊辰
13	월	8	丙申	목	10	丁卯	일	11	戊戌	화	12	戊辰	금	13	己亥	일	14	己巳
14	화	9	丁酉	금	11	戊辰	월	12	己亥	수	13	己巳	토	14	庚子	월	15	庚午
15	수	10	戊戌	토	12	己巳	화	13	庚子	목	14	庚午	일	15	辛丑	화	16	辛未
16	목	11	己亥	일	13	庚午	수	14	辛丑	금	15	辛未	월	16	壬寅	수	17	壬申
17	금	12	庚子	월	14	辛未	목	15	壬寅	토	16	壬申	화	17	癸卯	목	18	癸酉
18	토	13	辛丑	화	15	壬申	금	16	癸卯	일	17	癸酉	수	18	甲辰	금	19	甲戌
19	일	14	壬寅	수	16	癸酉	토	17	甲辰	월	18	甲戌	목	19	乙巳	토	20	乙亥
20	월	15	癸卯	목	17	甲戌	일	18	乙巳	화	19	乙亥	금	20	丙午	일	21	丙子
21	화	16	甲辰	금	18	乙亥	월	19	丙午	수	20	丙子	토	21	丁未	월	22	丁丑
22	수	17	乙巳	토	19	丙子	화	20	丁未	목	21	丁丑	일	22	戊申	화	23	戊寅
23	목	18	丙午	일	20	丁丑	수	21	戊申	금	22	戊寅	월	23	己酉	수	24	己卯
24	금	19	丁未	월	21	戊寅	목	22	己酉	토	23	己卯	화	24	庚戌	목	25	庚辰
25	토	20	戊申	화	22	己卯	금	23	庚戌	일	24	庚辰	수	25	辛亥	금	26	辛巳
26	일	21	己酉	수	23	庚辰	토	24	辛亥	월	25	辛巳	목	26	壬子	토	27	壬午
27	월	22	庚戌	목	24	辛巳	일	25	壬子	화	26	壬午	금	27	癸丑	일	28	癸未
28	화	23	辛亥	금	25	壬午	월	26	癸丑	수	27	癸未	토	28	甲寅	월	29	甲申
29	수	24	壬子	토	26	癸未	화	27	甲寅	목	28	甲申	일	29	乙卯	화	30	乙酉
30	목	25	癸丑	일	27	甲申	수	28	乙卯	금	29	乙酉	월	11월	丙辰	수	12월	丙戌
31	금	26	甲寅	월	28	乙酉				토	30	丙戌				목	2	丁亥

만세력

서기 1960년 庚子

월(양력)	1월			2월			3월			4월			5월			6월		
월간지	丁丑			戊寅			己卯			庚辰			辛巳			壬午		
절기시작	소한小寒 6일 16:42			입춘立春 5일 04:23			경칩驚蟄 5일 22:36			청명淸明 5일 03:44			입하立夏 5일 21:23			망종亡種 6일 01:49		
	대한大寒 21일 10:10			우수雨水 19일 00:26			춘분春分 20일 23:43			곡우穀雨 20일 11:06			소만小滿 21일 10:34			하지夏至 21일 18:42		
양력	요일	음력	일진	요일	음력	일진	요일	음력	일진	요일	음력	일진	요일	음력	일진	요일	음력	일진
1	금	3	戊子	월	5	己未	화	4	戊子	금	6	己未	일	6	己丑	수	8	庚申
2	토	4	己丑	화	6	庚申	수	5	己丑	토	7	庚申	월	7	庚寅	목	9	辛酉
3	일	5	庚寅	수	7	辛酉	목	6	庚寅	일	8	辛酉	화	8	辛卯	금	10	壬戌
4	월	6	辛卯	목	8	壬戌	금	7	辛卯	월	9	壬戌	수	9	壬辰	토	11	癸亥
5	화	7	壬辰	금	9	癸亥	토	8	壬辰	화	10	癸亥	목	10	癸巳	일	12	甲子
6	수	8	癸巳	토	10	甲子	일	9	癸巳	수	11	甲子	금	11	甲午	월	13	乙丑
7	목	9	甲午	일	11	乙丑	월	10	甲午	목	12	乙丑	토	12	乙未	화	14	丙寅
8	금	10	乙未	월	12	丙寅	화	11	乙未	금	13	丙寅	일	13	丙申	수	15	丁卯
9	토	11	丙申	화	13	丁卯	수	12	丙申	토	14	丁卯	월	14	丁酉	목	16	戊辰
10	일	12	丁酉	수	14	戊辰	목	13	丁酉	일	15	戊辰	화	15	戊戌	금	17	己巳
11	월	13	戊戌	목	15	己巳	금	14	戊戌	월	16	己巳	수	16	己亥	토	18	庚午
12	화	14	己亥	금	16	庚午	토	15	己亥	화	17	庚午	목	17	庚子	일	19	辛未
13	수	15	庚子	토	17	辛未	일	16	庚子	수	18	辛未	금	18	辛丑	월	20	壬申
14	목	16	辛丑	일	18	壬申	월	17	辛丑	목	19	壬申	토	19	壬寅	화	21	癸酉
15	금	17	壬寅	월	19	癸酉	화	18	壬寅	금	20	癸酉	일	20	癸卯	수	22	甲戌
16	토	18	癸卯	화	20	甲戌	수	19	癸卯	토	21	甲戌	월	21	甲辰	목	23	乙亥
17	일	19	甲辰	수	21	乙亥	목	20	甲辰	일	22	乙亥	화	22	乙巳	금	24	丙子
18	월	20	乙巳	목	22	丙子	금	21	乙巳	월	23	丙子	수	23	丙午	토	25	丁丑
19	화	21	丙午	금	23	丁丑	토	22	丙午	화	24	丁丑	목	24	丁未	일	26	戊寅
20	수	22	丁未	토	24	戊寅	일	23	丁未	수	25	戊寅	금	25	戊申	월	27	己卯
21	목	23	戊申	일	25	己卯	월	24	戊申	목	26	己卯	토	26	己酉	화	28	庚辰
22	금	24	己酉	월	26	庚辰	화	25	己酉	금	27	庚辰	일	27	庚戌	수	29	辛巳
23	토	25	庚戌	화	27	辛巳	수	26	庚戌	토	28	辛巳	월	28	辛亥	목	30	壬午
24	일	26	辛亥	수	28	壬午	목	27	辛亥	일	29	壬午	화	29	壬子	6월	1	癸未
25	월	27	壬子	목	29	癸未	금	28	壬子	월	30	癸未	5월	1	癸丑	토	2	甲申
26	화	28	癸丑	금	30	甲申	토	29	癸丑	4월	1	甲申	목	2	甲寅	일	3	乙酉
27	수	29	甲寅	2월	1	乙酉	3월	1	甲寅	화	2	乙酉	금	3	乙卯	월	4	丙戌
28	1월	1	乙卯	일	2	丙戌	월	2	乙卯	목	3	丙戌	토	4	丙辰	화	5	丁亥
29	금	2	丙辰	월	3	丁亥	화	3	丙辰	금	4	丁亥	일	5	丁巳	수	6	戊子
30	토	3	丁巳				수	4	丁巳	토	5	戊子	월	6	戊午	목	7	己丑
31	일	4	戊午				목	5	戊午				화	7	己未			

단기 4293년

월(양력)	7월			8월			9월			10월			11월			12월		
월간지	癸未			甲申			乙酉			丙戌			丁亥			戊子		
절기시작	소서小暑 7일 12:13 대서大暑 23일 05:37			입추立秋 7일 22:00 처서處暑 23일 12:34			백로白露 8일 00:45 추분秋分 23일 09:59			한로寒露 8일 16:09 상강霜降 23일 19:02			입동立冬 7일 19:02 소설小雪 22일 16:18			대설大雪 7일 11:38 동지冬至 22일 05:26		
양력	요일	음력	일진	요일	음력	일진	요일	음력	일진	요일	음력	일진	요일	음력	일진	요일	음력	일진
1	금	8	庚寅	월	9	辛酉	목	11	壬辰	토	11	壬戌	화	13	癸巳	목	13	癸亥
2	토	9	辛卯	화	10	壬戌	금	12	癸巳	일	12	癸亥	수	14	甲午	금	14	甲子
3	일	10	壬辰	수	11	癸亥	토	13	甲午	월	13	甲子	목	15	乙未	토	15	乙丑
4	월	11	癸巳	목	12	甲子	일	14	乙未	화	14	乙丑	금	16	丙申	일	16	丙寅
5	화	12	甲午	금	13	乙丑	월	15	丙申	수	15	丙寅	토	17	丁酉	월	17	丁卯
6	수	13	乙未	토	14	丙寅	화	16	丁酉	목	16	丁卯	일	18	戊戌	화	18	戊辰
7	목	14	丙申	일	15	丁卯	수	17	戊戌	금	17	戊辰	월	19	己亥	수	19	己巳
8	금	15	丁酉	월	16	戊辰	목	18	己亥	토	18	己巳	화	20	庚子	목	20	庚午
9	토	16	戊戌	화	17	己巳	금	19	庚子	일	19	庚午	수	21	辛丑	금	21	辛未
10	일	17	己亥	수	18	庚午	토	20	辛丑	월	20	辛未	목	22	壬寅	토	22	壬申
11	월	18	庚子	목	19	辛未	일	21	壬寅	화	21	壬申	금	23	癸卯	일	23	癸酉
12	화	19	辛丑	금	20	壬申	월	22	癸卯	수	22	癸酉	토	24	甲辰	월	24	甲戌
13	수	20	壬寅	토	21	癸酉	화	23	甲辰	목	23	甲戌	일	25	乙巳	화	25	乙亥
14	목	21	癸卯	일	22	甲戌	수	24	乙巳	금	24	乙亥	월	26	丙午	수	26	丙子
15	금	22	甲辰	월	23	乙亥	목	25	丙午	토	25	丙子	화	27	丁未	목	27	丁丑
16	토	23	乙巳	화	24	丙子	금	26	丁未	일	26	丁丑	수	28	戊申	금	28	戊寅
17	일	24	丙午	수	25	丁丑	토	27	戊申	월	27	戊寅	목	29	己酉	토	29	己卯
18	월	25	丁未	목	26	戊寅	일	28	己酉	화	28	己卯	금	30	庚戌	일	11월	庚辰
19	화	26	戊申	금	27	己卯	월	29	庚戌	수	29	庚辰	토	10월	辛亥	월	2	辛巳
20	수	27	己酉	토	28	庚辰	화	30	辛亥	목	9월	辛巳	일	2	壬子	화	3	壬午
21	목	28	庚戌	일	29	辛巳	수	8월	壬子	금	2	壬午	월	3	癸丑	수	4	癸未
22	금	29	辛亥	월	7월	壬午	목	2	癸丑	토	3	癸未	화	4	甲寅	목	5	甲申
23	토	30	壬子	화	2	癸未	금	3	甲寅	일	4	甲申	수	5	乙卯	금	6	乙酉
24	일	윤6월	癸丑	수	3	甲申	토	4	乙卯	월	5	乙酉	목	6	丙辰	토	7	丙戌
25	월	2	甲寅	목	4	乙酉	일	5	丙辰	화	6	丙戌	금	7	丁巳	일	8	丁亥
26	화	3	乙卯	금	5	丙戌	월	6	丁巳	수	7	丁亥	토	8	戊午	월	9	戊子
27	수	4	丙辰	토	6	丁亥	화	7	戊午	목	8	戊子	일	9	己未	화	10	己丑
28	목	5	丁巳	일	7	戊子	수	8	己未	금	9	己丑	월	10	庚申	수	11	庚寅
29	금	6	戊午	월	8	己丑	목	9	庚申	토	10	庚寅	화	11	辛酉	목	12	辛卯
30	토	7	己未	화	9	庚寅	금	10	辛酉	일	11	辛卯	수	12	壬戌	금	13	壬辰
31	일	8	庚申	수	10	辛卯				월	12	壬辰				토	14	癸巳

서기 1961년 신축辛丑

월(양력)	1월			2월			3월			4월			5월			6월		
월간지	己丑			庚寅			辛卯			壬辰			癸巳			甲午		
절기시작	소한小寒 5일 22:43 대한大寒 20일 16:01			입춘立春 4일 10:22 우수雨水 19일 06:16			경칩驚蟄 6일 04:35 춘분春分 21일 05:32			청명淸明 5일 09:42 곡우穀雨 20일 16:55			입하立夏 6일 03:21 소만小滿 21일 16:22			망종亡種 6일 07:46 하지夏至 22일 00:30		
양력	요일	음력	일진	요일	음력	일진	요일	음력	일진	요일	음력	일진	요일	음력	일진	요일	음력	일진
1	일	15	甲午	수	16	乙丑	수	15	癸巳	토	16	甲子	월	17	甲午	목	18	乙丑
2	월	16	乙未	목	17	丙寅	목	16	甲午	일	17	乙丑	화	18	乙未	금	19	丙寅
3	화	17	丙申	금	18	丁卯	금	17	乙未	월	18	丙寅	수	19	丙申	토	20	丁卯
4	수	18	丁酉	토	19	戊辰	토	18	丙申	화	19	丁卯	목	20	丁酉	일	21	戊辰
5	목	19	戊戌	일	20	己巳	일	19	丁酉	수	20	戊辰	금	21	戊戌	월	22	己巳
6	금	20	己亥	월	21	庚午	월	20	戊戌	목	21	己巳	토	22	己亥	화	23	庚午
7	토	21	庚子	화	22	辛未	화	21	己亥	금	22	庚午	일	23	庚子	수	24	辛未
8	일	22	辛丑	수	23	壬申	수	22	庚子	토	23	辛未	월	24	辛丑	목	25	壬申
9	월	23	壬寅	목	24	癸酉	목	23	辛丑	일	24	壬申	화	25	壬寅	금	26	癸酉
10	화	24	癸卯	금	25	甲戌	금	24	壬寅	월	25	癸酉	수	26	癸卯	토	27	甲戌
11	수	25	甲辰	토	26	乙亥	토	25	癸卯	화	26	甲戌	목	27	甲辰	일	28	乙亥
12	목	26	乙巳	일	27	丙子	일	26	甲辰	수	27	乙亥	금	28	乙巳	월	29	丙子
13	금	27	丙午	월	28	丁丑	월	27	乙巳	목	28	丙子	토	29	丙午	화	5월	丁丑
14	토	28	丁未	화	29	戊寅	화	28	丙午	금	29	丁丑	일	30	丁未	수	2	戊寅
15	일	29	戊申	수	1월	己卯	수	29	丁未	토	3월	戊寅	월	4월	戊申	목	3	己卯
16	월	30	己酉	목	2	庚辰	목	30	戊申	일	2	己卯	화	2	己酉	금	4	庚辰
17	화	12월	庚戌	금	3	辛巳	금	2월	己酉	월	3	庚辰	수	3	庚戌	토	5	辛巳
18	수	2	辛亥	토	4	壬午	토	2	庚戌	화	4	辛巳	목	4	辛亥	일	6	壬午
19	목	3	壬子	일	5	癸未	일	3	辛亥	수	5	壬午	금	5	壬子	월	7	癸未
20	금	4	癸丑	월	6	甲申	월	4	壬子	목	6	癸未	토	6	癸丑	화	8	甲申
21	토	5	甲寅	화	7	乙酉	화	5	癸丑	금	7	甲申	일	7	甲寅	수	9	乙酉
22	일	6	乙卯	수	8	丙戌	수	6	甲寅	토	8	乙酉	월	8	乙卯	목	10	丙戌
23	월	7	丙辰	목	9	丁亥	목	7	乙卯	일	9	丙戌	화	9	丙辰	금	11	丁亥
24	화	8	丁巳	금	10	戊子	금	8	丙辰	월	10	丁亥	수	10	丁巳	토	12	戊子
25	수	9	戊午	토	11	己丑	토	9	丁巳	화	11	戊子	목	11	戊午	일	13	己丑
26	목	10	己未	일	12	庚寅	일	10	戊午	수	12	己丑	금	12	己未	월	14	庚寅
27	금	11	庚申	월	13	辛卯	월	11	己未	목	13	庚寅	토	13	庚申	화	15	辛卯
28	토	12	辛酉	화	14	壬辰	화	12	庚申	금	14	辛卯	일	14	辛酉	수	16	壬辰
29	일	13	壬戌				수	13	辛酉	토	15	壬辰	월	15	壬戌	목	17	癸巳
30	월	14	癸亥				목	14	壬戌	일	16	癸巳	화	16	癸亥	금	18	甲午
31	화	15	甲子				금	15	癸亥				수	17	甲子			

단기 4294년

월(양력)	7월			8월			9월			10월			11월			12월		
월간지	乙未			丙申			丁酉			戊戌			己亥			庚子		
절기 시작	소서小暑 7일 18:07			입추立秋 8일 03:48			백로白露 8일 06:29			한로寒露 8일 21:51			입동立冬 8일 00:46			대설大雪 7일 17:26		
	대서大暑 23일 11:24			처서處暑 23일 18:19			추분秋分 23일 15:42			상강霜降 24일 00:47			소설小雪 22일 22:08			동지冬至 22일 11:19		
양력	요일	음력	일진	요일	음력	일진	요일	음력	일진	요일	음력	일진	요일	음력	일진	요일	음력	일진
1	토	19	乙未	화	20	丙寅	금	22	丁酉	일	22	丁卯	수	23	戊戌	금	24	戊辰
2	일	20	丙申	수	21	丁卯	토	23	戊戌	월	23	戊辰	목	24	己亥	토	25	己巳
3	월	21	丁酉	목	22	戊辰	일	24	己亥	화	24	己巳	금	25	庚子	일	26	庚午
4	화	22	戊戌	금	23	己巳	월	25	庚子	수	25	庚午	토	26	辛丑	월	27	辛未
5	수	23	己亥	토	24	庚午	화	26	辛丑	목	26	辛未	일	27	壬寅	화	28	壬申
6	목	24	庚子	일	25	辛未	수	27	壬寅	금	27	壬申	월	28	癸卯	수	29	癸酉
7	금	25	辛丑	월	26	壬申	목	28	癸卯	토	28	癸酉	화	29	甲辰	목	30	甲戌
8	토	26	壬寅	화	27	癸酉	금	29	甲辰	일	29	甲戌	수	10월	乙巳	금	11월	乙亥
9	일	27	癸卯	수	28	甲戌	토	30	乙巳	월	30	乙亥	목	2	丙午	토	2	丙子
10	월	28	甲辰	목	29	乙亥	일	8월	丙午	화	9월	丙子	금	3	丁未	일	3	丁丑
11	화	29	乙巳	금	7월	丙子	월	2	丁未	수	2	丁丑	토	4	戊申	월	4	戊寅
12	수	30	丙午	토	2	丁丑	화	3	戊申	목	3	戊寅	일	5	己酉	화	5	己卯
13	목	6월	丁未	일	3	戊寅	수	4	己酉	금	4	己卯	월	6	庚戌	수	6	庚辰
14	금	2	戊申	월	4	己卯	목	5	庚戌	토	5	庚辰	화	7	辛亥	목	7	辛巳
15	토	3	己酉	화	5	庚辰	금	6	辛亥	일	6	辛巳	수	8	壬子	금	8	壬午
16	일	4	庚戌	수	6	辛巳	토	7	壬子	월	7	壬午	목	9	癸丑	토	9	癸未
17	월	5	辛亥	목	7	壬午	일	8	癸丑	화	8	癸未	금	10	甲寅	일	10	甲申
18	화	6	壬子	금	8	癸未	월	9	甲寅	수	9	甲申	토	11	乙卯	월	11	乙酉
19	수	7	癸丑	토	9	甲申	화	10	乙卯	목	10	乙酉	일	12	丙辰	화	12	丙戌
20	목	8	甲寅	일	10	乙酉	수	11	丙辰	금	11	丙戌	월	13	丁巳	수	13	丁亥
21	금	9	乙卯	월	11	丙戌	목	12	丁巳	토	12	丁亥	화	14	戊午	목	14	戊子
22	토	10	丙辰	화	12	丁亥	금	13	戊午	일	13	戊子	수	15	己未	금	15	己丑
23	일	11	丁巳	수	13	戊子	토	14	己未	월	14	己丑	목	16	庚申	토	16	庚寅
24	월	12	戊午	목	14	己丑	일	15	庚申	화	15	庚寅	금	17	辛酉	일	17	辛卯
25	화	13	己未	금	15	庚寅	월	16	辛酉	수	16	辛卯	토	18	壬戌	월	18	壬辰
26	수	14	庚申	토	16	辛卯	화	17	壬戌	목	17	壬辰	일	19	癸亥	화	19	癸巳
27	목	15	辛酉	일	17	壬辰	수	18	癸亥	금	18	癸巳	월	20	甲子	수	20	甲午
28	금	16	壬戌	월	18	癸巳	목	19	甲子	토	19	甲午	화	21	乙丑	목	21	乙未
29	토	17	癸亥	화	19	甲午	금	20	乙丑	일	20	乙未	수	22	丙寅	금	22	丙申
30	일	18	甲子	수	20	乙未	토	21	丙寅	월	21	丙申	목	23	丁卯	토	23	丁酉
31	월	19	乙丑	목	21	丙申				화	22	丁酉				일	24	戊戌

서기 1962년 임인 壬寅

월 (양력)	1월			2월			3월			4월			5월			6월		
월 간지	辛丑			壬寅			癸卯			甲辰			乙巳			丙午		
절기 시작	소한小寒 6일 04:35			입춘立春 4일 16:17			경칩驚蟄 6일 10:30			청명淸明 5일 15:34			입하立夏 6일 09:10			망종亡種 6일 13:31		
	대한大寒 20일 21:58			우수雨水 19일 12:15			춘분春分 21일 11:30			곡우穀雨 20일 22:51			소만小滿 21일 22:17			하지夏至 22일 06:24		
양력	요일	음력	일진	요일	음력	일진	요일	음력	일진	요일	음력	일진	요일	음력	일진	요일	음력	일진
1	일	25	己亥	목	27	庚午	목	25	戊戌	일	27	己巳	화	27	己亥	금	29	庚午
2	화	26	庚子	금	28	辛未	금	26	己亥	월	28	庚午	수	28	庚子	5월		辛未
3	수	27	辛丑	토	29	壬申	토	27	庚子	화	29	辛未	목	29	辛丑	일	2	壬申
4	목	28	壬寅	일	30	癸酉	일	28	辛丑	수	30	壬申	4월		壬寅	월	3	癸酉
5	금	29	癸卯	1월		甲戌	월	29	壬寅	3월		癸酉	토	2	癸卯	화	4	甲戌
6	12월		甲辰	화	2	乙亥	2월		癸卯	일	2	甲戌	일	3	甲辰	수	5	乙亥
7	일	2	乙巳	수	3	丙子	수	2	甲辰	토	3	乙亥	월	4	乙巳	목	6	丙子
8	월	3	丙午	목	4	丁丑	목	3	乙巳	일	4	丙子	화	5	丙午	금	7	丁丑
9	화	4	丁未	금	5	戊寅	금	4	丙午	월	5	丁丑	수	6	丁未	토	8	戊寅
10	수	5	戊申	토	6	己卯	토	5	丁未	화	6	戊寅	목	7	戊申	일	9	己卯
11	목	6	己酉	일	7	庚辰	일	6	戊申	수	7	己卯	금	8	己酉	월	10	庚辰
12	금	7	庚戌	월	8	辛巳	월	7	己酉	목	8	庚辰	토	9	庚戌	화	11	辛巳
13	토	8	辛亥	화	9	壬午	화	8	庚戌	금	9	辛巳	일	10	辛亥	수	12	壬午
14	일	9	壬子	수	10	癸未	수	9	辛亥	토	10	壬午	월	11	壬子	목	13	癸未
15	월	10	癸丑	목	11	甲申	목	10	壬子	일	11	癸未	화	12	癸丑	금	14	甲申
16	화	11	甲寅	금	12	乙酉	금	11	癸丑	월	12	甲申	수	13	甲寅	토	15	乙酉
17	수	12	乙卯	토	13	丙戌	토	12	甲寅	화	13	乙酉	목	14	乙卯	일	16	丙戌
18	목	13	丙辰	일	14	丁亥	일	13	乙卯	수	14	丙戌	금	15	丙辰	월	17	丁亥
19	금	14	丁巳	월	15	戊子	월	14	丙辰	목	15	丁亥	토	16	丁巳	화	18	戊子
20	토	15	戊午	화	16	己丑	화	15	丁巳	금	16	戊子	일	17	戊午	수	19	己丑
21	일	16	己未	수	17	庚寅	수	16	戊午	토	17	己丑	월	18	己未	목	20	庚寅
22	월	17	庚申	목	18	辛卯	목	17	己未	일	18	庚寅	화	19	庚申	금	21	辛卯
23	화	18	辛酉	금	19	壬辰	금	18	庚申	월	19	辛卯	수	20	辛酉	토	22	壬辰
24	수	19	壬戌	토	20	癸巳	토	19	辛酉	화	20	壬辰	목	21	壬戌	일	23	癸巳
25	목	20	癸亥	일	21	甲午	일	20	壬戌	수	21	癸巳	금	22	癸亥	월	24	甲午
26	금	21	甲子	월	22	乙未	월	21	癸亥	목	22	甲午	토	23	甲子	화	25	乙未
27	토	22	乙丑	화	23	丙申	화	22	甲子	금	23	乙未	일	24	乙丑	수	26	丙申
28	일	23	丙寅	수	24	丁酉	수	23	乙丑	토	24	丙申	월	25	丙寅	목	27	丁酉
29	월	24	丁卯				목	24	丙寅	일	25	丁酉	화	26	丁卯	금	28	戊戌
30	화	25	戊辰				금	25	丁卯	월	26	戊戌	수	27	戊辰	토	29	己亥
31	수	26	己巳				토	26	戊辰				목	28	己巳			

단기 4295년

월(양력)	7월	8월	9월	10월	11월	12월
월간지	丁未	戊申	己酉	庚戌	辛亥	壬子
절기시작	소서小暑 7일 23:51	입추立秋 8일 09:34	백로白露 8일 12:15	한로寒露 9일 03:38	입동立冬 8일 06:35	대설大雪 7일 23:17
	대서大暑 23일 17:18	처서處暑 24일 00:12	추분秋分 23일 21:35	상강霜降 24일 06:40	소설小雪 23일 04:02	동지冬至 22일 17:15

양력	요일	음력	일진	요일	음력	일진	요일	음력	일진	요일	음력	일진	요일	음력	일진	요일	음력	일진
1	일	30	庚子	수	2	辛未	토	3	壬寅	월	3	壬申	목	5	癸卯	토	5	癸酉
2	월	6월	辛丑	목	3	壬申	일	4	癸卯	화	4	癸酉	금	6	甲辰	일	6	甲戌
3	화	2	壬寅	금	4	癸酉	월	5	甲辰	수	5	甲戌	토	7	乙巳	월	7	乙亥
4	수	3	癸卯	토	5	甲戌	화	6	乙巳	목	6	乙亥	일	8	丙午	화	8	丙子
5	목	4	甲辰	일	6	乙亥	수	7	丙午	금	7	丙子	월	9	丁未	수	9	丁丑
6	금	5	乙巳	월	7	丙子	목	8	丁未	토	8	丁丑	화	10	戊申	목	10	戊寅
7	토	6	丙午	화	8	丁丑	금	9	戊申	일	9	戊寅	수	11	己酉	금	11	己卯
8	일	7	丁未	수	9	戊寅	토	10	己酉	월	10	己卯	목	12	庚戌	토	12	庚辰
9	월	8	戊申	목	10	己卯	일	11	庚戌	화	11	庚辰	금	13	辛亥	일	13	辛巳
10	화	9	己酉	금	11	庚辰	월	12	辛亥	수	12	辛巳	토	14	壬子	월	14	壬午
11	수	10	庚戌	토	12	辛巳	화	13	壬子	목	13	壬午	일	15	癸丑	화	15	癸未
12	목	11	辛亥	일	13	壬午	수	14	癸丑	금	14	癸未	월	16	甲寅	수	16	甲申
13	금	12	壬子	월	14	癸未	목	15	甲寅	토	15	甲申	화	17	乙卯	목	17	乙酉
14	토	13	癸丑	화	15	甲申	금	16	乙卯	일	16	乙酉	수	18	丙辰	금	18	丙戌
15	일	14	甲寅	수	16	乙酉	토	17	丙辰	월	17	丙戌	목	19	丁巳	토	19	丁亥
16	월	15	乙卯	목	17	丙戌	일	18	丁巳	화	18	丁亥	금	20	戊午	일	20	戊子
17	화	16	丙辰	금	18	丁亥	월	19	戊午	수	19	戊子	토	21	己未	월	21	己丑
18	수	17	丁巳	토	19	戊子	화	20	己未	목	20	己丑	일	22	庚申	화	22	庚寅
19	목	18	戊午	일	20	己丑	수	21	庚申	금	21	庚寅	월	23	辛酉	수	23	辛卯
20	금	19	己未	월	21	庚寅	목	22	辛酉	토	22	辛卯	화	24	壬戌	목	24	壬辰
21	토	20	庚申	화	22	辛卯	금	23	壬戌	일	23	壬辰	수	25	癸亥	금	25	癸巳
22	일	21	辛酉	수	23	壬辰	토	24	癸亥	월	24	癸巳	목	26	甲子	토	26	甲午
23	월	22	壬戌	목	24	癸巳	일	25	甲子	화	25	甲午	금	27	乙丑	일	27	乙未
24	화	23	癸亥	금	25	甲午	월	26	乙丑	수	26	乙未	토	28	丙寅	월	28	丙申
25	수	24	甲子	토	26	乙未	화	27	丙寅	목	27	丙申	일	29	丁卯	화	29	丁酉
26	목	25	乙丑	일	27	丙申	수	28	丁卯	금	28	丁酉	월	30	戊辰	수	30	戊戌
27	금	26	丙寅	월	28	丁酉	목	29	戊辰	토	29	戊戌	화	11월	己巳	목	12월	己亥
28	토	27	丁卯	화	29	戊戌	금	30	己巳	일	10월	己亥	수	2	庚午	금	2	庚子
29	일	28	戊辰	수	30	己亥	토	9월	庚午	월	2	庚子	목	3	辛未	토	3	辛丑
30	월	29	己巳	목	8월	庚子	일	2	辛未	화	3	辛丑	금	4	壬申	일	4	壬寅
31	화	7월	庚午	금	2	辛丑				수	4	壬寅				월	5	癸卯

서기 1963년 계묘 癸卯

월(양력)	1월			2월			3월			4월			5월			6월		
월간지	癸丑			甲寅			乙卯			丙辰			丁巳			戊午		
절기시작	소한小寒 6일 10:26			입춘立春 4일 22:08			경칩驚蟄 6일 16:17			청명淸明 5일 21:19			입하立夏 6일 14:52			망종芒種 6일 19:14		
	대한大寒 21일 03:54			우수雨水 19일 18:09			춘분春分 21일 17:20			곡우穀雨 21일 04:36			소만小滿 22일 03:58			하지夏至 22일 12:04		
양력	요일	음력	일진	요일	음력	일진	요일	음력	일진	요일	음력	일진	요일	음력	일진	요일	음력	일진
1	화	6	甲辰	금	8	乙亥	금	6	癸卯	월	8	甲戌	수	8	甲辰	토	10	乙亥
2	수	7	乙巳	토	9	丙子	토	7	甲辰	화	9	乙亥	목	9	乙巳	일	11	丙子
3	목	8	丙午	일	10	丁丑	일	8	乙巳	수	10	丙子	금	10	丙午	월	12	丁丑
4	금	9	丁未	월	11	戊寅	월	9	丙午	목	11	丁丑	토	11	丁未	화	13	戊寅
5	토	10	戊申	화	12	己卯	화	10	丁未	금	12	戊寅	일	12	戊申	수	14	己卯
6	일	11	己酉	수	13	庚辰	수	11	戊申	토	13	己卯	월	13	己酉	목	15	庚辰
7	월	12	庚戌	목	14	辛巳	목	12	己酉	일	14	庚辰	화	14	庚戌	금	16	辛巳
8	화	13	辛亥	금	15	壬午	금	13	庚戌	월	15	辛巳	수	15	辛亥	토	17	壬午
9	수	14	壬子	토	16	癸未	토	14	辛亥	화	16	壬午	목	16	壬子	일	18	癸未
10	목	15	癸丑	일	17	甲申	일	15	壬子	수	17	癸未	금	17	癸丑	월	19	甲申
11	금	16	甲寅	월	18	乙酉	월	16	癸丑	목	18	甲申	토	18	甲寅	화	20	乙酉
12	토	17	乙卯	화	19	丙戌	화	17	甲寅	금	19	乙酉	일	19	乙卯	수	21	丙戌
13	일	18	丙辰	수	20	丁亥	수	18	乙卯	토	20	丙戌	월	20	丙辰	목	22	丁亥
14	월	19	丁巳	목	21	戊子	목	19	丙辰	일	21	丁亥	화	21	丁巳	금	23	戊子
15	화	20	戊午	금	22	己丑	금	20	丁巳	월	22	戊子	수	22	戊午	토	24	己丑
16	수	21	己未	토	23	庚寅	토	21	戊午	화	23	己丑	목	23	己未	일	25	庚寅
17	목	22	庚申	일	24	辛卯	일	22	己未	수	24	庚寅	금	24	庚申	월	26	辛卯
18	금	23	辛酉	월	25	壬辰	월	23	庚申	목	25	辛卯	토	25	辛酉	화	27	壬辰
19	토	24	壬戌	화	26	癸巳	화	24	辛酉	금	26	壬辰	일	26	壬戌	수	28	癸巳
20	일	25	癸亥	수	27	甲午	수	25	壬戌	토	27	癸巳	월	27	癸亥	목	29	甲午
21	월	26	甲子	목	28	乙未	목	26	癸亥	일	28	甲午	화	28	甲子	금	5월	乙未
22	화	27	乙丑	금	29	丙申	금	27	甲子	월	29	乙未	수	29	乙丑	토	2	丙申
23	수	28	丙寅	토	30	丁酉	토	28	乙丑	화	30	丙申	목	윤4월	丙寅	일	3	丁酉
24	목	29	丁卯	일	2월	戊戌	일	29	丙寅	수	4월	丁酉	금	2	丁卯	월	4	戊戌
25	금	1월	戊辰	월	2	己亥	월	3월	丁卯	목	2	戊戌	토	3	戊辰	화	5	己亥
26	토	2	己巳	화	3	庚子	화	2	戊辰	금	3	己亥	일	4	己巳	수	6	庚子
27	일	3	庚午	수	4	辛丑	수	3	己巳	토	4	庚子	월	5	庚午	목	7	辛丑
28	월	4	辛未	목	5	壬寅	목	4	庚午	일	5	辛丑	화	6	辛未	금	8	壬寅
29	화	5	壬申				금	5	辛未	월	6	壬寅	수	7	壬申	토	9	癸卯
30	수	6	癸酉				토	6	壬申	화	7	癸卯	목	8	癸酉	일	10	甲辰
31	목	7	甲戌				일	7	癸酉				금	9	甲戌			

단기 4296년

월(양력)	7월			8월			9월			10월			11월			12월		
월간지	己未			庚申			辛酉			壬戌			癸亥			甲子		
절기시작	소서小暑 8일 05:38			입추立秋 8일 15:25			백로白露 8일 18:12			한로寒露 9일 09:36			입동立冬 8일 12:32			대설大雪 8일 05:13		
	대서大暑 23일 22:59			처서處暑 24일 05:58			추분秋分 24일 03:24			상강霜降 24일 12:29			소설小雪 23일 09:49			동지冬至 22일 23:02		
양력	요일	음력	일진	요일	음력	일진	요일	음력	일진	요일	음력	일진	요일	음력	일진	요일	음력	일진
1	일	11	乙巳	목	12	丙子	일	14	丁未	화	14	丁丑	금	16	戊申	일	16	戊寅
2	화	12	丙午	금	13	丁丑	월	15	戊申	수	15	戊寅	토	17	己酉	월	17	己卯
3	수	13	丁未	토	14	戊寅	화	16	己酉	목	16	己卯	일	18	庚戌	화	18	庚辰
4	목	14	戊申	일	15	己卯	수	17	庚戌	금	17	庚辰	월	19	辛亥	수	19	辛巳
5	금	15	己酉	월	16	庚辰	목	18	辛亥	토	18	辛巳	화	20	壬子	목	20	壬午
6	토	16	庚戌	화	17	辛巳	금	19	壬子	일	19	壬午	수	21	癸丑	금	21	癸未
7	일	17	辛亥	수	18	壬午	토	20	癸丑	월	20	癸未	목	22	甲寅	토	22	甲申
8	월	18	壬子	목	19	癸未	일	21	甲寅	화	21	甲申	금	23	乙卯	일	23	乙酉
9	화	19	癸丑	금	20	甲申	월	22	乙卯	수	22	乙酉	토	24	丙辰	월	24	丙戌
10	수	20	甲寅	토	21	乙酉	화	23	丙辰	목	23	丙戌	일	25	丁巳	화	25	丁亥
11	목	21	乙卯	일	22	丙戌	수	24	丁巳	금	24	丁亥	월	26	戊午	수	26	戊子
12	금	22	丙辰	월	23	丁亥	목	25	戊午	토	25	戊子	화	27	己未	목	27	己丑
13	토	23	丁巳	화	24	戊子	금	26	己未	일	26	己丑	수	28	庚申	금	28	庚寅
14	일	24	戊午	수	25	己丑	토	27	庚申	월	27	庚寅	목	29	辛酉	토	29	辛卯
15	월	25	己未	목	26	庚寅	일	28	辛酉	화	28	辛卯	금	30	壬戌	일	30	壬辰
16	화	26	庚申	금	27	辛卯	월	29	壬戌	수	29	壬辰	토	10월	癸亥	월	11월	癸巳
17	수	27	辛酉	토	28	壬辰	화	30	癸亥	목	9월	癸巳	일	2	甲子	화	2	甲午
18	목	28	壬戌	일	29	癸巳	수	8월	甲子	금	2	甲午	월	3	乙丑	수	3	乙未
19	금	29	癸亥	월	7월	甲午	목	2	乙丑	토	3	乙未	화	4	丙寅	목	4	丙申
20	토	30	甲子	화	2	乙未	금	3	丙寅	일	4	丙申	수	5	丁卯	금	5	丁酉
21	일	6월	乙丑	수	3	丙申	토	4	丁卯	월	5	丁酉	목	6	戊辰	토	6	戊戌
22	월	2	丙寅	목	4	丁酉	일	5	戊辰	화	6	戊戌	금	7	己巳	일	7	己亥
23	화	3	丁卯	금	5	戊戌	월	6	己巳	수	7	己亥	토	8	庚午	월	8	庚子
24	수	4	戊辰	토	6	己亥	화	7	庚午	목	8	庚子	일	9	辛未	화	9	辛丑
25	목	5	己巳	일	7	庚子	수	8	辛未	금	9	辛丑	월	10	壬申	수	10	壬寅
26	금	6	庚午	월	8	辛丑	목	9	壬申	토	10	壬寅	화	11	癸酉	목	11	癸卯
27	토	7	辛未	화	9	壬寅	금	10	癸酉	일	11	癸卯	수	12	甲戌	금	12	甲辰
28	일	8	壬申	수	10	癸卯	토	11	甲戌	월	12	甲辰	목	13	乙亥	토	13	乙巳
29	월	9	癸酉	목	11	甲辰	일	12	乙亥	화	13	乙巳	금	14	丙子	일	14	丙午
30	화	10	甲戌	금	12	乙巳	월	13	丙子	수	14	丙午	토	15	丁丑	월	15	丁未
31	수	11	乙亥	토	13	丙午				목	15	丁未				화	16	戊申

서기 1964년 갑진甲辰

월(양력)		1월			2월			3월			4월			5월			6월		
월간지		乙丑			丙寅			丁卯			戊辰			己巳			庚午		
절기시작		소한小寒 6일 16:22			입춘立春 5일 04:05			경칩驚蟄 5일 22:16			청명淸明 5일 03:18			입하立夏 5일 20:51			망종亡種 6일 01:12		
		대한大寒 21일 09:41			우수雨水 19일 23:57			춘분春分 20일 23:10			곡우穀雨 20일 10:27			소만小滿 21일 09:50			하지夏至 21일 17:57		
양력	요일	음력	일진	요일	음력	일진	요일	음력	일진	요일	음력	일진	요일	음력	일진	요일	음력	일진
1	수	17	己酉	토	18	庚辰	일	18	己酉	수	19	庚辰	금	20	庚戌	월	21	辛巳
2	목	18	庚戌	일	19	辛巳	월	19	庚戌	목	20	辛巳	토	21	辛亥	화	22	壬午
3	금	19	辛亥	월	20	壬午	화	20	辛亥	금	21	壬午	일	22	壬子	수	23	癸未
4	토	20	壬子	화	21	癸未	수	21	壬子	토	22	癸未	월	23	癸丑	목	24	甲申
5	일	21	癸丑	수	22	甲申	목	22	癸丑	일	23	甲申	화	24	甲寅	금	25	乙酉
6	월	22	甲寅	목	23	乙酉	금	23	甲寅	월	24	乙酉	수	25	乙卯	토	26	丙戌
7	화	23	乙卯	금	24	丙戌	토	24	乙卯	화	25	丙戌	목	26	丙辰	일	27	丁亥
8	수	24	丙辰	토	25	丁亥	일	25	丙辰	수	26	丁亥	금	27	丁巳	월	28	戊子
9	목	25	丁巳	일	26	戊子	월	26	丁巳	목	27	戊子	토	28	戊午	화	29	己丑
10	금	26	戊午	월	27	己丑	화	27	戊午	금	28	己丑	일	29	己未		5월	庚寅
11	토	27	己未	화	28	庚寅	수	28	己未	토	29	庚寅	월	30	庚申	목	2	辛卯
12	일	28	庚申	수	29	辛卯	목	29	庚申		3월	辛卯		4월	辛酉	금	3	壬辰
13	월	29	辛酉		1월	壬辰	금	30	辛酉	월	2	壬辰	수	2	壬戌	토	4	癸巳
14	화	30	壬戌	금	2	癸巳		2월	壬戌	화	3	癸巳	목	3	癸亥	일	5	甲午
15		12월	癸亥	토	3	甲午	일	2	癸亥	수	4	甲午	금	4	甲子	월	6	乙未
16	목	2	甲子	일	4	乙未	월	3	甲子	목	5	乙未	토	5	乙丑	화	7	丙申
17	금	3	乙丑	월	5	丙申	화	4	乙丑	금	6	丙申	일	6	丙寅	수	8	丁酉
18	토	4	丙寅	화	6	丁酉	수	5	丙寅	토	7	丁酉	월	7	丁卯	목	9	戊戌
19	일	5	丁卯	수	7	戊戌	목	6	丁卯	일	8	戊戌	화	8	戊辰	금	10	己亥
20	월	6	戊辰	목	8	己亥	금	7	戊辰	월	9	己亥	수	9	己巳	토	11	庚子
21	화	7	己巳	금	9	庚子	토	8	己巳	화	10	庚子	목	10	庚午	일	12	辛丑
22	수	8	庚午	토	10	辛丑	일	9	庚午	수	11	辛丑	금	11	辛未	월	13	壬寅
23	목	9	辛未	일	11	壬寅	월	10	辛未	목	12	壬寅	토	12	壬申	화	14	癸卯
24	금	10	壬申	월	12	癸卯	화	11	壬申	금	13	癸卯	일	13	癸酉	수	15	甲辰
25	토	11	癸酉	화	13	甲辰	수	12	癸酉	토	14	甲辰	월	14	甲戌	목	16	乙巳
26	일	12	甲戌	수	14	乙巳	목	13	甲戌	일	15	乙巳	화	15	乙亥	금	17	丙午
27	월	13	乙亥	목	15	丙午	금	14	乙亥	월	16	丙午	수	16	丙子	토	18	丁未
28	화	14	丙子	금	16	丁未	토	15	丙子	화	17	丁未	목	17	丁丑	일	19	戊申
29	수	15	丁丑	토	17	戊申	일	16	丁丑	수	18	戊申	금	18	戊寅	월	20	己酉
30	목	16	戊寅				월	17	戊寅	목	19	己酉	토	19	己卯	화	21	庚戌
31	금	17	己卯				화	18	己卯				일	20	庚辰			

단기 4297년

월(양력)	7월			8월			9월			10월			11월			12월		
월간지	辛未			壬申			癸酉			甲戌			乙亥			丙子		
절기시작	소서小暑 7일 11:32			입추立秋 7일 21:16			백로白露 7일 23:59			한로寒露 8일 15:22			입동立冬 7일 18:15			대설大雪 7일 10:53		
	대서大暑 23일 04:53			처서處暑 23일 11:51			추분秋分 23일 09:17			상강霜降 23일 18:21			소설小雪 22일 15:39			동지冬至 22일 04:50		
양력	요일	음력	일진	요일	음력	일진	요일	음력	일진	요일	음력	일진	요일	음력	일진	요일	음력	일진
1	수	22	辛亥	토	24	壬午	화	25	癸丑	목	26	癸未	일	27	甲寅	화	28	甲申
2	목	23	壬子	일	25	癸未	수	26	甲寅	금	27	甲申	월	28	乙卯	수	29	乙酉
3	금	24	癸丑	월	26	甲申	목	27	乙卯	토	28	乙酉	화	29	丙辰	목	30	丙戌
4	토	25	甲寅	화	27	乙酉	금	28	丙辰	일	29	丙戌	수	10월	丁巳	금	11월	丁亥
5	일	26	乙卯	수	28	丙戌	토	29	丁巳	월	30	丁亥	목	2	戊午	토	2	戊子
6	월	27	丙辰	목	29	丁亥	일	8월	戊午	화	9월	戊子	금	3	己未	일	3	己丑
7	화	28	丁巳	금	30	戊子	월	2	己未	수	2	己丑	토	4	庚申	월	4	庚寅
8	수	29	戊午	토	7월	己丑	화	3	庚申	목	3	庚寅	일	5	辛酉	화	5	辛卯
9	목	6월	己未	일	2	庚寅	수	4	辛酉	금	4	辛卯	월	6	壬戌	수	6	壬辰
10	금	2	庚申	월	3	辛卯	목	5	壬戌	토	5	壬辰	화	7	癸亥	목	7	癸巳
11	토	3	辛酉	화	4	壬辰	금	6	癸亥	일	6	癸巳	수	8	甲子	금	8	甲午
12	일	4	壬戌	수	5	癸巳	토	7	甲子	월	7	甲午	목	9	乙丑	토	9	乙未
13	월	5	癸亥	목	6	甲午	일	8	乙丑	화	8	乙未	금	10	丙寅	일	10	丙申
14	화	6	甲子	금	7	乙未	월	9	丙寅	수	9	丙申	토	11	丁卯	월	11	丁酉
15	수	7	乙丑	토	8	丙申	화	10	丁卯	목	10	丁酉	일	12	戊辰	화	12	戊戌
16	목	8	丙寅	일	9	丁酉	수	11	戊辰	금	11	戊戌	월	13	己巳	수	13	己亥
17	금	9	丁卯	월	10	戊戌	목	12	己巳	토	12	己亥	화	14	庚午	목	14	庚子
18	토	10	戊辰	화	11	己亥	금	13	庚午	일	13	庚子	수	15	辛未	금	15	辛丑
19	일	11	己巳	수	12	庚子	토	14	辛未	월	14	辛丑	목	16	壬申	토	16	壬寅
20	월	12	庚午	목	13	辛丑	일	15	壬申	화	15	壬寅	금	17	癸酉	일	17	癸卯
21	화	13	辛未	금	14	壬寅	월	16	癸酉	수	16	癸卯	토	18	甲戌	월	18	甲辰
22	수	14	壬申	토	15	癸卯	화	17	甲戌	목	17	甲辰	일	19	乙亥	화	19	乙巳
23	목	15	癸酉	일	16	甲辰	수	18	乙亥	금	18	乙巳	월	20	丙子	수	20	丙午
24	금	16	甲戌	월	17	乙巳	목	19	丙子	토	19	丙午	화	21	丁丑	목	21	丁未
25	토	17	乙亥	화	18	丙午	금	20	丁丑	일	20	丁未	수	22	戊寅	금	22	戊申
26	일	18	丙子	수	19	丁未	토	21	戊寅	월	21	戊申	목	23	己卯	토	23	己酉
27	월	19	丁丑	목	20	戊申	일	22	己卯	화	22	己酉	금	24	庚辰	일	24	庚戌
28	화	20	戊寅	금	21	己酉	월	23	庚辰	수	23	庚戌	토	25	辛巳	월	25	辛亥
29	수	21	己卯	토	22	庚戌	화	24	辛巳	목	24	辛亥	일	26	壬午	화	26	壬子
30	목	22	庚辰	일	23	辛亥	수	25	壬午	금	25	壬子	월	27	癸未	수	27	癸丑
31	금	23	辛巳	월	24	壬子				토	26	癸丑				목	28	甲寅

서기 1965년 을사 乙巳

월(양력)	1월			2월			3월			4월			5월			6월		
월간지	丁丑			戊寅			己卯			庚辰			辛巳			壬午		
절기시작	소한小寒 5일 22:02			입춘立春 4일 09:46			경칩驚蟄 6일 04:01			청명淸明 5일 09:07			입하立夏 6일 02:42			망종亡種 6일 07:02		
	대한大寒 20일 15:29			우수雨水 19일 05:48			춘분春分 21일 05:05			곡우穀雨 20일 16:26			소만小滿 21일 15:50			하지夏至 21일 23:56		
양력	요일	음력	일진	요일	음력	일진	요일	음력	일진	요일	음력	일진	요일	음력	일진	요일	음력	일진
1	금	29	乙卯	월	30	丙戌	월	28	甲寅	목	30	乙酉	토	4월	乙卯	화	2	丙戌
2	토	30	丙辰	화	1월	丁亥	화	29	乙卯	금	3월	丙戌	일	2	丙辰	수	3	丁亥
3	일	12월	丁巳	수	2	戊子	수	2월	丙辰	토	2	丁亥	월	3	丁巳	목	4	戊子
4	월	2	戊午	목	3	己丑	목	2	丁巳	일	3	戊子	화	4	戊午	금	5	己丑
5	화	3	己未	금	4	庚寅	금	3	戊午	월	4	己丑	수	5	己未	토	6	庚寅
6	수	4	庚申	토	5	辛卯	토	4	己未	화	5	庚寅	목	6	庚申	일	7	辛卯
7	목	5	辛酉	일	6	壬辰	일	5	庚申	수	6	辛卯	금	7	辛酉	월	8	壬辰
8	금	6	壬戌	월	7	癸巳	월	6	辛酉	목	7	壬辰	토	8	壬戌	화	9	癸巳
9	토	7	癸亥	화	8	甲午	화	7	壬戌	금	8	癸巳	일	9	癸亥	수	10	甲午
10	일	8	甲子	수	9	乙未	수	8	癸亥	토	9	甲午	월	10	甲子	목	11	乙未
11	월	9	乙丑	목	10	丙申	목	9	甲子	일	10	乙未	화	11	乙丑	금	12	丙申
12	화	10	丙寅	금	11	丁酉	금	10	乙丑	월	11	丙申	수	12	丙寅	토	13	丁酉
13	수	11	丁卯	토	12	戊戌	토	11	丙寅	화	12	丁酉	목	13	丁卯	일	14	戊戌
14	목	12	戊辰	일	13	己亥	일	12	丁卯	수	13	戊戌	금	14	戊辰	월	15	己亥
15	금	13	己巳	월	14	更子	월	13	戊辰	목	14	己亥	토	15	己巳	화	16	更子
16	토	14	庚午	화	15	辛丑	화	14	己巳	금	15	更子	일	16	庚午	수	17	辛丑
17	일	15	辛未	수	16	壬寅	수	15	庚午	토	16	辛丑	월	17	辛未	목	18	壬寅
18	월	16	壬申	목	17	癸卯	목	16	辛未	일	17	壬寅	화	18	壬申	금	19	癸卯
19	화	17	癸酉	금	18	甲辰	금	17	壬申	월	18	癸卯	수	19	癸酉	토	20	甲辰
20	수	18	甲戌	토	19	乙巳	토	18	癸酉	화	19	甲辰	목	20	甲戌	일	21	乙巳
21	목	19	乙亥	일	20	丙午	일	19	甲戌	수	20	乙巳	금	21	乙亥	월	22	丙午
22	금	20	丙子	월	21	丁未	월	20	乙亥	목	21	丙午	토	22	丙子	화	23	丁未
23	토	21	丁丑	화	22	戊申	화	21	丙子	금	22	丁未	일	23	丁丑	수	24	戊申
24	일	22	戊寅	수	23	己酉	수	22	丁丑	토	23	戊申	월	24	戊寅	목	25	己酉
25	월	23	己卯	목	24	庚戌	목	23	戊寅	일	24	己酉	화	25	己卯	금	26	庚戌
26	화	24	庚辰	금	25	辛亥	금	24	己卯	월	25	庚戌	수	26	庚辰	토	27	辛亥
27	수	25	辛巳	토	26	壬子	토	25	庚辰	화	26	辛亥	목	27	辛巳	일	28	壬子
28	목	26	壬午	일	27	癸丑	일	26	辛巳	수	27	壬子	금	28	壬午	월	29	癸丑
29	금	27	癸未				월	27	壬午	목	28	癸丑	토	29	癸未	화	6월	甲寅
30	토	28	甲申				화	28	癸未	금	29	甲寅	일	30	甲申	수	2	乙卯
31	일	29	乙酉				수	29	甲申				월	5월	乙酉			

단기 4298년

월(양력)	7월			8월			9월			10월			11월			12월		
월간지	癸未			甲申			乙酉			丙戌			丁亥			戊子		
절기시작	소서小暑 7일 17:21			입추立秋 8일 03:05			백로白露 8일 05:48			한로寒露 8일 21:11			입동立冬 8일 00:07			대설大雪 7일 16:46		
	대서大暑 23일 10:48			처서處暑 23일 17:43			추분秋分 23일 15:06			상강霜降 24일 00:10			소설小雪 22일 21:29			동지冬至 22일 10:40		
양력	요일	음력	일진	요일	음력	일진	요일	음력	일진	요일	음력	일진	요일	음력	일진	요일	음력	일진
1	목	3	丙辰	일	5	丁亥	수	6	戊午	금	7	戊子	월	9	己未	수	9	己丑
2	금	4	丁巳	월	6	戊子	목	7	己未	토	8	己丑	화	10	庚申	목	10	庚寅
3	토	5	戊午	화	7	己丑	금	8	庚申	일	9	庚寅	수	11	辛酉	금	11	辛卯
4	일	6	己未	수	8	庚寅	토	9	辛酉	월	10	辛卯	목	12	壬戌	토	12	壬辰
5	월	7	庚申	목	9	辛卯	일	10	壬戌	화	11	壬辰	금	13	癸亥	일	13	癸巳
6	화	8	辛酉	금	10	壬辰	월	11	癸亥	수	12	癸巳	토	14	甲子	월	14	甲午
7	수	9	壬戌	토	11	癸巳	화	12	甲子	목	13	甲午	일	15	乙丑	화	15	乙未
8	목	10	癸亥	일	12	甲午	수	13	乙丑	금	14	乙未	월	16	丙寅	수	16	丙申
9	금	11	甲子	월	13	乙未	목	14	丙寅	토	15	丙申	화	17	丁卯	목	17	丁酉
10	토	12	乙丑	화	14	丙申	금	15	丁卯	일	16	丁酉	수	18	戊辰	금	18	戊戌
11	일	13	丙寅	수	15	丁酉	토	16	戊辰	월	17	戊戌	목	19	己巳	토	19	己亥
12	월	14	丁卯	목	16	戊戌	일	17	己巳	화	18	己亥	금	20	庚午	일	20	庚子
13	화	15	戊辰	금	17	己亥	월	18	庚午	수	19	庚子	토	21	辛未	월	21	辛丑
14	수	16	己巳	토	18	庚子	화	19	辛未	목	20	辛丑	일	22	壬申	화	22	壬寅
15	목	17	庚午	일	19	辛丑	수	20	壬申	금	21	壬寅	월	23	癸酉	수	23	癸卯
16	금	18	辛未	월	20	壬寅	목	21	癸酉	토	22	癸卯	화	24	甲戌	목	24	甲辰
17	토	19	壬申	화	21	癸卯	금	22	甲戌	일	23	甲辰	수	25	乙亥	금	25	乙巳
18	일	20	癸酉	수	22	甲辰	토	23	乙亥	월	24	乙巳	목	26	丙子	토	26	丙午
19	월	21	甲戌	목	23	乙巳	일	24	丙子	화	25	丙午	금	27	丁丑	일	27	丁未
20	화	22	乙亥	금	24	丙午	월	25	丁丑	수	26	丁未	토	28	戊寅	월	28	戊申
21	수	23	丙子	토	25	丁未	화	26	戊寅	목	27	戊申	일	29	己卯	화	29	己酉
22	목	24	丁丑	일	26	戊申	수	27	己卯	금	28	己酉	월	30	庚辰	수	30	庚戌
23	금	25	戊寅	월	27	己酉	목	28	庚辰	토	29	庚戌	화	11월	辛巳	목	12월	辛亥
24	토	26	己卯	화	28	庚戌	금	29	辛巳	일	10월	辛亥	수	2	壬午	금	2	壬子
25	일	27	庚辰	수	29	辛亥	토	9월	壬午	월	2	壬子	목	3	癸未	토	3	癸丑
26	월	28	辛巳	목	30	壬子	일	2	癸未	화	3	癸丑	금	4	甲申	일	4	甲寅
27	화	29	壬午	금	8월	癸丑	월	3	甲申	수	4	甲寅	토	5	乙酉	월	5	乙卯
28	수	7월	癸未	토	2	甲寅	화	4	乙酉	목	5	乙卯	일	6	丙戌	화	6	丙辰
29	목	2	甲申	일	3	乙卯	수	5	丙戌	금	6	丙辰	월	7	丁亥	수	7	丁巳
30	금	3	乙酉	월	4	丙辰	목	6	丁亥	토	7	丁巳	화	8	戊子	목	8	戊午
31	토	4	丙戌	화	5	丁巳				일	8	戊午				금	9	己未

만세력 207

서기 1966년 병오 **丙午**

월(양력)	1월			2월			3월			4월			5월			6월		
월간지	己丑			庚寅			辛卯			壬辰			癸巳			甲午		
절기시작	소한小寒 6일 03:54			입춘立春 4일 15:38			경칩驚蟄 6일 09:15			청명清明 5일 14:57			입하立夏 6일 08:30			망종亡種 6일 12:50		
	대한大寒 20일 21:20			우수雨水 19일 11:38			춘분春分 21일 10:53			곡우穀雨 20일 22:12			소만小滿 21일 21:32			하지夏至 22일 05:33		
양력	요일	음력	일진	요일	음력	일진	요일	음력	일진	요일	음력	일진	요일	음력	일진	요일	음력	일진
1	토	10	庚申	화	11	辛卯	화	10	己未	금	11	庚寅	일	11	庚申	수	13	辛卯
2	일	11	辛酉	수	12	壬辰	수	11	庚申	토	12	辛卯	월	12	辛酉	목	14	壬辰
3	월	12	壬戌	목	13	癸巳	목	12	辛酉	일	13	壬辰	화	13	壬戌	금	15	癸巳
4	화	13	癸亥	금	14	甲午	금	13	壬戌	월	14	癸巳	수	14	癸亥	토	16	甲午
5	수	14	甲子	토	15	乙未	토	14	癸亥	화	15	甲午	목	15	甲子	일	17	乙未
6	목	15	乙丑	일	16	丙申	일	15	甲子	수	16	乙未	금	16	乙丑	월	18	丙申
7	금	16	丙寅	월	17	丁酉	월	16	乙丑	목	17	丙申	토	17	丙寅	화	19	丁酉
8	토	17	丁卯	화	18	戊戌	화	17	丙寅	금	18	丁酉	일	18	丁卯	수	20	戊戌
9	일	18	戊辰	수	19	己亥	수	18	丁卯	토	19	戊戌	월	19	戊辰	목	21	己亥
10	월	19	己巳	목	20	庚子	목	19	戊辰	일	20	己亥	화	20	己巳	금	22	庚子
11	화	20	庚午	금	21	辛丑	금	20	己巳	월	21	庚子	수	21	庚午	토	23	辛丑
12	수	21	辛未	토	22	壬寅	토	21	庚午	화	22	辛丑	목	22	辛未	일	24	壬寅
13	목	22	壬申	일	23	癸卯	일	22	辛未	수	23	壬寅	금	23	壬申	월	25	癸卯
14	금	23	癸酉	월	24	甲辰	월	23	壬申	목	24	癸卯	토	24	癸酉	화	26	甲辰
15	토	24	甲戌	화	25	乙巳	화	24	癸酉	금	25	甲辰	일	25	甲戌	수	27	乙巳
16	일	25	乙亥	수	26	丙午	수	25	甲戌	토	26	乙巳	월	26	乙亥	목	28	丙午
17	월	26	丙子	목	27	丁未	목	26	乙亥	일	27	丙午	화	27	丙子	금	29	丁未
18	화	27	丁丑	금	28	戊申	금	27	丙子	월	28	丁未	수	28	丁丑	토	30	戊申
19	수	28	戊寅	토	29	己酉	토	28	丁丑	화	29	戊申	목	29	戊寅	**5월**		己酉
20	목	29	己卯	**2월**		庚戌	일	29	戊寅	수	30	己酉	**4월**		己卯	월	2	庚戌
21	금	30	庚辰	월	2	辛亥	월	30	己卯	**윤3월**		庚戌	토	2	庚辰	화	3	辛亥
22	**1월**		辛巳	화	3	壬子	**3월**		庚辰	금	2	辛亥	일	3	辛巳	수	4	壬子
23	일	2	壬午	수	4	癸丑	수	2	辛巳	토	3	壬子	월	4	壬午	목	5	癸丑
24	월	3	癸未	목	5	甲寅	목	3	壬午	일	4	癸丑	화	5	癸未	금	6	甲寅
25	화	4	甲申	금	6	乙卯	금	4	癸未	월	5	甲寅	수	6	甲申	토	7	乙卯
26	수	5	乙酉	토	7	丙辰	토	5	甲申	화	6	乙卯	목	7	乙酉	일	8	丙辰
27	목	6	丙戌	일	8	丁巳	일	6	乙酉	수	7	丙辰	금	8	丙戌	월	9	丁巳
28	금	7	丁亥	월	9	戊午	월	7	丙戌	목	8	丁巳	토	9	丁亥	화	10	戊午
29	토	8	戊子				화	8	丁亥	금	9	戊午	일	10	戊子	수	11	己未
30	일	9	己丑				수	9	戊子	토	10	己未	월	11	己丑	목	12	庚申
31	월	10	庚寅				목	10	己丑				화	12	庚寅			

단기 4299년

월(양력)	7월			8월			9월			10월			11월			12월		
월간지	乙未			丙申			丁酉			戊戌			己亥			庚子		
절기시작	소서小暑 7일 23:07			입추立秋 8일 08:49			백로白露 8일 11:32			한로寒露 9일 02:57			입동立冬 8일 05:55			대설大雪 7일 22:38		
	대서大暑 23일 16:23			처서處暑 23일 23:18			추분秋分 23일 20:43			상강霜降 24일 05:51			소설小雪 23일 03:14			동지冬至 22일 16:28		
양력	요일	음력	일진	요일	음력	일진	요일	음력	일진	요일	음력	일진	요일	음력	일진	요일	음력	일진
1	금	13	辛酉	월	15	壬辰	목	17	癸亥	토	17	癸巳	화	19	甲子	목	20	甲午
2	토	14	壬戌	화	16	癸巳	금	18	甲子	일	18	甲午	수	20	乙丑	금	21	乙未
3	일	15	癸亥	수	17	甲午	토	19	乙丑	월	19	乙未	목	21	丙寅	토	22	丙申
4	월	16	甲子	목	18	乙未	일	20	丙寅	화	20	丙申	금	22	丁卯	일	23	丁酉
5	화	17	乙丑	금	19	丙申	월	21	丁卯	수	21	丁酉	토	23	戊辰	월	24	戊戌
6	수	18	丙寅	토	20	丁酉	화	22	戊辰	목	22	戊戌	일	24	己巳	화	25	己亥
7	목	19	丁卯	일	21	戊戌	수	23	己巳	금	23	己亥	월	25	庚午	수	26	庚子
8	금	20	戊辰	월	22	己亥	목	24	庚午	토	24	庚子	화	26	辛未	목	27	辛丑
9	토	21	己巳	화	23	庚子	금	25	辛未	일	25	辛丑	수	27	壬申	금	28	壬寅
10	일	22	庚午	수	24	辛丑	토	26	壬申	월	26	壬寅	목	28	癸酉	토	29	癸卯
11	월	23	辛未	목	25	壬寅	일	27	癸酉	화	27	癸卯	금	29	甲戌	일	30	甲辰
12	화	24	壬申	금	26	癸卯	월	28	甲戌	수	28	甲辰	10월		乙亥	11월		乙巳
13	수	25	癸酉	토	27	甲辰	화	29	乙亥	목	29	乙巳	일	2	丙子	화	2	丙午
14	목	26	甲戌	일	28	乙巳	수	30	丙子	9월		丙午	월	3	丁丑	수	3	丁未
15	금	27	乙亥	월	29	丙午	8월		丁丑	토	2	丁未	화	4	戊寅	목	4	戊申
16	토	28	丙子	7월		丁未	금	2	戊寅	일	3	戊申	수	5	己卯	금	5	己酉
17	일	29	丁丑	수	2	戊申	토	3	己卯	월	4	己酉	목	6	庚辰	토	6	庚戌
18	6월		戊寅	목	3	己酉	일	4	庚辰	화	5	庚戌	금	7	辛巳	일	7	辛亥
19	화	2	己卯	금	4	庚戌	월	5	辛巳	수	6	辛亥	토	8	壬午	월	8	壬子
20	수	3	庚辰	토	5	辛亥	화	6	壬午	목	7	壬子	일	9	癸未	화	9	癸丑
21	목	4	辛巳	일	6	壬子	수	7	癸未	금	8	癸丑	월	10	甲申	수	10	甲寅
22	금	5	壬午	월	7	癸丑	목	8	甲申	토	9	甲寅	화	11	乙酉	목	11	乙卯
23	토	6	癸未	화	8	甲寅	금	9	乙酉	일	10	乙卯	수	12	丙戌	금	12	丙辰
24	일	7	甲申	수	9	乙卯	토	10	丙戌	월	11	丙辰	목	13	丁亥	토	13	丁巳
25	월	8	乙酉	목	10	丙辰	일	11	丁亥	화	12	丁巳	금	14	戊子	일	14	戊午
26	화	9	丙戌	금	11	丁巳	월	12	戊子	수	13	戊午	토	15	己丑	월	15	己未
27	수	10	丁亥	토	12	戊午	화	13	己丑	목	14	己未	일	16	庚寅	화	16	庚申
28	목	11	戊子	일	13	己未	수	14	庚寅	금	15	庚申	월	17	辛卯	수	17	辛酉
29	금	12	己丑	월	14	庚申	목	15	辛卯	토	16	辛酉	화	18	壬辰	목	18	壬戌
30	토	13	庚寅	화	15	辛酉	금	16	壬辰	일	17	壬戌	수	19	癸巳	금	19	癸亥
31	일	14	辛卯	수	16	壬戌				월	18	癸亥				토	20	甲子

서기 1967년 정미 丁未

월(양력)	1월			2월			3월			4월			5월			6월		
월간지	辛丑			壬寅			癸卯			甲辰			乙巳			丙午		
절기시작	소한小寒 6일 09:48 대한大寒 21일 03:08			입춘立春 4일 21:31 우수雨水 19일 17:24			경칩驚蟄 6일 15:42 춘분春分 21일 16:37			청명淸明 5일 20:45 곡우穀雨 21일 03:55			입하立夏 6일 14:17 소만小滿 22일 03:18			망종芒種 6일 18:36 하지夏至 22일 11:23		
양력	요일	음력	일진	요일	음력	일진	요일	음력	일진	요일	음력	일진	요일	음력	일진	요일	음력	일진
1	일	21	乙丑	수	22	丙申	수	21	甲子	토	22	乙未	월	22	乙丑	목	24	丙申
2	월	22	丙寅	목	23	丁酉	목	22	乙丑	일	23	丙申	화	23	丙寅	금	25	丁酉
3	화	23	丁卯	금	24	戊戌	금	23	丙寅	월	24	丁酉	수	24	丁卯	토	26	戊戌
4	수	24	戊辰	토	25	己亥	토	24	丁卯	화	25	戊戌	목	25	戊辰	일	27	己亥
5	목	25	己巳	일	26	庚子	일	25	戊辰	수	26	己亥	금	26	己巳	월	28	庚子
6	금	26	庚午	월	27	辛丑	월	26	己巳	목	27	庚子	토	27	庚午	화	29	辛丑
7	토	27	辛未	화	28	壬寅	화	27	庚午	금	28	辛丑	일	28	辛未	수	30	壬寅
8	일	28	壬申	수	29	癸卯	수	28	辛未	토	29	壬寅	월	29	壬申	5월		癸卯
9	월	29	癸酉	1월		甲辰	목	29	壬申	일	30	癸卯	4월		癸酉	금	2	甲辰
10	화	30	甲戌	금	2	乙巳	금	30	癸酉	3월		甲辰	수	2	甲戌	토	3	乙巳
11	12월		乙亥	토	3	丙午	2월		甲戌	화	2	乙巳	목	3	乙亥	일	4	丙午
12	목	2	丙子	일	4	丁未	일	2	乙亥	수	3	丙午	금	4	丙子	월	5	丁未
13	금	3	丁丑	월	5	戊申	월	3	丙子	목	4	丁未	토	5	丁丑	화	6	戊申
14	토	4	戊寅	화	6	己酉	화	4	丁丑	금	5	戊申	일	6	戊寅	수	7	己酉
15	일	5	己卯	수	7	庚戌	수	5	戊寅	토	6	己酉	월	7	己卯	목	8	庚戌
16	월	6	庚辰	목	8	辛亥	목	6	己卯	일	7	庚戌	화	8	庚辰	금	9	辛亥
17	화	7	辛巳	금	9	壬子	금	7	庚辰	월	8	辛亥	수	9	辛巳	토	10	壬子
18	수	8	壬午	토	10	癸丑	토	8	辛巳	화	9	壬子	목	10	壬午	일	11	癸丑
19	목	9	癸未	일	11	甲寅	일	9	壬午	수	10	癸丑	금	11	癸未	월	12	甲寅
20	금	10	甲申	월	12	乙卯	월	10	癸未	목	11	甲寅	토	12	甲申	화	13	乙卯
21	토	11	乙酉	화	13	丙辰	화	11	甲申	금	12	乙卯	일	13	乙酉	수	14	丙辰
22	일	12	丙戌	수	14	丁巳	수	12	乙酉	토	13	丙辰	월	14	丙戌	목	15	丁巳
23	월	13	丁亥	목	15	戊午	목	13	丙戌	일	14	丁巳	화	15	丁亥	금	16	戊午
24	화	14	戊子	금	16	己未	금	14	丁亥	월	15	戊午	수	16	戊子	토	17	己未
25	수	15	己丑	토	17	庚申	토	15	戊子	화	16	己未	목	17	己丑	일	18	庚申
26	목	16	庚寅	일	18	辛酉	일	16	己丑	수	17	庚申	금	18	庚寅	월	19	辛酉
27	금	17	辛卯	월	19	壬戌	월	17	庚寅	목	18	辛酉	토	19	辛卯	화	20	壬戌
28	토	18	壬辰	화	20	癸亥	화	18	辛卯	금	19	壬戌	일	20	壬辰	수	21	癸亥
29	일	19	癸巳				수	19	壬辰	토	20	癸亥	월	21	癸巳	목	22	甲子
30	월	20	甲午				목	20	癸巳	일	21	甲子	화	22	甲午	금	23	乙丑
31	화	21	乙未				금	21	甲午				수	23	乙未			

단기 4300년

월(양력)	7월			8월			9월			10월			11월			12월		
월간지	丁未			戊申			己酉			庚戌			辛亥			壬子		
절기 시작	소서小暑 8일 04:53			입추立秋 8일 14:35			백로白露 8일 17:18			한로寒露 9일 08:41			입동立冬 8일 11:37			대설大雪 8일 04:18		
	대서大暑 23일 22:16			처서處暑 24일 05:12			추분秋分 24일 02:38			상강霜降 24일 11:44			소설小雪 23일 09:04			동지冬至 22일 22:16		
양력	요일	음력	일진	요일	음력	일진	요일	음력	일진	요일	음력	일진	요일	음력	일진	요일	음력	일진
1	토	24	丙寅	화	25	丁酉	금	27	戊辰	일	28	戊戌	수	29	己巳	금	30	己亥
2	일	25	丁卯	수	26	戊戌	토	28	己巳	월	29	己亥	10월		庚午	11월		庚子
3	월	26	戊辰	목	27	己亥	일	29	庚午	화	30	庚子	금	2	辛未	일	2	辛丑
4	화	27	己巳	금	28	庚子	8월		辛未	9월		辛丑	토	3	壬申	월	3	壬寅
5	수	28	庚午	토	29	辛丑	화	2	壬申	목	2	壬寅	일	4	癸酉	화	4	癸卯
6	목	29	辛未	7월		壬寅	수	3	癸酉	금	3	癸卯	월	5	甲戌	수	5	甲辰
7	금	30	壬申	월	2	癸卯	목	4	甲戌	토	4	甲辰	화	6	乙亥	목	6	乙巳
8	6월		癸酉	화	3	甲辰	금	5	乙亥	일	5	乙巳	수	7	丙子	금	7	丙午
9	일	2	甲戌	수	4	乙巳	토	6	丙子	월	6	丙午	목	8	丁丑	토	8	丁未
10	월	3	乙亥	목	5	丙午	일	7	丁丑	화	7	丁未	금	9	戊寅	일	9	戊申
11	화	4	丙子	금	6	丁未	월	8	戊寅	수	8	戊申	토	10	己卯	월	10	己酉
12	수	5	丁丑	토	7	戊申	화	9	己卯	목	9	己酉	일	11	庚辰	화	11	庚戌
13	목	6	戊寅	일	8	己酉	수	10	庚辰	금	10	庚戌	월	12	辛巳	수	12	辛亥
14	금	7	己卯	월	9	庚戌	목	11	辛巳	토	11	辛亥	화	13	壬午	목	13	壬子
15	토	8	庚辰	화	10	辛亥	금	12	壬午	일	12	壬子	수	14	癸未	금	14	癸丑
16	일	9	辛巳	수	11	壬子	토	13	癸未	월	13	癸丑	목	15	甲申	토	15	甲寅
17	월	10	壬午	목	12	癸丑	일	14	甲申	화	14	甲寅	금	16	乙酉	일	16	乙卯
18	화	11	癸未	금	13	甲寅	월	15	乙酉	수	15	乙卯	토	17	丙戌	월	17	丙辰
19	수	12	甲申	토	14	乙卯	화	16	丙戌	목	16	丙辰	일	18	丁亥	화	18	丁巳
20	목	13	乙酉	일	15	丙辰	수	17	丁亥	금	17	丁巳	월	19	戊子	수	19	戊午
21	금	14	丙戌	월	16	丁巳	목	18	戊子	토	18	戊午	화	20	己丑	목	20	己未
22	토	15	丁亥	화	17	戊午	금	19	己丑	일	19	己未	수	21	庚寅	금	21	庚申
23	일	16	戊子	수	18	己未	토	20	庚寅	월	20	庚申	목	22	辛卯	토	22	辛酉
24	월	17	己丑	목	19	庚申	일	21	辛卯	화	21	辛酉	금	23	壬辰	일	23	壬戌
25	화	18	庚寅	금	20	辛酉	월	22	壬辰	수	22	壬戌	토	24	癸巳	월	24	癸亥
26	수	19	辛卯	토	21	壬戌	화	23	癸巳	목	23	癸亥	일	25	甲午	화	25	甲子
27	목	20	壬辰	일	22	癸亥	수	24	甲午	금	24	甲子	월	26	乙未	수	26	乙丑
28	금	21	癸巳	월	23	甲子	목	25	乙未	토	25	乙丑	화	27	丙申	목	27	丙寅
29	토	22	甲午	화	24	乙丑	금	26	丙申	일	26	丙寅	수	28	丁酉	금	28	丁卯
30	일	23	乙未	수	25	丙寅	토	27	丁酉	월	27	丁卯	목	29	戊戌	토	29	戊辰
31	월	24	丙申	목	26	丁卯				화	28	戊辰				12월		己巳

만세력 211

서기 1968년 무신戊申

월(양력)	1월			2월			3월			4월			5월			6월		
월간지	癸丑			甲寅			乙卯			丙辰			丁巳			戊午		
절기시작	소한小寒 6일 15:26			입춘立春 5일 03:07			경칩驚蟄 5일 21:18			청명淸明 5일 02:21			입하立夏 5일 19:56			망종亡種 6일 00:19		
	대한大寒 21일 08:54			우수雨水 19일 23:09			춘분春分 20일 22:22			곡우穀雨 20일 09:41			소만小滿 21일 09:41			하지夏至 21일 17:13		
양력	요일	음력	일진	요일	음력	일진	요일	음력	일진	요일	음력	일진	요일	음력	일진	요일	음력	일진
1	일	2	庚午	목	3	辛丑	금	3	庚午	월	4	辛丑	수	4	辛未	토	6	壬寅
2	화	3	辛未	금	4	壬寅	토	4	辛未	화	5	壬寅	목	5	壬申	일	7	癸卯
3	수	4	壬申	토	5	癸卯	일	5	壬申	수	6	癸卯	금	6	癸酉	월	8	甲辰
4	목	5	癸酉	일	6	甲辰	월	6	癸酉	목	7	甲辰	토	7	甲戌	화	9	乙巳
5	금	6	甲戌	월	7	乙巳	화	7	甲戌	금	8	乙巳	일	8	乙亥	수	10	丙午
6	토	7	乙亥	화	8	丙午	수	8	乙亥	토	9	丙午	월	9	丙子	목	11	丁未
7	일	8	丙子	수	9	丁未	목	9	丙子	일	10	丁未	화	10	丁丑	금	12	戊申
8	월	9	丁丑	목	10	戊申	금	10	丁丑	월	11	戊申	수	11	戊寅	토	13	己酉
9	화	10	戊寅	금	11	己酉	토	11	戊寅	화	12	己酉	목	12	己卯	일	14	庚戌
10	수	11	己卯	토	12	庚戌	일	12	己卯	수	13	庚戌	금	13	庚辰	월	15	辛亥
11	목	12	庚辰	일	13	辛亥	월	13	庚辰	목	14	辛亥	토	14	辛巳	화	16	壬子
12	금	13	辛巳	월	14	壬子	화	14	辛巳	금	15	壬子	일	15	壬午	수	17	癸丑
13	토	14	壬午	화	15	癸丑	수	15	壬午	토	16	癸丑	월	16	癸未	목	18	甲寅
14	일	15	癸未	수	16	甲寅	목	16	癸未	일	17	甲寅	화	17	甲申	금	19	乙卯
15	월	16	甲申	목	17	乙卯	금	17	甲申	월	18	乙卯	수	18	乙酉	토	20	丙辰
16	화	17	乙酉	금	18	丙辰	토	18	乙酉	화	19	丙辰	목	19	丙戌	일	21	丁巳
17	수	18	丙戌	토	19	丁巳	일	19	丙戌	수	20	丁巳	금	20	丁亥	월	22	戊午
18	목	19	丁亥	일	20	戊午	월	20	丁亥	목	21	戊午	토	21	戊子	화	23	己未
19	금	20	戊子	월	21	己未	화	21	戊子	금	22	己未	일	22	己丑	수	24	庚申
20	토	21	己丑	화	22	庚申	수	22	己丑	토	23	庚申	월	23	庚寅	목	25	辛酉
21	일	22	庚寅	수	23	辛酉	목	23	庚寅	일	24	辛酉	화	24	辛卯	금	26	壬戌
22	월	23	辛卯	목	24	壬戌	금	24	辛卯	월	25	壬戌	수	25	壬辰	토	27	癸亥
23	화	24	壬辰	금	25	癸亥	토	25	壬辰	화	26	癸亥	목	26	癸巳	일	28	甲子
24	수	25	癸巳	토	26	甲子	일	26	癸巳	수	27	甲子	금	27	甲午	월	29	乙丑
25	목	26	甲午	일	27	乙丑	월	27	甲午	목	28	乙丑	토	28	乙未	화	30	丙寅
26	금	27	乙未	월	28	丙寅	화	28	乙未	금	29	丙寅	일	29	丙申	6월		丁卯
27	토	28	丙申	화	29	丁卯	수	29	丙申	토	30	丁卯	5월		丁酉	목	2	戊辰
28	일	29	丁酉	2월		戊辰	목	30	丁酉	4월		戊辰	화	2	戊戌	금	3	己巳
29	월	30	戊戌	목	2	己巳	3월		戊戌	월	2	己巳	수	3	己亥	토	4	庚午
30	1월		己亥				토	2	己亥	화	3	庚午	목	4	庚子	일	5	辛未
31	수	2	庚子				일	3	庚子				금	5	辛丑			

단기 4301년

월(양력)	7월			8월			9월			10월			11월			12월		
월간지	己未			庚申			辛酉			壬戌			癸亥			甲子		
절기 시작	소서小暑 7일 10:42			입추立秋 7일 20:27			백로白露 7일 23:11			한로寒露 8일 14:34			입동立冬 7일 17:29			대설大雪 7일 10:08		
	대서大暑 23일 04:07			처서處暑 23일 11:03			추분秋分 23일 08:26			상강霜降 23일 17:30			소설小雪 22일 14:49			동지冬至 22일 04:00		
양력	요일	음력	일진	요일	음력	일진	요일	음력	일진	요일	음력	일진	요일	음력	일진	요일	음력	일진
1	일	6	壬申	목	8	癸卯	일	9	甲戌	화	10	甲辰	금	11	乙亥	일	12	乙巳
2	화	7	癸酉	금	9	甲辰	월	10	乙亥	수	11	乙巳	토	12	丙子	월	13	丙午
3	수	8	甲戌	토	10	乙巳	화	11	丙子	목	12	丙午	일	13	丁丑	화	14	丁未
4	목	9	乙亥	일	11	丙午	수	12	丁丑	금	13	丁未	월	14	戊寅	수	15	戊申
5	금	10	丙子	월	12	丁未	목	13	戊寅	토	14	戊申	화	15	己卯	목	16	己酉
6	토	11	丁丑	화	13	戊申	금	14	己卯	일	15	己酉	수	16	庚辰	금	17	庚戌
7	일	12	戊寅	수	14	己酉	토	15	庚辰	월	16	庚戌	목	17	辛巳	토	18	辛亥
8	월	13	己卯	목	15	庚戌	일	16	辛巳	화	17	辛亥	금	18	壬午	일	19	壬子
9	화	14	庚辰	금	16	辛亥	월	17	壬午	수	18	壬子	토	19	癸未	월	20	癸丑
10	수	15	辛巳	토	17	壬子	화	18	癸未	목	19	癸丑	일	20	甲申	화	21	甲寅
11	목	16	壬午	일	18	癸丑	수	19	甲申	금	20	甲寅	월	21	乙酉	수	22	乙卯
12	금	17	癸未	월	19	甲寅	목	20	乙酉	토	21	乙卯	화	22	丙戌	목	23	丙辰
13	토	18	甲申	화	20	乙卯	금	21	丙戌	일	22	丙辰	수	23	丁亥	금	24	丁巳
14	일	19	乙酉	수	21	丙辰	토	22	丁亥	월	23	丁巳	목	24	戊寅	토	25	戊午
15	월	20	丙戌	목	22	丁巳	일	23	戊子	화	24	戊午	금	25	己丑	일	26	己未
16	화	21	丁亥	금	23	戊午	월	24	己丑	수	25	己未	토	26	庚寅	월	27	庚申
17	수	22	戊子	토	24	己未	화	25	庚寅	목	26	庚申	일	·27	辛卯	화	28	辛酉
18	목	23	己丑	일	25	庚申	수	26	辛卯	금	27	辛酉	월	28	壬辰	수	29	壬戌
19	금	24	庚寅	월	26	辛酉	목	27	壬辰	토	28	壬戌	화	29	癸巳	목	30	癸亥
20	토	25	辛卯	화	27	壬戌	금	28	癸巳	일	29	癸亥	**10월**		甲午	**11월**		甲子
21	일	26	壬辰	수	28	癸亥	토	29	甲午	월	30	甲子	목	2	乙未	토	2	乙丑
22	월	27	癸巳	목	29	甲子	**8월**		乙未	**9월**		乙丑	금	3	丙申	일	3	丙寅
23	화	28	甲午	금	30	乙丑	월	2	丙申	수	2	丙寅	토	4	丁酉	월	4	丁卯
24	수	29	乙未	**윤7월**		丙寅	화	3	丁酉	목	3	丁卯	일	5	戊戌	화	5	戊辰
25	**7월**		丙申	일	2	丁卯	수	4	戊戌	금	4	戊辰	월	6	己亥	수	6	己巳
26	금	2	丁酉	월	3	戊辰	목	5	己亥	토	5	己巳	화	7	更子	목	7	庚午
27	토	3	戊戌	화	4	己巳	금	6	更子	일	6	庚午	수	8	辛丑	금	8	辛未
28	일	4	己亥	수	5	庚午	토	7	辛丑	월	7	辛未	목	9	壬寅	토	9	壬申
29	월	5	更子	목	6	辛未	일	8	壬寅	화	8	壬申	금	10	癸卯	일	10	癸酉
30	화	6	辛丑	금	7	壬申	월	9	癸卯	수	9	癸酉	토	11	甲辰	월	11	甲戌
31	수	7	壬寅	토	8	癸酉				목	10	甲戌				화	12	乙亥

만세력 213

서기 1969년 기유己酉

월(양력)	1월			2월			3월			4월			5월			6월		
월간지	乙丑			丙寅			丁卯			戊辰			己巳			庚午		
절기시작	소한小寒 5일 21:17			입춘立春 4일 08:59			경칩驚蟄 5일 03:11			청명淸明 5일 08:15			입하立夏 6일 01:50			망종亡種 6일 06:12		
	대한大寒 20일 14:38			우수雨水 19일 04:55			춘분春分 21일 04:08			곡우穀雨 20일 15:27			소만小滿 21일 14:50			하지夏至 21일 22:55		
양력	요일	음력	일진	요일	음력	일진	요일	음력	일진	요일	음력	일진	요일	음력	일진	요일	음력	일진
1	수	13	丙子	토	15	丁未	토	13	乙亥	화	15	丙午	목	15	丙子	일	17	丁未
2	목	14	丁丑	일	16	戊申	일	14	丙子	수	16	丁未	금	16	丁丑	월	18	戊申
3	금	15	戊寅	월	17	己酉	월	15	丁丑	목	17	戊申	토	17	戊寅	화	19	己酉
4	토	16	己卯	화	18	庚戌	화	16	戊寅	금	18	己酉	일	18	己卯	수	20	庚戌
5	일	17	庚辰	수	19	辛亥	수	17	己卯	토	19	庚戌	월	19	庚辰	목	21	辛亥
6	월	18	辛巳	목	20	壬子	목	18	庚辰	일	20	辛亥	화	20	辛巳	금	22	壬子
7	화	19	壬午	금	21	癸丑	금	19	辛巳	월	21	壬子	수	21	壬午	토	23	癸丑
8	수	20	癸未	토	22	甲寅	토	20	壬午	화	22	癸丑	목	22	癸未	일	24	甲寅
9	목	21	甲申	일	23	乙卯	일	21	癸未	수	23	甲寅	금	23	甲申	월	25	乙卯
10	금	22	乙酉	월	24	丙辰	월	22	甲申	목	24	乙卯	토	24	乙酉	화	26	丙辰
11	토	23	丙戌	화	25	丁巳	화	23	乙酉	금	25	丙辰	일	25	丙戌	수	27	丁巳
12	일	24	丁亥	수	26	戊午	수	24	丙戌	토	26	丁巳	월	26	丁亥	목	28	戊午
13	월	25	戊子	목	27	己未	목	25	丁亥	일	27	戊午	화	27	戊子	금	29	己未
14	화	26	己丑	금	28	庚申	금	26	戊子	월	28	己未	수	28	己丑	토	30	庚申
15	수	27	庚寅	토	29	辛酉	토	27	己丑	화	29	庚申	목	29	庚寅	일	5월	辛酉
16	목	28	辛卯	일	30	壬戌	일	28	庚寅	수	30	辛酉	금	4월	辛卯	월	2	壬戌
17	금	29	壬辰	1월		癸亥	월	29	辛卯	3월		壬戌	토	2	壬辰	화	3	癸亥
18	12월		癸巳	화	2	甲子	2월		壬辰	금	2	癸亥	일	3	癸巳	수	4	甲子
19	일	2	甲午	수	3	乙丑	수	2	癸巳	토	3	甲子	월	4	甲午	목	5	乙丑
20	월	3	乙未	목	4	丙寅	목	3	甲午	일	4	乙丑	화	5	乙未	금	6	丙寅
21	화	4	丙申	금	5	丁卯	금	4	乙未	월	5	丙寅	수	6	丙申	토	7	丁卯
22	수	5	丁酉	토	6	戊辰	토	5	丙申	화	6	丁卯	목	7	丁酉	일	8	戊辰
23	목	6	戊戌	일	7	己巳	일	6	丁酉	수	7	戊辰	금	8	戊戌	월	9	己巳
24	금	7	己亥	월	8	庚午	월	7	戊戌	목	8	己巳	토	9	己亥	화	10	庚午
25	토	8	更子	화	9	辛未	화	8	己亥	금	9	庚午	일	10	更子	수	11	辛未
26	일	9	辛丑	수	10	壬申	수	9	更子	토	10	辛未	월	11	辛丑	목	12	壬申
27	월	10	壬寅	목	11	癸酉	목	10	辛丑	일	11	壬申	화	12	壬寅	금	13	癸酉
28	화	11	癸卯	금	12	甲戌	금	11	壬寅	월	12	癸酉	수	13	癸卯	토	14	甲戌
29	수	12	甲辰				토	12	癸卯	화	13	甲戌	목	14	甲辰	일	15	乙亥
30	목	13	乙巳				일	13	甲辰	수	14	乙亥	금	15	乙巳	월	16	丙子
31	금	14	丙午				월	14	乙巳				토	16	丙午			

단기 4302년

월(양력)	7월			8월			9월			10월			11월			12월		
월간지	辛未			壬申			癸酉			甲戌			乙亥			丙子		
절기시작	소서小暑 7일 16:32			입추立秋 8일 02:14			백로白露 8일 04:55			한로寒露 8일 20:17			입동立冬 7일 23:11			대설大雪 7일 15:51		
	대서大暑 23일 09:48			처서處暑 23일 16:43			추분秋分 23일 14:07			상강霜降 23일 23:11			소설小雪 22일 20:31			동지冬至 22일 09:44		
양력	요일	음력	일진	요일	음력	일진	요일	음력	일진	요일	음력	일진	요일	음력	일진	요일	음력	일진
1	화	17	丁丑	금	19	戊申	월	20	己卯	수	20	己酉	토	22	庚辰	월	22	庚戌
2	수	18	戊寅	토	20	己酉	화	21	庚辰	목	21	庚戌	일	23	辛巳	화	23	辛亥
3	목	19	己卯	일	21	庚戌	수	22	辛巳	금	22	辛亥	월	24	壬午	수	24	壬子
4	금	20	庚辰	월	22	辛亥	목	23	壬午	토	23	壬子	화	25	癸未	목	25	癸丑
5	토	21	辛巳	화	23	壬子	금	24	癸未	일	24	癸丑	수	26	甲申	금	26	甲寅
6	일	22	壬午	수	24	癸丑	토	25	甲申	월	25	甲寅	목	27	乙酉	토	27	乙卯
7	월	23	癸未	목	25	甲寅	일	26	乙酉	화	26	乙卯	금	28	丙戌	일	28	丙辰
8	화	24	甲申	금	26	乙卯	월	27	丙戌	수	27	丙辰	토	29	丁亥	월	29	丁巳
9	수	25	乙酉	토	27	丙辰	화	28	丁亥	목	28	丁巳	일	30	戊子	화	11월	戊午
10	목	26	丙戌	일	28	丁巳	수	29	戊子	금	29	戊午	월	10월	己丑	수	2	己未
11	금	27	丁亥	월	29	戊午	목	30	己丑	토	9월	己未	화	2	庚寅	목	3	庚申
12	토	28	戊子	화	30	己未	금	8월	庚寅	일	2	庚申	수	3	辛卯	금	4	辛酉
13	일	29	己丑	수	7월	庚申	토	2	辛卯	월	3	辛酉	목	4	壬辰	토	5	壬戌
14	월	6월	庚寅	목	2	辛酉	일	3	壬辰	화	4	壬戌	금	5	癸巳	일	6	癸亥
15	화	2	辛卯	금	3	壬戌	월	4	癸巳	수	5	癸亥	토	6	甲午	월	7	甲子
16	수	3	壬辰	토	4	癸亥	화	5	甲午	목	6	甲子	일	7	乙未	화	8	乙丑
17	목	4	癸巳	일	5	甲子	수	6	乙未	금	7	乙丑	월	8	丙申	수	9	丙寅
18	금	5	甲午	월	6	乙丑	목	7	丙申	토	8	丙寅	화	9	丁酉	목	10	丁卯
19	토	6	乙未	화	7	丙寅	금	8	丁酉	일	9	丁卯	수	10	戊戌	금	11	戊辰
20	일	7	丙申	수	8	丁卯	토	9	戊戌	월	10	戊辰	목	11	己亥	토	12	己巳
21	월	8	丁酉	목	9	戊辰	일	10	己亥	화	11	己巳	금	12	庚子	일	13	庚午
22	화	9	戊戌	금	10	己巳	월	11	庚子	수	12	庚午	토	13	辛丑	월	14	辛未
23	수	10	己亥	토	11	庚午	화	12	辛丑	목	13	辛未	일	14	壬寅	화	15	壬申
24	목	11	庚子	일	12	辛未	수	13	壬寅	금	14	壬申	월	15	癸卯	수	16	癸酉
25	금	12	辛丑	월	13	壬申	목	14	癸卯	토	15	癸酉	화	16	甲辰	목	17	甲戌
26	토	13	壬寅	화	14	癸酉	금	15	甲辰	일	16	甲戌	수	17	乙巳	금	18	乙亥
27	일	14	癸卯	수	15	甲戌	토	16	乙巳	월	17	乙亥	목	18	丙午	토	19	丙子
28	월	15	甲辰	목	16	乙亥	일	17	丙午	화	18	丙子	금	19	丁未	일	20	丁丑
29	화	16	乙巳	금	17	丙子	월	18	丁未	수	19	丁丑	토	20	戊申	월	21	戊寅
30	수	17	丙午	토	18	丁丑	화	19	戊申	목	20	戊寅	일	21	己酉	화	22	己卯
31	목	18	丁未	일	19	戊寅				금	21	己卯				수	23	庚辰

서기 1970년 경술庚戌

월(양력)	1월			2월			3월			4월			5월			6월		
월간지	丁丑			戊寅			己卯			庚辰			辛巳			壬午		
절기시작	소한小寒 6일 03:02			입춘立春 4일 14:46			경칩驚蟄 6일 08:58			청명淸明 5일 14:02			입하立夏 6일 07:34			망종亡種 6일 11:52		
	대한大寒 20일 20:24			우수雨水 19일 10:42			춘분春分 21일 09:56			곡우穀雨 20일 21:15			소만小滿 21일 20:37			하지夏至 22일 04:43		
양력	요일	음력	일진	요일	음력	일진	요일	음력	일진	요일	음력	일진	요일	음력	일진	요일	음력	일진
1	목	24	辛巳	일	25	壬子	일	24	庚辰	수	25	辛卯	금	26	辛巳	월	28	壬子
2	금	25	壬午	월	26	癸丑	월	25	辛巳	목	26	壬辰	토	27	壬午	화	29	癸丑
3	토	26	癸未	화	27	甲寅	화	26	壬午	금	27	癸巳	일	28	癸未	수	30	甲寅
4	일	27	甲申	수	28	乙卯	수	27	癸未	토	28	甲午	월	29	甲申	5월		乙卯
5	월	28	乙酉	목	29	丙辰	목	28	甲申	일	29	乙未	4월		乙酉	금	2	丙辰
6	화	29	丙戌	1월		丁巳	금	29	乙酉	3월		丙戌	수	2	丙戌	토	3	丁巳
7	수	30	丁亥	토	2	戊午	토	30	丙戌	화	2	丁亥	목	3	丁亥	일	4	戊午
8	12월		戊子	일	3	己未	2월		丁亥	수	3	戊子	금	4	戊子	월	5	己未
9	금	2	己丑	월	4	庚申	월	2	戊子	목	4	己丑	토	5	己丑	화	6	庚申
10	토	3	庚寅	화	5	辛酉	화	3	己丑	금	5	庚寅	일	6	庚寅	수	7	辛酉
11	일	4	辛卯	수	6	壬戌	수	4	庚寅	토	6	辛卯	월	7	辛卯	목	8	壬戌
12	월	5	壬辰	목	7	癸亥	목	5	辛卯	일	7	壬辰	화	8	壬辰	금	9	癸亥
13	화	6	癸巳	금	8	甲子	금	6	壬辰	월	8	癸巳	수	9	癸巳	토	10	甲子
14	수	7	甲午	토	9	乙丑	토	7	癸巳	화	9	甲午	목	10	甲午	일	11	乙丑
15	목	8	乙未	일	10	丙寅	일	8	甲午	수	10	乙未	금	11	乙未	월	12	丙寅
16	금	9	丙申	월	11	丁卯	월	9	乙未	목	11	丙申	토	12	丙申	화	13	丁卯
17	토	10	丁酉	화	12	戊辰	화	10	丙申	금	12	丁酉	일	13	丁酉	수	14	戊辰
18	일	11	戊戌	수	13	己巳	수	11	丁酉	토	13	戊戌	월	14	戊戌	목	15	己巳
19	월	12	己亥	목	14	庚午	목	12	戊戌	일	14	己亥	화	15	己亥	금	16	庚午
20	화	13	庚子	금	15	辛未	금	13	己亥	월	15	庚子	수	16	庚子	토	17	辛未
21	수	14	辛丑	토	16	壬申	토	14	庚子	화	16	辛丑	목	17	辛丑	일	18	壬申
22	목	15	壬寅	일	17	癸酉	일	15	辛丑	수	17	壬寅	금	18	壬寅	월	19	癸酉
23	금	16	癸卯	월	18	甲戌	월	16	壬寅	목	18	癸卯	토	19	癸卯	화	20	甲戌
24	토	17	甲辰	화	19	乙亥	화	17	癸卯	금	19	甲辰	일	20	甲辰	수	21	乙亥
25	일	18	乙巳	수	20	丙子	수	18	甲辰	토	20	乙巳	월	21	乙巳	목	22	丙子
26	월	19	丙午	목	21	丁丑	목	19	乙巳	일	21	丙午	화	22	丙午	금	23	丁丑
27	화	20	丁未	금	22	戊寅	금	20	丙午	월	22	丁未	수	23	丁未	토	24	戊寅
28	수	21	戊申	토	23	己卯	토	21	丁未	화	23	戊申	목	24	戊申	일	25	己卯
29	목	22	己酉				일	22	戊申	수	24	己酉	금	25	己酉	월	26	庚辰
30	금	23	庚戌				월	23	己酉	목	25	庚戌	토	26	庚戌	화	27	辛巳
31	토	24	辛亥				화	24	庚戌				일	27	辛亥			

단기 4303년

월(양력)	7월			8월			9월			10월			11월			12월		
월간지	癸未			甲申			乙酉			丙戌			丁亥			戊子		
절기시작	소서小暑 7일 22:11			입추立秋 8일 07:54			백로白露 8일 10:38			한로寒露 9일 02:02			입동立冬 8일 04:58			대설大雪 7일 21:37		
	대서大暑 23일 15:37			처서處暑 23일 22:34			추분秋分 23일 19:59			상강霜降 24일 05:04			소설小雪 23일 02:25			동지冬至 22일 15:36		
양력	요일	음력	일진	요일	음력	일진	요일	음력	일진	요일	음력	일진	요일	음력	일진	요일	음력	일진
1	수	28	壬午	토	29	癸丑	화	8월	甲申	목	2	甲寅	일	3	乙酉	화	3	乙卯
2	목	29	癸未	일	7월	甲寅	수	2	乙酉	금	3	乙卯	월	4	丙戌	수	4	丙辰
3	금	30	甲申	월	2	乙卯	목	3	丙戌	토	4	丙辰	화	5	丁亥	목	5	丁巳
4	토	6월	乙酉	화	3	丙辰	금	4	丁亥	일	5	丁巳	수	6	戊子	금	6	戊午
5	일	2	丙戌	수	4	丁巳	토	5	戊子	월	6	戊午	목	7	己丑	토	7	己未
6	월	3	丁亥	목	5	戊午	일	6	己丑	화	7	己未	금	8	庚寅	일	8	庚申
7	화	4	戊子	금	6	己未	월	7	庚寅	수	8	庚申	토	9	辛卯	월	9	辛酉
8	수	5	己丑	토	7	庚申	화	8	辛卯	목	9	辛酉	일	10	壬辰	화	10	壬戌
9	목	6	庚寅	일	8	辛酉	수	9	壬辰	금	10	壬戌	월	11	癸巳	수	11	癸亥
10	금	7	辛卯	월	9	壬戌	목	10	癸巳	토	11	癸亥	화	12	甲午	목	12	甲子
11	토	8	壬辰	화	10	癸亥	금	11	甲午	일	12	甲子	수	13	乙未	금	13	乙丑
12	일	9	癸巳	수	11	甲子	토	12	乙未	월	13	乙丑	목	14	丙申	토	14	丙寅
13	월	10	甲午	목	12	乙丑	일	13	丙申	화	14	丙寅	금	15	丁酉	일	15	丁卯
14	화	11	乙未	금	13	丙寅	월	14	丁酉	수	15	丁卯	토	16	戊戌	월	16	戊辰
15	수	12	丙申	토	14	丁卯	화	15	戊戌	목	16	戊辰	일	17	己亥	화	17	己巳
16	목	13	丁酉	일	15	戊辰	수	16	己亥	금	17	己巳	월	18	庚子	수	18	庚午
17	금	14	戊戌	월	16	己巳	목	17	庚子	토	18	庚午	화	19	辛丑	목	19	辛未
18	토	15	己亥	화	17	庚午	금	18	辛丑	일	19	辛未	수	20	壬寅	금	20	壬申
19	일	16	庚子	수	18	辛未	토	19	壬寅	월	20	壬申	목	21	癸卯	토	21	癸酉
20	월	17	辛丑	목	19	壬申	일	20	癸卯	화	21	癸酉	금	22	甲辰	일	22	甲戌
21	화	18	壬寅	금	20	癸酉	월	21	甲辰	수	22	甲戌	토	23	乙巳	월	23	乙亥
22	수	19	癸卯	토	21	甲戌	화	22	乙巳	목	23	乙亥	일	24	丙午	화	24	丙子
23	목	20	甲辰	일	22	乙亥	수	23	丙午	금	24	丙子	월	25	丁未	수	25	丁丑
24	금	21	乙巳	월	23	丙子	목	24	丁未	토	25	丁丑	화	26	戊申	목	26	戊寅
25	토	22	丙午	화	24	丁丑	금	25	戊申	일	26	戊寅	수	27	己酉	금	27	己卯
26	일	23	丁未	수	25	戊寅	토	26	己酉	월	27	己卯	목	28	庚戌	토	28	庚辰
27	월	24	戊申	목	26	己卯	일	27	庚戌	화	28	庚辰	금	29	辛亥	일	29	辛巳
28	화	25	己酉	금	27	庚辰	월	28	辛亥	수	29	辛巳	토	30	壬子	월	12월	壬午
29	수	26	庚戌	토	28	辛巳	화	29	壬子	목	30	壬午	일	11월	癸丑	화	2	癸未
30	목	27	辛亥	일	29	壬午	수	9월	癸丑	금	10월	癸未	월	2	甲寅	수	3	甲申
31	금	28	壬子	월	30	癸未				토	2	甲申				목	4	乙酉

서기 1971년 신해 辛亥

월(양력)	1월	2월	3월	4월	5월	6월
월간지	己丑	庚寅	辛卯	壬辰	癸巳	甲午
절기시작	소한小寒 6일 08:45 / 대한大寒 21일 02:13	입춘立春 4일 20:25 / 우수雨水 19일 16:27	경칩驚蟄 6일 14:35 / 춘분春分 21일 15:38	청명淸明 5일 19:36 / 곡우穀雨 21일 02:54	입하立夏 6일 13:08 / 소만小滿 22일 02:15	망종亡種 6일 17:29 / 하지夏至 22일 10:20

양력	요일	음력	일진	요일	음력	일진	요일	음력	일진	요일	음력	일진	요일	음력	일진	요일	음력	일진
1	금	5	丙戌	월	6	丁巳	월	5	乙酉	목	6	丙辰	토	7	丙戌	화	9	丁巳
2	토	6	丁亥	화	7	戊午	화	6	丙戌	금	7	丁巳	일	8	丁亥	수	10	戊午
3	일	7	戊子	수	8	己未	수	7	丁亥	토	8	戊午	월	9	戊子	목	11	己未
4	월	8	己丑	목	9	庚申	목	8	戊子	일	9	己未	화	10	己丑	금	12	庚申
5	화	9	庚寅	금	10	辛酉	금	9	己丑	월	10	庚申	수	11	庚寅	토	13	辛酉
6	수	10	辛卯	토	11	壬戌	토	10	庚寅	화	11	辛酉	목	12	辛卯	일	14	壬戌
7	목	11	壬辰	일	12	癸亥	일	11	辛卯	수	12	壬戌	금	13	壬辰	월	15	癸亥
8	금	12	癸巳	월	13	甲子	월	12	壬辰	목	13	癸亥	토	14	癸巳	화	16	甲子
9	토	13	甲午	화	14	乙丑	화	13	癸巳	금	14	甲子	일	15	甲午	수	17	乙丑
10	일	14	乙未	수	15	丙寅	수	14	甲午	토	15	乙丑	월	16	乙未	목	18	丙寅
11	월	15	丙申	목	16	丁卯	목	15	乙未	일	16	丙寅	화	17	丙申	금	19	丁卯
12	화	16	丁酉	금	17	戊辰	금	16	丙申	월	17	丁卯	수	18	丁酉	토	20	戊辰
13	수	17	戊戌	토	18	己巳	토	17	丁酉	화	18	戊辰	목	19	戊戌	일	21	己巳
14	목	18	己亥	일	19	庚午	일	18	戊戌	수	19	己巳	금	20	己亥	월	22	庚午
15	금	19	更子	월	20	辛未	월	19	己亥	목	20	庚午	토	21	更子	화	23	辛未
16	토	20	辛丑	화	21	壬申	화	20	更子	금	21	辛未	일	22	辛丑	수	24	壬申
17	일	21	壬寅	수	22	癸酉	수	21	辛丑	토	22	壬申	월	23	壬寅	목	25	癸酉
18	월	22	癸卯	목	23	甲戌	목	22	壬寅	일	23	癸酉	화	24	癸卯	금	26	甲戌
19	화	23	甲辰	금	24	乙亥	금	23	癸卯	월	24	甲戌	수	25	甲辰	토	27	乙亥
20	수	24	乙巳	토	25	丙子	토	24	甲辰	화	25	乙亥	목	26	乙巳	일	28	丙子
21	목	25	丙午	일	26	丁丑	일	25	乙巳	수	26	丙子	금	27	丙午	월	29	丁丑
22	금	26	丁未	월	27	戊寅	월	26	丙午	목	27	丁丑	토	28	丁未	화	30	戊寅
23	토	27	戊申	화	28	己卯	화	27	丁未	금	28	戊寅	일	29	戊申	윤5월	1	己卯
24	일	28	己酉	수	29	庚辰	수	28	戊申	토	29	己卯	5월	1	己酉	목	2	庚辰
25	월	29	庚戌	2월	1	辛巳	목	29	己酉	4월	1	庚辰	화	2	庚戌	금	3	辛巳
26	화	30	辛亥	금	2	壬午	금	30	庚戌	월	2	辛巳	수	3	辛亥	토	4	壬午
27	1월	1	壬子	토	3	癸未	3월	1	辛亥	화	3	壬午	목	4	壬子	일	5	癸未
28	목	2	癸丑	일	4	甲申	일	2	壬子	수	4	癸未	금	5	癸丑	월	6	甲申
29	금	3	甲寅				월	3	癸丑	목	5	甲申	토	6	甲寅	화	7	乙酉
30	토	4	乙卯				화	4	甲寅	금	6	乙酉	일	7	乙卯	수	8	丙戌
31	일	5	丙辰				수	5	乙卯				월	8	丙辰			

단기 4304년

월(양력)	7월			8월			9월			10월			11월			12월		
월간지	乙未			丙申			丁酉			戊戌			己亥			庚子		
절기시작	소서小暑 8일 03:51			입추立秋 8일 13:40			백로白露 8일 16:30			한로寒露 9일 07:59			입동立冬 8일 10:57			대설大雪 8일 03:36		
	대서大暑 23일 21:15			처서處暑 24일 04:15			추분秋分 24일 01:45			상강霜降 24일 10:53			소설小雪 23일 08:14			동지冬至 22일 21:24		
양력	요일	음력	일진	요일	음력	일진	요일	음력	일진	요일	음력	일진	요일	음력	일진	요일	음력	일진
1	목	9	丁亥	일	11	戊午	수	12	己丑	금	13	己未	월	14	庚寅	수	14	庚申
2	금	10	戊子	월	12	己未	목	13	庚寅	토	14	庚申	화	15	辛卯	목	15	辛酉
3	토	11	己丑	화	13	庚申	금	14	辛卯	일	15	辛酉	수	16	壬辰	금	16	壬戌
4	일	12	庚寅	수	14	辛酉	토	15	壬辰	월	16	壬戌	목	17	癸巳	토	17	癸亥
5	월	13	辛卯	목	15	壬戌	일	16	癸巳	화	17	癸亥	금	18	甲午	일	18	甲子
6	화	14	壬辰	금	16	癸亥	월	17	甲午	수	18	甲子	토	19	乙未	월	19	乙丑
7	수	15	癸巳	토	17	甲子	화	18	乙未	목	19	乙丑	일	20	丙申	화	20	丙寅
8	목	16	甲午	일	18	乙丑	수	19	丙申	금	20	丙寅	월	21	丁酉	수	21	丁卯
9	금	17	乙未	월	19	丙寅	목	20	丁酉	토	21	丁卯	화	22	戊戌	목	22	戊辰
10	토	18	丙申	화	20	丁卯	금	21	戊戌	일	22	戊辰	수	23	己亥	금	23	己巳
11	일	19	丁酉	수	21	戊辰	토	22	己亥	월	23	己巳	목	24	庚子	토	24	庚午
12	월	20	戊戌	목	22	己巳	일	23	庚子	화	24	庚午	금	25	辛丑	일	25	辛未
13	화	21	己亥	금	23	庚午	월	24	辛丑	수	25	辛未	토	26	壬寅	월	26	壬申
14	수	22	庚子	토	24	辛未	화	25	壬寅	목	26	壬申	일	27	癸卯	화	27	癸酉
15	목	23	辛丑	일	25	壬申	수	26	癸卯	금	27	癸酉	월	28	甲辰	수	28	甲戌
16	금	24	壬寅	월	26	癸酉	목	27	甲辰	토	28	甲戌	화	29	乙巳	목	29	乙亥
17	토	25	癸卯	화	27	甲戌	금	28	乙巳	일	29	乙亥	수	30	丙午	금	30	丙子
18	일	26	甲辰	수	28	乙亥	토	29	丙午	월	30	丙子	10월		丁未	11월		丁丑
19	월	27	乙巳	목	29	丙子	8월		丁未	9월		丁丑	금	2	戊申	일	2	戊寅
20	화	28	丙午	금	30	丁丑	월	2	戊申	수	2	戊寅	토	3	己酉	월	3	己卯
21	수	29	丁未	7월		戊寅	화	3	己酉	목	3	己卯	일	4	庚戌	화	4	庚辰
22	6월		戊申	일	2	己卯	수	4	庚戌	금	4	庚辰	월	5	辛亥	수	5	辛巳
23	금	2	己酉	월	3	庚辰	목	5	辛亥	토	5	辛巳	화	6	壬子	목	6	壬午
24	토	3	庚戌	화	4	辛巳	금	6	壬子	일	6	壬午	수	7	癸丑	금	7	癸未
25	일	4	辛亥	수	5	壬午	토	7	癸丑	월	7	癸未	목	8	甲寅	토	8	甲申
26	월	5	壬子	목	6	癸未	일	8	甲寅	화	8	甲申	금	9	乙卯	일	9	乙酉
27	화	6	癸丑	금	7	甲申	월	9	乙卯	수	9	乙酉	토	10	丙辰	월	10	丙戌
28	수	7	甲寅	토	8	乙酉	화	10	丙辰	목	10	丙戌	일	11	丁巳	화	11	丁亥
29	목	8	乙卯	일	9	丙戌	수	11	丁巳	금	11	丁亥	월	12	戊午	수	12	戊子
30	금	9	丙辰	월	10	丁亥	목	12	戊午	토	12	戊子	화	13	己未	목	13	己丑
31	토	10	丁巳	화	11	戊子				일	13	己丑				금	14	庚寅

만세력

서기 1972년 임자壬子

월(양력)	1월			2월			3월			4월			5월			6월		
월간지	辛丑			壬寅			癸卯			甲辰			乙巳			丙午		
절기시작	소한小寒 6일 14:42			입춘立春 5일 02:20			경칩驚蟄 5일 20:28			청명淸明 5일 01:29			입하立夏 5일 19:01			망종亡種 5일 23:22		
	대한大寒 21일 07:59			우수雨水 19일 22:11			춘분春分 20일 21:21			곡우穀雨 20일 08:37			소만小滿 21일 08:00			하지夏至 21일 16:06		
양력	요일	음력	일진	요일	음력	일진	요일	음력	일진	요일	음력	일진	요일	음력	일진	요일	음력	일진
1	토	15	辛卯	화	17	壬戌	수	16	辛卯	토	18	壬戌	월	18	壬辰	목	20	癸亥
2	일	16	壬辰	수	18	癸亥	목	17	壬辰	일	19	癸亥	화	19	癸巳	금	21	甲子
3	월	17	癸巳	목	19	甲子	금	18	癸巳	월	20	甲子	수	20	甲午	토	22	乙丑
4	화	18	甲午	금	20	乙丑	토	19	甲午	화	21	乙丑	목	21	乙未	일	23	丙寅
5	수	19	乙未	토	21	丙寅	일	20	乙未	수	22	丙寅	금	22	丙申	월	24	丁卯
6	목	20	丙申	일	22	丁卯	월	21	丙申	목	23	丁卯	토	23	丁酉	화	25	戊辰
7	금	21	丁酉	월	23	戊辰	화	22	丁酉	금	24	戊辰	일	24	戊戌	수	26	己巳
8	토	22	戊戌	화	24	己巳	수	23	戊戌	토	25	己巳	월	25	己亥	목	27	庚午
9	일	23	己亥	수	25	庚午	목	24	己亥	일	26	庚午	화	26	庚子	금	28	辛未
10	월	24	庚子	목	26	辛未	금	25	庚子	월	27	辛未	수	27	辛丑	토	29	壬申
11	화	25	辛丑	금	27	壬申	토	26	辛丑	화	28	壬申	목	28	壬寅	5월		癸酉
12	수	26	壬寅	토	28	癸酉	일	27	壬寅	수	29	癸酉	금	29	癸卯	월	2	甲戌
13	목	27	癸卯	일	29	甲戌	월	28	癸卯	목	30	甲戌	4월		甲辰	화	3	乙亥
14	금	28	甲辰	월	30	乙亥	화	29	甲辰	3월		乙亥	일	2	乙巳	수	4	丙子
15	토	29	乙巳	1월		丙子	2월		乙巳	토	2	丙子	월	3	丙午	목	5	丁丑
16	12월		丙午	수	2	丁丑	목	2	丙午	일	3	丁丑	화	4	丁未	금	6	戊寅
17	월	2	丁未	목	3	戊寅	금	3	丁未	월	4	戊寅	수	5	戊申	토	7	己卯
18	화	3	戊申	금	4	己卯	토	4	戊申	화	5	己卯	목	6	己酉	일	8	庚辰
19	수	4	己酉	토	5	庚辰	일	5	己酉	수	6	庚辰	금	7	庚戌	월	9	辛巳
20	목	5	庚戌	일	6	辛巳	월	6	庚戌	목	7	辛巳	토	8	辛亥	화	10	壬午
21	금	6	辛亥	월	7	壬午	화	7	辛亥	금	8	壬午	일	9	壬子	수	11	癸未
22	토	7	壬子	화	8	癸未	수	8	壬子	토	9	癸未	월	10	癸丑	목	12	甲申
23	일	8	癸丑	수	9	甲申	목	9	癸丑	일	10	甲申	화	11	甲寅	금	13	乙酉
24	월	9	甲寅	목	10	乙酉	금	10	甲寅	월	11	乙酉	수	12	乙卯	토	14	丙戌
25	화	10	乙卯	금	11	丙戌	토	11	乙卯	화	12	丙戌	목	13	丙辰	일	15	丁亥
26	수	11	丙辰	토	12	丁亥	일	12	丙辰	수	13	丁亥	금	14	丁巳	월	16	戊子
27	목	12	丁巳	일	13	戊子	월	13	丁巳	목	14	戊子	토	15	戊午	화	17	己丑
28	금	13	戊午	월	14	己丑	화	14	戊午	금	15	己丑	일	16	己未	수	18	庚寅
29	토	14	己未	화	15	庚寅	수	15	己未	토	16	庚寅	월	17	庚申	목	19	辛卯
30	일	15	庚申				목	16	庚申	일	17	辛卯	화	18	辛酉	금	20	壬辰
31	월	16	辛酉				금	17	辛酉				수	19	壬戌			

단기 4305년

월(양력)	7월			8월			9월			10월			11월			12월		
월간지	丁未			戊申			己酉			庚戌			辛亥			壬子		
절기시작	소서小暑 7일 09:43			입추立秋 7일 19:29			백로白露 7일 22:15			한로寒露 8일 13:42			입동立冬 7일 16:39			대설大雪 7일 09:19		
	대서大暑 23일 03:03			처서處暑 23일 10:03			추분秋分 23일 07:33			상강霜降 23일 16:41			소설小雪 22일 14:03			동지冬至 22일 03:13		
양력	요일	음력	일진	요일	음력	일진	요일	음력	일진	요일	음력	일진	요일	음력	일진	요일	음력	일진
1	토	21	癸巳	화	22	甲子	금	24	乙未	일	24	乙丑	수	26	丙申	금	26	丙寅
2	일	22	甲午	수	23	乙丑	토	25	丙申	월	25	丙寅	목	27	丁酉	토	27	丁卯
3	월	23	乙未	목	24	丙寅	일	26	丁酉	화	26	丁卯	금	28	戊戌	일	28	戊辰
4	화	24	丙申	금	25	丁卯	월	27	戊戌	수	27	戊辰	토	29	己亥	월	29	己巳
5	수	25	丁酉	토	26	戊辰	화	28	己亥	목	28	己巳	일	30	庚子	화	30	庚午
6	목	26	戊戌	일	27	己巳	수	29	庚子	금	29	庚午	10월		辛丑	11월		辛未
7	금	27	己亥	월	28	庚午	목	30	辛丑	9월		辛未	화	2	壬寅	목	2	壬申
8	토	28	庚子	화	29	辛未	8월		壬寅	일	2	壬申	수	3	癸卯	금	3	癸酉
9	일	29	辛丑	7월		壬申	토	2	癸卯	월	3	癸酉	목	4	甲辰	토	4	甲戌
10	월	30	壬寅	목	2	癸酉	일	3	甲辰	화	4	甲戌	금	5	乙巳	일	5	乙亥
11	6월		癸卯	금	3	甲戌	월	4	乙巳	수	5	乙亥	토	6	丙午	월	6	丙子
12	수	2	甲辰	토	4	乙亥	화	5	丙午	목	6	丙子	일	7	丁未	화	7	丁丑
13	목	3	乙巳	일	5	丙子	수	6	丁未	금	7	丁丑	월	8	戊申	수	8	戊寅
14	금	4	丙午	월	6	丁丑	목	7	戊申	토	8	戊寅	화	9	己酉	목	9	己卯
15	토	5	丁未	화	7	戊寅	금	8	己酉	일	9	己卯	수	10	庚戌	금	10	庚辰
16	일	6	戊申	수	8	己卯	토	9	庚戌	월	10	庚辰	목	11	辛亥	토	11	辛巳
17	월	7	己酉	목	9	庚辰	일	10	辛亥	화	11	辛巳	금	12	壬子	일	12	壬午
18	화	8	庚戌	금	10	辛巳	월	11	壬子	수	12	壬午	토	13	癸丑	월	13	癸未
19	수	9	辛亥	토	11	壬午	화	12	癸丑	목	13	癸未	일	14	甲寅	화	14	甲申
20	목	10	壬子	일	12	癸未	수	13	甲寅	금	14	甲申	월	15	乙卯	수	15	乙酉
21	금	11	癸丑	월	13	甲申	목	14	乙卯	토	15	乙酉	화	16	丙辰	목	16	丙戌
22	토	12	甲寅	화	14	乙酉	금	15	丙辰	일	16	丙戌	수	17	丁巳	금	17	丁亥
23	일	13	乙卯	수	15	丙戌	토	16	丁巳	월	17	丁亥	목	18	戊午	토	18	戊子
24	월	14	丙辰	목	16	丁亥	일	17	戊午	화	18	戊子	금	19	己未	일	19	己丑
25	화	15	丁巳	금	17	戊子	월	18	己未	수	19	己丑	토	20	庚申	월	20	庚寅
26	수	16	戊午	토	18	己丑	화	19	庚申	목	20	庚寅	일	21	辛酉	화	21	辛卯
27	목	17	己未	일	19	庚寅	수	20	辛酉	금	21	辛卯	월	22	壬戌	수	22	壬辰
28	금	18	庚申	월	20	辛卯	목	21	壬戌	토	22	壬辰	화	23	癸亥	목	23	癸巳
29	토	19	辛酉	화	21	壬辰	금	22	癸亥	일	23	癸巳	수	24	甲子	금	24	甲午
30	일	20	壬戌	수	22	癸巳	토	23	甲子	월	24	甲午	목	25	乙丑	토	25	乙未
31	월	21	癸亥	목	23	甲午				화	25	乙未				일	26	丙申

만세력

서기 1973년 계축癸丑

월(양력)	1월	2월	3월	4월	5월	6월
월간지	癸丑	甲寅	乙卯	丙辰	丁巳	戊午
절기시작	소한小寒 5일 20:25	입춘立春 4일 08:04	경칩驚蟄 6일 02:13	청명淸明 5일 07:14	입하立夏 6일 00:46	망종亡種 6일 05:07
	대한大寒 20일 13:48	우수雨水 19일 04:01	춘분春分 21일 03:12	곡우穀雨 20일 14:30	소만小滿 21일 13:54	하지夏至 21일 22:01

양력	요일	음력	일진	요일	음력	일진	요일	음력	일진	요일	음력	일진	요일	음력	일진	요일	음력	일진
1	일	27	丁酉	목	28	戊辰	목	27	丙申	일	28	丁卯	화	29	丁酉	금	5월	戊辰
2	화	28	戊戌	금	29	己巳	금	28	丁酉	월	29	戊辰	수	30	戊戌	토	2	己巳
3	수	29	己亥	1월	庚午	토	29	戊戌	3월	己巳	4월	己亥	일	3	庚午
4	목	30	庚子	일	2	辛未	일	30	己亥	수	2	庚午	금	2	庚子	월	4	辛未
5	금	12월	辛丑	월	3	壬申	2월	庚子	목	3	辛未	토	3	辛丑	화	5	壬申
6	토	2	壬寅	화	4	癸酉	화	2	辛丑	금	4	壬申	일	4	壬寅	수	6	癸酉
7	일	3	癸卯	수	5	甲戌	수	3	壬寅	토	5	癸酉	월	5	癸卯	목	7	甲戌
8	월	4	甲辰	목	6	乙亥	목	4	癸卯	일	6	甲戌	화	6	甲辰	금	8	乙亥
9	화	5	乙巳	금	7	丙子	금	5	甲辰	월	7	乙亥	수	7	乙巳	토	9	丙子
10	수	6	丙午	토	8	丁丑	토	6	乙巳	화	8	丙子	목	8	丙午	일	10	丁丑
11	목	7	丁未	일	9	戊寅	일	7	丙午	수	9	丁丑	금	9	丁未	월	11	戊寅
12	금	8	戊申	월	10	己丑	월	8	丁未	목	10	戊寅	토	10	戊申	화	12	己丑
13	토	9	己酉	화	11	庚辰	화	9	戊申	금	11	己卯	일	11	己酉	수	13	庚辰
14	일	10	庚戌	수	12	辛巳	수	10	己酉	토	12	庚辰	월	12	庚戌	목	14	辛巳
15	월	11	辛亥	목	13	壬午	목	11	庚戌	일	13	辛巳	화	13	辛亥	금	15	壬午
16	화	12	壬子	금	14	癸未	금	12	辛亥	월	14	壬午	수	14	壬子	토	16	癸未
17	수	13	癸丑	토	15	甲申	토	13	壬子	화	15	癸未	목	15	癸丑	일	17	甲申
18	목	14	甲寅	일	16	乙酉	일	14	癸丑	수	16	甲申	금	16	甲寅	월	18	乙酉
19	금	15	乙卯	월	17	丙戌	월	15	甲寅	목	17	乙酉	토	17	乙卯	화	19	丙戌
20	토	16	丙辰	화	18	丁亥	화	16	乙卯	금	18	丙戌	일	18	丙辰	수	20	丁亥
21	일	17	丁巳	수	19	戊子	수	17	丙辰	토	19	丁亥	월	19	丁巳	목	21	戊子
22	월	18	戊午	목	20	己丑	목	18	丁巳	일	20	戊子	화	20	戊午	금	22	己丑
23	화	19	己未	금	21	庚寅	금	19	戊午	월	21	己丑	수	21	己未	토	23	庚寅
24	수	20	庚申	토	22	辛卯	토	20	己未	화	22	庚寅	목	22	庚申	일	24	辛卯
25	목	21	辛酉	일	23	壬辰	일	21	庚申	수	23	辛卯	금	23	辛酉	월	25	壬辰
26	금	22	壬戌	월	24	癸巳	월	22	辛酉	목	24	壬辰	토	24	壬戌	화	26	癸巳
27	토	23	癸亥	화	25	甲午	화	23	壬戌	금	25	癸巳	일	25	癸亥	수	27	甲午
28	일	24	甲子	수	26	乙未	수	24	癸亥	토	26	甲午	월	26	甲子	목	28	乙未
29	월	25	乙丑				목	25	甲子	일	27	乙未	화	27	乙丑	금	29	丙申
30	화	26	丙寅				금	26	乙丑	월	28	丙申	수	28	丙寅	6월	丁酉
31	수	27	丁卯				토	27	丙寅				목	29	丁卯			

단기 4306년

월(양력)	7월			8월			9월			10월			11월			12월		
월간지	己未			庚申			辛酉			壬戌			癸亥			甲子		
절기시작	소서小暑 7일 15:27 대서大暑 23일 08:56			입추立秋 8일 01:13 처서處暑 23일 15:53			백로白露 8일 03:59 추분秋分 23일 13:21			한로寒露 8일 19:27 상강霜降 23일 22:30			입동立冬 7일 22:28 소설小雪 22일 19:54			대설大雪 7일 15:10 동지冬至 22일 09:08		
양력	요일	음력	일진	요일	음력	일진	요일	음력	일진	요일	음력	일진	요일	음력	일진	요일	음력	일진
1	일	2	戊戌	수	3	己巳	토	5	庚子	월	6	庚午	목	7	辛丑	토	7	辛未
2	월	3	己亥	목	4	庚午	일	6	辛丑	화	7	辛未	금	8	壬寅	일	8	壬申
3	화	4	庚子	금	5	辛未	월	7	壬寅	수	8	壬申	토	9	癸卯	월	9	癸酉
4	수	5	辛丑	토	6	壬申	화	8	癸卯	목	9	癸酉	일	10	甲辰	화	10	甲戌
5	목	6	壬寅	일	7	癸酉	수	9	甲辰	금	10	甲戌	월	11	乙巳	수	11	乙亥
6	금	7	癸卯	월	8	甲戌	목	10	乙巳	토	11	乙亥	화	12	丙午	목	12	丙子
7	토	8	甲辰	화	9	乙亥	금	11	丙午	일	12	丙子	수	13	丁未	금	13	丁丑
8	일	9	乙巳	수	10	丙子	토	12	丁未	월	13	丁丑	목	14	戊申	토	14	戊寅
9	월	10	丙午	목	11	丁丑	일	13	戊申	화	14	戊寅	금	15	己酉	일	15	己卯
10	화	11	丁未	금	12	戊寅	월	14	己酉	수	15	己卯	토	16	庚戌	월	16	庚辰
11	수	12	戊申	토	13	己卯	화	15	庚戌	목	16	庚辰	일	17	辛亥	화	17	辛巳
12	목	13	己酉	일	14	庚辰	수	16	辛亥	금	17	辛巳	월	18	壬子	수	18	壬午
13	금	14	庚戌	월	15	辛巳	목	17	壬子	토	18	壬午	화	19	癸丑	목	19	癸未
14	토	15	辛亥	화	16	壬午	금	18	癸丑	일	19	癸未	수	20	甲寅	금	20	甲申
15	일	16	壬子	수	17	癸未	토	19	甲寅	월	20	甲申	목	21	乙卯	토	21	乙酉
16	월	17	癸丑	목	18	甲申	일	20	乙卯	화	21	乙酉	금	22	丙辰	일	22	丙戌
17	화	18	甲寅	금	19	乙酉	월	21	丙辰	수	22	丙戌	토	23	丁巳	월	23	丁亥
18	수	19	乙卯	토	20	丙戌	화	22	丁巳	목	23	丁亥	일	24	戊午	화	24	戊子
19	목	20	丙辰	일	21	丁亥	수	23	戊午	금	24	戊子	월	25	己未	수	25	己丑
20	금	21	丁巳	월	22	戊子	목	24	己未	토	25	己丑	화	26	庚申	목	26	庚寅
21	토	22	戊午	화	23	己丑	금	25	庚申	일	26	庚寅	수	27	辛酉	금	27	辛卯
22	일	23	己未	수	24	庚寅	토	26	辛酉	월	27	辛卯	목	28	壬戌	토	28	壬辰
23	월	24	庚申	목	25	辛卯	일	27	壬戌	화	28	壬辰	금	29	癸亥	일	29	癸巳
24	화	25	辛酉	금	26	壬辰	월	28	癸亥	수	29	癸巳	토	30	甲子	월	30	甲午
25	수	26	壬戌	토	27	癸巳	화	29	甲子	목	30	甲午	**11월**	1	乙丑	**12월**	1	乙未
26	목	27	癸亥	일	28	甲午	**9월**	1	乙丑	**10월**	1	乙未	월	2	丙寅	수	2	丙戌
27	금	28	甲子	월	29	乙未	목	2	丙寅	토	2	丙申	화	3	丁卯	목	3	丁亥
28	토	29	乙丑	**8월**	1	丙申	금	3	丁卯	일	3	丁酉	수	4	戊辰	금	4	戊戌
29	일	30	丙寅	수	2	丁酉	토	4	戊辰	월	4	戊戌	목	5	己巳	토	5	己亥
30	**7월**	1	丁卯	목	3	戊戌	일	5	己巳	화	5	己亥	금	6	庚午	일	6	庚子
31	화	2	戊辰	금	4	己亥				수	6	庚子				월	7	辛丑

서기 1974년 갑인甲寅

월(양력)월간지	1월 乙丑			2월 丙寅			3월 丁卯			4월 戊辰			5월 己巳			6월 庚午		
절기시작	소한小寒 6일 02:20 대한大寒 20일 19:46			입춘立春 4일 14:00 우수雨水 19일 09:59			경칩驚蟄 6일 08:07 춘분春分 21일 09:07			청명淸明 5일 13:05 곡우穀雨 20일 20:19			입하立夏 6일 06:34 소만小滿 21일 19:36			망종芒種 6일 10:52 하지夏至 22일 03:38		
양력	요일	음력	일진	요일	음력	일진	요일	음력	일진	요일	음력	일진	요일	음력	일진	요일	음력	일진
1	화	8	壬寅	금	10	癸酉	금	8	辛丑	월	9	壬申	수	10	壬寅	토	11	癸酉
2	수	9	癸卯	토	11	甲戌	토	9	壬寅	화	10	癸酉	목	11	癸卯	일	12	甲戌
3	목	10	甲辰	일	12	乙亥	일	10	癸卯	수	11	甲戌	금	12	甲辰	월	13	乙亥
4	금	11	乙巳	월	13	丙子	월	11	甲辰	목	12	乙亥	토	13	乙巳	화	14	丙子
5	토	12	丙午	화	14	丁丑	화	12	乙巳	금	13	丙子	일	14	丙午	수	15	丁丑
6	일	13	丁未	수	15	戊寅	수	13	丙午	토	14	丁丑	월	15	丁未	목	16	戊寅
7	월	14	戊申	목	16	己卯	목	14	丁未	일	15	戊寅	화	16	戊申	금	17	己卯
8	화	15	己酉	금	17	庚辰	금	15	戊申	월	16	己卯	수	17	己酉	토	18	庚辰
9	수	16	庚戌	토	18	辛巳	토	16	己酉	화	17	庚辰	목	18	庚戌	일	19	辛巳
10	목	17	辛亥	일	19	壬午	일	17	庚戌	수	18	辛巳	금	19	辛亥	월	20	壬午
11	금	18	壬子	월	20	癸未	월	18	辛亥	목	19	壬午	토	20	壬子	화	21	癸未
12	토	19	癸丑	화	21	甲申	화	19	壬子	금	20	癸未	일	21	癸丑	수	22	甲申
13	일	20	甲寅	수	22	乙酉	수	20	癸丑	토	21	甲申	월	22	甲寅	목	23	乙酉
14	월	21	乙卯	목	23	丙戌	목	21	甲寅	일	22	乙酉	화	23	乙卯	금	24	丙戌
15	화	22	丙辰	금	24	丁亥	금	22	乙卯	월	23	丙戌	수	24	丙辰	토	25	丁亥
16	수	23	丁巳	토	25	戊子	토	23	丙辰	화	24	丁亥	목	25	丁巳	일	26	戊子
17	목	24	戊午	일	26	己丑	일	24	丁巳	수	25	戊子	금	26	戊午	월	27	己丑
18	금	25	己未	월	27	庚寅	월	25	戊午	목	26	己丑	토	27	己未	화	28	庚寅
19	토	26	庚申	화	28	辛卯	화	26	己未	금	27	庚寅	일	28	庚申	수	29	辛卯
20	일	27	辛酉	수	29	壬辰	수	27	庚申	토	28	辛卯	월	29	辛酉	5월		壬辰
21	월	28	壬戌	목	30	癸巳	목	28	辛酉	일	29	壬辰	화	30	壬戌	금	2	癸巳
22	화	29	癸亥	2월		甲午	금	29	壬戌	4월		癸巳	윤4월		癸亥	토	3	甲午
23	1월		甲子	토	2	乙未	토	30	癸亥	화	2	甲午	목		甲子	일	4	乙未
24	목	2	乙丑	일	3	丙申	3월		甲子	수	3	乙未	금	3	乙丑	월	5	丙申
25	금	3	丙寅	월	4	丁酉	월	2	乙丑	목	4	丙申	토	4	丙寅	화	6	丁酉
26	토	4	丁卯	화	5	戊戌	화	3	丙寅	금	5	丁酉	일	5	丁卯	수	7	戊戌
27	일	5	戊辰	수	6	己亥	수	4	丁卯	토	6	戊戌	월	6	戊辰	목	8	己亥
28	월	6	己巳	목	7	庚子	목	5	戊辰	일	7	己亥	화	7	己巳	금	9	庚子
29	화	7	庚午				금	6	己巳	월	8	庚子	수	8	庚午	토	10	辛丑
30	수	8	辛未				토	7	庚午	화	9	辛丑	목	9	辛未	일	11	壬寅
31	목	9	壬申				일	8	辛未				금	10	壬申			

단기 4307년

월(양력)	7월			8월			9월			10월			11월			12월		
월간지	辛未			壬申			癸酉			甲戌			乙亥			丙子		
절기시작	소서小暑 7일 21:11			입추立秋 8일 06:57			백로白露 8일 09:45			한로寒露 9일 01:15			입동立冬 8일 04:18			대설大雪 7일 21:05		
	대서大暑 23일 13:30			처서處暑 23일 21:29			추분秋分 23일 18:58			상강霜降 24일 04:11			소설小雪 23일 01:38			동지冬至 22일 14:56		
양력	요일	음력	일진	요일	음력	일진	요일	음력	일진	요일	음력	일진	요일	음력	일진	요일	음력	일진
1	일	12	癸卯	목	14	甲戌	일	15	乙巳	화	16	乙亥	금	18	丙午	일	18	丙子
2	화	13	甲辰	금	15	乙亥	월	16	丙午	수	17	丙子	토	19	丁未	월	19	丁丑
3	수	14	乙巳	토	16	丙子	화	17	丁未	목	18	丁丑	일	20	戊申	화	20	戊寅
4	목	15	丙午	일	17	丁丑	수	18	戊申	금	19	戊寅	월	21	己酉	수	21	己卯
5	금	16	丁未	월	18	戊寅	목	19	己酉	토	20	己卯	화	22	庚戌	목	22	庚辰
6	토	17	戊申	화	19	己卯	금	20	庚戌	일	21	庚辰	수	23	辛亥	금	23	辛巳
7	일	18	己酉	수	20	庚辰	토	21	辛亥	월	22	辛巳	목	24	壬子	토	24	壬午
8	월	19	庚戌	목	21	辛巳	일	22	壬子	화	23	壬午	금	25	癸丑	일	25	癸未
9	화	20	辛亥	금	22	壬午	월	23	癸丑	수	24	癸未	토	26	甲寅	월	26	甲申
10	수	21	壬子	토	23	癸未	화	24	甲寅	목	25	甲申	일	27	乙卯	화	27	乙酉
11	목	22	癸丑	일	24	甲申	수	25	乙卯	금	26	乙酉	월	28	丙辰	수	28	丙戌
12	금	23	甲寅	월	25	乙酉	목	26	丙辰	토	27	丙戌	화	29	丁巳	목	29	丁亥
13	토	24	乙卯	화	26	丙戌	금	27	丁巳	일	28	丁亥	수	30	戊午	금	30	戊子
14	일	25	丙辰	수	27	丁亥	토	28	戊午	월	29	戊子	10월		己未	11월		己丑
15	월	26	丁巳	목	28	戊子	일	29	己未	9월		己丑	금	2	庚申	일	2	庚寅
16	화	27	戊午	금	29	己丑	8월		庚申	수	2	庚寅	토	3	辛酉	월	3	辛卯
17	수	28	己未	토	30	庚寅	화	2	辛酉	목	3	辛卯	일	4	壬戌	화	4	壬辰
18	목	29	庚申	7월		辛卯	수	3	壬戌	금	4	壬辰	월	5	癸亥	수	5	癸巳
19	6월		辛酉	월	2	壬辰	목	4	癸亥	토	5	癸巳	화	6	甲子	목	6	甲午
20	토	2	壬戌	화	3	癸巳	금	5	甲子	일	6	甲午	수	7	乙丑	금	7	乙未
21	일	3	癸亥	수	4	甲午	토	6	乙丑	월	7	乙未	목	8	丙寅	토	8	丙申
22	월	4	甲子	목	5	乙未	일	7	丙寅	화	8	丙申	금	9	丁卯	일	9	丁酉
23	화	5	乙丑	금	6	丙申	월	8	丁卯	수	9	丁酉	토	10	戊辰	월	10	戊戌
24	수	6	丙寅	토	7	丁酉	화	9	戊辰	목	10	戊戌	일	11	己巳	화	11	己亥
25	목	7	丁卯	일	8	戊戌	수	10	己巳	금	11	己亥	월	12	庚午	수	12	庚子
26	금	8	戊辰	월	9	己亥	목	11	庚午	토	12	庚子	화	13	辛未	목	13	辛丑
27	토	9	己巳	화	10	庚子	금	12	辛未	일	13	辛丑	수	14	壬申	금	14	壬寅
28	일	10	庚午	수	11	辛丑	토	13	壬申	월	14	壬寅	목	15	癸酉	토	15	癸卯
29	월	11	辛未	목	12	壬寅	일	14	癸酉	화	15	癸卯	금	16	甲戌	일	16	甲辰
30	화	12	壬申	금	13	癸卯	월	15	甲戌	수	16	甲辰	토	17	乙亥	월	17	乙巳
31	수	13	癸酉	토	14	甲辰				목	17	乙巳				화	18	丙午

서기 1975년 을묘 乙卯

월(양력)	1월			2월			3월			4월			5월			6월		
월간지	丁丑			戊寅			己卯			庚辰			辛巳			壬午		
절기시작	소한小寒 6일 08:18 대한大寒 21일 01:36			입춘立春 4일 19:59 우수雨水 19일 15:50			경칩驚蟄 6일 14:06 춘분春分 21일 14:57			청명淸明 5일 19:02 곡우穀雨 21일 02:07			입하立夏 6일 12:27 소만小滿 22일 01:24			망종亡種 6일 16:42 하지夏至 22일 09:26		
양력	요일	음력	일진	요일	음력	일진	요일	음력	일진	요일	음력	일진	요일	음력	일진	요일	음력	일진
1	수	19	丁未	토	21	戊寅	토	19	丙午	화	20	丁丑	목	20	丁未	일	22	戊寅
2	목	20	戊申	일	22	己卯	일	20	丁未	수	21	戊寅	금	21	戊申	월	23	己卯
3	금	21	己酉	월	23	庚辰	월	21	戊申	목	22	己卯	토	22	己酉	화	24	庚辰
4	토	22	庚戌	화	24	辛巳	화	22	己酉	금	23	庚辰	일	23	庚戌	수	25	辛巳
5	일	23	辛亥	수	25	壬午	수	23	庚戌	토	24	辛巳	월	24	辛亥	목	26	壬午
6	월	24	壬子	목	26	癸未	목	24	辛亥	일	25	壬午	화	25	壬子	금	27	癸未
7	화	25	癸丑	금	27	甲申	금	25	壬子	월	26	癸未	수	26	癸丑	토	28	甲申
8	수	26	甲寅	토	28	乙酉	토	26	癸丑	화	27	甲申	목	27	甲寅	일	29	乙酉
9	목	27	乙卯	일	29	丙戌	일	27	甲寅	수	28	乙酉	금	28	乙卯	월	30	丙戌
10	금	28	丙辰	월	30	丁亥	월	28	乙卯	목	29	丙戌	토	29	丙辰	5월		丁亥
11	토	29	丁巳	1월		戊子	화	29	丙辰	금	30	丁亥	4월		丁巳	수	2	戊子
12	12월		戊午	수	2	己丑	수	30	丁巳	3월		戊子	월	2	戊午	목	3	己丑
13	월	2	己未	목	3	庚寅	2월		戊午	일	2	己丑	화	3	己未	금	4	庚寅
14	화	3	庚申	금	4	辛卯	금	2	己未	월	3	庚寅	수	4	庚申	토	5	辛卯
15	수	4	辛酉	토	5	壬辰	토	3	庚申	화	4	辛卯	목	5	辛酉	일	6	壬辰
16	목	5	壬戌	일	6	癸巳	일	4	辛酉	수	5	壬辰	금	6	壬戌	월	7	癸巳
17	금	6	癸亥	월	7	甲午	월	5	壬戌	목	6	癸巳	토	7	癸亥	화	8	甲午
18	토	7	甲子	화	8	乙未	화	6	癸亥	금	7	甲午	일	8	甲子	수	9	乙未
19	일	8	乙丑	수	9	丙申	수	7	甲子	토	8	乙未	월	9	乙丑	목	10	丙申
20	월	9	丙寅	목	10	丁酉	목	8	乙丑	일	9	丙申	화	10	丙寅	금	11	丁酉
21	화	10	丁卯	금	11	戊戌	금	9	丙寅	월	10	丁酉	수	11	丁卯	토	12	戊戌
22	수	11	戊辰	토	12	己亥	토	10	丁卯	화	11	戊戌	목	12	戊辰	일	13	己亥
23	목	12	己巳	일	13	庚子	일	11	戊辰	수	12	己亥	금	13	己巳	월	14	庚子
24	금	13	庚午	월	14	辛丑	월	12	己巳	목	13	庚子	토	14	庚午	화	15	辛丑
25	토	14	辛未	화	15	壬寅	화	13	庚午	금	14	辛丑	일	15	辛未	수	16	壬寅
26	일	15	壬申	수	16	癸卯	수	14	辛未	토	15	壬寅	월	16	壬申	목	17	癸卯
27	월	16	癸酉	목	17	甲辰	목	15	壬申	일	16	癸卯	화	17	癸酉	금	18	甲辰
28	화	17	甲戌	금	18	乙巳	금	16	癸酉	월	17	甲辰	수	18	甲戌	토	19	乙巳
29	수	18	乙亥				토	17	甲戌	화	18	乙巳	목	19	乙亥	일	20	丙午
30	목	19	丙子				일	18	乙亥	수	19	丙午	금	20	丙子	월	21	丁未
31	금	20	丁丑				월	19	丙子				토	21	丁丑			

단기 4308년

월(양력)	7월			8월			9월			10월			11월			12월		
월간지	癸未			甲申			乙酉			丙戌			丁亥			戊子		
절기시작	소서小暑 8일 02:59			입추立秋 8일 12:45			백로白露 8일 15:33			한로寒露 9일 07:02			입동立冬 8일 10:03			대설大雪 8일 02:46		
	대서大暑 23일 20:22			처서處暑 24일 03:24			추분秋分 24일 00:55			상강霜降 24일 10:06			소설小雪 23일 07:31			동지冬至 22일 20:46		
양력	요일	음력	일진	요일	음력	일진	요일	음력	일진	요일	음력	일진	요일	음력	일진	요일	음력	일진
1	화	22	戊申	금	24	己卯	월	26	庚寅	수	26	庚辰	토	28	辛亥	월	29	辛巳
2	수	23	己酉	토	25	庚辰	화	27	辛亥	목	27	辛巳	일	29	壬子	화	30	壬午
3	목	24	庚戌	일	26	辛巳	수	28	壬子	금	28	壬午	10월		癸丑	11월		癸未
4	금	25	辛亥	월	27	壬午	목	29	癸丑	토	29	癸未	화	2	甲寅	목	2	甲申
5	토	26	壬子	화	28	癸未	금	30	甲寅	9월		甲申	수	3	乙卯	금	3	乙酉
6	일	27	癸丑	수	29	甲申	8월		乙卯	월	2	乙酉	목	4	丙辰	토	4	丙戌
7	월	28	甲寅	7월		乙酉	일	2	丙辰	화	3	丙戌	금	5	丁巳	일	5	丁亥
8	화	29	乙卯	금	2	丙戌	월	3	丁巳	수	4	丁亥	토	6	戊午	월	6	戊子
9	6월		丙辰	토	3	丁亥	화	4	戊午	목	5	戊子	일	7	己未	화	7	己丑
10	목	2	丁巳	일	4	戊子	수	5	己未	금	6	己丑	월	8	庚申	수	8	庚寅
11	금	3	戊午	월	5	己丑	목	6	庚申	토	7	庚寅	화	9	辛酉	목	9	辛卯
12	토	4	己未	화	6	庚寅	금	7	辛酉	일	8	辛卯	수	10	壬戌	금	10	壬辰
13	일	5	庚申	수	7	辛卯	토	8	壬戌	월	9	壬辰	목	11	癸亥	토	11	癸巳
14	월	6	辛酉	목	8	壬辰	일	9	癸亥	화	10	癸巳	금	12	甲子	일	12	甲午
15	화	7	壬戌	금	9	癸巳	월	10	甲子	수	11	甲午	토	13	乙丑	월	13	乙未
16	수	8	癸亥	토	10	甲午	화	11	乙丑	목	12	乙未	일	14	丙寅	화	14	丙申
17	목	9	甲子	일	11	乙未	수	12	丙寅	금	13	丙申	월	15	丁卯	수	15	丁酉
18	금	10	乙丑	월	12	丙申	목	13	丁卯	토	14	丁酉	화	16	戊辰	목	16	戊戌
19	토	11	丙寅	화	13	丁酉	금	14	戊辰	일	15	戊戌	수	17	己巳	금	17	己亥
20	일	12	丁卯	수	14	戊戌	토	15	己巳	월	16	己亥	목	18	庚午	토	18	庚子
21	월	13	戊辰	목	15	己亥	일	16	庚午	화	17	庚子	금	19	辛未	일	19	辛丑
22	화	14	己巳	금	16	庚子	월	17	辛未	수	18	辛丑	토	20	壬申	월	20	壬寅
23	수	15	庚午	토	17	辛丑	화	18	壬申	목	19	壬寅	일	21	癸酉	화	21	癸卯
24	목	16	辛未	일	18	壬寅	수	19	癸酉	금	20	癸卯	월	22	甲戌	수	22	甲辰
25	금	17	壬申	월	19	癸卯	목	20	甲戌	토	21	甲辰	화	23	乙亥	목	23	乙巳
26	토	18	癸酉	화	20	甲辰	금	21	乙亥	일	22	乙巳	수	24	丙子	금	24	丙午
27	일	19	甲戌	수	21	乙巳	토	22	丙子	월	23	丙午	목	25	丁丑	토	25	丁未
28	월	20	乙亥	목	22	丙午	일	23	丁丑	화	24	丁未	금	26	戊寅	일	26	戊申
29	화	21	丙子	금	23	丁未	월	24	戊寅	수	25	戊申	토	27	己卯	월	27	己酉
30	수	22	丁丑	토	24	戊申	화	25	己卯	목	26	己酉	일	28	庚辰	화	28	庚戌
31	목	23	戊寅	일	25	己酉				금	27	庚戌				수	29	辛亥

서기 1976년 병진 丙辰

월(양력)	1월			2월			3월			4월			5월			6월		
월간지	己丑			庚寅			辛卯			壬辰			癸巳			甲午		
절기시작	소한小寒 6일 13:57			입춘立春 5일 01:39			경칩驚蟄 5일 19:48			청명淸明 5일 00:46			입하立夏 5일 18:14			망종亡種 5일 22:31		
	대한大寒 21일 07:25			우수雨水 19일 21:40			춘분春分 20일 20:50			곡우穀雨 20일 08:03			소만小滿 21일 07:21			하지夏至 21일 15:24		
양력	요일	음력	일진	요일	음력	일진	요일	음력	일진	요일	음력	일진	요일	음력	일진	요일	음력	일진
1	목	12월	壬子	일	2	癸未	월	2월	壬子	목	2	癸未	토	3	癸丑	화	4	甲申
2	금	2	癸丑	월	3	甲申	화	2	癸丑	금	3	甲申	일	4	甲寅	수	5	乙酉
3	토	3	甲寅	화	4	乙酉	수	3	甲寅	토	4	乙酉	월	5	乙卯	목	6	丙戌
4	일	4	乙卯	수	5	丙戌	목	4	乙卯	일	5	丙戌	화	6	丙辰	금	7	丁亥
5	월	5	丙辰	목	6	丁亥	금	5	丙辰	월	6	丁亥	수	7	丁巳	토	8	戊子
6	화	6	丁巳	금	7	戊子	토	6	丁巳	화	7	戊子	목	8	戊午	일	9	己丑
7	수	7	戊午	토	8	己丑	일	7	戊午	수	8	己丑	금	9	己未	월	10	庚寅
8	목	8	己未	일	9	庚寅	월	8	己未	목	9	庚寅	토	10	庚申	화	11	辛卯
9	금	9	庚申	월	10	辛卯	화	9	庚申	금	10	辛卯	일	11	辛酉	수	12	壬辰
10	토	10	辛酉	화	11	壬辰	수	10	辛酉	토	11	壬辰	월	12	壬戌	목	13	癸巳
11	일	11	壬戌	수	12	癸巳	목	11	壬戌	일	12	癸巳	화	13	癸亥	금	14	甲午
12	월	12	癸亥	목	13	甲午	금	12	癸亥	월	13	甲午	수	14	甲子	토	15	乙未
13	화	13	甲子	금	14	乙未	토	13	甲子	화	14	乙未	목	15	乙丑	일	16	丙申
14	수	14	乙丑	토	15	丙申	일	14	乙丑	수	15	丙申	금	16	丙寅	월	17	丁酉
15	목	15	丙寅	일	16	丁酉	월	15	丙寅	목	16	丁酉	토	17	丁卯	화	18	戊戌
16	금	16	丁卯	월	17	戊戌	화	16	丁卯	금	17	戊戌	일	18	戊辰	수	19	己亥
17	토	17	戊辰	화	18	己亥	수	17	戊辰	토	18	己亥	월	19	己巳	목	20	庚子
18	일	18	己巳	수	19	庚子	목	18	己巳	일	19	庚子	화	20	庚午	금	21	辛丑
19	월	19	庚午	목	20	辛丑	금	19	庚午	월	20	辛丑	수	21	辛未	토	22	壬寅
20	화	20	辛未	금	21	壬寅	토	20	辛未	화	21	壬寅	목	22	壬申	일	23	癸卯
21	수	21	壬申	토	22	癸卯	일	21	壬申	수	22	癸卯	금	23	癸酉	월	24	甲辰
22	목	22	癸酉	일	23	甲辰	월	22	癸酉	목	23	甲辰	토	24	甲戌	화	25	乙巳
23	금	23	甲戌	월	24	乙巳	화	23	甲戌	금	24	乙巳	일	25	乙亥	수	26	丙午
24	토	24	乙亥	화	25	丙午	수	24	乙亥	토	25	丙午	월	26	丙子	목	27	丁未
25	일	25	丙子	수	26	丁未	목	25	丙子	일	26	丁未	화	27	丁丑	금	28	戊申
26	월	26	丁丑	목	27	戊申	금	26	丁丑	월	27	戊申	수	28	戊寅	토	29	己酉
27	화	27	戊寅	금	28	己酉	토	27	戊寅	화	28	己酉	목	29	己卯	일	6월	庚戌
28	수	28	己卯	토	29	庚戌	일	28	己卯	수	29	庚戌	금	30	庚辰	월	2	辛亥
29	목	29	庚辰	일	30	辛亥	월	29	庚辰	목	4월	辛亥	토	5월	辛巳	화	3	壬子
30	금	30	辛巳				화	30	辛巳	금	2	壬子	일	2	壬午	수	4	癸丑
31	토	1월	壬午				수	3월	壬午				월	3	癸未			

단기 4309년

월(양력)	7월			8월			9월			10월			11월			12월		
월간지	乙未			丙申			丁酉			戊戌			己亥			庚子		
절기시작	소서小暑 7일 08:51			입추立秋 7일 18:38			백로白露 7일 21:28			한로寒露 8일 12:58			입동立冬 7일 15:59			대설大雪 7일 08:41		
	대서大暑 23일 02:18			처서處暑 23일 09:18			추분秋分 23일 06:48			상강霜降 23일 15:58			소설小雪 22일 13:22			동지冬至 22일 02:35		
양력	요일	음력	일진	요일	음력	일진	요일	음력	일진	요일	음력	일진	요일	음력	일진	요일	음력	일진
1	목	5	甲寅	일	6	乙酉	수	8	丙辰	금	8	丙戌	월	10	丁巳	수	10	丁亥
2	금	6	乙卯	월	7	丙戌	목	9	丁巳	토	9	丁亥	화	11	戊午	목	11	戊子
3	토	7	丙辰	화	8	丁亥	금	10	戊午	일	10	戊子	수	12	己未	금	12	己丑
4	일	8	丁巳	수	9	戊子	토	11	己未	월	11	己丑	목	13	庚申	토	13	庚寅
5	월	9	戊午	목	10	己丑	일	12	庚申	화	12	庚寅	금	14	辛酉	일	14	辛卯
6	화	10	己未	금	11	庚寅	월	13	辛酉	수	13	辛卯	토	15	壬戌	월	15	壬辰
7	수	11	庚申	토	12	辛卯	화	14	壬戌	목	14	壬辰	일	16	癸亥	화	16	癸巳
8	목	12	辛酉	일	13	壬辰	수	15	癸亥	금	15	癸巳	월	17	甲子	수	17	甲午
9	금	13	壬戌	월	14	癸巳	목	16	甲子	토	16	甲午	화	18	乙丑	목	18	乙未
10	토	14	癸亥	화	15	甲午	금	17	乙丑	일	17	乙未	수	19	丙寅	금	19	丙申
11	일	15	甲子	수	16	乙未	토	18	丙寅	월	18	丙申	목	20	丁卯	토	20	丁酉
12	월	16	乙丑	목	17	丙申	일	19	丁卯	화	19	丁酉	금	21	戊辰	일	21	戊戌
13	화	17	丙寅	금	18	丁酉	월	20	戊辰	수	20	戊戌	토	22	己巳	월	22	己亥
14	수	18	丁卯	토	19	戊戌	화	21	己巳	목	21	己亥	일	23	庚午	화	23	庚子
15	목	19	戊辰	일	20	己亥	수	22	庚午	금	22	庚子	월	24	辛未	수	24	辛丑
16	금	20	己巳	월	21	庚子	목	23	辛未	토	23	辛丑	화	25	壬申	목	25	壬寅
17	토	21	庚午	화	22	辛丑	금	24	壬申	일	24	壬寅	수	26	癸酉	금	26	癸卯
18	일	22	辛未	수	23	壬寅	토	25	癸酉	월	25	癸卯	목	27	甲戌	토	27	甲辰
19	월	23	壬申	목	24	癸卯	일	26	甲戌	화	26	甲辰	금	28	乙亥	일	28	乙巳
20	화	24	癸酉	금	25	甲辰	월	27	乙亥	수	27	乙巳	토	29	丙子	월	29	丙午
21	수	25	甲戌	토	26	乙巳	화	28	丙子	목	28	丙午	일	30	丁丑	11월		丁未
22	목	26	乙亥	일	27	丙午	수	29	丁丑	금	29	丁未	10월		戊寅	수	2	戊申
23	금	27	丙子	월	28	丁未	목	30	戊寅	9월		戊申	화	2	己卯	목	3	己酉
24	토	28	丁丑	화	29	戊申	윤8월		己卯	일	2	己酉	수	3	庚辰	금	4	庚戌
25	일	29	戊寅	8월		己酉	토	2	庚辰	월	3	庚戌	목	4	辛巳	토	5	辛亥
26	월	30	己卯	목	2	庚戌	일	3	辛巳	화	4	辛亥	금	5	壬午	일	6	壬子
27	7월		庚辰	금	3	辛亥	월	4	壬午	수	5	壬子	토	6	癸未	월	7	癸丑
28	수	2	辛巳	토	4	壬子	화	5	癸未	목	6	癸丑	일	7	甲申	화	8	甲寅
29	목	3	壬午	일	5	癸丑	수	6	甲申	금	7	甲寅	월	8	乙酉	수	9	乙卯
30	금	4	癸未	월	6	甲寅	목	7	乙酉	토	8	乙卯	화	9	丙戌	목	10	丙辰
31	토	5	甲申	화	7	乙卯				일	9	丙辰				금	11	丁巳

서기 1977년 정사 丁巳

월(양력)	1월	2월	3월	4월	5월	6월
월간지	辛丑	壬寅	癸卯	甲辰	乙巳	丙午
절기시작	소한小寒 5일 17:51 / 대한大寒 20일 13:14	입춘立春 4일 07:33 / 우수雨水 19일 03:30	경칩驚蟄 6일 01:44 / 춘분春分 21일 02:42	청명淸明 5일 06:46 / 곡우穀雨 20일 13:57	입하立夏 6일 00:16 / 소만小滿 21일 13:14	망종亡種 6일 04:32 / 하지夏至 21일 21:14

양력	요일	음력	일진	요일	음력	일진	요일	음력	일진	요일	음력	일진	요일	음력	일진	요일	음력	일진
1	토	12	戊午	화	14	己丑	화	12	丁巳	금	13	戊子	일	14	戊午	수	15	己丑
2	일	13	己未	수	15	庚寅	수	13	戊午	토	14	己丑	월	15	己未	목	16	庚寅
3	월	14	庚申	목	16	辛卯	목	14	己未	일	15	庚寅	화	16	庚申	금	17	辛卯
4	화	15	辛酉	금	17	壬辰	금	15	庚申	월	16	辛卯	수	17	辛酉	토	18	壬辰
5	수	16	壬戌	토	18	癸巳	토	16	辛酉	화	17	壬辰	목	18	壬戌	일	19	癸巳
6	목	17	癸亥	일	19	甲午	일	17	壬戌	수	18	癸巳	금	19	癸亥	월	20	甲午
7	금	18	甲子	월	20	乙未	월	18	癸亥	목	19	甲午	토	20	甲子	화	21	乙未
8	토	19	乙丑	화	21	丙申	화	19	甲子	금	20	乙未	일	21	乙丑	수	22	丙申
9	일	20	丙寅	수	22	丁酉	수	20	乙丑	토	21	丙申	월	22	丙寅	목	23	丁酉
10	월	21	丁卯	목	23	戊戌	목	21	丙寅	일	22	丁酉	화	23	丁卯	금	24	戊戌
11	화	22	戊辰	금	24	己亥	금	22	丁卯	월	23	戊戌	수	24	戊辰	토	25	己亥
12	수	23	己巳	토	25	庚子	토	23	戊辰	화	24	己亥	목	25	己巳	일	26	庚子
13	목	24	庚午	일	26	辛丑	일	24	己巳	수	25	庚子	금	26	庚午	월	27	辛丑
14	금	25	辛未	월	27	壬寅	월	25	庚午	목	26	辛丑	토	27	辛未	화	28	壬寅
15	토	26	壬申	화	28	癸卯	화	26	辛未	금	27	壬寅	일	28	壬申	수	29	癸卯
16	일	27	癸酉	수	29	甲辰	수	27	壬申	토	28	癸卯	월	29	癸酉	목	30	甲辰
17	월	28	甲戌	목	30	乙巳	목	28	癸酉	일	29	甲辰	화	30	甲戌	5월		乙巳
18	화	29	乙亥	1월		丙午	금	29	甲戌	3월		乙巳	4월		乙亥		2	丙午
19	12월		丙子		2	丁未	토	30	乙亥		2	丙午		2	丙子	일	3	丁未
20	목	2	丁丑	일	3	戊申	2월		丙子		3	丁未		3	丁丑	월	4	戊申
21	금	3	戊寅	월	4	己酉	월	2	丁丑	목	4	戊申	토	4	戊寅	화	5	己酉
22	토	4	己卯	화	5	庚戌	화	3	戊寅	금	5	己酉	일	5	己卯	수	6	庚戌
23	일	5	庚辰	수	6	辛亥	수	4	己卯	토	6	庚戌	월	6	庚辰	목	7	辛亥
24	월	6	辛巳	목	7	壬子	목	5	庚辰	일	7	辛亥	화	7	辛巳	금	8	壬子
25	화	7	壬午	금	8	癸丑	금	6	辛巳	월	8	壬子	수	8	壬午	토	9	癸丑
26	수	8	癸未	토	9	甲寅	토	7	壬午	화	9	癸丑	목	9	癸未	일	10	甲寅
27	목	9	甲申	일	10	乙卯	일	8	癸未	수	10	甲寅	금	10	甲申	월	11	乙卯
28	금	10	乙酉	월	11	丙辰	월	9	甲申	목	11	乙卯	토	11	乙酉	화	12	丙辰
29	토	11	丙戌				화	10	乙酉	금	12	丙辰	일	12	丙戌	수	13	丁巳
30	일	12	丁亥				수	11	丙戌	토	13	丁巳	월	13	丁亥	목	14	戊午
31	월	13	戊子				목	12	丁亥				화	14	戊子			

단기 4310년

월(양력)	7월			8월			9월			10월			11월			12월		
월간지	丁未			戊申			己酉			庚戌			辛亥			壬子		
절기시작	소서小暑 7일 14:48			입추立秋 8일 00:30			백로白露 8일 03:16			한로寒露 8일 18:44			입동立冬 7일 21:46			대설大雪 7일 14:31		
	대서大暑 23일 08:04			처서處暑 23일 15:00			추분秋分 23일 12:29			상강霜降 23일 21:41			소설小雪 22일 19:07			동지冬至 22일 08:23		
양력	요일	음력	일진	요일	음력	일진	요일	음력	일진	요일	음력	일진	요일	음력	일진	요일	음력	일진
1	금	15	己未	월	17	庚寅	목	18	辛酉	토	19	辛卯	화	20	壬戌	목	21	壬辰
2	토	16	庚申	화	18	辛卯	금	19	壬戌	일	20	壬辰	수	21	癸亥	금	22	癸巳
3	일	17	辛酉	수	19	壬辰	토	20	癸亥	월	21	癸巳	목	22	甲子	토	23	甲午
4	월	18	壬戌	목	20	癸巳	일	21	甲子	화	22	甲午	금	23	乙丑	일	24	乙未
5	화	19	癸亥	금	21	甲午	월	22	乙丑	수	23	乙未	토	24	丙寅	월	25	丙申
6	수	20	甲子	토	22	乙未	화	23	丙寅	목	24	丙申	일	25	丁卯	화	26	丁酉
7	목	21	乙丑	일	23	丙申	수	24	丁卯	금	25	丁酉	월	26	戊辰	수	27	戊戌
8	금	22	丙寅	월	24	丁酉	목	25	戊辰	토	26	戊戌	화	27	己巳	목	28	己亥
9	토	23	丁卯	화	25	戊戌	금	26	己巳	일	27	己亥	수	28	庚午	금	29	庚子
10	일	24	戊辰	수	26	己亥	토	27	庚午	월	28	庚子	목	29	辛未	토	30	辛丑
11	월	25	己巳	목	27	庚子	일	28	辛未	화	29	辛丑	금	10월	壬申	일	11월	壬寅
12	화	26	庚午	금	28	辛丑	월	29	壬申	수	30	壬寅	토	2	癸酉	월	2	癸卯
13	수	27	辛未	토	29	壬寅	화	8월	癸酉	목	9월	癸卯	일	3	甲戌	화	3	甲辰
14	목	28	壬申	일	30	癸卯	수	2	甲戌	금	2	甲辰	월	4	乙亥	수	4	乙巳
15	금	29	癸酉	월	7월	甲辰	목	3	乙亥	토	3	乙巳	화	5	丙子	목	5	丙午
16	토	6월	甲戌	화	2	乙巳	금	4	丙子	일	4	丙午	수	6	丁丑	금	6	丁未
17	일	2	乙亥	수	3	丙午	토	5	丁丑	월	5	丁未	목	7	戊寅	토	7	戊申
18	월	3	丙子	목	4	丁未	일	6	戊寅	화	6	戊申	금	8	己卯	일	8	己酉
19	화	4	丁丑	금	5	戊申	월	7	己卯	수	7	己酉	토	9	庚辰	월	9	庚戌
20	수	5	戊寅	토	6	己酉	화	8	庚辰	목	8	庚戌	일	10	辛巳	화	10	辛亥
21	목	6	己卯	일	7	庚戌	수	9	辛巳	금	9	辛亥	월	11	壬午	수	11	壬子
22	금	7	庚辰	월	8	辛亥	목	10	壬午	토	10	壬子	화	12	癸未	목	12	癸丑
23	토	8	辛巳	화	9	壬子	금	11	癸未	일	11	癸丑	수	13	甲申	금	13	甲寅
24	일	9	壬午	수	10	癸丑	토	12	甲申	월	12	甲寅	목	14	乙酉	토	14	乙卯
25	월	10	癸未	목	11	甲寅	일	13	乙酉	화	13	乙卯	금	15	丙戌	일	15	丙辰
26	화	11	甲申	금	12	乙卯	월	14	丙戌	수	14	丙辰	토	16	丁亥	월	16	丁巳
27	수	12	乙酉	토	13	丙辰	화	15	丁亥	목	15	丁巳	일	17	戊子	화	17	戊午
28	목	13	丙戌	일	14	丁巳	수	16	戊子	금	16	戊午	월	18	己丑	수	18	己未
29	금	14	丁亥	월	15	戊午	목	17	己丑	토	17	己未	화	19	庚寅	목	19	庚申
30	토	15	戊子	화	16	己未	금	18	庚寅	일	18	庚申	수	20	辛卯	금	20	辛酉
31	일	16	己丑	수	17	庚申				월	19	辛酉				토	21	壬戌

서기 1978년 **무오戊午**

월(양력)	1월	2월	3월	4월	5월	6월
월간지	癸丑	甲寅	乙卯	丙辰	丁巳	戊午
절기 시작	소한小寒 6일 01:43 대한大寒 20일 19:04	입춘立春 4일 13:27 우수雨水 19일 09:21	경칩驚蟄 6일 07:38 춘분春分 21일 08:34	청명淸明 5일 12:39 곡우穀雨 20일 19:50	입하立夏 6일 06:09 소만小滿 21일 19:08	망종芒種 6일 10:23 하지夏至 22일 03:10

양력	요일	음력	일진	요일	음력	일진	요일	음력	일진	요일	음력	일진	요일	음력	일진	요일	음력	일진
1	일	22	癸亥	수	24	甲午	수	23	壬戌	토	24	癸巳	월	24	癸亥	목	26	甲午
2	월	23	甲子	목	25	乙未	목	24	癸亥	일	25	甲午	화	25	甲子	금	27	乙未
3	화	24	乙丑	금	26	丙申	금	25	甲子	월	26	乙未	수	26	乙丑	토	28	丙申
4	수	25	丙寅	토	27	丁酉	토	26	乙丑	화	27	丙申	목	27	丙寅	일	29	丁酉
5	목	26	丁卯	일	28	戊戌	일	27	丙寅	수	28	丁酉	금	28	丁卯	월	30	戊戌
6	금	27	戊辰	월	29	己亥	월	28	丁卯	목	29	戊戌	토	29	戊辰	5월		己亥
7	토	28	己巳	1월		庚子	화	29	戊辰	금	30	己亥	4월		己巳	수	2	庚子
8	일	29	庚午	수	2	辛丑	수	30	己巳	3월		庚子	월	2	庚午	목	3	辛丑
9		12월	辛未	목	3	壬寅	2월		庚午	일	2	辛丑	화	3	辛未	금	4	壬寅
10	화	2	壬申	금	4	癸卯	금	2	辛未	월	3	壬寅	수	4	壬申	토	5	癸卯
11	수	3	癸酉	토	5	甲辰	토	3	壬申	화	4	癸卯	목	5	癸酉	일	6	甲辰
12	목	4	甲戌	일	6	乙巳	일	4	癸酉	수	5	甲辰	금	6	甲戌	월	7	乙巳
13	금	5	乙亥	월	7	丙午	월	5	甲戌	목	6	乙巳	토	7	乙亥	화	8	丙午
14	토	6	丙子	화	8	丁未	화	6	乙亥	금	7	丙午	일	8	丙子	수	9	丁未
15	일	7	丁丑	수	9	戊申	수	7	丙子	토	8	丁未	월	9	丁丑	목	10	戊申
16	월	8	戊寅	목	10	己酉	목	8	丁丑	일	9	戊申	화	10	戊寅	금	11	己酉
17	화	9	己卯	금	11	庚戌	금	9	戊寅	월	10	己酉	수	11	己卯	토	12	庚戌
18	수	10	庚辰	토	12	辛亥	토	10	己卯	화	11	庚戌	목	12	庚辰	일	13	辛亥
19	목	11	辛巳	일	13	壬子	일	11	庚辰	수	12	辛亥	금	13	辛巳	월	14	壬子
20	금	12	壬午	월	14	癸丑	월	12	辛巳	목	13	壬子	토	14	壬午	화	15	癸丑
21	토	13	癸未	화	15	甲寅	화	13	壬午	금	14	癸丑	일	15	癸未	수	16	甲寅
22	일	14	甲申	수	16	乙卯	수	14	癸未	토	15	甲寅	월	16	甲申	목	17	乙卯
23	월	15	乙酉	목	17	丙辰	목	15	甲申	일	16	乙卯	화	17	乙酉	금	18	丙辰
24	화	16	丙戌	금	18	丁巳	금	16	乙酉	월	17	丙辰	수	18	丙戌	토	19	丁巳
25	수	17	丁亥	토	19	戊午	토	17	丙戌	화	18	丁巳	목	19	丁亥	일	20	戊午
26	목	18	戊子	일	20	己未	일	18	丁亥	수	19	戊午	금	20	戊子	월	21	己未
27	금	19	己丑	월	21	庚申	월	19	戊子	목	20	己未	토	21	己丑	화	22	庚申
28	토	20	庚寅	화	22	辛酉	화	20	己丑	금	21	庚申	일	22	庚寅	수	23	辛酉
29	일	21	辛卯				수	21	庚寅	토	22	辛酉	월	23	辛卯	목	24	壬戌
30	월	22	壬辰				목	22	辛卯	일	23	壬戌	화	24	壬辰	금	25	癸亥
31	화	23	癸巳				금	23	壬辰				수	25	癸巳			

단기 4311년

월(양력)	7월			8월			9월			10월			11월			12월		
월간지	己未			庚申			辛酉			壬戌			癸亥			甲子		
절기시작	소서小暑 7일 20:37			입추立秋 8일 06:18			백로白露 8일 09:02			한로寒露 9일 00:31			입동立冬 8일 03:34			대설大雪 7일 20:20		
	대서大暑 23일 14:00			처서處暑 23일 20:57			추분秋分 23일 18:25			상강霜降 24일 03:37			소설小雪 23일 01:05			동지冬至 22일 14:21		
양력	요일	음력	일진	요일	음력	일진	요일	음력	일진	요일	음력	일진	요일	음력	일진	요일	음력	일진
1	토	26	甲子	화	28	乙未	금	29	丙寅	일	29	丙申	10월		丁卯	금	2	丁酉
2	일	27	乙丑	수	29	丙申	토	30	丁卯	9월		丁酉	목	2	戊辰	토	3	戊戌
3	월	28	丙寅	목	30	丁酉	8월		戊辰	화	2	戊戌	금	3	己巳	일	4	己亥
4	화	29	丁卯	7월		戊戌	월	2	己巳	수	3	己亥	토	4	庚午	월	5	更子
5		6월	戊辰	토	2	己亥	화	3	庚午	목	4	更子	일	5	辛未	화	6	辛丑
6	목	2	己巳	일	3	更子	수	4	辛未	금	5	辛丑	월	6	壬申	수	7	壬寅
7	금	3	庚午	월	4	辛丑	목	5	壬申	토	6	壬寅	화	7	癸酉	목	8	癸卯
8	토	4	辛未	화	5	壬寅	금	6	癸酉	일	7	癸卯	수	8	甲戌	금	9	甲辰
9	일	5	壬申	수	6	癸卯	토	7	甲戌	월	8	甲辰	목	9	乙亥	토	10	乙巳
10	월	6	癸酉	목	7	甲辰	일	8	乙亥	화	9	乙巳	금	10	丙子	일	11	丙午
11	화	7	甲戌	금	8	乙巳	월	9	丙子	수	10	丙午	토	11	丁丑	월	12	丁未
12	수	8	乙亥	토	9	丙午	화	10	丁丑	목	11	丁未	일	12	戊寅	화	13	戊申
13	목	9	丙子	일	10	丁未	수	11	戊寅	금	12	戊申	월	13	己卯	수	14	己酉
14	금	10	丁丑	월	11	戊申	목	12	己卯	토	13	己酉	화	14	庚辰	목	15	庚戌
15	토	11	戊寅	화	12	己酉	금	13	庚辰	일	14	庚戌	수	15	辛巳	금	16	辛亥
16	일	12	己卯	수	13	庚戌	토	14	辛巳	월	15	辛亥	목	16	壬午	토	17	壬子
17	월	13	庚辰	목	14	辛亥	일	15	壬午	화	16	壬子	금	17	癸未	일	18	癸丑
18	화	14	辛巳	금	15	壬子	월	16	癸未	수	17	癸丑	토	18	甲申	월	19	甲寅
19	수	15	壬午	토	16	癸丑	화	17	甲申	목	18	甲寅	일	19	乙酉	화	20	乙卯
20	목	16	癸未	일	17	甲寅	수	18	乙酉	금	19	乙卯	월	20	丙戌	수	21	丙辰
21	금	17	甲申	월	18	乙卯	목	19	丙戌	토	20	丙辰	화	21	丁亥	목	22	丁巳
22	토	18	乙酉	화	19	丙辰	금	20	丁亥	일	21	丁巳	수	22	戊子	금	23	戊午
23	일	19	丙戌	수	20	丁巳	토	21	戊子	월	22	戊午	목	23	己丑	토	24	己未
24	월	20	丁亥	목	21	戊午	일	22	己丑	화	23	己未	금	24	庚寅	일	25	庚申
25	화	21	戊子	금	22	己未	월	23	庚寅	수	24	庚申	토	25	辛卯	월	26	辛酉
26	수	22	己丑	토	23	庚申	화	24	辛卯	목	25	辛酉	일	26	壬辰	화	27	壬戌
27	목	23	庚寅	일	24	辛酉	수	25	壬辰	금	26	壬戌	월	27	癸巳	수	28	癸亥
28	금	24	辛卯	월	25	壬戌	목	26	癸巳	토	27	癸亥	화	28	甲午	목	29	甲子
29	토	25	壬辰	화	26	癸亥	금	27	甲午	일	28	甲子	수	29	乙未	금	30	乙丑
30	일	26	癸巳	수	27	甲子	토	28	乙未	월	29	乙丑	11월		丙申	12월		丙寅
31	월	27	甲午	목	28	乙丑				화	30	丙寅				일	2	丁卯

서기 1979년 기미 己未

월(양력)	1월	2월	3월	4월	5월	6월
월간지	乙丑	丙寅	丁卯	戊辰	己巳	庚午
절기시작	소한小寒 6일 07:32 대한大寒 21일 01:00	입춘立春 4일 19:12 우수雨水 19일 15:13	경칩驚蟄 6일 13:20 춘분春分 21일 14:22	청명淸明 5일 18:18 곡우穀雨 21일 01:35	입하立夏 6일 11:47 소만小滿 22일 00:54	망종亡種 6일 16:05 하지夏至 22일 08:56

양력	요일	음력	일진	요일	음력	일진	요일	음력	일진	요일	음력	일진	요일	음력	일진	요일	음력	일진
1	월	3	戊辰	목	5	己亥	목	3	丁卯	일	5	戊戌	화	6	戊辰	금	7	己亥
2	화	4	己巳	금	6	庚子	금	4	戊辰	월	6	己亥	수	7	己巳	토	8	庚子
3	수	5	庚午	토	7	辛丑	토	5	己巳	화	7	庚子	목	8	庚午	일	9	辛丑
4	목	6	辛未	일	8	壬寅	일	6	庚午	수	8	辛丑	금	9	辛未	월	10	壬寅
5	금	7	壬申	월	9	癸卯	월	7	辛未	목	9	壬寅	토	10	壬申	화	11	癸卯
6	토	8	癸酉	화	10	甲辰	화	8	壬申	금	10	癸卯	일	11	癸酉	수	12	甲辰
7	일	9	甲戌	수	11	乙巳	수	9	癸酉	토	11	甲辰	월	12	甲戌	목	13	乙巳
8	월	10	乙亥	목	12	丙午	목	10	甲戌	일	12	乙巳	화	13	乙亥	금	14	丙午
9	화	11	丙子	금	13	丁未	금	11	乙亥	월	13	丙午	수	14	丙子	토	15	丁未
10	수	12	丁丑	토	14	戊申	토	12	丙子	화	14	丁未	목	15	丁丑	일	16	戊申
11	목	13	戊寅	일	15	己酉	일	13	丁丑	수	15	戊申	금	16	戊寅	월	17	己酉
12	금	14	己卯	월	16	庚戌	월	14	戊寅	목	16	己酉	토	17	己卯	화	18	庚戌
13	토	15	庚辰	화	17	辛亥	화	15	己卯	금	17	庚戌	일	18	庚辰	수	19	辛亥
14	일	16	辛巳	수	18	壬子	수	16	庚辰	토	18	辛亥	월	19	辛巳	목	20	壬子
15	월	17	壬午	목	19	癸丑	목	17	辛巳	일	19	壬子	화	20	壬午	금	21	癸丑
16	화	18	癸未	금	20	甲寅	금	18	壬午	월	20	癸丑	수	21	癸未	토	22	甲寅
17	수	19	甲申	토	21	乙卯	토	19	癸未	화	21	甲寅	목	22	甲申	일	23	乙卯
18	목	20	乙酉	일	22	丙辰	일	20	甲申	수	22	乙卯	금	23	乙酉	월	24	丙辰
19	금	21	丙戌	월	23	丁巳	월	21	乙酉	목	23	丙辰	토	24	丙戌	화	25	丁巳
20	토	22	丁亥	화	24	戊午	화	22	丙戌	금	24	丁巳	일	25	丁亥	수	26	戊午
21	일	23	戊子	수	25	己未	수	23	丁亥	토	25	戊午	월	26	戊子	목	27	己未
22	월	24	己丑	목	26	庚申	목	24	戊子	일	26	己未	화	27	己丑	금	28	庚申
23	화	25	庚寅	금	27	辛酉	금	25	己丑	월	27	庚申	수	28	庚寅	토	29	辛酉
24	수	26	辛卯	토	28	壬戌	토	26	庚寅	화	28	辛酉	목	29	辛卯	6월		壬戌
25	목	27	壬辰	일	29	癸亥	일	27	辛卯	수	29	壬戌	금	30	壬辰	월	2	癸亥
26	금	28	癸巳	월	30	甲子	월	28	壬辰	4월		癸亥	5월		癸巳	화	3	甲子
27	토	29	甲午	2월		乙丑	화	29	癸巳	금	2	甲子	일	2	甲午	수	4	乙丑
28	1월		乙未	수	2	丙寅	3월		甲午	토	3	乙丑	월	3	乙未	목	5	丙寅
29	월	2	丙申				목	2	乙未	일	4	丙寅	화	4	丙申	금	6	丁卯
30	화	3	丁酉				금	3	丙申	월	5	丁卯	수	5	丁酉	토	7	戊辰
31	수	4	戊戌				토	4	丁酉				목	6	戊戌			

단기 4312년

월(양력)	7월			8월			9월			10월			11월			12월		
월간지	辛未			壬申			癸酉			甲戌			乙亥			丙子		
절기 시작	소서小暑 8일 02:25			입추立秋 8일 12:11			백로白露 8일 15:00			한로寒露 9일 06:30			입동立冬 8일 09:33			대설大雪 8일 02:18		
	대서大暑 23일 19:49			처서處暑 24일 02:47			추분秋分 24일 00:16			상강霜降 24일 09:28			소설小雪 23일 06:54			동지冬至 22일 20:10		
양력	요일	음력	일진	요일	음력	일진	요일	음력	일진	요일	음력	일진	요일	음력	일진	요일	음력	일진
1	일	8	己巳	수	9	庚子	토	10	辛未	월	11	辛丑	목	12	壬申	토	12	壬寅
2	월	9	庚午	목	10	辛丑	일	11	壬申	화	12	壬寅	금	13	癸酉	일	13	癸卯
3	화	10	辛未	금	11	壬寅	월	12	癸酉	수	13	癸卯	토	14	甲戌	월	14	甲辰
4	수	11	壬申	토	12	癸卯	화	13	甲戌	목	14	甲辰	일	15	乙亥	화	15	乙巳
5	목	12	癸酉	일	13	甲辰	수	14	乙亥	금	15	乙巳	월	16	丙子	수	16	丙午
6	금	13	甲戌	월	14	乙巳	목	15	丙子	토	16	丙午	화	17	丁丑	목	17	丁未
7	토	14	乙亥	화	15	丙午	금	16	丁丑	일	17	丁未	수	18	戊寅	금	18	戊申
8	일	15	丙子	수	16	丁未	토	17	戊寅	월	18	戊申	목	19	己卯	토	19	己酉
9	월	16	丁丑	목	17	戊申	일	18	己卯	화	19	己酉	금	20	庚辰	일	20	庚戌
10	화	17	戊寅	금	18	己酉	월	19	庚辰	수	20	庚戌	토	21	辛巳	월	21	辛亥
11	수	18	己卯	토	19	庚戌	화	20	辛巳	목	21	辛亥	일	22	壬午	화	22	壬子
12	목	19	庚辰	일	20	辛亥	수	21	壬午	금	22	壬子	월	23	癸未	수	23	癸丑
13	금	20	辛巳	월	21	壬子	목	22	癸未	토	23	癸丑	화	24	甲申	목	24	甲寅
14	토	21	壬午	화	22	癸丑	금	23	甲申	일	24	甲寅	수	25	乙酉	금	25	乙卯
15	일	22	癸未	수	23	甲寅	토	24	乙酉	월	25	乙卯	목	26	丙戌	토	26	丙辰
16	월	23	甲申	목	24	乙卯	일	25	丙戌	화	26	丙辰	금	27	丁亥	일	27	丁巳
17	화	24	乙酉	금	25	丙辰	월	26	丁亥	수	27	丁巳	토	28	戊子	월	28	戊午
18	수	25	丙戌	토	26	丁巳	화	27	戊子	목	28	戊午	일	29	己丑	화	29	己未
19	목	26	丁亥	일	27	戊午	수	28	己丑	금	29	己未	월	30	庚寅	11월		庚申
20	금	27	戊子	월	28	己未	목	29	庚寅	토	30	庚申	10월		辛卯	목	2	辛酉
21	토	28	己丑	화	29	庚申	8월		辛卯	9월		辛酉	수	2	壬辰	금	3	壬戌
22	일	29	庚寅	수	30	辛酉	토	2	壬辰	월	2	壬戌	목	3	癸巳	토	4	癸亥
23	월	30	辛卯	7월		壬戌	일	3	癸巳	화	3	癸亥	금	4	甲午	일	5	甲子
24	윤6월		壬辰	금	2	癸亥	월	4	甲午	수	4	甲子	토	5	乙未	월	6	乙丑
25	수	2	癸巳	토	3	甲子	화	5	乙未	목	5	乙丑	일	6	丙申	화	7	丙寅
26	목	3	甲午	일	4	乙丑	수	6	丙申	금	6	丙寅	월	7	丁酉	수	8	丁卯
27	금	4	乙未	월	5	丙寅	목	7	丁酉	토	7	丁卯	화	8	戊戌	목	9	戊辰
28	토	5	丙申	화	6	丁卯	금	8	戊戌	일	8	戊辰	수	9	己亥	금	10	己巳
29	일	6	丁酉	수	7	戊辰	토	9	己亥	월	9	己巳	목	10	庚子	토	11	庚午
30	월	7	戊戌	목	8	己巳	일	10	庚子	화	10	庚午	금	11	辛丑	일	12	辛未
31	화	8	己亥	금	9	庚午				수	11	辛未				월	13	壬申

서기 1980년 경신庚申

월(양력)	1월	2월	3월	4월	5월	6월
월간지	丁丑	戊寅	己卯	庚辰	辛巳	壬午
절기시작	소한小寒 6일 13:29 / 대한大寒 21일 06:49	입춘立春 5일 01:09 / 우수雨水 19일 21:02	경칩驚蟄 5일 19:17 / 춘분春分 20일 20:10	청명淸明 5일 00:15 / 곡우穀雨 20일 07:23	입하立夏 5일 17:45 / 소만小滿 21일 06:42	망종亡種 5일 22:04 / 하지夏至 21일 14:47

양력	요일	음력	일진	요일	음력	일진	요일	음력	일진	요일	음력	일진	요일	음력	일진	요일	음력	일진
1	화	14	癸酉	금	15	甲辰	토	15	癸酉	화	16	甲辰	목	17	甲戌	일	19	乙巳
2	수	15	甲戌	토	16	乙巳	일	16	甲戌	수	17	乙巳	금	18	乙亥	월	20	丙午
3	목	16	乙亥	일	17	丙午	월	17	乙亥	목	18	丙午	토	19	丙子	화	21	丁未
4	금	17	丙子	월	18	丁未	화	18	丙子	금	19	丁未	일	20	丁丑	수	22	戊申
5	토	18	丁丑	화	19	戊申	수	19	丁丑	토	20	戊申	월	21	戊寅	목	23	己酉
6	일	19	戊寅	수	20	己酉	목	20	戊寅	일	21	己酉	화	22	己卯	금	24	庚戌
7	월	20	己卯	목	21	庚戌	금	21	己卯	월	22	庚戌	수	23	庚辰	토	25	辛亥
8	화	21	庚辰	금	22	辛亥	토	22	庚辰	화	23	辛亥	목	24	辛巳	일	26	壬子
9	수	22	辛巳	토	23	壬子	일	23	辛巳	수	24	壬子	금	25	壬午	월	27	癸丑
10	목	23	壬午	일	24	癸丑	월	24	壬午	목	25	癸丑	토	26	癸未	화	28	甲寅
11	금	24	癸未	월	25	甲寅	화	25	癸未	금	26	甲寅	일	27	甲申	수	29	乙卯
12	토	25	甲申	화	26	乙卯	수	26	甲申	토	27	乙卯	월	28	乙酉	목	30	丙辰
13	일	26	乙酉	수	27	丙辰	목	27	乙酉	일	28	丙辰	화	29	丙戌	금	5월	丁巳
14	월	27	丙戌	목	28	丁巳	금	28	丙戌	월	29	丁巳	수	4월	丁亥	토	2	戊午
15	화	28	丁亥	금	29	戊午	토	29	丁亥	화	3월	戊午	목	2	戊子	일	3	己未
16	수	29	戊子	토	1월	己未	일	30	戊子	수	2	己未	금	3	己丑	월	4	庚申
17	목	30	己丑	일	2	庚申	월	2월	己丑	목	3	庚申	토	4	庚寅	화	5	辛酉
18	금	12월	庚寅	월	3	辛酉	화	2	庚寅	금	4	辛酉	일	5	辛卯	수	6	壬戌
19	토	2	辛卯	화	4	壬戌	수	3	辛卯	토	5	壬戌	월	6	壬辰	목	7	癸亥
20	일	3	壬辰	수	5	癸亥	목	4	壬辰	일	6	癸亥	화	7	癸巳	금	8	甲子
21	월	4	癸巳	목	6	甲子	금	5	癸巳	월	7	甲子	수	8	甲午	토	9	乙丑
22	화	5	甲午	금	7	乙丑	토	6	甲午	화	8	乙丑	목	9	乙未	일	10	丙寅
23	수	6	乙未	토	8	丙寅	일	7	乙未	수	9	丙寅	금	10	丙申	월	11	丁卯
24	목	7	丙申	일	9	丁卯	월	8	丙申	목	10	丁卯	토	11	丁酉	화	12	戊辰
25	금	8	丁酉	월	10	戊辰	화	9	丁酉	금	11	戊辰	일	12	戊戌	수	13	己巳
26	토	9	戊戌	화	11	己巳	수	10	戊戌	토	12	己巳	월	13	己亥	목	14	庚午
27	일	10	己亥	수	12	庚午	목	11	己亥	일	13	庚午	화	14	更子	금	15	辛未
28	월	11	更子	목	13	辛未	금	12	更子	월	14	辛未	수	15	辛丑	토	16	壬申
29	화	12	辛丑	금	14	壬申	토	13	辛丑	화	15	壬申	목	16	壬寅	일	17	癸酉
30	수	13	壬寅				일	14	壬寅	수	16	癸酉	금	17	癸卯	월	18	甲戌
31	목	14	癸卯				월	15	癸卯				토	18	甲辰			

단기 4313년

월(양력)	7월			8월			9월			10월			11월			12월		
월간지	癸未			甲申			乙酉			丙戌			丁亥			戊子		
절기시작	소서小暑 7일 08:24			입추立秋 7일 18:09			백로白露 7일 20:53			한로寒露 8일 12:19			입동立冬 7일 15:18			대설大雪 7일 08:01		
	대서大暑 23일 01:42			처서處暑 23일 08:41			추분秋分 23일 06:09			상강霜降 23일 15:18			소설小雪 22일 12:41			동지冬至 22일 01:56		
양력	요일	음력	일진	요일	음력	일진	요일	음력	일진	요일	음력	일진	요일	음력	일진	요일	음력	일진
1	화	19	乙亥	금	21	丙午	월	22	丁丑	수	23	丁未	토	24	戊寅	월	24	戊申
2	수	20	丙子	토	22	丁未	화	23	戊寅	목	24	戊申	일	25	己卯	화	25	己酉
3	목	21	丁丑	일	23	戊申	수	24	己卯	금	25	己酉	월	26	庚辰	수	26	庚戌
4	금	22	戊寅	월	24	己酉	목	25	庚辰	토	26	庚戌	화	27	辛巳	목	27	辛亥
5	토	23	己卯	화	25	庚戌	금	26	辛巳	일	27	辛亥	수	28	壬午	금	28	壬子
6	일	24	庚辰	수	26	辛亥	토	27	壬午	월	28	壬子	목	29	癸未	토	29	癸丑
7	월	25	辛巳	목	27	壬子	일	28	癸未	화	29	癸丑	금	30	甲申	11월		甲寅
8	화	26	壬午	금	28	癸丑	월	29	甲申	수	30	甲寅	10월		乙酉	월	2	乙卯
9	수	27	癸未	토	29	甲寅	8월		乙酉	9월		乙卯	일	2	丙戌	화	3	丙辰
10	목	28	甲申	일	30	乙卯	수	2	丙戌	금	2	丙辰	월	3	丁亥	수	4	丁巳
11	금	29	乙酉	7월		丙辰	목	3	丁亥	토	3	丁巳	화	4	戊子	목	5	戊午
12	6월		丙戌	화	2	丁巳	금	4	戊子	일	4	戊午	수	5	己丑	금	6	己未
13	일	2	丁亥	수	3	戊午	토	5	己丑	월	5	己未	목	6	庚寅	토	7	庚申
14	월	3	戊子	목	4	己未	일	6	庚寅	화	6	庚申	금	7	辛卯	일	8	辛酉
15	화	4	己丑	금	5	庚申	월	7	辛卯	수	7	辛酉	토	8	壬辰	월	9	壬戌
16	수	5	庚寅	토	6	辛酉	화	8	壬辰	목	8	壬戌	일	9	癸巳	화	10	癸亥
17	목	6	辛卯	일	7	壬戌	수	9	癸巳	금	9	癸亥	월	10	甲午	수	11	甲子
18	금	7	壬辰	월	8	癸亥	목	10	甲午	토	10	甲子	화	11	乙未	목	12	乙丑
19	토	8	癸巳	화	9	甲子	금	11	乙未	일	11	乙丑	수	12	丙申	금	13	丙寅
20	일	9	甲午	수	10	乙丑	토	12	丙申	월	12	丙寅	목	13	丁酉	토	14	丁卯
21	월	10	乙未	목	11	丙寅	일	13	丁酉	화	13	丁卯	금	14	戊戌	일	15	戊辰
22	화	11	丙申	금	12	丁卯	월	14	戊戌	수	14	戊辰	토	15	己亥	월	16	己巳
23	수	12	丁酉	토	13	戊辰	화	15	己亥	목	15	己巳	일	16	庚子	화	17	庚午
24	목	13	戊戌	일	14	己巳	수	16	庚子	금	16	庚午	월	17	辛丑	수	18	辛未
25	금	14	己亥	월	15	庚午	목	17	辛丑	토	17	辛未	화	18	壬寅	목	19	壬申
26	토	15	庚子	화	16	辛未	금	18	壬寅	일	18	壬申	수	19	癸卯	금	20	癸酉
27	일	16	辛丑	수	17	壬申	토	19	癸卯	월	19	癸酉	목	20	甲辰	토	21	甲戌
28	월	17	壬寅	목	18	癸酉	일	20	甲辰	화	20	甲戌	금	21	乙巳	일	22	乙亥
29	화	18	癸卯	금	19	甲戌	월	21	乙巳	수	21	乙亥	토	22	丙午	월	23	丙子
30	수	19	甲辰	토	20	乙亥	화	22	丙午	목	22	丙子	일	23	丁未	화	24	丁丑
31	목	20	乙巳	일	21	丙子				금	23	丁丑				수	25	戊寅

서기 1981년 **신유辛酉**

월(양력)	1월			2월			3월			4월			5월			6월		
월간지	己丑			庚寅			辛卯			壬辰			癸巳			甲午		
절기시작	소한小寒 5일 19:13			입춘立春 4일 06:55			경칩驚蟄 6일 01:05			청명淸明 5일 06:05			입하立夏 5일 23:35			망종亡種 6일 03:53		
	대한大寒 20일 12:36			우수雨水 19일 02:52			춘분春分 21일 02:03			곡우穀雨 20일 13:19			소만小滿 21일 12:39			하지夏至 21일 20:45		
양력	요일	음력	일진	요일	음력	일진	요일	음력	일진	요일	음력	일진	요일	음력	일진	요일	음력	일진
1	목	26	己卯	일	27	庚戌	일	25	戊寅	수	27	己酉	금	27	己卯	월	29	庚戌
2	금	27	庚辰	월	28	辛亥	월	26	己卯	목	28	庚戌	토	28	庚辰	5월		辛亥
3	토	28	辛巳	화	29	壬子	화	27	庚辰	금	29	辛亥	일	29	辛巳	수	2	壬子
4	일	29	壬午	수	30	癸丑	수	28	辛巳	토	30	壬子	4월		壬午	목	3	癸丑
5	월	30	癸未	1월		甲寅	목	29	壬午	3월		癸丑	화	2	癸未	금	4	甲寅
6	12월		甲申	금	2	乙卯	2월		癸未	월	2	甲寅	수	3	甲申	토	5	乙卯
7	수	2	乙酉	토	3	丙辰	토	2	甲申	화	3	乙卯	목	4	乙酉	일	6	丙辰
8	목	3	丙戌	일	4	丁巳	일	3	乙酉	수	4	丙辰	금	5	丙戌	월	7	丁巳
9	금	4	丁亥	월	5	戊午	월	4	丙戌	목	5	丁巳	토	6	丁亥	화	8	戊午
10	토	5	戊子	화	6	己未	화	5	丁亥	금	6	戊午	일	7	戊子	수	9	己未
11	일	6	己丑	수	7	庚申	수	6	戊子	토	7	己未	월	8	己丑	목	10	庚申
12	월	7	庚寅	목	8	辛酉	목	7	己丑	일	8	庚申	화	9	庚寅	금	11	辛酉
13	화	8	辛卯	금	9	壬戌	금	8	庚寅	월	9	辛酉	수	10	辛卯	토	12	壬戌
14	수	9	壬辰	토	10	癸亥	토	9	辛卯	화	10	壬戌	목	11	壬辰	일	13	癸亥
15	목	10	癸巳	일	11	甲子	일	10	壬辰	수	11	癸亥	금	12	癸巳	월	14	甲子
16	금	11	甲午	월	12	乙丑	월	11	癸巳	목	12	甲子	토	13	甲午	화	15	乙丑
17	토	12	乙未	화	13	丙寅	화	12	甲午	금	13	乙丑	일	14	乙未	수	16	丙寅
18	일	13	丙申	수	14	丁卯	수	13	乙未	토	14	丙寅	월	15	丙申	목	17	丁卯
19	월	14	丁酉	목	15	戊辰	목	14	丙申	일	15	丁卯	화	16	丁酉	금	18	戊辰
20	화	15	戊戌	금	16	己巳	금	15	丁酉	월	16	戊辰	수	17	戊戌	토	19	己巳
21	수	16	己亥	토	17	庚午	토	16	戊戌	화	17	己巳	목	18	己亥	일	20	庚午
22	목	17	更子	일	18	辛未	일	17	己亥	수	18	庚午	금	19	更子	월	21	辛未
23	금	18	辛丑	월	19	壬申	월	18	更子	목	19	辛未	토	20	辛丑	화	22	壬申
24	토	19	壬寅	화	20	癸酉	화	19	辛丑	금	20	壬申	일	21	壬寅	수	23	癸酉
25	일	20	癸卯	수	21	甲戌	수	20	壬寅	토	21	癸酉	월	22	癸卯	목	24	甲戌
26	월	21	甲辰	목	22	乙亥	목	21	癸卯	일	22	甲戌	화	23	甲辰	금	25	乙亥
27	화	22	乙巳	금	23	丙子	금	22	甲辰	월	23	乙亥	수	24	乙巳	토	26	丙子
28	수	23	丙午	토	24	丁丑	토	23	乙巳	화	24	丙子	목	25	丙午	일	27	丁丑
29	목	24	丁未				일	24	丙午	수	25	丁丑	금	26	丁未	월	28	戊寅
30	금	25	戊申				월	25	丁未	목	26	戊寅	토	27	戊申	화	29	己卯
31	토	26	己酉				화	26	戊申				일	28	己酉			

단기 4314년

월(양력)	7월			8월			9월			10월			11월			12월		
월간지	乙未			丙申			丁酉			戊戌			己亥			庚子		
절기시작	소서小暑 7일 14:12			입추立秋 7일 23:57			백로白露 8일 02:43			한로寒露 8일 18:10			입동立冬 7일 21:09			대설大雪 7일 13:51		
	대서大暑 23일 07:40			처서處暑 23일 14:38			추분秋分 23일 12:05			상강霜降 23일 21:13			소설小雪 22일 18:36			동지冬至 22일 07:51		
양력	요일	음력	일진	요일	음력	일진	요일	음력	일진	요일	음력	일진	요일	음력	일진	요일	음력	일진
1	수	30	庚辰	토	2	辛亥	화	4	壬午	목	4	壬子	일	5	癸未	화	6	癸丑
2	목	6월	辛巳	일	3	壬子	수	5	癸未	금	5	癸丑	월	6	甲申	수	7	甲寅
3	금	2	壬午	월	4	癸丑	목	6	甲申	토	6	甲寅	화	7	乙酉	목	8	乙卯
4	토	3	癸未	화	5	甲寅	금	7	乙酉	일	7	乙卯	수	8	丙戌	금	9	丙辰
5	일	4	甲申	수	6	乙卯	토	8	丙戌	월	8	丙辰	목	9	丁亥	토	10	丁巳
6	월	5	乙酉	목	7	丙辰	일	9	丁亥	화	9	丁巳	금	10	戊子	일	11	戊午
7	화	6	丙戌	금	8	丁巳	월	10	戊子	수	10	戊午	토	11	己丑	월	12	己未
8	수	7	丁亥	토	9	戊午	화	11	己丑	목	11	己未	일	12	庚寅	화	13	庚申
9	목	8	戊子	일	10	己未	수	12	庚寅	금	12	庚申	월	13	辛卯	수	14	辛酉
10	금	9	己丑	월	11	庚申	목	13	辛卯	토	13	辛酉	화	14	壬辰	목	15	壬戌
11	토	10	庚寅	화	12	辛酉	금	14	壬辰	일	14	壬戌	수	15	癸巳	금	16	癸亥
12	일	11	辛卯	수	13	壬戌	토	15	癸巳	월	15	癸亥	목	16	甲午	토	17	甲子
13	월	12	壬辰	목	14	癸亥	일	16	甲午	화	16	甲子	금	17	乙未	일	18	乙丑
14	화	13	癸巳	금	15	甲子	월	17	乙未	수	17	乙丑	토	18	丙申	월	19	丙寅
15	수	14	甲午	토	16	乙丑	화	18	丙申	목	18	丙寅	일	19	丁酉	화	20	丁卯
16	목	15	乙未	일	17	丙寅	수	19	丁酉	금	19	丁卯	월	20	戊戌	수	21	戊辰
17	금	16	丙申	월	18	丁卯	목	20	戊戌	토	20	戊辰	화	21	己亥	목	22	己巳
18	토	17	丁酉	화	19	戊辰	금	21	己亥	일	21	己巳	수	22	庚子	금	23	庚午
19	일	18	戊戌	수	20	己巳	토	22	庚子	월	22	庚午	목	23	辛丑	토	24	辛未
20	월	19	己亥	목	21	庚午	일	23	辛丑	화	23	辛未	금	24	壬寅	일	25	壬申
21	화	20	庚子	금	22	辛未	월	24	壬寅	수	24	壬申	토	25	癸卯	월	26	癸酉
22	수	21	辛丑	토	23	壬申	화	25	癸卯	목	25	癸酉	일	26	甲辰	화	27	甲戌
23	목	22	壬寅	일	24	癸酉	수	26	甲辰	금	26	甲戌	월	27	乙巳	수	28	乙亥
24	금	23	癸卯	월	25	甲戌	목	27	乙巳	토	27	乙亥	화	28	丙午	목	29	丙子
25	토	24	甲辰	화	26	乙亥	금	28	丙午	일	28	丙子	수	29	丁未	금	30	丁丑
26	일	25	乙巳	수	27	丙子	토	29	丁未	월	29	丁丑	목	11월	戊申	토	12월	戊寅
27	월	26	丙午	목	28	丁丑	일	30	戊申	화	30	戊寅	금	2	己酉	일	2	己卯
28	화	27	丁未	금	29	戊寅	월	9월	己酉	수	10월	己卯	토	3	庚戌	월	3	庚辰
29	수	28	戊申	토	8월	己卯	화	2	庚戌	목	2	庚辰	일	4	辛亥	화	4	辛巳
30	목	29	己酉	일	2	庚辰	수	3	辛亥	금	3	辛巳	월	5	壬子	수	5	壬午
31	금	7월	庚戌	월	3	辛巳				토	4	壬午				목	6	癸未

서기 1982년 **임술壬戌**

월(양력)	1월			2월			3월			4월			5월			6월		
월간지	辛丑			壬寅			癸卯			甲辰			乙巳			丙午		
절기 시작	소한小寒 6일 01:03 대한大寒 20일 18:31			입춘立春 4일 12:45 우수雨水 19일 08:47			경칩驚蟄 6일 06:55 춘분春分 21일 07:56			청명淸明 5일 11:53 곡우穀雨 20일 19:07			입하立夏 6일 05:20 소만小滿 21일 18:23			망종亡種 6일 09:36 하지夏至 22일 02:23		
양력	요일	음력	일진	요일	음력	일진	요일	음력	일진	요일	음력	일진	요일	음력	일진	요일	음력	일진
1	금	7	甲申	월	8	乙卯	월	6	癸未	목	8	甲寅	토	8	甲申	화	10	乙卯
2	토	8	乙酉	화	9	丙辰	화	7	甲申	금	9	乙卯	일	9	乙酉	수	11	丙辰
3	일	9	丙戌	수	10	丁巳	수	8	乙酉	토	10	丙辰	월	10	丙戌	목	12	丁巳
4	월	10	丁亥	목	11	戊午	목	9	丙戌	일	11	丁巳	화	11	丁亥	금	13	戊午
5	화	11	戊子	금	12	己未	금	10	丁亥	월	12	戊午	수	12	戊子	토	14	己未
6	수	12	己丑	토	13	庚申	토	11	戊子	화	13	己未	목	13	己丑	일	15	庚申
7	목	13	庚寅	일	14	辛酉	일	12	己丑	수	14	庚申	금	14	庚寅	월	16	辛酉
8	금	14	辛卯	월	15	壬戌	월	13	庚寅	목	15	辛酉	토	15	辛卯	화	17	壬戌
9	토	15	壬辰	화	16	癸亥	화	14	辛卯	금	16	壬戌	일	16	壬辰	수	18	癸亥
10	일	16	癸巳	수	17	甲子	수	15	壬辰	토	17	癸亥	월	17	癸巳	목	19	甲子
11	월	17	甲午	목	18	乙丑	목	16	癸巳	일	18	甲子	화	18	甲午	금	20	乙丑
12	화	18	乙未	금	19	丙寅	금	17	甲午	월	19	乙丑	수	19	乙未	토	21	丙寅
13	수	19	丙申	토	20	丁卯	토	18	乙未	화	20	丙寅	목	20	丙申	일	22	丁卯
14	목	20	丁酉	일	21	戊辰	일	19	丙申	수	21	丁卯	금	21	丁酉	월	23	戊辰
15	금	21	戊戌	월	22	己巳	월	20	丁酉	목	22	戊辰	토	22	戊戌	화	24	己巳
16	토	22	己亥	화	23	庚午	화	21	戊戌	금	23	己巳	일	23	己亥	수	25	庚午
17	일	23	更子	수	24	辛未	수	22	己亥	토	24	庚午	월	24	更子	목	26	辛未
18	월	24	辛丑	목	25	壬申	목	23	更子	일	25	辛未	화	25	辛丑	금	27	壬申
19	화	25	壬寅	금	26	癸酉	금	24	辛丑	월	26	壬申	수	26	壬寅	토	28	癸酉
20	수	26	癸卯	토	27	甲戌	토	25	壬寅	화	27	癸酉	목	27	癸卯	일	29	甲戌
21	목	27	甲辰	일	28	乙亥	일	26	癸卯	수	28	甲戌	금	28	甲辰	**5월**	1	乙亥
22	금	28	乙巳	월	29	丙子	월	27	甲辰	목	29	乙亥	토	29	乙巳	화	2	丙子
23	토	29	丙午	화	30	丁丑	화	28	乙巳	금	30	丙子	**윤4월**	1	丙午	수	3	丁丑
24	일	30	丁未	**2월**	1	戊寅	수	29	丙午	**4월**	1	丁丑	월	2	丁未	목	4	戊寅
25	**1월**	1	戊申	목	2	己卯	**3월**	1	丁未	일	2	戊寅	화	3	戊申	금	5	己卯
26	화	2	己酉	금	3	庚辰	금	2	戊申	월	3	己卯	수	4	己酉	토	6	庚辰
27	수	3	庚戌	토	4	辛巳	토	3	己酉	화	4	庚辰	목	5	庚戌	일	7	辛巳
28	목	4	辛亥	일	5	壬午	일	4	庚戌	수	5	辛巳	금	6	辛亥	월	8	壬午
29	금	5	壬子				월	5	辛亥	목	6	壬午	토	7	壬子	화	9	癸未
30	토	6	癸丑				화	6	壬子	금	7	癸未	일	8	癸丑	수	10	甲申
31	일	7	甲寅				수	7	癸丑				월	9	甲寅			

단기 4315년

월(양력)	7월			8월			9월			10월			11월			12월		
월간지	丁未			戊申			己酉			庚戌			辛亥			壬子		
절기 시작	소서小暑 7일 19:55			입추立秋 8일 05:42			백로白露 8일 08:32			한로寒露 9일 00:02			입동立冬 8일 03:04			대설大雪 7일 19:48		
	대서大暑 23일 13:15			처서處暑 23일 20:15			추분秋分 23일 17:46			상강霜降 24일 02:58			소설小雪 23일 00:23			동지冬至 22일 13:38		
양력	요일	음력	일진	요일	음력	일진	요일	음력	일진	요일	음력	일진	요일	음력	일진	요일	음력	일진
1	목	11	乙酉	일	12	丙辰	수	14	丁亥	금	15	丁巳	월	16	戊子	수	16	戊午
2	금	12	丙戌	월	13	丁巳	목	15	戊子	토	16	戊午	화	17	己丑	목	17	己未
3	토	13	丁亥	화	14	戊午	금	16	己丑	일	17	己未	수	18	庚寅	금	18	庚申
4	일	14	戊子	수	15	己未	토	17	庚寅	월	18	庚申	목	19	辛卯	토	19	辛酉
5	월	15	己丑	목	16	庚申	일	18	辛卯	화	19	辛酉	금	20	壬辰	일	20	壬戌
6	화	16	庚寅	금	17	辛酉	월	19	壬辰	수	20	壬戌	토	21	癸巳	월	21	癸亥
7	수	17	辛卯	토	18	壬戌	화	20	癸巳	목	21	癸亥	일	22	甲午	화	22	甲子
8	목	18	壬辰	일	19	癸亥	수	21	甲午	금	22	甲子	월	23	乙未	수	23	乙丑
9	금	19	癸巳	월	20	甲子	목	22	乙未	토	23	乙丑	화	24	丙申	목	24	丙寅
10	토	20	甲午	화	21	乙丑	금	23	丙申	일	24	丙寅	수	25	丁酉	금	25	丁卯
11	일	21	乙未	수	22	丙寅	토	24	丁酉	월	25	丁卯	목	26	戊戌	토	26	戊辰
12	월	22	丙申	목	23	丁卯	일	25	戊戌	화	26	戊辰	금	27	己亥	일	27	己巳
13	화	23	丁酉	금	24	戊辰	월	26	己亥	수	27	己巳	토	28	庚子	월	28	庚午
14	수	24	戊戌	토	25	己巳	화	27	庚子	목	28	庚午	일	29	辛丑	화	29	辛未
15	목	25	己亥	일	26	庚午	수	28	辛丑	금	29	辛未	월	30	壬寅	11월		壬申
16	금	26	庚子	월	27	辛未	목	29	壬寅	토	30	壬申	10월		癸卯	목	2	癸酉
17	토	27	辛丑	화	28	壬申	8월		癸卯	9월		癸酉	수	2	甲辰	금	3	甲戌
18	일	28	壬寅	수	29	癸酉	토	2	甲辰	월	2	甲戌	목	3	乙巳	토	4	乙亥
19	월	29	癸卯	7월		甲戌	일	3	乙巳	화	3	乙亥	금	4	丙午	일	5	丙子
20	화	30	甲辰	금	2	乙亥	월	4	丙午	수	4	丙子	토	5	丁未	월	6	丁丑
21	6월		乙巳	토	3	丙子	화	5	丁未	목	5	丁丑	일	6	戊申	화	7	戊寅
22	목	2	丙午	일	4	丁丑	수	6	戊申	금	6	戊寅	월	7	己酉	수	8	己卯
23	금	3	丁未	월	5	戊寅	목	7	己酉	토	7	己卯	화	8	庚戌	목	9	庚辰
24	토	4	戊申	화	6	己卯	금	8	庚戌	일	8	庚辰	수	9	辛亥	금	10	辛巳
25	일	5	己酉	수	7	庚辰	토	9	辛亥	월	9	辛巳	목	10	壬子	토	11	壬午
26	월	6	庚戌	목	8	辛巳	일	10	壬子	화	10	壬午	금	11	癸丑	일	12	癸未
27	화	7	辛亥	금	9	壬午	월	11	癸丑	수	11	癸未	토	12	甲寅	월	13	甲申
28	수	8	壬子	토	10	癸未	화	12	甲寅	목	12	甲申	일	13	乙卯	화	14	乙酉
29	목	9	癸丑	일	11	甲申	수	13	乙卯	금	13	乙酉	월	14	丙辰	수	15	丙戌
30	금	10	甲寅	월	12	乙酉	목	14	丙辰	토	14	丙戌	화	15	丁巳	목	16	丁亥
31	토	11	乙卯	화	13	丙戌				일	15	丁亥				금	17	戊子

만세력

서기 1983년 계해 癸亥

월(양력)	1월			2월			3월			4월			5월			6월		
월간지	癸丑			甲寅			乙卯			丙辰			丁巳			戊午		
절기시작	소한小寒 6일 06:59 대한大寒 21일 00:17			입춘立春 4일 18:40 우수雨水 19일 14:31			경칩驚蟄 6일 12:47 춘분春分 21일 13:39			청명淸明 5일 17:44 곡우穀雨 21일 00:50			입하立夏 6일 11:11 소만小滿 22일 00:06			망종芒種 6일 15:26 하지夏至 22일 08:09		
양력	요일	음력	일진	요일	음력	일진	요일	음력	일진	요일	음력	일진	요일	음력	일진	요일	음력	일진
1	토	18	己丑	화	19	庚申	화	17	戊子	금	18	己未	일	19	己丑	수	20	庚申
2	일	19	庚寅	수	20	辛酉	수	18	己丑	토	19	庚申	월	20	庚寅	목	21	辛酉
3	월	20	辛卯	목	21	壬戌	목	19	庚寅	일	20	辛酉	화	21	辛卯	금	22	壬戌
4	화	21	壬辰	금	22	癸亥	금	20	辛卯	월	21	壬戌	수	22	壬辰	토	23	癸亥
5	수	22	癸巳	토	23	甲子	토	21	壬辰	화	22	癸亥	목	23	癸巳	일	24	甲子
6	목	23	甲午	일	24	乙丑	일	22	癸巳	수	23	甲子	금	24	甲午	월	25	乙丑
7	금	24	乙未	월	25	丙寅	월	23	甲午	목	24	乙丑	토	25	乙未	화	26	丙寅
8	토	25	丙申	화	26	丁卯	화	24	乙未	금	25	丙寅	일	26	丙申	수	27	丁卯
9	일	26	丁酉	수	27	戊辰	수	25	丙申	토	26	丁卯	월	27	丁酉	목	28	戊辰
10	월	27	戊戌	목	28	己巳	목	26	丁酉	일	27	戊辰	화	28	戊戌	금	29	己巳
11	화	28	己亥	금	29	庚午	금	27	戊戌	월	28	己巳	수	29	己亥	5월		庚午
12	수	29	庚子	토	30	辛未	토	28	己亥	화	29	庚午	목	30	庚子	일	2	辛未
13	목	30	辛丑	1월		壬申	일	29	庚子	3월		辛未	4월		辛丑	월	3	壬申
14	12월		壬寅	월	2	癸酉	월	30	辛丑	목	2	壬申	토	2	壬寅	화	4	癸酉
15	토	2	癸卯	화	3	甲戌	2월		壬寅	금	3	癸酉	일	3	癸卯	수	5	甲戌
16	일	3	甲辰	수	4	乙亥	수	2	癸卯	토	4	甲戌	월	4	甲辰	목	6	乙亥
17	월	4	乙巳	목	5	丙子	목	3	甲辰	일	5	乙亥	화	5	乙巳	금	7	丙子
18	화	5	丙午	금	6	丁丑	금	4	乙巳	월	6	丙子	수	6	丙午	토	8	丁丑
19	수	6	丁未	토	7	戊寅	토	5	丙午	화	7	丁丑	목	7	丁未	일	9	戊寅
20	목	7	戊申	일	8	己卯	일	6	丁未	수	8	戊寅	금	8	戊申	월	10	己卯
21	금	8	己酉	월	9	庚辰	월	7	戊申	목	9	己卯	토	9	己酉	화	11	庚辰
22	토	9	庚戌	화	10	辛巳	화	8	己酉	금	10	庚辰	일	10	庚戌	수	12	辛巳
23	일	10	辛亥	수	11	壬午	수	9	庚戌	토	11	辛巳	월	11	辛亥	목	13	壬午
24	월	11	壬子	목	12	癸未	목	10	辛亥	일	12	壬午	화	12	壬子	금	14	癸未
25	화	12	癸丑	금	13	甲申	금	11	壬子	월	13	癸未	수	13	癸丑	토	15	甲申
26	수	13	甲寅	토	14	乙酉	토	12	癸丑	화	14	甲申	목	14	甲寅	일	16	乙酉
27	목	14	乙卯	일	15	丙戌	일	13	甲寅	수	15	乙酉	금	15	乙卯	월	17	丙戌
28	금	15	丙辰	월	16	丁亥	월	14	乙卯	목	16	丙戌	토	16	丙辰	화	18	丁亥
29	토	16	丁巳				화	15	丙辰	금	17	丁亥	일	17	丁巳	수	19	戊子
30	일	17	戊午				수	16	丁巳	토	18	戊子	월	18	戊午	목	20	己丑
31	월	18	己未				목	17	戊午				화	19	己未			

단기 4316년

월(양력)	7월			8월			9월			10월			11월			12월		
월간지	己未			庚申			辛酉			壬戌			癸亥			甲子		
절기시작	소서小暑 8일 01:43			입추立秋 8일 11:30			백로白露 8일 14:20			한로寒露 9일 05:51			입동立冬 8일 08:52			대설大雪 8일 01:34		
	대서大暑 23일 19:04			처서處暑 24일 02:07			추분秋分 23일 23:42			상강霜降 24일 08:54			소설小雪 23일 06:18			동지冬至 22일 19:30		
양력	요일	음력	일진	요일	음력	일진	요일	음력	일진	요일	음력	일진	요일	음력	일진	요일	음력	일진
1	금	21	庚寅	월	23	辛酉	목	24	壬辰	토	25	壬戌	화	27	癸巳	목	27	癸亥
2	토	22	辛卯	화	24	壬戌	금	25	癸巳	일	26	癸亥	수	28	甲午	금	28	甲子
3	일	23	壬辰	수	25	癸亥	토	26	甲午	월	27	甲子	목	29	乙未	토	29	乙丑
4	월	24	癸巳	목	26	甲子	일	27	乙未	화	28	乙丑	금	30	丙申	일	11월	丙寅
5	화	25	甲午	금	27	乙丑	월	28	丙申	수	29	丙寅	토	10월	丁酉	월	2	丁卯
6	수	26	乙未	토	28	丙寅	화	29	丁酉	목	9월	丁卯	일	2	戊戌	화	3	戊辰
7	목	27	丙申	일	29	丁卯	수	8월	戊戌	금	2	戊辰	월	3	己亥	수	4	己巳
8	금	28	丁酉	월	30	戊辰	목	2	己亥	토	3	己巳	화	4	庚子	목	5	庚午
9	토	29	戊戌	화	7월	己巳	금	3	庚子	일	4	庚午	수	5	辛丑	금	6	辛未
10	일	6월	己亥	수	2	庚午	토	4	辛丑	월	5	辛未	목	6	壬寅	토	7	壬申
11	월	2	庚子	목	3	辛未	일	5	壬寅	화	6	壬申	금	7	癸卯	일	8	癸酉
12	화	3	辛丑	금	4	壬申	월	6	癸卯	수	7	癸酉	토	8	甲辰	월	9	甲戌
13	수	4	壬寅	토	5	癸酉	화	7	甲辰	목	8	甲戌	일	9	乙巳	화	10	乙亥
14	목	5	癸卯	일	6	甲戌	수	8	乙巳	금	9	乙亥	월	10	丙午	수	11	丙子
15	금	6	甲辰	월	7	乙亥	목	9	丙午	토	10	丙子	화	11	丁未	목	12	丁丑
16	토	7	乙巳	화	8	丙子	금	10	丁未	일	11	丁丑	수	12	戊申	금	13	戊寅
17	일	8	丙午	수	9	丁丑	토	11	戊申	월	12	戊寅	목	13	己酉	토	14	己卯
18	월	9	丁未	목	10	戊寅	일	12	己酉	화	13	己卯	금	14	庚戌	일	15	庚辰
19	화	10	戊申	금	11	己卯	월	13	庚戌	수	14	庚辰	토	15	辛亥	월	16	辛巳
20	수	11	己酉	토	12	庚辰	화	14	辛亥	목	15	辛巳	일	16	壬子	화	17	壬午
21	목	12	庚戌	일	13	辛巳	수	15	壬子	금	16	壬午	월	17	癸丑	수	18	癸未
22	금	13	辛亥	월	14	壬午	목	16	癸丑	토	17	癸未	화	18	甲寅	목	19	甲申
23	토	14	壬子	화	15	癸未	금	17	甲寅	일	18	甲申	수	19	乙卯	금	20	乙酉
24	일	15	癸丑	수	16	甲申	토	18	乙卯	월	19	乙酉	목	20	丙辰	토	21	丙戌
25	월	16	甲寅	목	17	乙酉	일	19	丙辰	화	20	丙戌	금	21	丁巳	일	22	丁亥
26	화	17	乙卯	금	18	丙戌	월	20	丁巳	수	21	丁亥	토	22	戊午	월	23	戊子
27	수	18	丙辰	토	19	丁亥	화	21	戊午	목	22	戊子	일	23	己未	화	24	己丑
28	목	19	丁巳	일	20	戊子	수	22	己未	금	23	己丑	월	24	庚申	수	25	庚寅
29	금	20	戊午	월	21	己丑	목	23	庚申	토	24	庚寅	화	25	辛酉	목	26	辛卯
30	토	21	己未	화	22	庚寅	금	24	辛酉	일	25	辛卯	수	26	壬戌	금	27	壬辰
31	일	22	庚申	수	23	辛卯				월	26	壬辰				토	28	癸巳

서기 1984년 갑자甲子

월(양력)	1월			2월			3월			4월			5월			6월		
월간지	乙丑			丙寅			丁卯			戊辰			己巳			庚午		
절기시작	소한小寒 6일 12:41			입춘立春 5일 00:19			경칩驚蟄 5일 18:25			청명淸明 4일 23:22			입하立夏 5일 16:51			망종亡種 5일 21:09		
	대한大寒 21일 06:05			우수雨水 19일 20:16			춘분春分 20일 19:24			곡우穀雨 20일 06:38			소만小滿 21일 05:58			하지夏至 21일 14:02		
양력	요일	음력	일진	요일	음력	일진	요일	음력	일진	요일	음력	일진	요일	음력	일진	요일	음력	일진
1	일	29	甲午	수	30	乙丑	목	29	甲午	일	3월	乙丑	화	4월	乙未	금	2	丙寅
2	월	30	乙未	목	1월	丙寅	금	30	乙未	월	2	丙寅	수	2	丙申	토	3	丁卯
3	화	12월	丙申	금	2	丁卯	토	2월	丙寅	화	3	丁卯	목	3	丁酉	일	4	戊辰
4	수	2	丁酉	토	3	戊辰	일	2	丁酉	수	4	戊辰	금	4	戊戌	월	5	己巳
5	목	3	戊戌	일	4	己巳	월	3	戊戌	목	5	己巳	토	5	己亥	화	6	庚午
6	금	4	己亥	월	5	庚午	화	4	己亥	금	6	庚午	일	6	更子	수	7	辛未
7	토	5	更子	화	6	辛未	수	5	更子	토	7	辛未	월	7	辛丑	목	8	壬申
8	일	6	辛丑	수	7	壬申	목	6	辛丑	일	8	壬申	화	8	壬寅	금	9	癸酉
9	월	7	壬寅	목	8	癸酉	금	7	壬寅	월	9	癸酉	수	9	癸卯	토	10	甲戌
10	화	8	癸卯	금	9	甲戌	토	8	癸卯	화	10	甲戌	목	10	甲辰	일	11	乙亥
11	수	9	甲辰	토	10	乙亥	일	9	甲辰	수	11	乙亥	금	11	乙巳	월	12	丙子
12	목	10	乙巳	일	11	丙子	월	10	乙巳	목	12	丙子	토	12	丙午	화	13	丁丑
13	금	11	丙午	월	12	丁丑	화	11	丙午	금	13	丁丑	일	13	丁未	수	14	戊寅
14	토	12	丁未	화	13	戊寅	수	12	丁未	토	14	戊寅	월	14	戊申	목	15	己卯
15	일	13	戊申	수	14	己卯	목	13	戊申	일	15	己卯	화	15	己酉	금	16	庚辰
16	월	14	己酉	목	15	庚辰	금	14	己酉	월	16	庚辰	수	16	庚戌	토	17	辛巳
17	화	15	庚戌	금	16	辛巳	토	15	庚戌	화	17	辛巳	목	17	辛亥	일	18	壬午
18	수	16	辛亥	토	17	壬午	일	16	辛亥	수	18	壬午	금	18	壬子	월	19	癸未
19	목	17	壬子	일	18	癸未	월	17	壬子	목	19	癸未	토	19	癸丑	화	20	甲申
20	금	18	癸丑	월	19	甲申	화	18	癸丑	금	20	甲申	일	20	甲寅	수	21	乙酉
21	토	19	甲寅	화	20	乙酉	수	19	甲寅	토	21	乙酉	월	21	乙卯	목	22	丙戌
22	일	20	乙卯	수	21	丙戌	목	20	乙卯	일	22	丙戌	화	22	丙辰	금	23	丁亥
23	월	21	丙辰	목	22	丁亥	금	21	丙辰	월	23	丁亥	수	23	丁巳	토	24	戊子
24	화	22	丁巳	금	23	戊子	토	22	丁巳	화	24	戊子	목	24	戊午	일	25	己丑
25	수	23	戊午	토	24	己丑	일	23	戊午	수	25	己丑	금	25	己未	월	26	庚寅
26	목	24	己未	일	25	庚寅	월	24	己未	목	26	庚寅	토	26	庚申	화	27	辛卯
27	금	25	庚申	월	26	辛卯	화	25	庚申	금	27	辛卯	일	27	辛酉	수	28	壬辰
28	토	26	辛酉	화	27	壬辰	수	26	辛酉	토	28	壬辰	월	28	壬戌	목	29	癸巳
29	일	27	壬戌	수	28	癸巳	목	27	壬戌	일	29	癸巳	화	29	癸亥	금	6월	甲午
30	월	28	癸亥				금	28	癸亥	월	30	甲午	수	30	甲子	토	2	乙未
31	화	29	甲子				토	29	甲子				목	5월	乙丑			

단기 4317년

월(양력)	7월			8월			9월			10월			11월			12월		
월간지	辛未			壬申			癸酉			甲戌			乙亥			丙子		
절기 시작	소서小暑 7일 07:29			입추立秋 7일 17:18			백로白露 7일 20:10			한로寒露 8일 11:43			입동立冬 7일 14:46			대설大雪 7일 07:28		
	대서大暑 23일 00:58			처서處暑 23일 08:00			추분秋分 23일 05:33			상강霜降 23일 14:46			소설小雪 22일 12:11			동지冬至 22일 01:23		
양력	요일	음력	일진	요일	음력	일진	요일	음력	일진	요일	음력	일진	요일	음력	일진	요일	음력	일진
1	일	3	丙申	수	5	丁卯	토	6	戊戌	월	7	戊辰	목	9	己亥	토	9	己巳
2	월	4	丁酉	목	6	戊辰	일	7	己亥	화	8	己巳	금	10	更子	일	10	庚午
3	화	5	戊戌	금	7	己巳	월	8	更子	수	9	庚午	토	11	辛丑	월	11	辛未
4	수	6	己亥	토	8	庚午	화	9	辛丑	목	10	辛未	일	12	壬寅	화	12	壬申
5	목	7	更子	일	9	辛未	수	10	壬寅	금	11	壬申	월	13	癸卯	수	13	癸酉
6	금	8	辛丑	월	10	壬申	목	11	癸卯	토	12	癸酉	화	14	甲辰	목	14	甲戌
7	토	9	壬寅	화	11	癸酉	금	12	甲辰	일	13	甲戌	수	15	乙巳	금	15	乙亥
8	일	10	癸卯	수	12	甲戌	토	13	乙巳	월	14	乙亥	목	16	丙午	토	16	丙子
9	월	11	甲辰	목	13	乙亥	일	14	丙午	화	15	丙子	금	17	丁未	일	17	丁丑
10	화	12	乙巳	금	14	丙子	월	15	丁未	수	16	丁丑	토	18	戊申	월	18	戊寅
11	수	13	丙午	토	15	丁丑	화	16	戊申	목	17	戊寅	일	19	己酉	화	19	己卯
12	목	14	丁未	일	16	戊寅	수	17	己酉	금	18	己卯	월	20	庚戌	수	20	庚辰
13	금	15	戊申	월	17	己卯	목	18	庚戌	토	19	庚辰	화	21	辛亥	목	21	辛巳
14	토	16	己酉	화	18	庚辰	금	19	辛亥	일	20	辛巳	수	22	壬子	금	22	壬午
15	일	17	庚戌	수	19	辛巳	토	20	壬子	월	21	壬午	목	23	癸丑	토	23	癸未
16	월	18	辛亥	목	20	壬午	일	21	癸丑	화	22	癸未	금	24	甲寅	일	24	甲申
17	화	19	壬子	금	21	癸未	월	22	甲寅	수	23	甲申	토	25	乙卯	월	25	乙酉
18	수	20	癸丑	토	22	甲申	화	23	乙卯	목	24	乙酉	일	26	丙辰	화	26	丙戌
19	목	21	甲寅	일	23	乙酉	수	24	丙辰	금	25	丙戌	월	27	丁巳	수	27	丁亥
20	금	22	乙卯	월	24	丙戌	목	25	丁巳	토	26	丁亥	화	28	戊午	목	28	戊子
21	토	23	丙辰	화	25	丁亥	금	26	戊午	일	27	戊子	수	29	己未	금	29	己丑
22	일	24	丁巳	수	26	戊子	토	27	己未	월	28	己丑	목	30	庚申	토	11월	庚寅
23	월	25	戊午	목	27	己丑	일	28	庚申	화	29	庚寅	금	윤10월	辛酉	일	2	辛卯
24	화	26	己未	금	28	庚寅	월	29	辛酉	수	10월	辛卯	토	2	壬戌	월	3	壬辰
25	수	27	庚申	토	29	辛卯	화	9월	壬戌	목	2	壬辰	일	3	癸亥	화	4	癸巳
26	목	28	辛酉	일	30	壬辰	수	2	癸亥	금	3	癸巳	월	4	甲子	수	5	甲午
27	금	29	壬戌	월	8월	癸巳	목	3	甲子	토	4	甲午	화	5	乙丑	목	6	乙未
28	토	7월	癸亥	화	2	甲午	금	4	乙丑	일	5	乙未	수	6	丙寅	금	7	丙申
29	일	2	甲子	수	3	乙未	토	5	丙寅	월	6	丙申	목	7	丁卯	토	8	丁酉
30	월	3	乙丑	목	4	丙申	일	6	丁卯	화	7	丁酉	금	8	戊辰	일	9	戊戌
31	화	4	丙寅	금	5	丁酉				수	8	戊戌				월	10	己亥

서기 1985년 을축乙丑

월(양력)	1월			2월			3월			4월			5월			6월		
월간지	丁丑			戊寅			己卯			庚辰			辛巳			壬午		
절기시작	소한小寒 5일 18:35 대한大寒 20일 11:58			입춘立春 4일 06:12 우수雨水 19일 02:07			경칩驚蟄 6일 00:16 춘분春分 21일 01:14			청명淸明 5일 05:14 곡우穀雨 20일 12:26			입하立夏 5일 22:43 소만小滿 21일 11:43			망종亡種 6일 03:00 하지夏至 21일 19:44		
양력	요일	음력	일진	요일	음력	일진	요일	음력	일진	요일	음력	일진	요일	음력	일진	요일	음력	일진
1	화	11	庚子	금	12	辛未	금	10	己亥	월	12	庚午	수	12	庚子	토	13	辛未
2	수	12	辛丑	토	13	壬申	토	11	庚子	화	13	辛未	목	13	辛丑	일	14	壬申
3	목	13	壬寅	일	14	癸酉	일	12	辛丑	수	14	壬申	금	14	壬寅	월	15	癸酉
4	금	14	癸卯	월	15	甲戌	월	13	壬寅	목	15	癸酉	토	15	癸卯	화	16	甲戌
5	토	15	甲辰	화	16	乙亥	화	14	癸卯	금	16	甲戌	일	16	甲辰	수	17	乙亥
6	일	16	乙巳	수	17	丙子	수	15	甲辰	토	17	乙亥	월	17	乙巳	목	18	丙子
7	월	17	丙午	목	18	丁丑	목	16	乙巳	일	18	丙子	화	18	丙午	금	19	丁丑
8	화	18	丁未	금	19	戊寅	금	17	丙午	월	19	丁丑	수	19	丁未	토	20	戊寅
9	수	19	戊申	토	20	己卯	토	18	丁未	화	20	戊寅	목	20	戊申	일	21	己卯
10	목	20	己酉	일	21	庚辰	일	19	戊申	수	21	己卯	금	21	己酉	월	22	庚辰
11	금	21	庚戌	월	22	辛巳	월	20	己酉	목	22	庚辰	토	22	庚戌	화	23	辛巳
12	토	22	辛亥	화	23	壬午	화	21	庚戌	금	23	辛巳	일	23	辛亥	수	24	壬午
13	일	23	壬子	수	24	癸未	수	22	辛亥	토	24	壬午	월	24	壬子	목	25	癸未
14	월	24	癸丑	목	25	甲申	목	23	壬子	일	25	癸未	화	25	癸丑	금	26	甲申
15	화	25	甲寅	금	26	乙酉	금	24	癸丑	월	26	甲申	수	26	甲寅	토	27	乙酉
16	수	26	乙卯	토	27	丙戌	토	25	甲寅	화	27	乙酉	목	27	乙卯	일	28	丙戌
17	목	27	丙辰	일	28	丁亥	일	26	乙卯	수	28	丙戌	금	28	丙辰	월	29	丁亥
18	금	28	丁巳	월	29	戊子	월	27	丙辰	목	29	丁亥	토	29	丁巳	5월		戊子
19	토	29	戊午	화	30	己丑	화	28	丁巳	금	30	戊子	일	30	戊午	수	2	己丑
20	일	30	己未	1월		庚寅	수	29	戊午	3월		己丑	4월		己未	목	3	庚寅
21	12월		庚申	목	2	辛卯	2월		己未	일	2	庚寅	화	2	庚申	금	4	辛卯
22	화	2	辛酉	금	3	壬辰	금	2	庚申	월	3	辛卯	수	3	辛酉	토	5	壬辰
23	수	3	壬戌	토	4	癸巳	토	3	辛酉	화	4	壬辰	목	4	壬戌	일	6	癸巳
24	목	4	癸亥	일	5	甲午	일	4	壬戌	수	5	癸巳	금	5	癸亥	월	7	甲午
25	금	5	甲子	월	6	乙未	월	5	癸亥	목	6	甲午	토	6	甲子	화	8	乙未
26	토	6	乙丑	화	7	丙申	화	6	甲子	금	7	乙未	일	7	乙丑	수	9	丙申
27	일	7	丙寅	수	8	丁酉	수	7	乙丑	토	8	丙申	월	8	丙寅	목	10	丁酉
28	월	8	丁卯	목	9	戊戌	목	8	丙寅	일	9	丁酉	화	9	丁卯	금	11	戊戌
29	화	9	戊辰				금	9	丁卯	월	10	戊戌	수	10	戊辰	토	12	己亥
30	수	10	己巳				토	10	戊辰	화	11	己亥	목	11	己巳	일	13	庚子
31	목	11	庚午				일	11	己巳				금	12	庚午			

단기 4318년

월(양력)	7월			8월			9월			10월			11월			12월		
월간지	癸未			甲申			乙酉			丙戌			丁亥			戊子		
절기시작	소서小暑 7일 13:19			입추立秋 7일 23:04			백로白露 8일 01:53			한로寒露 8일 17:25			입동立冬 7일 20:29			대설大雪 7일 13:16		
	대서大暑 23일 06:36			처서處暑 23일 13:36			추분秋分 23일 11:07			상강霜降 23일 20:22			소설小雪 22일 17:51			동지冬至 22일 07:08		
양력	요일	음력	일진	요일	음력	일진	요일	음력	일진	요일	음력	일진	요일	음력	일진	요일	음력	일진
1	월	14	辛丑	목	15	壬申	일	17	癸卯	화	17	癸酉	금	19	甲辰	일	20	甲戌
2	화	15	壬寅	금	16	癸酉	월	18	甲辰	수	18	甲戌	토	20	乙巳	월	21	乙亥
3	수	16	癸卯	토	17	甲戌	화	19	乙巳	목	19	乙亥	일	21	丙午	화	22	丙子
4	목	17	甲辰	일	18	乙亥	수	20	丙午	금	20	丙子	월	22	丁未	수	23	丁丑
5	금	18	乙巳	월	19	丙子	목	21	丁未	토	21	丁丑	화	23	戊申	목	24	戊寅
6	토	19	丙午	화	20	丁丑	금	22	戊申	일	22	戊寅	수	24	己酉	금	25	己卯
7	일	20	丁未	수	21	戊寅	토	23	己酉	월	23	己卯	목	25	庚戌	토	26	庚辰
8	월	21	戊申	목	22	己卯	일	24	庚戌	화	24	庚辰	금	26	辛亥	일	27	辛巳
9	화	22	己酉	금	23	庚辰	월	25	辛亥	수	25	辛巳	토	27	壬子	월	28	壬午
10	수	23	庚戌	토	24	辛巳	화	26	壬子	목	26	壬午	일	28	癸丑	화	29	癸未
11	목	24	辛亥	일	25	壬午	수	27	癸丑	금	27	癸未	월	29	甲寅	수	30	甲申
12	금	25	壬子	월	26	癸未	목	28	甲寅	토	28	甲申	10월		乙卯	11월		乙酉
13	토	26	癸丑	화	27	甲申	금	29	乙卯	일	29	乙酉	수	2	丙辰	금	2	丙戌
14	일	27	甲寅	수	28	乙酉	토	30	丙辰	9월		丙戌	목	3	丁巳	토	3	丁亥
15	월	28	乙卯	목	29	丙戌	8월		丁巳	화	2	丁亥	금	4	戊午	일	4	戊子
16	화	29	丙辰	7월		丁亥	월	2	戊午	수	3	戊子	토	5	己未	월	5	己丑
17	수	30	丁巳	토	2	戊子	화	3	己未	목	4	己丑	일	6	庚申	화	6	庚寅
18	6월		戊午	일	3	己丑	수	4	庚申	금	5	庚寅	월	7	辛酉	수	7	辛卯
19	금	2	己未	월	4	庚寅	목	5	辛酉	토	6	辛卯	화	8	壬戌	목	8	壬辰
20	토	3	庚申	화	5	辛卯	금	6	壬戌	일	7	壬辰	수	9	癸亥	금	9	癸巳
21	일	4	辛酉	수	6	壬辰	토	7	癸亥	월	8	癸巳	목	10	甲子	토	10	甲午
22	월	5	壬戌	목	7	癸巳	일	8	甲子	화	9	甲午	금	11	乙丑	일	11	乙未
23	화	6	癸亥	금	8	甲午	월	9	乙丑	수	10	乙未	토	12	丙寅	월	12	丙申
24	수	7	甲子	토	9	乙未	화	10	丙寅	목	11	丙申	일	13	丁卯	화	13	丁酉
25	목	8	乙丑	일	10	丙申	수	11	丁卯	금	12	丁酉	월	14	戊辰	수	14	戊戌
26	금	9	丙寅	월	11	丁酉	목	12	戊辰	토	13	戊戌	화	15	己巳	목	15	己亥
27	토	10	丁卯	화	12	戊戌	금	13	己巳	일	14	己亥	수	16	庚午	금	16	庚子
28	일	11	戊辰	수	13	己亥	토	14	庚午	월	15	庚子	목	17	辛未	토	17	辛丑
29	월	12	己巳	목	14	庚子	일	15	辛未	화	16	辛丑	금	18	壬申	일	18	壬寅
30	화	13	庚午	금	15	辛丑	월	16	壬申	수	17	壬寅	토	19	癸酉	월	19	癸卯
31	수	14	辛未	토	16	壬寅				목	18	癸卯				화	20	甲辰

만세력

서기 1986년 병인 丙寅

월(양력)	1월	2월	3월	4월	5월	6월
월간지	己丑	庚寅	辛卯	壬辰	癸巳	甲午
절기시작	소한小寒 6일 00:28 대한大寒 20일 17:46	입춘立春 4일 12:08 우수雨水 19일 07:58	경칩驚蟄 6일 06:12 춘분春分 21일 07:03	청명清明 5일 11:06 곡우穀雨 20일 18:12	입하立夏 6일 04:31 소만小滿 21일 17:28	망종亡種 6일 08:44 하지夏至 22일 01:30

양력	요일	음력	일진	요일	음력	일진	요일	음력	일진	요일	음력	일진	요일	음력	일진	요일	음력	일진
1	수	21	乙巳	토	23	丙子	토	21	甲辰	화	23	乙亥	목	23	乙巳	일	24	丙子
2	목	22	丙午	일	24	丁丑	일	22	乙巳	수	24	丙子	금	24	丙午	월	25	丁丑
3	금	23	丁未	월	25	戊寅	월	23	丙午	목	25	丁丑	토	25	丁未	화	26	戊寅
4	토	24	戊申	화	26	己卯	화	24	丁未	금	26	戊寅	일	26	戊申	수	27	己卯
5	일	25	己酉	수	27	庚辰	수	25	戊申	토	27	己卯	월	27	己酉	목	28	庚辰
6	월	26	庚戌	목	28	辛巳	목	26	己酉	일	28	庚辰	화	28	庚戌	금	29	辛巳
7	화	27	辛亥	금	29	壬午	금	27	庚戌	월	29	辛巳	수	29	辛亥	5월		壬午
8	수	28	壬子	토	30	癸未	토	28	辛亥	화	30	壬午	목	30	壬子	일	2	癸未
9	목	29	癸丑	1월		甲申	일	29	壬子	3월		癸未	4월		癸丑	월	3	甲申
10	12월		甲寅	월	2	乙酉	2월		癸丑	목	2	甲申	토	2	甲寅	화	4	乙酉
11	토	2	乙卯	화	3	丙戌	화	2	甲寅	금	3	乙酉	일	3	乙卯	수	5	丙戌
12	일	3	丙辰	수	4	丁亥	수	3	乙卯	토	4	丙戌	월	4	丙辰	목	6	丁亥
13	월	4	丁巳	목	5	戊子	목	4	丙辰	일	5	丁亥	화	5	丁巳	금	7	戊子
14	화	5	戊午	금	6	己丑	금	5	丁巳	월	6	戊子	수	6	戊午	토	8	己丑
15	수	6	己未	토	7	庚寅	토	6	戊午	화	7	己丑	목	7	己未	일	9	庚寅
16	목	7	庚申	일	8	辛卯	일	7	己未	수	8	庚寅	금	8	庚申	월	10	辛卯
17	금	8	辛酉	월	9	壬辰	월	8	庚申	목	9	辛卯	토	9	辛酉	화	11	壬辰
18	토	9	壬戌	화	10	癸巳	화	9	辛酉	금	10	壬辰	일	10	壬戌	수	12	癸巳
19	일	10	癸亥	수	11	甲午	수	10	壬戌	토	11	癸巳	월	11	癸亥	목	13	甲午
20	월	11	甲子	목	12	乙未	목	11	癸亥	일	12	甲午	화	12	甲子	금	14	乙未
21	화	12	乙丑	금	13	丙申	금	12	甲子	월	13	乙未	수	13	乙丑	토	15	丙申
22	수	13	丙寅	토	14	丁酉	토	13	乙丑	화	14	丙申	목	14	丙寅	일	16	丁酉
23	목	14	丁卯	일	15	戊戌	일	14	丙寅	수	15	丁酉	금	15	丁卯	월	17	戊戌
24	금	15	戊辰	월	16	己亥	월	15	丁卯	목	16	戊戌	토	16	戊辰	화	18	己亥
25	토	16	己巳	화	17	庚子	화	16	戊辰	금	17	己亥	일	17	己巳	수	19	庚子
26	일	17	庚午	수	18	辛丑	수	17	己巳	토	18	庚子	월	18	庚午	목	20	辛丑
27	월	18	辛未	목	19	壬寅	목	18	庚午	일	19	辛丑	화	19	辛未	금	21	壬寅
28	화	19	壬申	금	20	癸卯	금	19	辛未	월	20	壬寅	수	20	壬申	토	22	癸卯
29	수	20	癸酉				토	20	壬申	화	21	癸卯	목	21	癸酉	일	23	甲辰
30	목	21	甲戌				일	21	癸酉	수	22	甲辰	금	22	甲戌	월	24	乙巳
31	금	22	乙亥				월	22	甲戌				토	23	乙亥			

단기 4319년

월(양력)	7월			8월			9월			10월			11월			12월		
월간지	乙未			丙申			丁酉			戊戌			己亥			庚子		
절기시작	소서小暑 7일 19:01			입추立秋 8일 04:46			백로白露 8일 07:35			한로寒露 8일 23:07			입동立冬 8일 02:13			대설大雪 7일 19:01		
	대서大暑 23일 12:24			처서處暑 23일 19:26			추분秋分 23일 16:59			상강霜降 24일 02:14			소설小雪 22일 23:44			동지冬至 22일 13:02		
양력	요일	음력	일진	요일	음력	일진	요일	음력	일진	요일	음력	일진	요일	음력	일진	요일	음력	일진
1	화	25	丙午	금	26	丁丑	월	27	戊申	수	28	戊寅	토	29	己酉	월	30	己卯
2	수	26	丁未	토	27	戊寅	화	28	己酉	목	29	己卯	일	10월	庚戌	화	11월	庚辰
3	목	27	戊申	일	28	己卯	수	28	庚戌	금	30	庚辰	월	2	辛亥	수	2	辛巳
4	금	28	己酉	월	29	庚辰	목	8월	辛亥	토	9월	辛巳	화	3	壬子	목	3	壬午
5	토	29	庚戌	화	30	辛巳	금	2	壬子	일	2	壬午	수	4	癸丑	금	4	癸未
6	일	30	辛亥	수	7월	壬午	토	3	癸丑	월	3	癸未	목	5	甲寅	토	5	甲申
7	월	6월	壬子	목	2	癸未	일	4	甲寅	화	4	甲申	금	6	乙卯	일	6	乙酉
8	화	2	癸丑	금	3	甲申	월	5	乙卯	수	5	乙酉	토	7	丙辰	월	7	丙戌
9	수	3	甲寅	토	4	乙酉	화	6	丙辰	목	6	丙戌	일	8	丁巳	화	8	丁亥
10	목	4	乙卯	일	5	丙戌	수	7	丁巳	금	7	丁亥	월	9	戊午	수	9	戊子
11	금	5	丙辰	월	6	丁亥	목	8	戊午	토	8	戊子	화	10	己未	목	10	己丑
12	토	6	丁巳	화	7	戊子	금	9	己未	일	9	己丑	수	11	庚申	금	11	庚寅
13	일	7	戊午	수	8	己丑	토	10	庚申	월	10	庚寅	목	12	辛酉	토	12	辛卯
14	월	8	己未	목	9	庚寅	일	11	辛酉	화	11	辛卯	금	13	壬戌	일	13	壬辰
15	화	9	庚申	금	10	辛卯	월	12	壬戌	수	12	壬辰	토	14	癸亥	월	14	癸巳
16	수	10	辛酉	토	11	壬辰	화	13	癸亥	목	13	癸巳	일	15	甲子	화	15	甲午
17	목	11	壬戌	일	12	癸巳	수	14	甲子	금	14	甲午	월	16	乙丑	수	16	乙未
18	금	12	癸亥	월	13	甲午	목	15	乙丑	토	15	乙未	화	17	丙寅	목	17	丙申
19	토	13	甲子	화	14	乙未	금	16	丙寅	일	16	丙申	수	18	丁卯	금	18	丁酉
20	일	14	乙丑	수	15	丙申	토	17	丁卯	월	17	丁酉	목	19	戊辰	토	19	戊戌
21	월	15	丙寅	목	16	丁酉	일	18	戊辰	화	18	戊戌	금	20	己巳	일	20	己亥
22	화	16	丁卯	금	17	戊戌	월	19	己巳	수	19	己亥	토	21	庚午	월	21	庚子
23	수	17	戊辰	토	18	己亥	화	20	庚午	목	20	庚子	일	22	辛未	화	22	辛丑
24	목	18	己巳	일	19	庚子	수	21	辛未	금	21	辛丑	월	23	壬申	수	23	壬寅
25	금	19	庚午	월	20	辛丑	목	22	壬申	토	22	壬寅	화	24	癸酉	목	24	癸卯
26	토	20	辛未	화	21	壬寅	금	23	癸酉	일	23	癸卯	수	25	甲戌	금	25	甲辰
27	일	21	壬申	수	22	癸卯	토	24	甲戌	월	24	甲辰	목	26	乙亥	토	26	乙巳
28	월	22	癸酉	목	23	甲辰	일	25	乙亥	화	25	乙巳	금	27	丙子	일	27	丙午
29	화	23	甲戌	금	24	乙巳	월	26	丙子	수	26	丙午	토	28	丁丑	월	28	丁未
30	수	24	乙亥	토	25	丙午	화	27	丁丑	목	27	丁未	일	29	戊寅	화	29	戊申
31	목	25	丙子	일	26	丁未				금	28	戊申		12월		수		己酉

서기 1987년 정묘 丁卯

월(양력)	1월			2월			3월			4월			5월			6월		
월간지	辛丑			壬寅			癸卯			甲辰			乙巳			丙午		
절기시작	소한小寒 6일 06:13			입춘立春 4일 17:52			경칩驚蟄 6일 11:54			청명清明 5일 16:44			입하立夏 6일 10:06			망종亡種 6일 14:19		
	대한大寒 20일 23:40			우수雨水 19일 13:50			춘분春分 21일 12:52			곡우穀雨 20일 23:58			소만小滿 21일 23:10			하지夏至 22일 07:11		
양력	요일	음력	일진	요일	음력	일진	요일	음력	일진	요일	음력	일진	요일	음력	일진	요일	음력	일진
1	목	2	庚戌	일	4	辛巳	일	2	己酉	수	4	庚辰	금	4	庚戌	월	5	辛巳
2	금	3	辛亥	월	5	壬午	월	3	庚戌	목	5	辛巳	토	5	辛亥	화	6	壬午
3	토	4	壬子	화	6	癸未	화	4	辛亥	금	6	壬午	일	6	壬子	수	7	癸未
4	일	5	癸丑	수	7	甲申	수	5	壬子	토	7	癸未	월	7	癸丑	목	8	甲申
5	월	6	甲寅	목	8	乙酉	목	6	癸丑	일	8	甲申	화	8	甲寅	금	9	乙酉
6	화	7	乙卯	금	9	丙戌	금	7	甲寅	월	9	乙酉	수	9	乙卯	토	10	丙戌
7	수	8	丙辰	토	10	丁亥	토	8	乙卯	화	10	丙戌	목	10	丙辰	일	11	丁亥
8	목	9	丁巳	일	11	戊子	일	9	丙辰	수	11	丁亥	금	11	丁巳	월	12	戊子
9	금	10	戊午	월	12	己丑	월	10	丁巳	목	12	戊子	토	12	戊午	화	13	己丑
10	토	11	己未	화	13	庚寅	화	11	戊午	금	13	己丑	일	13	己未	수	14	庚寅
11	일	12	庚申	수	14	辛卯	수	12	己未	토	14	庚寅	월	14	庚申	목	15	辛卯
12	월	13	辛酉	목	15	壬辰	목	13	庚申	일	15	辛卯	화	15	辛酉	금	16	壬辰
13	화	14	壬戌	금	16	癸巳	금	14	辛酉	월	16	壬辰	수	16	壬戌	토	17	癸巳
14	수	15	癸亥	토	17	甲午	토	15	壬戌	화	17	癸巳	목	17	癸亥	일	18	甲午
15	목	16	甲子	일	18	乙未	일	16	癸亥	수	18	甲午	금	18	甲子	월	19	乙未
16	금	17	乙丑	월	19	丙申	월	17	甲子	목	19	乙未	토	19	乙丑	화	20	丙申
17	토	18	丙寅	화	20	丁酉	화	18	乙丑	금	20	丙申	일	20	丙寅	수	21	丁酉
18	일	19	丁卯	수	21	戊戌	수	19	丙寅	토	21	丁酉	월	21	丁卯	목	22	戊戌
19	월	20	戊辰	목	22	己亥	목	20	丁卯	일	22	戊戌	화	22	戊辰	금	23	己亥
20	화	21	己巳	금	23	庚子	금	21	戊辰	월	23	己亥	수	23	己巳	토	24	庚子
21	수	22	庚午	토	24	辛丑	토	22	己巳	화	24	庚子	목	24	庚午	일	25	辛丑
22	목	23	辛未	일	25	壬寅	일	23	庚午	수	25	辛丑	금	25	辛未	월	26	壬寅
23	금	24	壬申	월	26	癸卯	월	24	辛未	목	26	壬寅	토	26	壬申	화	27	癸卯
24	토	25	癸酉	화	27	甲辰	화	25	壬申	금	27	癸卯	일	27	癸酉	수	28	甲辰
25	일	26	甲戌	수	28	乙巳	수	26	癸酉	토	28	甲辰	월	28	甲戌	목	29	乙巳
26	월	27	乙亥	목	29	丙午	목	27	甲戌	일	29	乙巳	화	29	乙亥	6월		丙午
27	화	28	丙子	금	30	丁未	금	28	乙亥	월	30	丙午	수	30	丙子	토	2	丁未
28	수	29	丁丑	2월		戊申	토	29	丙子	4월		丁未	5월		丁丑	일	3	戊申
29	1월		戊寅				3월		丁丑	수	2	戊申	금	2	戊寅	월	4	己酉
30	금	2	己卯				월	2	戊寅	목	3	己酉	토	3	己卯	화	5	庚戌
31	토	3	庚辰				화	3	己卯				일	4	庚辰			

단기 4320년

월(양력)	7월			8월			9월			10월			11월			12월		
월간지	丁未			戊申			己酉			庚戌			辛亥			壬子		
절기 시작	소서小暑 8일 00:39			입추立秋 8일 10:29			백로白露 8일 13:24			한로寒露 9일 05:00			입동立冬 8일 08:06			대설大雪 8일 00:52		
	대서大暑 23일 18:06			처서處暑 24일 01:10			추분秋分 23일 22:45			상강霜降 24일 08:01			소설小雪 23일 05:29			동지冬至 22일 18:46		
양력	요일	음력	일진	요일	음력	일진	요일	음력	일진	요일	음력	일진	요일	음력	일진	요일	음력	일진
1	수	6	辛亥	토	7	壬午	화	9	癸丑	목	9	癸未	일	10	甲寅	화	11	甲申
2	목	7	壬子	일	8	癸未	수	10	甲寅	금	10	甲申	월	11	乙卯	수	12	乙酉
3	금	8	癸丑	월	9	甲申	목	11	乙卯	토	11	乙酉	화	12	丙辰	목	13	丙戌
4	토	9	甲寅	화	10	乙酉	금	12	丙辰	일	12	丙戌	수	13	丁巳	금	14	丁亥
5	일	10	乙卯	수	11	丙戌	토	13	丁巳	월	13	丁亥	목	14	戊午	토	15	戊子
6	월	11	丙辰	목	12	丁亥	일	14	戊午	화	14	戊子	금	15	己未	일	16	己丑
7	화	12	丁巳	금	13	戊子	월	15	己未	수	15	己丑	토	16	庚申	월	17	庚寅
8	수	13	戊午	토	14	己丑	화	16	庚申	목	16	庚寅	일	17	辛酉	화	18	辛卯
9	목	14	己未	일	15	庚寅	수	17	辛酉	금	17	辛卯	월	18	壬戌	수	19	壬辰
10	금	15	庚申	월	16	辛卯	목	18	壬戌	토	18	壬辰	화	19	癸亥	목	20	癸巳
11	토	16	辛酉	화	17	壬辰	금	19	癸亥	일	19	癸巳	수	20	甲子	금	21	甲午
12	일	17	壬戌	수	18	癸巳	토	20	甲子	월	20	甲午	목	21	乙丑	토	22	乙未
13	월	18	癸亥	목	19	甲午	일	21	乙丑	화	21	乙未	금	22	丙寅	일	23	丙申
14	화	19	甲子	금	20	乙未	월	22	丙寅	수	22	丙申	토	23	丁卯	월	24	丁酉
15	수	20	乙丑	토	21	丙申	화	23	丁卯	목	23	丁酉	일	24	戊辰	화	25	戊戌
16	목	21	丙寅	일	22	丁酉	수	24	戊辰	금	24	戊戌	월	25	己巳	수	26	己亥
17	금	22	丁卯	월	23	戊戌	목	25	己巳	토	25	己亥	화	26	庚午	목	27	庚子
18	토	23	戊辰	화	24	己亥	금	26	庚午	일	26	庚子	수	27	辛未	금	28	辛丑
19	일	24	己巳	수	25	庚子	토	27	辛未	월	27	辛丑	목	28	壬申	토	29	壬寅
20	월	25	庚午	목	26	辛丑	일	28	壬申	화	28	壬寅	금	29	癸酉	일	30	癸卯
21	화	26	辛未	금	27	壬寅	월	29	癸酉	수	29	癸卯	10월		甲戌	11월		甲辰
22	수	27	壬申	토	28	癸卯	화	30	甲戌	목	30	甲辰	일	2	乙亥	화	2	乙巳
23	목	28	癸酉	일	29	甲辰	8월		乙亥	9월		乙巳	월	3	丙子	수	3	丙午
24	금	29	甲戌	7월		乙巳	목	2	丙子	토	2	丙午	화	4	丁丑	목	4	丁未
25	토	30	乙亥	화	2	丙午	금	3	丁丑	일	3	丁未	수	5	戊寅	금	5	戊申
26	윤6월		丙子	수	3	丁未	토	4	戊寅	월	4	戊申	목	6	己卯	토	6	己酉
27	월	2	丁丑	목	4	戊申	일	5	己卯	화	5	己酉	금	7	庚辰	일	7	庚戌
28	화	3	戊寅	금	5	己酉	월	6	庚辰	수	6	庚戌	토	8	辛巳	월	8	辛亥
29	수	4	己卯	토	6	庚戌	화	7	辛巳	목	7	辛亥	일	9	壬午	화	9	壬子
30	목	5	庚辰	일	7	辛亥	수	8	壬午	금	8	壬子	월	10	癸未	수	10	癸丑
31	금	6	辛巳	월	8	壬子				토	9	癸丑				목	11	甲寅

서기 1988년 무진 戊辰

월(양력)	1월			2월			3월			4월			5월			6월		
월간지	癸丑			甲寅			乙卯			丙辰			丁巳			戊午		
절기시작	소한小寒 6일 12:04			입춘立春 4일 23:43			경칩驚蟄 5일 17:47			청명淸明 4일 22:39			입하立夏 5일 16:02			망종亡種 5일 20:15		
	대한大寒 21일 05:24			우수雨水 19일 19:35			춘분春分 20일 18:39			곡우穀雨 20일 05:45			소만小滿 21일 04:57			하지夏至 21일 12:57		
양력	요일	음력	일진	요일	음력	일진	요일	음력	일진	요일	음력	일진	요일	음력	일진	요일	음력	일진
1	금	12	乙卯	월	14	丙戌	화	13	乙卯	금	15	丙戌	일	16	丙辰	수	17	丁亥
2	토	13	丙辰	화	15	丁亥	수	14	丙辰	토	16	丁亥	월	17	丁巳	목	18	戊子
3	일	14	丁巳	수	16	戊子	목	15	丁巳	일	17	戊子	화	18	戊午	금	19	己丑
4	월	15	戊午	목	17	己丑	금	16	戊午	월	18	己丑	수	19	己未	토	20	庚寅
5	화	16	己未	금	18	庚寅	토	17	己未	화	19	庚寅	목	20	庚申	일	21	辛卯
6	수	17	庚申	토	19	辛卯	일	18	庚申	수	20	辛卯	금	21	辛酉	월	22	壬辰
7	목	18	辛酉	일	20	壬辰	월	19	辛酉	목	21	壬辰	토	22	壬戌	화	23	癸巳
8	금	19	壬戌	월	21	癸巳	화	20	壬戌	금	22	癸巳	일	23	癸亥	수	24	甲午
9	토	20	癸亥	화	22	甲午	수	21	癸亥	토	23	甲午	월	24	甲子	목	25	乙未
10	일	21	甲子	수	23	乙未	목	22	甲子	일	24	乙未	화	25	乙丑	금	26	丙申
11	월	22	乙丑	목	24	丙申	금	23	乙丑	월	25	丙申	수	26	丙寅	토	27	丁酉
12	화	23	丙寅	금	25	丁酉	토	24	丙寅	화	26	丁酉	목	27	丁卯	일	28	戊戌
13	수	24	丁卯	토	26	戊戌	일	25	丁卯	수	27	戊戌	금	28	戊辰	월	29	己亥
14	목	25	戊辰	일	27	己亥	월	26	戊辰	목	28	己亥	토	29	己巳	5월		更子
15	금	26	己巳	월	28	更子	화	27	己巳	금	29	更子	일	30	庚午	수	2	辛丑
16	토	27	庚午	화	29	辛丑	수	28	庚午	3월		辛丑	4월		辛未	목	3	壬寅
17	일	28	辛未	수	30	壬寅	목	29	辛未	일	2	壬寅	화	2	壬申	금	4	癸卯
18	월	29	壬申	1월		癸卯	2월		壬申	월	3	癸卯	수	3	癸酉	토	5	甲辰
19	12월		癸酉	금	2	甲辰	토	2	癸酉	화	4	甲辰	목	4	甲戌	일	6	乙巳
20	수	2	甲戌	토	3	乙巳	일	3	甲戌	수	5	乙巳	금	5	乙亥	월	7	丙午
21	목	3	乙亥	일	4	丙午	월	4	乙亥	목	6	丙午	토	6	丙子	화	8	丁未
22	금	4	丙子	월	5	丁未	화	5	丙子	금	7	丁未	일	7	丁丑	수	9	戊申
23	토	5	丁丑	화	6	戊申	수	6	丁丑	토	8	戊申	월	8	戊寅	목	10	己酉
24	일	6	戊寅	수	7	己酉	목	7	戊寅	일	9	己酉	화	9	己卯	금	11	庚戌
25	월	7	己卯	목	8	庚戌	금	8	己卯	월	10	庚戌	수	10	庚辰	토	12	辛亥
26	화	8	庚辰	금	9	辛亥	토	9	庚辰	화	11	辛亥	목	11	辛巳	일	13	壬子
27	수	9	辛巳	토	10	壬子	일	10	辛巳	수	12	壬子	금	12	壬午	월	14	癸丑
28	목	10	壬午	일	11	癸丑	월	11	壬午	목	13	癸丑	토	13	癸未	화	15	甲寅
29	금	11	癸未	월	12	甲寅	화	12	癸未	금	14	甲寅	일	14	甲申	수	16	乙卯
30	토	12	甲申				수	13	甲申	토	15	乙卯	월	15	乙酉	목	17	丙辰
31	일	13	乙酉				목	14	乙酉				화	16	丙戌			

단기 4321년

월(양력)	7월	8월	9월	10월	11월	12월
월간지	己未	庚申	辛酉	壬戌	癸亥	甲子
절기시작	소서小暑 7일 06:33	입추立秋 7일 16:20	백로白露 7일 19:12	한로寒露 8일 10:45	입동立冬 7일 13:49	대설大雪 7일 06:34
	대서大暑 24일 01:21	처서處暑 24일 08:16	추분秋分 24일 05:37	상강霜降 24일 14:36	소설小雪 23일 11:51	동지冬至 23일 01:00

양력	요일	음력	일진	요일	음력	일진	요일	음력	일진	요일	음력	일진	요일	음력	일진	요일	음력	일진
1	금	18	丁巳	월	19	戊子	목	21	庚申	토	21	己丑	화	22	庚申	목	23	庚寅
2	토	19	戊午	화	20	己丑	금	22	庚申	일	22	庚寅	수	23	辛酉	금	24	辛卯
3	일	20	己未	수	21	庚寅	토	23	辛酉	월	23	辛卯	목	24	壬戌	토	25	壬辰
4	월	21	庚申	목	22	辛卯	일	24	壬戌	화	24	壬辰	금	25	癸亥	일	26	癸巳
5	화	22	辛酉	금	23	壬辰	월	25	癸亥	수	25	癸巳	토	26	甲子	월	27	甲午
6	수	23	壬戌	토	24	癸巳	화	26	甲子	목	26	甲午	일	27	乙丑	화	28	乙未
7	목	24	癸亥	일	25	甲午	수	27	乙丑	금	27	乙未	월	28	丙寅	수	29	丙申
8	금	25	甲子	월	26	乙未	목	28	丙寅	토	28	丙申	화	29	丁卯	목	30	丁酉
9	토	26	乙丑	화	27	丙申	금	29	丁卯	일	29	丁酉	10월		戊辰	11월		戊戌
10	일	27	丙寅	수	28	丁酉	토	30	戊辰	월	30	戊戌	목	2	己巳	토	2	己亥
11	월	28	丁卯	목	29	戊戌	8월		己巳	9월		己亥	금	3	庚午	일	3	庚子
12	화	29	戊辰	7월		己亥	월	2	庚午	수	2	庚子	토	4	辛未	월	4	辛丑
13	수	30	己巳	토	2	庚子	화	3	辛未	목	3	辛丑	일	5	壬申	화	5	壬寅
14	6월		庚午	일	3	辛丑	수	4	壬申	금	4	壬寅	월	6	癸酉	수	6	癸卯
15	금	2	辛未	월	4	壬寅	목	5	癸酉	토	5	癸卯	화	7	甲戌	목	7	甲辰
16	토	3	壬申	화	5	癸卯	금	6	甲戌	일	6	甲辰	수	8	乙亥	금	8	乙巳
17	일	4	癸酉	수	6	甲辰	토	7	乙亥	월	7	乙巳	목	9	丙子	토	9	丙午
18	월	5	甲戌	목	7	乙巳	일	8	丙子	화	8	丙午	금	10	丁丑	일	10	丁未
19	화	6	乙亥	금	8	丙午	월	9	丁丑	수	9	丁未	토	11	戊寅	월	11	戊申
20	수	7	丙子	토	9	丁未	화	10	戊寅	목	10	戊申	일	12	己卯	화	12	己酉
21	목	8	丁丑	일	10	戊申	수	11	己卯	금	11	己酉	월	13	庚辰	수	13	庚戌
22	금	9	戊寅	월	11	己酉	목	12	庚辰	토	12	庚戌	화	14	辛巳	목	14	辛亥
23	토	10	己卯	화	12	庚戌	금	13	辛巳	일	13	辛亥	수	15	壬午	금	15	壬子
24	일	11	庚辰	수	13	辛亥	토	14	壬午	월	14	壬子	목	16	癸未	토	16	癸丑
25	월	12	辛巳	목	14	壬子	일	15	癸未	화	15	癸丑	금	17	甲申	일	17	甲寅
26	화	13	壬午	금	15	癸丑	월	16	甲申	수	16	甲寅	토	18	乙酉	월	18	乙卯
27	수	14	癸未	토	16	甲寅	화	17	乙酉	목	17	乙卯	일	19	丙戌	화	19	丙辰
28	목	15	甲申	일	17	乙卯	수	18	丙戌	금	18	丙辰	월	20	丁亥	수	20	丁巳
29	금	16	乙酉	월	18	丙辰	목	19	丁亥	토	19	丁巳	화	21	戊子	목	21	戊午
30	토	17	丙戌	화	19	丁巳	금	20	戊子	일	20	戊午	수	22	己丑	금	22	己未
31	일	18	丁亥	수	20	戊午				월	21	己未				토	23	庚申

서기 1989년 기사己巳

월(양력)	1월			2월			3월			4월			5월			6월		
월간지	乙丑			丙寅			丁卯			戊辰			己巳			庚午		
절기시작	소한小寒 5일 17:46			입춘立春 4일 05:27			경칩驚蟄 5일 23:34			청명淸明 5일 04:30			입하立夏 5일 21:54			망종亡種 6일 02:05		
	대한大寒 20일 11:07			우수雨水 19일 01:21			춘분春分 21일 00:28			곡우穀雨 20일 11:39			소만小滿 21일 10:54			하지夏至 21일 18:53		
양력	요일	음력	일진	요일	음력	일진	요일	음력	일진	요일	음력	일진	요일	음력	일진	요일	음력	일진
1	일	24	辛酉	수	25	壬辰	수	24	庚申	토	25	辛卯	월	26	辛酉	목	28	壬辰
2	월	25	壬戌	목	26	癸巳	목	25	辛酉	일	26	壬辰	화	27	壬戌	금	29	癸巳
3	화	26	癸亥	금	27	甲午	금	26	壬戌	월	27	癸巳	수	28	癸亥	토	30	甲午
4	수	27	甲子	토	28	乙未	토	27	癸亥	화	28	甲午	목	29	甲子	5월		乙未
5	목	28	乙丑	일	29	丙申	일	28	甲子	수	29	乙未	4월		乙丑	월	2	丙申
6	금	29	丙寅	1월		丁酉	월	29	乙丑	3월		丙申	토	2	丙寅	화	3	丁酉
7	토	30	丁卯	화	2	戊戌	화	30	丙寅	금	2	丁酉	일	3	丁卯	수	4	戊戌
8	12월		戊辰	수	3	己亥	2월		丁卯	토	3	戊戌	월	4	戊辰	목	5	己亥
9	월	2	己巳	목	4	庚子	목	2	戊辰	일	4	己亥	화	5	己巳	금	6	庚子
10	화	3	庚午	금	5	辛丑	금	3	己巳	월	5	庚子	수	6	庚午	토	7	辛丑
11	수	4	辛未	토	6	壬寅	토	4	庚午	화	6	辛丑	목	7	辛未	일	8	壬寅
12	목	5	壬申	일	7	癸卯	일	5	辛未	수	7	壬寅	금	8	壬申	월	9	癸卯
13	금	6	癸酉	월	8	甲辰	월	6	壬申	목	8	癸卯	토	9	癸酉	화	10	甲辰
14	토	7	甲戌	화	9	乙巳	화	7	癸酉	금	9	甲辰	일	10	甲戌	수	11	乙巳
15	일	8	乙亥	수	10	丙午	수	8	甲戌	토	10	乙巳	월	11	乙亥	목	12	丙午
16	월	9	丙子	목	11	丁未	목	9	乙亥	일	11	丙午	화	12	丙子	금	13	丁未
17	화	10	丁丑	금	12	戊申	금	10	丙子	월	12	丁未	수	13	丁丑	토	14	戊申
18	수	11	戊寅	토	13	己酉	토	11	丁丑	화	13	戊申	목	14	戊寅	일	15	己酉
19	목	12	己卯	일	14	庚戌	일	12	戊寅	수	14	己酉	금	15	己卯	월	16	庚戌
20	금	13	庚辰	월	15	辛亥	월	13	己卯	목	15	庚戌	토	16	庚辰	화	17	辛亥
21	토	14	辛巳	화	16	壬子	화	14	庚辰	금	16	辛亥	일	17	辛巳	수	18	壬子
22	일	15	壬午	수	17	癸丑	수	15	辛巳	토	17	壬子	월	18	壬午	목	19	癸丑
23	월	16	癸未	목	18	甲寅	목	16	壬午	일	18	癸丑	화	19	癸未	금	20	甲寅
24	화	17	甲申	금	19	乙卯	금	17	癸未	월	19	甲寅	수	20	甲申	토	21	乙卯
25	수	18	乙酉	토	20	丙辰	토	18	甲申	화	20	乙卯	목	21	乙酉	일	22	丙辰
26	목	19	丙戌	일	21	丁巳	일	19	乙酉	수	21	丙辰	금	22	丙戌	월	23	丁巳
27	금	20	丁亥	월	22	戊午	월	20	丙戌	목	22	丁巳	토	23	丁亥	화	24	戊午
28	토	21	戊子	화	23	己未	화	21	丁亥	금	23	戊午	일	24	戊子	수	25	己未
29	일	22	己丑				수	22	戊子	토	24	己未	월	25	己丑	목	26	庚申
30	월	23	庚寅				목	23	己丑	일	25	庚申	화	26	庚寅	금	27	辛酉
31	화	24	辛卯				금	24	庚寅				수	27	辛卯			

단기 4322년

월(양력)	7월			8월			9월			10월			11월			12월		
월간지	辛未			壬申			癸酉			甲戌			乙亥			丙子		
절기시작	소서小暑 7일 12:19			입추立秋 7일 22:04			백로白露 8일 00:54			한로寒露 8일 16:27			입동立冬 7일 19:34			대설大雪 7일 12:21		
	대서大暑 23일 05:45			처서處暑 23일 12:46			추분秋分 23일 10:20			상강霜降 23일 19:35			소설小雪 22일 17:05			동지冬至 22일 06:22		
양력	요일	음력	일진	요일	음력	일진	요일	음력	일진	요일	음력	일진	요일	음력	일진	요일	음력	일진
1	토	28	壬戌	화	30	癸巳	금	2	甲子	일	2	甲午	수	3	乙丑	금	4	乙未
2	일	29	癸亥	7월		甲午	토	3	乙丑	월	3	乙未	목	4	丙寅	토	5	丙申
3	6월		甲子	목	2	乙未	일	4	丙寅	화	4	丙申	금	5	丁卯	일	6	丁酉
4	화	2	乙丑	금	3	丙申	월	5	丁卯	수	5	丁酉	토	6	戊辰	월	7	戊戌
5	수	3	丙寅	토	4	丁酉	화	6	戊辰	목	6	戊戌	일	7	己巳	화	8	己亥
6	목	4	丁卯	일	5	戊戌	수	7	己巳	금	7	己亥	월	8	庚午	수	9	庚子
7	금	5	戊辰	월	6	己亥	목	8	庚午	토	8	庚子	화	9	辛未	목	10	辛丑
8	토	6	己巳	화	7	庚子	금	9	辛未	일	9	辛丑	수	10	壬申	금	11	壬寅
9	일	7	庚午	수	8	辛丑	토	10	壬申	월	10	壬寅	목	11	癸酉	토	12	癸卯
10	월	8	辛未	목	9	壬寅	일	11	癸酉	화	11	癸卯	금	12	甲戌	일	13	甲辰
11	화	9	壬申	금	10	癸卯	월	12	甲戌	수	12	甲辰	토	13	乙亥	월	14	乙巳
12	수	10	癸酉	토	11	甲辰	화	13	乙亥	목	13	乙巳	일	14	丙子	화	15	丙午
13	목	11	甲戌	일	12	乙巳	수	14	丙子	금	14	丙午	월	15	丁丑	수	16	丁未
14	금	12	乙亥	월	13	丙午	목	15	丁丑	토	15	丁未	화	16	戊寅	목	17	戊申
15	토	13	丙子	화	14	丁未	금	16	戊寅	일	16	戊申	수	17	己卯	금	18	己酉
16	일	14	丁丑	수	15	戊申	토	17	己卯	월	17	己酉	목	18	庚辰	토	19	庚戌
17	월	15	戊寅	목	16	己酉	일	18	庚辰	화	18	庚戌	금	19	辛巳	일	20	辛亥
18	화	16	己卯	금	17	庚戌	월	19	辛巳	수	19	辛亥	토	20	壬午	월	21	壬子
19	수	17	庚辰	토	18	辛亥	화	20	壬午	목	20	壬子	일	21	癸未	화	22	癸丑
20	목	18	辛巳	일	19	壬子	수	21	癸未	금	21	癸丑	월	22	甲申	수	23	甲寅
21	금	19	壬午	월	20	癸丑	목	22	甲申	토	22	甲寅	화	23	乙酉	목	24	乙卯
22	토	20	癸未	화	21	甲寅	금	23	乙酉	일	23	乙卯	수	24	丙戌	금	25	丙辰
23	일	21	甲申	수	22	乙卯	토	24	丙戌	월	24	丙辰	목	25	丁亥	토	26	丁巳
24	월	22	乙酉	목	23	丙辰	일	25	丁亥	화	25	丁巳	금	26	戊子	일	27	戊午
25	화	23	丙戌	금	24	丁巳	월	26	戊子	수	26	戊午	토	27	己丑	월	28	己未
26	수	24	丁亥	토	25	戊午	화	27	己丑	목	27	己未	일	28	庚寅	화	29	庚申
27	목	25	戊子	일	26	己未	수	28	庚寅	금	28	庚申	월	29	辛卯	수	30	辛酉
28	금	26	己丑	월	27	庚申	목	29	辛卯	토	29	辛酉	11월		壬辰	12월		壬戌
29	토	27	庚寅	화	28	辛酉	금	30	壬辰	일	30	壬戌	수	2	癸巳	금	2	癸亥
30	일	28	辛卯	수	29	壬戌	9월		癸巳	10월		癸亥	목	3	甲午	토	3	甲子
31	월	29	壬辰	8월		癸亥				화	2	甲子				일	4	乙丑

서기 1990년 경오庚午

월 (양력)	1월			2월			3월			4월			5월			6월		
월간지	丁丑			戊寅			己卯			庚辰			辛巳			壬午		
절기시작	소한小寒 5일 23:33			입춘立春 4일 11:14			경칩驚蟄 6일 05:19			청명清明 5일 10:13			입하立夏 6일 03:35			망종亡種 6일 07:46		
	대한大寒 20일 17:02			우수雨水 19일 07:14			춘분春分 21일 06:19			곡우穀雨 20일 17:27			소만小滿 21일 16:37			하지夏至 22일 00:33		
양력	요일	음력	일진	요일	음력	일진	요일	음력	일진	요일	음력	일진	요일	음력	일진	요일	음력	일진
1	월	5	丙寅	목	6	丁酉	목	5	乙丑	일	6	丙申	화	7	丙寅	금	9	丁酉
2	화	6	丁卯	금	7	戊戌	금	6	丙寅	월	7	丁酉	수	8	丁卯	토	10	戊戌
3	수	7	戊辰	토	8	己亥	토	7	丁卯	화	8	戊戌	목	9	戊辰	일	11	己亥
4	목	8	己巳	일	9	庚子	일	8	戊辰	수	9	己亥	금	10	己巳	월	12	庚子
5	금	9	庚午	월	10	辛丑	월	9	己巳	목	10	庚子	토	11	庚午	화	13	辛丑
6	토	10	辛未	화	11	壬寅	화	10	庚午	금	11	辛丑	일	12	辛未	수	14	壬寅
7	일	11	壬申	수	12	癸卯	수	11	辛未	토	12	壬寅	월	13	壬申	목	15	癸卯
8	월	12	癸酉	목	13	甲辰	목	12	壬申	일	13	癸卯	화	14	癸酉	금	16	甲辰
9	화	13	甲戌	금	14	乙巳	금	13	癸酉	월	14	甲辰	수	15	甲戌	토	17	乙巳
10	수	14	乙亥	토	15	丙午	토	14	甲戌	화	15	乙巳	목	16	乙亥	일	18	丙午
11	목	15	丙子	일	16	丁未	일	15	乙亥	수	16	丙午	금	17	丙子	월	19	丁未
12	금	16	丁丑	월	17	戊申	월	16	丙子	목	17	丁未	토	18	丁丑	화	20	戊申
13	토	17	戊寅	화	18	己酉	화	17	丁丑	금	18	戊申	일	19	戊寅	수	21	己酉
14	일	18	己卯	수	19	庚戌	수	18	戊寅	토	19	己酉	월	20	己卯	목	22	庚戌
15	월	19	庚辰	목	20	辛亥	목	19	己卯	일	20	庚戌	화	21	庚辰	금	23	辛亥
16	화	20	辛巳	금	21	壬子	금	20	庚辰	월	21	辛亥	수	22	辛巳	토	24	壬子
17	수	21	壬午	토	22	癸丑	토	21	辛巳	화	22	壬子	목	23	壬午	일	25	癸丑
18	목	22	癸未	일	23	甲寅	일	22	壬午	수	23	癸丑	금	24	癸未	월	26	甲寅
19	금	23	甲申	월	24	乙卯	월	23	癸未	목	24	甲寅	토	25	甲申	화	27	乙卯
20	토	24	乙酉	화	25	丙辰	화	24	甲申	금	25	乙卯	일	26	乙酉	수	28	丙辰
21	일	25	丙戌	수	26	丁巳	수	25	乙酉	토	26	丙辰	월	27	丙戌	목	29	丁巳
22	월	26	丁亥	목	27	戊午	목	26	丙戌	일	27	丁巳	화	28	丁亥	금	30	戊午
23	화	27	戊子	금	28	己未	금	27	丁亥	월	28	戊午	수	29	戊子	윤5월	1	己未
24	수	28	己丑	토	29	庚申	토	28	戊子	화	29	己未	5월	1	己丑	일	2	庚申
25	목	29	庚寅	2월	1	辛酉	일	29	己丑	4월	1	庚申	금	2	庚寅	월	3	辛酉
26	금	30	辛卯	일	2	壬戌	월	30	庚寅	목	2	辛酉	토	3	辛卯	화	4	壬戌
27	1월	1	壬辰	화	3	癸亥	3월	1	辛卯	금	3	壬戌	일	4	壬辰	수	5	癸亥
28	일	2	癸巳	수	4	甲子	수	2	壬辰	토	4	癸亥	월	5	癸巳	목	6	甲子
29	월	3	甲午				목	3	癸巳	일	5	甲子	화	6	甲午	금	7	乙丑
30	화	4	乙未				금	4	甲午	월	6	乙丑	수	7	乙未	토	8	丙寅
31	수	5	丙申				토	5	乙未				목	8	丙申			

단기 4323년

월(양력)	7월			8월			9월			10월			11월			12월		
월간지	癸未			甲申			乙酉			丙戌			丁亥			戊子		
절기시작	소서小暑 7일 18:00			입추立秋 8일 03:46			백로白露 8일 06:37			한로寒露 8일 22:14			입동立冬 8일 01:23			대설大雪 7일 18:14		
	대서大暑 23일 11:22			처서處暑 23일 18:21			추분秋分 23일 15:56			상강霜降 24일 01:14			소설小雪 22일 22:47			동지冬至 22일 12:07		
양력	요일	음력	일진	요일	음력	일진	요일	음력	일진	요일	음력	일진	요일	음력	일진	요일	음력	일진
1	일	9	丁卯	수	11	戊戌	토	13	己巳	월	13	己亥	목	14	庚午	토	15	庚子
2	월	10	戊辰	목	12	己亥	일	14	庚午	화	14	庚子	금	15	辛未	일	16	辛丑
3	화	11	己巳	금	13	庚子	월	15	辛未	수	15	辛丑	토	16	壬申	월	17	壬寅
4	수	12	庚午	토	14	辛丑	화	16	壬申	목	16	壬寅	일	17	癸酉	화	18	癸卯
5	목	13	辛未	일	15	壬寅	수	17	癸酉	금	17	癸卯	월	18	甲戌	수	19	甲辰
6	금	14	壬申	월	16	癸卯	목	18	甲戌	토	18	甲辰	화	19	乙亥	목	20	乙巳
7	토	15	癸酉	화	17	甲辰	금	19	乙亥	일	19	乙巳	수	20	丙子	금	21	丙午
8	일	16	甲戌	수	18	乙巳	토	20	丙子	월	20	丙午	목	21	丁丑	토	22	丁未
9	월	17	乙亥	목	19	丙午	일	21	丁丑	화	21	丁未	금	22	戊寅	일	23	戊申
10	화	18	丙子	금	20	丁未	월	22	戊寅	수	22	戊申	토	23	己卯	월	24	己酉
11	수	19	丁丑	토	21	戊申	화	23	己卯	목	23	己酉	일	24	庚辰	화	25	庚戌
12	목	20	戊寅	일	22	己酉	수	24	庚辰	금	24	庚戌	월	25	辛巳	수	26	辛亥
13	금	21	己卯	월	23	庚戌	목	25	辛巳	토	25	辛亥	화	26	壬午	목	27	壬子
14	토	22	庚辰	화	24	辛亥	금	26	壬午	일	26	壬子	수	27	癸未	금	28	癸丑
15	일	23	辛巳	수	25	壬子	토	27	癸未	월	27	癸丑	목	28	甲申	토	29	甲寅
16	월	24	壬午	목	26	癸丑	일	28	甲申	화	28	甲寅	금	29	乙酉	일	30	乙卯
17	화	25	癸未	금	27	甲寅	월	29	乙酉	수	29	乙卯	**10월**		丙戌	**11월**		丙辰
18	수	26	甲申	토	28	乙卯	화	30	丙戌	목	30	丙辰	일	2	丁亥	화	2	丁巳
19	목	27	乙酉	일	29	丙辰	**8월**		丁亥	**9월**		丁巳	월	3	戊子	수	3	戊午
20	금	28	丙戌	**7월**		丁巳	목	2	戊子	토	2	戊午	화	4	己丑	목	4	己未
21	토	29	丁亥	화	2	戊午	금	3	己丑	일	3	己未	수	5	庚寅	금	5	庚申
22	**6월**		戊子	수	3	己未	토	4	庚寅	월	4	庚申	목	6	辛卯	토	6	辛酉
23	월	2	己丑	목	4	庚申	일	5	辛卯	화	5	辛酉	금	7	壬辰	일	7	壬戌
24	화	3	庚寅	금	5	辛酉	월	6	壬辰	수	6	壬戌	토	8	癸巳	월	8	癸亥
25	수	4	辛卯	토	6	壬戌	화	7	癸巳	목	7	癸亥	일	9	甲午	화	9	甲子
26	목	5	壬辰	일	7	癸亥	수	8	甲午	금	8	甲子	월	10	乙未	수	10	乙丑
27	금	6	癸巳	월	8	甲子	목	9	乙未	토	9	乙丑	화	11	丙申	목	11	丙寅
28	토	7	甲午	화	9	乙丑	금	10	丙申	일	10	丙寅	수	12	丁酉	금	12	丁卯
29	일	8	乙未	수	10	丙寅	토	11	丁酉	월	11	丁卯	목	13	戊戌	토	13	戊辰
30	월	9	丙申	목	11	丁卯	일	12	戊戌	화	12	戊辰	금	14	己亥	일	14	己巳
31	화	10	丁酉	금	12	戊辰				수	13	己巳				월	15	庚午

서기 1991년 신미 辛未

월(양력)	1월			2월			3월			4월			5월			6월		
월간지	己丑			庚寅			辛卯			壬辰			癸巳			甲午		
절기시작	소한小寒 6일 05:28 대한大寒 20일 22:47			입춘立春 4일 17:08 우수雨水 19일 12:58			경칩驚蟄 6일 11:12 춘분春分 21일 12:02			청명淸明 5일 16:05 곡우穀雨 20일 23:08			입하立夏 6일 09:27 소만小滿 21일 22:20			망종亡種 6일 13:38 하지夏至 22일 06:19		
양력	요일	음력	일진	요일	음력	일진	요일	음력	일진	요일	음력	일진	요일	음력	일진	요일	음력	일진
1	화	16	辛未	금	17	壬寅	금	15	庚午	월	17	辛丑	수	17	辛未	토	19	壬寅
2	수	17	壬申	토	18	癸卯	토	16	辛未	화	18	壬寅	목	18	壬申	일	20	癸卯
3	목	18	癸酉	일	19	甲辰	일	17	壬申	수	19	癸卯	금	19	癸酉	월	21	甲辰
4	금	19	甲戌	월	20	乙巳	월	18	癸酉	목	20	甲辰	토	20	甲戌	화	22	乙巳
5	토	20	乙亥	화	21	丙午	화	19	甲戌	금	21	乙巳	일	21	乙亥	수	23	丙午
6	일	21	丙子	수	22	丁未	수	20	乙亥	토	22	丙午	월	22	丙子	목	24	丁未
7	월	22	丁丑	목	23	戊申	목	21	丙子	일	23	丁未	화	23	丁丑	금	25	戊申
8	화	23	戊寅	금	24	己酉	금	22	丁丑	월	24	戊申	수	24	戊寅	토	26	己酉
9	수	24	己卯	토	25	庚戌	토	23	戊寅	화	25	己酉	목	25	己卯	일	27	庚戌
10	목	25	庚辰	일	26	辛亥	일	24	己卯	수	26	庚戌	금	26	庚辰	월	28	辛亥
11	금	26	辛巳	월	27	壬子	월	25	庚辰	목	27	辛亥	토	27	辛巳	화	29	壬子
12	토	27	壬午	화	28	癸丑	화	26	辛巳	금	28	壬子	일	28	壬午	수	5월	癸丑
13	일	28	癸未	수	29	甲寅	수	27	壬午	토	29	癸丑	월	29	癸未	목	2	甲寅
14	월	29	甲申	목	30	乙卯	목	28	癸未	일	30	甲寅	화	4월	甲申	금	3	乙卯
15	화	30	乙酉	금	1월	丙辰	금	29	甲申	월	3월	乙卯	수	2	乙酉	토	4	丙辰
16	수	12월	丙戌	토	2	丁巳	토	2월	乙酉	화	2	丙辰	목	3	丙戌	일	5	丁巳
17	목	2	丁亥	일	3	戊午	일	2	丙戌	수	3	丁巳	금	4	丁亥	월	6	戊午
18	금	3	戊子	월	4	己未	월	3	丁亥	목	4	戊午	토	5	戊子	화	7	己未
19	토	4	己丑	화	5	庚申	화	4	戊子	금	5	己未	일	6	己丑	수	8	庚申
20	일	5	庚寅	수	6	辛酉	수	5	己丑	토	6	庚申	월	7	庚寅	목	9	辛酉
21	월	6	辛卯	목	7	壬戌	목	6	庚寅	일	7	辛酉	화	8	辛卯	금	10	壬戌
22	화	7	壬辰	금	8	癸亥	금	7	辛卯	월	8	壬戌	수	9	壬辰	토	11	癸亥
23	수	8	癸巳	토	9	甲子	토	8	壬辰	화	9	癸亥	목	10	癸巳	일	12	甲子
24	목	9	甲午	일	10	乙丑	일	9	癸巳	수	10	甲子	금	11	甲午	월	13	乙丑
25	금	10	乙未	월	11	丙寅	월	10	甲午	목	11	乙丑	토	12	乙未	화	14	丙寅
26	토	11	丙申	화	12	丁卯	화	11	乙未	금	12	丙寅	일	13	丙申	수	15	丁卯
27	일	12	丁酉	수	13	戊辰	수	12	丙申	토	13	丁卯	월	14	丁酉	목	16	戊辰
28	월	13	戊戌	목	14	己巳	목	13	丁酉	일	14	戊辰	화	15	戊戌	금	17	己巳
29	화	14	己亥				금	14	戊戌	월	15	己巳	수	16	己亥	토	18	庚午
30	수	15	庚子				토	15	己亥	화	16	庚午	목	17	庚子	일	19	辛未
31	목	16	辛丑				일	16	庚子				금	18	辛丑			

단기 4324년

월(양력)	7월			8월			9월			10월			11월			12월		
월간지	乙未			丙申			丁酉			戊戌			己亥			庚子		
절기시작	소서小暑 7일 23:53			입추立秋 8일 09:37			백로白露 8일 12:27			한로寒露 9일 04:01			입동立冬 8일 07:08			대설大雪 7일 23:56		
	대서大暑 23일 17:11			처서處暑 24일 00:13			추분秋分 23일 21:48			상강霜降 24일 07:05			소설小雪 23일 04:36			동지冬至 22일 17:54		
양력	요일	음력	일진	요일	음력	일진	요일	음력	일진	요일	음력	일진	요일	음력	일진	요일	음력	일진
1	월	20	壬申	목	21	癸卯	일	23	甲戌	화	24	甲辰	금	25	乙亥	일	26	乙巳
2	화	21	癸酉	금	22	甲辰	월	24	乙亥	수	25	乙巳	토	26	丙子	월	27	丙午
3	수	22	甲戌	토	23	乙巳	화	25	丙子	목	26	丙午	일	27	丁丑	화	28	丁未
4	목	23	乙亥	일	24	丙午	수	26	丁丑	금	27	丁未	월	28	戊寅	수	29	戊申
5	금	24	丙子	월	25	丁未	목	27	戊寅	토	28	戊申	화	29	己卯	목	30	己酉
6	토	25	丁丑	화	26	戊申	금	28	己卯	일	29	己酉	수	10월	庚辰	금	11월	庚戌
7	일	26	戊寅	수	27	己酉	토	29	庚辰	월	30	庚戌	목	2	辛巳	토	2	辛亥
8	월	27	己卯	목	28	庚戌	일	8월	辛巳	화	9월	辛亥	금	3	壬午	일	3	壬子
9	화	28	庚辰	금	29	辛亥	월	2	壬午	수	2	壬子	토	4	癸未	월	4	癸丑
10	수	29	辛巳	토	7월	壬子	화	3	癸未	목	3	癸丑	일	5	甲申	화	5	甲寅
11	목	30	壬午	일	2	癸丑	수	4	甲申	금	4	甲寅	월	6	乙酉	수	6	乙卯
12	금	6월	癸未	월	3	甲寅	목	5	乙酉	토	5	乙卯	화	7	丙戌	목	7	丙辰
13	토	2	甲申	화	4	乙卯	금	6	丙戌	일	6	丙辰	수	8	丁亥	금	8	丁巳
14	일	3	乙酉	수	5	丙辰	토	7	丁亥	월	7	丁巳	목	9	戊子	토	9	戊午
15	월	4	丙戌	목	6	丁巳	일	8	戊子	화	8	戊午	금	10	己丑	일	10	己未
16	화	5	丁亥	금	7	戊午	월	9	己丑	수	9	己未	토	11	庚寅	월	11	庚申
17	수	6	戊子	토	8	己未	화	10	庚寅	목	10	庚申	일	12	辛卯	화	12	辛酉
18	목	7	己丑	일	9	庚申	수	11	辛卯	금	11	辛酉	월	13	壬辰	수	13	壬戌
19	금	8	庚寅	월	10	辛酉	목	12	壬辰	토	12	壬戌	화	14	癸巳	목	14	癸亥
20	토	9	辛卯	화	11	壬戌	금	13	癸巳	일	13	癸亥	수	15	甲午	금	15	甲子
21	일	10	壬辰	수	12	癸亥	토	14	甲午	월	14	甲子	목	16	乙未	토	16	乙丑
22	월	11	癸巳	목	13	甲子	일	15	乙未	화	15	乙丑	금	17	丙申	일	17	丙寅
23	화	12	甲午	금	14	乙丑	월	16	丙申	수	16	丙寅	토	18	丁酉	월	18	丁卯
24	수	13	乙未	토	15	丙寅	화	17	丁酉	목	17	丁卯	일	19	戊戌	화	19	戊辰
25	목	14	丙申	일	16	丁卯	수	18	戊戌	금	18	戊辰	월	20	己亥	수	20	己巳
26	금	15	丁酉	월	17	戊辰	목	19	己亥	토	19	己巳	화	21	庚子	목	21	庚午
27	토	16	戊戌	화	18	己巳	금	20	庚子	일	20	庚午	수	22	辛丑	금	22	辛未
28	일	17	己亥	수	19	庚午	토	21	辛丑	월	21	辛未	목	23	壬寅	토	23	壬申
29	월	18	庚子	목	20	辛未	일	22	壬寅	화	22	壬申	금	24	癸卯	일	24	癸酉
30	화	19	辛丑	금	21	壬申	월	23	癸卯	수	23	癸酉	토	25	甲辰	월	25	甲戌
31	수	20	壬寅	토	22	癸酉				목	24	甲戌				화	26	乙亥

만세력

서기 1992년 임신 壬申

월(양력)	1월			2월			3월			4월			5월			6월		
월간지	辛丑			壬寅			癸卯			甲辰			乙巳			丙午		
절기시작	소한小寒 6일 11:09			입춘立春 4일 22:48			경칩驚蟄 5일 17:48			청명淸明 4일 21:45			입하立夏 5일 15:09			망종亡種 5일 19:22		
	대한大寒 21일 04:32			우수雨水 19일 18:44			춘분春分 20일 17:48			곡우穀雨 20일 04:57			소만小滿 21일 04:12			하지夏至 21일 12:14		
양력	요일	음력	일진	요일	음력	일진	요일	음력	일진	요일	음력	일진	요일	음력	일진	요일	음력	일진
1	수	27	丙子	토	28	丁未	일	27	丙子	수	29	丁未	금	29	丁丑	월	5월	戊申
2	목	28	丁丑	일	29	戊申	월	28	丁丑	목	30	戊申	토	30	戊寅	화	2	己酉
3	금	29	戊寅	월	30	己酉	화	29	戊寅	금	3월	己酉	일	4월	己卯	수	3	庚戌
4	토	30	己卯	화	1월	庚戌	수	2월	己卯	토	2	庚戌	월	2	庚辰	목	4	辛亥
5	일	12월	庚辰	수	2	辛亥	목	2	庚辰	일	3	辛亥	화	3	辛巳	금	5	壬子
6	월	2	辛巳	목	3	壬子	금	3	辛巳	월	4	壬子	수	4	壬午	토	6	癸丑
7	화	3	壬午	금	4	癸丑	토	4	壬午	화	5	癸丑	목	5	癸未	일	7	甲寅
8	수	4	癸未	토	5	甲寅	일	5	癸未	수	6	甲寅	금	6	甲申	월	8	乙卯
9	목	5	甲申	일	6	乙卯	월	6	甲申	목	7	乙卯	토	7	乙酉	화	9	丙辰
10	금	6	乙酉	월	7	丙辰	화	7	乙酉	금	8	丙辰	일	8	丙戌	수	10	丁巳
11	토	7	丙戌	화	8	丁巳	수	8	丙戌	토	9	丁巳	월	9	丁亥	목	11	戊午
12	일	8	丁亥	수	9	戊午	목	9	丁亥	일	10	戊午	화	10	戊子	금	12	己未
13	월	9	戊子	목	10	己未	금	10	戊子	월	11	己未	수	11	己丑	토	13	庚申
14	화	10	己丑	금	11	庚申	토	11	己丑	화	12	庚申	목	12	庚寅	일	14	辛酉
15	수	11	庚寅	토	12	辛酉	일	12	庚寅	수	13	辛酉	금	13	辛卯	월	15	壬戌
16	목	12	辛卯	일	13	壬戌	월	13	辛卯	목	14	壬戌	토	14	壬辰	화	16	癸亥
17	금	13	壬辰	월	14	癸亥	화	14	壬辰	금	15	癸亥	일	15	癸巳	수	17	甲子
18	토	14	癸巳	화	15	甲子	수	15	癸巳	토	16	甲子	월	16	甲午	목	18	乙丑
19	일	15	甲午	수	16	乙丑	목	16	甲午	일	17	乙丑	화	17	乙未	금	19	丙寅
20	월	16	乙未	목	17	丙寅	금	17	乙未	월	18	丙寅	수	18	丙申	토	20	丁卯
21	화	17	丙申	금	18	丁卯	토	18	丙申	화	19	丁卯	목	19	丁酉	일	21	戊辰
22	수	18	丁酉	토	19	戊辰	일	19	丁酉	수	20	戊辰	금	20	戊戌	월	22	己巳
23	목	19	戊戌	일	20	己巳	월	20	戊戌	목	21	己巳	토	21	己亥	화	23	庚午
24	금	20	己亥	월	21	庚午	화	21	己亥	금	22	庚午	일	22	更子	수	24	辛未
25	토	21	更子	화	22	辛未	수	22	更子	토	23	辛未	월	23	辛丑	목	25	壬申
26	일	22	辛丑	수	23	壬申	목	23	辛丑	일	24	壬申	화	24	壬寅	금	26	癸酉
27	월	23	壬寅	목	24	癸酉	금	24	壬寅	월	25	癸酉	수	25	癸卯	토	27	甲戌
28	화	24	癸卯	금	25	甲戌	토	25	癸卯	화	26	甲戌	목	26	甲辰	일	28	乙亥
29	수	25	甲辰	토	26	乙亥	일	26	甲辰	수	27	乙亥	금	27	乙巳	월	29	丙子
30	목	26	乙巳				월	27	乙巳	목	28	丙子	토	28	丙午	화	6월	丁丑
31	금	27	丙午				화	28	丙午				일	29	丁未			

단기 4325년

월(양력)	7월			8월			9월			10월			11월			12월		
월간지	丁未			戊申			己酉			庚戌			辛亥			壬子		
절기시작	소서小暑 7일 05:40			입추立秋 7일 15:27			백로白露 7일 18:18			한로寒露 8일 09:51			입동立冬 7일 12:57			대설大雪 7일 05:44		
	대서大暑 22일 23:09			처서處暑 23일 06:10			추분秋分 23일 03:43			상강霜降 23일 12:57			소설小雪 22일 10:26			동지冬至 21일 23:43		
양력	요일	음력	일진	요일	음력	일진	요일	음력	일진	요일	음력	일진	요일	음력	일진	요일	음력	일진
1	수	2	戊寅	토	3	己酉	화	5	庚辰	목	6	庚戌	일	7	辛巳	화	8	辛亥
2	목	3	己卯	일	4	庚戌	수	6	辛巳	금	7	辛亥	월	8	壬午	수	9	壬子
3	금	4	庚辰	월	5	辛亥	목	7	壬午	토	8	壬子	화	9	癸未	목	10	癸丑
4	토	5	辛巳	화	6	壬子	금	8	癸未	일	9	癸丑	수	10	甲申	금	11	甲寅
5	일	6	壬午	수	7	癸丑	토	9	甲申	월	10	甲寅	목	11	乙酉	토	12	乙卯
6	월	7	癸未	목	8	甲寅	일	10	乙酉	화	11	乙卯	금	12	丙戌	일	13	丙辰
7	화	8	甲申	금	9	乙卯	월	11	丙戌	수	12	丙辰	토	13	丁亥	월	14	丁巳
8	수	9	乙酉	토	10	丙辰	화	12	丁亥	목	13	丁巳	일	14	戊子	화	15	戊午
9	목	10	丙戌	일	11	丁巳	수	13	戊子	금	14	戊午	월	15	己丑	수	16	己未
10	금	11	丁亥	월	12	戊午	목	14	己丑	토	15	己未	화	16	庚寅	목	17	庚申
11	토	12	戊子	화	13	己未	금	15	庚寅	일	16	庚申	수	17	辛卯	금	18	辛酉
12	일	13	己丑	수	14	庚申	토	16	辛卯	월	17	辛酉	목	18	壬辰	토	19	壬戌
13	월	14	庚寅	목	15	辛酉	일	17	壬辰	화	18	壬戌	금	19	癸巳	일	20	癸亥
14	화	15	辛卯	금	16	壬戌	월	18	癸巳	수	19	癸亥	토	20	甲午	월	21	甲子
15	수	16	壬辰	토	17	癸亥	화	19	甲午	목	20	甲子	일	21	乙未	화	22	乙丑
16	목	17	癸巳	일	18	甲子	수	20	乙未	금	21	乙丑	월	22	丙申	수	23	丙寅
17	금	18	甲午	월	19	乙丑	목	21	丙申	토	22	丙寅	화	23	丁酉	목	24	丁卯
18	토	19	乙未	화	20	丙寅	금	22	丁酉	일	23	丁卯	수	24	戊戌	금	25	戊辰
19	일	20	丙申	수	21	丁卯	토	23	戊戌	월	24	戊辰	목	25	己亥	토	26	己巳
20	월	21	丁酉	목	22	戊辰	일	24	己亥	화	25	己巳	금	26	庚子	일	27	庚午
21	화	22	戊戌	금	23	己巳	월	25	庚子	수	26	庚午	토	27	辛丑	월	28	辛未
22	수	23	己亥	토	24	庚午	화	26	辛丑	목	27	辛未	일	28	壬寅	화	29	壬申
23	목	24	庚子	일	25	辛未	수	27	壬寅	금	28	壬申	월	29	癸卯	수	30	癸酉
24	금	25	辛丑	월	26	壬申	목	28	癸卯	토	29	癸酉	**11월**		甲辰	**12월**		甲戌
25	토	26	壬寅	화	27	癸酉	금	29	甲辰	일	30	甲戌	수	2	乙巳	금	2	乙亥
26	일	27	癸卯	수	28	甲戌	**9월**		乙巳	**10월**		乙亥	목	3	丙午	토	3	丙子
27	월	28	甲辰	목	29	乙亥	일	2	丙午	화	2	丙子	금	4	丁未	일	4	丁丑
28	화	29	乙巳	**8월**		丙子	월	3	丁未	수	3	丁丑	토	5	戊申	월	5	戊寅
29	수	30	丙午	토	2	丁丑	화	4	戊申	목	4	戊寅	일	6	己酉	화	6	己卯
30	**7월**		丁未	일	3	戊寅	수	5	己酉	금	5	己卯	월	7	庚戌	수	7	庚辰
31	금	2	戊申	월	4	己卯				토	6	庚辰				목	8	辛巳

서기 1993년 계유癸酉

월(양력)	1월			2월			3월			4월			5월			6월		
월간지	癸丑			甲寅			乙卯			丙辰			丁巳			戊午		
절기시작	소한小寒 5일 16:57 대한大寒 20일 10:23			입춘立春 4일 00:35 우수雨水 19일 00:35			경칩驚蟄 5일 22:43 춘분春分 20일 23:41			청명清明 5일 03:37 곡우穀雨 20일 10:49			입하立夏 5일 21:02 소만小滿 21일 10:02			망종亡種 6일 01:15 하지夏至 21일 18:00		
양력	요일	음력	일진	요일	음력	일진	요일	음력	일진	요일	음력	일진	요일	음력	일진	요일	음력	일진
1	금	9	壬午	월	10	癸丑	월	9	辛巳	목	10	壬子	토	10	壬午	화	12	癸丑
2	토	10	癸未	화	11	甲寅	화	10	壬午	금	11	癸丑	일	11	癸未	수	13	甲寅
3	일	11	甲申	수	12	乙卯	수	11	癸未	토	12	甲寅	월	12	甲申	목	14	乙卯
4	월	12	乙酉	목	13	丙辰	목	12	甲申	일	13	乙卯	화	13	乙酉	금	15	丙辰
5	화	13	丙戌	금	14	丁巳	금	13	乙酉	월	14	丙辰	수	14	丙戌	토	16	丁巳
6	수	14	丁亥	토	15	戊午	토	14	丙戌	화	15	丁巳	목	15	丁亥	일	17	戊午
7	목	15	戊子	일	16	己未	일	15	丁亥	수	16	戊午	금	16	戊子	월	18	己未
8	금	16	己丑	월	17	庚申	월	16	戊子	목	17	己未	토	17	己丑	화	19	庚申
9	토	17	庚寅	화	18	辛酉	화	17	己丑	금	18	庚申	일	18	庚寅	수	20	辛酉
10	일	18	辛卯	수	19	壬戌	수	18	庚寅	토	19	辛酉	월	19	辛卯	목	21	壬戌
11	월	19	壬辰	목	20	癸亥	목	19	辛卯	일	20	壬戌	화	20	壬辰	금	22	癸亥
12	화	20	癸巳	금	21	甲子	금	20	壬辰	월	21	癸亥	수	21	癸巳	토	23	甲子
13	수	21	甲午	토	22	乙丑	토	21	癸巳	화	22	甲子	목	22	甲午	일	24	乙丑
14	목	22	乙未	일	23	丙寅	일	22	甲午	수	23	乙丑	금	23	乙未	월	25	丙寅
15	금	23	丙申	월	24	丁卯	월	23	乙未	목	24	丙寅	토	24	丙申	화	26	丁卯
16	토	24	丁酉	화	25	戊辰	화	24	丙申	금	25	丁卯	일	25	丁酉	수	27	戊辰
17	일	25	戊戌	수	26	己巳	수	25	丁酉	토	26	戊辰	월	26	戊戌	목	28	己巳
18	월	26	己亥	목	27	庚午	목	26	戊戌	일	27	己巳	화	27	己亥	금	29	庚午
19	화	27	庚子	금	28	辛未	금	27	己亥	월	28	庚午	수	28	庚子	토	30	辛未
20	수	28	辛丑	토	29	壬申	토	28	庚子	화	29	辛未	목	29	辛丑	**5월**	1	壬申
21	목	29	壬寅	**2월**	1	癸酉	일	29	辛丑	수	30	壬申	**4월**	1	壬寅	월	2	癸酉
22	금	30	癸卯	월	2	甲戌	월	30	壬寅	**윤3월**	1	癸酉	토	2	癸卯	화	3	甲戌
23	**1월**	1	甲辰	화	3	乙亥	**3월**	1	癸卯	금	2	甲戌	일	3	甲辰	수	4	乙亥
24	일	2	乙巳	수	4	丙子	수	2	甲辰	토	3	乙亥	월	4	乙巳	목	5	丙子
25	월	3	丙午	목	5	丁丑	목	3	乙巳	일	4	丙子	화	5	丙午	금	6	丁丑
26	화	4	丁未	금	6	戊寅	금	4	丙午	월	5	丁丑	수	6	丁未	토	7	戊寅
27	수	5	戊申	토	7	己卯	토	5	丁未	화	6	戊寅	목	7	戊申	일	8	己卯
28	목	6	己酉	일	8	庚辰	일	6	戊申	수	7	己卯	금	8	己酉	월	9	庚辰
29	금	7	庚戌				월	7	己酉	목	8	庚辰	토	9	庚戌	화	10	辛巳
30	토	8	辛亥				화	8	庚戌	금	9	辛巳	일	10	辛亥	수	11	壬午
31	일	9	壬子				수	9	辛亥				월	11	壬子			

단기 4326년

월(양력)	7월	8월	9월	10월	11월	12월
월간지	己未	庚申	辛酉	壬戌	癸亥	甲子
절기시작	소서小暑 7일 11:32	입추立秋 7일 21:18	백로白露 8일 00:08	한로寒露 8일 15:40	입동立冬 7일 18:46	대설大雪 7일 11:34
	대서大暑 23일 04:51	처서處暑 23일 11:50	추분秋分 23일 09:22	상강霜降 23일 18:37	소설小雪 22일 16:07	동지冬至 22일 05:26

양력	요일	음력	일진	요일	음력	일진	요일	음력	일진	요일	음력	일진	요일	음력	일진	요일	음력	일진
1	목	12	癸未	일	14	甲寅	수	15	乙酉	금	16	乙卯	월	18	丙戌	수	18	丙辰
2	금	13	甲申	월	15	乙卯	목	16	丙戌	토	17	丙辰	화	19	丁亥	목	19	丁巳
3	토	14	乙酉	화	16	丙辰	금	17	丁亥	일	18	丁巳	수	20	戊子	금	20	戊午
4	일	15	丙戌	수	17	丁巳	토	18	戊子	월	19	戊午	목	21	己丑	토	21	己未
5	월	16	丁亥	목	18	戊午	일	19	己丑	화	20	己未	금	22	庚寅	일	22	庚申
6	화	17	戊子	금	19	己未	월	20	庚寅	수	21	庚申	토	23	辛卯	월	23	辛酉
7	수	18	己丑	토	20	庚申	화	21	辛卯	목	22	辛酉	일	24	壬辰	화	24	壬戌
8	목	19	庚寅	일	21	辛酉	수	22	壬辰	금	23	壬戌	월	25	癸巳	수	25	癸亥
9	금	20	辛卯	월	22	壬戌	목	23	癸巳	토	24	癸亥	화	26	甲午	목	26	甲子
10	토	21	壬辰	화	23	癸亥	금	24	甲午	일	25	甲子	수	27	乙未	금	27	乙丑
11	일	22	癸巳	수	24	甲子	토	25	乙未	월	26	乙丑	목	28	丙申	토	28	丙寅
12	월	23	甲午	목	25	乙丑	일	26	丙申	화	27	丙寅	금	29	丁酉	일	29	丁卯
13	화	24	乙未	금	26	丙寅	월	27	丁酉	수	28	丁卯	토	30	戊戌	11월		戊辰
14	수	25	丙申	토	27	丁卯	화	28	戊戌	목	29	戊辰	10월		己亥	화	2	己巳
15	목	26	丁酉	일	28	戊辰	수	29	己亥	9월		己巳	월	2	庚子	수	3	庚午
16	금	27	戊戌	월	29	己巳	8월		庚子	토	2	庚午	화	3	辛丑	목	4	辛未
17	토	28	己亥	화	30	庚午	금	2	辛丑	일	3	辛未	수	4	壬寅	금	5	壬申
18	일	29	庚子	7월		辛未	토	3	壬寅	월	4	壬申	목	5	癸卯	토	6	癸酉
19	6월		辛丑	목	2	壬申	일	4	癸卯	화	5	癸酉	금	6	甲辰	일	7	甲戌
20	화	2	壬寅	금	3	癸酉	월	5	甲辰	수	6	甲戌	토	7	乙巳	월	8	乙亥
21	수	3	癸卯	토	4	甲戌	화	6	乙巳	목	7	乙亥	일	8	丙午	화	9	丙子
22	목	4	甲辰	일	5	乙亥	수	7	丙午	금	8	丙子	월	9	丁未	수	10	丁丑
23	금	5	乙巳	월	6	丙子	목	8	丁未	토	9	丁丑	화	10	戊申	목	11	戊寅
24	토	6	丙午	화	7	丁丑	금	9	戊申	일	10	戊寅	수	11	己酉	금	12	己卯
25	일	7	丁未	수	8	戊寅	토	10	己酉	월	11	己卯	목	12	庚戌	토	13	庚辰
26	월	8	戊申	목	9	己卯	일	11	庚戌	화	12	庚辰	금	13	辛亥	일	14	辛巳
27	화	9	己酉	금	10	庚辰	월	12	辛亥	수	13	辛巳	토	14	壬子	월	15	壬午
28	수	10	庚戌	토	11	辛巳	화	13	壬子	목	14	壬午	일	15	癸丑	화	16	癸未
29	목	11	辛亥	일	12	壬午	수	14	癸丑	금	15	癸未	월	16	甲寅	수	17	甲申
30	금	12	壬子	월	13	癸未	목	15	甲寅	토	16	甲申	화	17	乙卯	목	18	乙酉
31	토	13	癸丑	화	14	甲申				일	17	乙酉				금	19	丙戌

서기 1994년 **갑술甲戌**

월(양력)	1월			2월			3월			4월			5월			6월		
월간지	乙丑			丙寅			丁卯			戊辰			己巳			庚午		
절기시작	소한小寒			입춘立春			경칩驚蟄			청명淸明			입하立夏			망종亡種		
	5일 22:48			4일 10:31			6일 04:38			5일 09:32			6일 02:54			6일 07:05		
	대한大寒			우수雨水			춘분春分			곡우穀雨			소만小滿			하지夏至		
	20일 16:07			19일 06:22			21일 05:28			20일 16:36			21일 15:48			21일 23:48		
양력	요일	음력	일진	요일	음력	일진	요일	음력	일진	요일	음력	일진	요일	음력	일진	요일	음력	일진
1	토	20	丁亥	화	21	戊午	화	20	丙戌	금	21	丁巳	일	21	丁亥	수	22	戊午
2	일	21	戊子	수	22	己未	수	21	丁亥	토	22	戊午	월	22	戊子	목	23	己未
3	월	22	己丑	목	23	庚申	목	22	戊子	일	23	己未	화	23	己丑	금	24	庚申
4	화	23	庚寅	금	24	辛酉	금	23	己丑	월	24	庚申	수	24	庚寅	토	25	辛酉
5	수	24	辛卯	토	25	壬戌	토	24	庚寅	화	25	辛酉	목	25	辛卯	일	26	壬戌
6	목	25	壬辰	일	26	癸亥	일	25	辛卯	수	26	壬戌	금	26	壬辰	월	27	癸亥
7	금	26	癸巳	월	27	甲子	월	26	壬辰	목	27	癸亥	토	27	癸巳	화	28	甲子
8	토	27	甲午	화	28	乙丑	화	27	癸巳	금	28	甲子	일	28	甲午	수	29	乙丑
9	일	28	乙未	수	29	丙寅	수	28	甲午	토	29	乙丑	월	29	乙未	목	5월	丙寅
10	월	29	丙申	목	1월	丁卯	목	29	乙未	일	30	丙寅	화	30	丙申	금	2	丁卯
11	화	30	丁酉	금	2	戊辰	금	30	丙申	월	3월	丁卯	수	4월	丁酉	토	3	戊辰
12	수	12월	戊戌	토	3	己巳	토	2월	丁酉	화	2	戊辰	목	2	戊戌	일	4	己巳
13	목	2	己亥	일	4	庚午	일	2	戊戌	수	3	己巳	금	3	己亥	월	5	庚午
14	금	3	庚子	월	5	辛未	월	3	己亥	목	4	庚午	토	4	庚子	화	6	辛未
15	토	4	辛丑	화	6	壬申	화	4	庚子	금	5	辛未	일	5	辛丑	수	7	壬申
16	일	5	壬寅	수	7	癸酉	수	5	辛丑	토	6	壬申	월	6	壬寅	목	8	癸酉
17	월	6	癸卯	목	8	甲戌	목	6	壬寅	일	7	癸酉	화	7	癸卯	금	9	甲戌
18	화	7	甲辰	금	9	乙亥	금	7	癸卯	월	8	甲戌	수	8	甲辰	토	10	乙亥
19	수	8	乙巳	토	10	丙子	토	8	甲辰	화	9	乙亥	목	9	乙巳	일	11	丙子
20	목	9	丙午	일	11	丁丑	일	9	乙巳	수	10	丙子	금	10	丙午	월	12	丁丑
21	금	10	丁未	월	12	戊寅	월	10	丙午	목	11	丁丑	토	11	丁未	화	13	戊寅
22	토	11	戊申	화	13	己卯	화	11	丁未	금	12	戊寅	일	12	戊申	수	14	己卯
23	일	12	己酉	수	14	庚辰	수	12	戊申	토	13	己卯	월	13	己酉	목	15	庚辰
24	월	13	庚戌	목	15	辛巳	목	13	己酉	일	14	庚辰	화	14	庚戌	금	16	辛巳
25	화	14	辛亥	금	16	壬午	금	14	庚戌	월	15	辛巳	수	15	辛亥	토	17	壬午
26	수	15	壬子	토	17	癸未	토	15	辛亥	화	16	壬午	목	16	壬子	일	18	癸未
27	목	16	癸丑	일	18	甲申	일	16	壬子	수	17	癸未	금	17	癸丑	월	19	甲申
28	금	17	甲寅	월	19	乙酉	월	17	癸丑	목	18	甲申	토	18	甲寅	화	20	乙酉
29	토	18	乙卯				화	18	甲寅	금	19	乙酉	일	19	乙卯	수	21	丙戌
30	일	19	丙辰				수	19	乙卯	토	20	丙戌	월	20	丙辰	목	22	丁亥
31	월	20	丁巳				목	20	丙辰				화	21	丁巳			

단기 4327년

월 (양력)	7월			8월			9월			10월			11월			12월		
월간지	辛未			壬申			癸酉			甲戌			乙亥			丙子		
절기시작	소서小暑 7일 17:19			입추立秋 8일 03:04			백로白露 8일 05:55			한로寒露 8일 21:29			입동立冬 8일 00:36			대설大雪 7일 17:23		
	대서大暑 23일 10:41			처서處暑 23일 17:44			추분秋分 23일 15:19			상강霜降 24일 00:36			소설小雪 22일 22:06			동지冬至 22일 11:23		
양력	요일	음력	일진	요일	음력	일진	요일	음력	일진	요일	음력	일진	요일	음력	일진	요일	음력	일진
1	금	23	戊子	월	24	己未	목	26	庚寅	토	26	庚申	화	28	辛卯	목	29	辛酉
2	토	24	己丑	화	25	庚申	금	27	辛卯	일	27	辛酉	수	29	壬辰	금	30	壬戌
3	일	25	庚寅	수	26	辛酉	토	28	壬辰	월	28	壬戌	10월		癸巳	11월		癸亥
4	월	26	辛卯	목	27	壬戌	일	29	癸巳	화	29	癸亥	금	2	甲午	일	2	甲子
5	화	27	壬辰	금	28	癸亥	월	30	甲午	9월		甲子	토	3	乙未	월	3	乙丑
6	수	28	癸巳	토	29	甲子	8월		乙未	목	2	乙丑	일	4	丙申	화	4	丙寅
7	목	29	甲午	7월		乙丑	수	2	丙申	금	3	丙寅	월	5	丁酉	수	5	丁卯
8	금	30	乙未	월	2	丙寅	목	3	丁酉	토	4	丁卯	화	6	戊戌	목	6	戊辰
9	6월		丙申	화	3	丁卯	금	4	戊戌	일	5	戊辰	수	7	己亥	금	7	己巳
10	일	2	丁酉	수	4	戊辰	토	5	己亥	월	6	己巳	목	8	庚子	토	8	庚午
11	월	3	戊戌	목	5	己巳	일	6	庚子	화	7	庚午	금	9	辛丑	일	9	辛未
12	화	4	己亥	금	6	庚午	월	7	辛丑	수	8	辛未	토	10	壬寅	월	10	壬申
13	수	5	庚子	토	7	辛未	화	8	壬寅	목	9	壬申	일	11	癸卯	화	11	癸酉
14	목	6	辛丑	일	8	壬申	수	9	癸卯	금	10	癸酉	월	12	甲辰	수	12	甲戌
15	금	7	壬寅	월	9	癸酉	목	10	甲辰	토	11	甲戌	화	13	乙巳	목	13	乙亥
16	토	8	癸卯	화	10	甲戌	금	11	乙巳	일	12	乙亥	수	14	丙午	금	14	丙子
17	일	9	甲辰	수	11	乙亥	토	12	丙午	월	13	丙子	목	15	丁未	토	15	丁丑
18	월	10	乙巳	목	12	丙子	일	13	丁未	화	14	丁丑	금	16	戊申	일	16	戊寅
19	화	11	丙午	금	13	丁丑	월	14	戊申	수	15	戊寅	토	17	己酉	월	17	己卯
20	수	12	丁未	토	14	戊寅	화	15	己酉	목	16	己卯	일	18	庚戌	화	18	庚辰
21	목	13	戊申	일	15	己卯	수	16	庚戌	금	17	庚辰	월	19	辛亥	수	19	辛巳
22	금	14	己酉	월	16	庚辰	목	17	辛亥	토	18	辛巳	화	20	壬子	목	20	壬午
23	토	15	庚戌	화	17	辛巳	금	18	壬子	일	19	壬午	수	21	癸丑	금	21	癸未
24	일	16	辛亥	수	18	壬午	토	19	癸丑	월	20	癸未	목	22	甲寅	토	22	甲申
25	월	17	壬子	목	19	癸未	일	20	甲寅	화	21	甲申	금	23	乙卯	일	23	乙酉
26	화	18	癸丑	금	20	甲申	월	21	乙卯	수	22	乙酉	토	24	丙辰	월	24	丙戌
27	수	19	甲寅	토	21	乙酉	화	22	丙辰	목	23	丙戌	일	25	丁巳	화	25	丁亥
28	목	20	乙卯	일	22	丙戌	수	23	丁巳	금	24	丁亥	월	26	戊午	수	26	戊子
29	금	21	丙辰	월	23	丁亥	목	24	戊午	토	25	戊子	화	27	己未	목	27	己丑
30	토	22	丁巳	화	24	戊子	금	25	己未	일	26	己丑	수	28	庚申	금	28	庚寅
31	일	23	戊午	수	25	己丑				월	27	庚寅				토	29	辛卯

서기 1995년 을해 乙亥

월(양력)	1월	2월	3월	4월	5월	6월
월간지	丁丑	戊寅	己卯	庚辰	辛巳	壬午
절기시작	소한小寒 6일 04:34 / 대한大寒 20일 22:00	입춘立春 4일 12:11 / 우수雨水 19일 12:11	경칩驚蟄 6일 10:16 / 춘분春分 21일 11:14	청명清明 5일 15:08 / 곡우穀雨 20일 22:21	입하立夏 6일 08:30 / 소만小滿 21일 21:34	망종亡種 6일 12:43 / 하지夏至 22일 05:34

양력	요일	음력	일진	요일	음력	일진	요일	음력	일진	요일	음력	일진	요일	음력	일진	요일	음력	일진
1		12월	壬辰	수	2	癸亥		2월	辛卯	토	2	辛酉	월	2	壬辰	목	4	癸亥
2	월	2	癸巳	목	3	甲子	목	2	壬辰	일	3	壬戌	화	3	癸巳	금	5	甲子
3	화	3	甲午	금	4	乙丑	금	3	癸巳	월	4	甲子	수	4	甲午	토	6	乙丑
4	수	4	乙未	토	5	丙寅	토	4	甲午	화	5	乙丑	목	5	乙未	일	7	丙寅
5	목	5	丙申	일	6	丁卯	일	5	乙未	수	6	丙寅	금	6	丙申	월	8	丁卯
6	금	6	丁酉	월	7	戊辰	월	6	丙申	목	7	丁卯	토	7	丁酉	화	9	戊辰
7	토	7	戊戌	화	8	己巳	화	7	丁酉	금	8	戊辰	일	8	戊戌	수	10	己巳
8	일	8	己亥	수	9	庚午	수	8	戊戌	토	9	己巳	월	9	己亥	목	11	庚午
9	월	9	庚子	목	10	辛未	목	9	己亥	일	10	庚午	화	10	庚子	금	12	辛未
10	화	10	辛丑	금	11	壬申	금	10	庚子	월	11	辛未	수	11	辛丑	토	13	壬申
11	수	11	壬寅	토	12	癸酉	토	11	辛丑	화	12	壬申	목	12	壬寅	일	14	癸酉
12	목	12	癸卯	일	13	甲戌	일	12	壬寅	수	13	癸酉	금	13	癸卯	월	15	甲戌
13	금	13	甲辰	월	14	乙亥	월	13	癸卯	목	14	甲戌	토	14	甲辰	화	16	乙亥
14	토	14	乙巳	화	15	丙子	화	14	甲辰	금	15	乙亥	일	15	乙巳	수	17	丙子
15	일	15	丙午	수	16	丁丑	수	15	乙巳	토	16	丙子	월	16	丙午	목	18	丁丑
16	월	16	丁未	목	17	戊寅	목	16	丙午	일	17	丁丑	화	17	丁未	금	19	戊寅
17	화	17	戊申	금	18	己卯	금	17	丁未	월	18	戊寅	수	18	戊申	토	20	己卯
18	수	18	己酉	토	19	庚辰	토	18	戊申	화	19	己卯	목	19	己酉	일	21	庚辰
19	목	19	庚戌	일	20	辛巳	일	19	己酉	수	20	庚辰	금	20	庚戌	월	22	辛巳
20	금	20	辛亥	월	21	壬午	월	20	庚戌	목	21	辛巳	토	21	辛亥	화	23	壬午
21	토	21	壬子	화	22	癸未	화	21	辛亥	금	22	壬午	일	22	壬子	수	24	癸未
22	일	22	癸丑	수	23	甲申	수	22	壬子	토	23	癸未	월	23	癸丑	목	25	甲申
23	월	23	甲寅	목	24	乙酉	목	23	癸丑	일	24	甲申	화	24	甲寅	금	26	乙酉
24	화	24	乙卯	금	25	丙戌	금	24	甲寅	월	25	乙酉	수	25	乙卯	토	27	丙戌
25	수	25	丙辰	토	26	丁亥	토	25	乙卯	화	26	丙戌	목	26	丙辰	일	28	丁亥
26	목	26	丁巳	일	27	戊子	일	26	丙辰	수	27	丁亥	금	27	丁巳	월	29	戊子
27	금	27	戊午	월	28	己丑	월	27	丁巳	목	28	戊子	토	28	戊午	화	30	己丑
28	토	28	己未	화	29	庚寅	화	28	戊午	금	29	己丑	일	29	己未	수	6월	庚寅
29	일	29	庚申				수	29	己未	토	30	庚寅	월	5월	庚申	목	2	辛卯
30	월	30	辛酉				목	30	庚寅	일	4월	辛卯	화	2	辛酉	금	3	壬辰
31	화	1월	壬戌				금	3월	辛卯				수	3	壬戌			

단기 4328년

월(양력)	7월			8월			9월			10월			11월			12월		
월간지	癸未			甲申			乙酉			丙戌			丁亥			戊子		
절기시작	소서小暑 8일 23:01			입추立秋 8일 08:52			백로白露 8일 11:49			한로寒露 9일 03:27			입동立冬 8일 06:36			대설大雪 7일 23:22		
	대서大暑 23일 16:30			처서處暑 23일 23:35			추분秋分 23일 21:13			상강霜降 24일 06:32			소설小雪 23일 04:01			동지冬至 22일 17:17		
양력	요일	음력	일진	요일	음력	일진	요일	음력	일진	요일	음력	일진	요일	음력	일진	요일	음력	일진
1	토	4	癸巳	화	5	甲子	금	7	乙未	일	7	乙丑	수	9	丙申	금	9	丙寅
2	일	5	甲午	수	6	乙丑	토	8	丙申	월	8	丙寅	목	10	丁酉	토	10	丁卯
3	월	6	乙未	목	7	丙寅	일	9	丁酉	화	9	丁卯	금	11	戊戌	일	11	戊辰
4	화	7	丙申	금	8	丁卯	월	10	戊戌	수	10	戊辰	토	12	己亥	월	12	己巳
5	수	8	丁酉	토	9	戊辰	화	11	己亥	목	11	己巳	일	13	庚子	화	13	庚午
6	목	9	戊戌	일	10	己巳	수	12	庚子	금	12	庚午	월	14	辛丑	수	14	辛未
7	금	10	己亥	월	11	庚午	목	13	辛丑	토	13	辛未	화	15	壬寅	목	15	壬申
8	토	11	庚子	화	12	辛未	금	14	壬寅	일	14	壬申	수	16	癸卯	금	16	癸酉
9	일	12	辛丑	수	13	壬申	토	15	癸卯	월	15	癸酉	목	17	甲辰	토	17	甲戌
10	월	13	壬寅	목	14	癸酉	일	16	甲辰	화	16	甲戌	금	18	乙巳	일	18	乙亥
11	화	14	癸卯	금	15	甲戌	월	17	乙巳	수	17	乙亥	토	19	丙午	월	19	丙子
12	수	15	甲辰	토	16	乙亥	화	18	丙午	목	18	丙子	일	20	丁未	화	20	丁丑
13	목	16	乙巳	일	17	丙子	수	19	丁未	금	19	丁丑	월	21	戊申	수	21	戊寅
14	금	17	丙午	월	18	丁丑	목	20	戊申	토	20	戊寅	화	22	己酉	목	22	己卯
15	토	18	丁未	화	19	戊寅	금	21	己酉	일	21	己卯	수	23	庚戌	금	23	庚辰
16	일	19	戊申	수	20	己卯	토	22	庚戌	월	22	庚辰	목	24	辛亥	토	24	辛巳
17	월	20	己酉	목	21	庚辰	일	23	辛亥	화	23	辛巳	금	25	壬子	일	25	壬午
18	화	21	庚戌	금	22	辛巳	월	24	壬子	수	24	壬午	토	26	癸丑	월	26	癸未
19	수	22	辛亥	토	23	壬午	화	25	癸丑	목	25	癸未	일	27	甲寅	화	27	甲申
20	목	23	壬子	일	24	癸未	수	26	甲寅	금	26	甲申	월	28	乙卯	수	28	乙酉
21	금	24	癸丑	월	25	甲申	목	27	乙卯	토	27	乙酉	화	29	丙辰	목	29	丙戌
22	토	25	甲寅	화	26	乙酉	금	28	丙辰	일	28	丙戌	수	30	丁巳	금	11월	丁亥
23	일	26	乙卯	수	27	丙戌	토	29	丁巳	월	29	丁亥	목	10월	戊午	토	2	戊子
24	월	27	丙辰	목	28	丁亥	일	30	戊午	화	9월	戊子	금	2	己未	일	3	己丑
25	화	28	丁巳	금	29	戊子	월	윤8월	己未	수	2	己丑	토	3	庚申	월	4	庚寅
26	수	29	戊午	토	8월	己丑	화	2	庚申	목	3	庚寅	일	4	辛酉	화	5	辛卯
27	목	30	己未	일	2	庚寅	수	3	辛酉	금	4	辛卯	월	5	壬戌	수	6	壬辰
28	금	7월	庚申	월	3	辛卯	목	4	壬戌	토	5	壬辰	화	6	癸亥	목	7	癸巳
29	토	2	辛酉	화	4	壬辰	금	5	癸亥	일	6	癸巳	수	7	甲子	금	8	甲午
30	일	3	壬戌	수	5	癸巳	토	6	甲子	월	7	甲午	목	8	乙丑	토	9	乙未
31	월	4	癸亥	목	6	甲午				화	8	乙未				일	10	丙申

서기 1996년 병자 丙子

월(양력)	1월			2월			3월			4월			5월			6월		
월간지	己丑			庚寅			辛卯			壬辰			癸巳			甲午		
절기시작	소한小寒 6일 10:31			입춘立春 4일 22:08			경칩驚蟄 5일 16:10			청명淸明 4일 21:02			입하立夏 5일 14:26			망종亡種 5일 18:41		
	대한大寒 21일 03:53			우수雨水 19일 18:01			춘분春分 20일 17:03			곡우穀雨 20일 04:10			소만小滿 21일 03:23			하지夏至 21일 11:24		
양력	요일	음력	일진	요일	음력	일진	요일	음력	일진	요일	음력	일진	요일	음력	일진	요일	음력	일진
1	월	11	丁酉	목	13	戊辰	금	12	丁酉	월	14	戊辰	수	14	戊戌	토	16	己巳
2	화	12	戊戌	금	14	己巳	토	13	戊戌	화	15	己巳	목	15	己亥	일	17	庚午
3	수	13	己亥	토	15	庚午	일	14	己亥	수	16	庚午	금	16	庚子	월	18	辛未
4	목	14	庚子	일	16	辛未	월	15	庚子	목	17	辛未	토	17	辛丑	화	19	壬申
5	금	15	辛丑	월	17	壬申	화	16	辛丑	금	18	壬申	일	18	壬寅	수	20	癸酉
6	토	16	壬寅	화	18	癸酉	수	17	壬寅	토	19	癸酉	월	19	癸卯	목	21	甲戌
7	일	17	癸卯	수	19	甲戌	목	18	癸卯	일	20	甲戌	화	20	甲辰	금	22	乙亥
8	월	18	甲辰	목	20	乙亥	금	19	甲辰	월	21	乙亥	수	21	乙巳	토	23	丙子
9	화	19	乙巳	금	21	丙子	토	20	乙巳	화	22	丙子	목	22	丙午	일	24	丁丑
10	수	20	丙午	토	22	丁丑	일	21	丙午	수	23	丁丑	금	23	丁未	월	25	戊寅
11	목	21	丁未	일	23	戊寅	월	22	丁未	목	24	戊寅	토	24	戊申	화	26	己卯
12	금	22	戊申	월	24	己卯	화	23	戊申	금	25	己卯	일	25	己酉	수	27	庚辰
13	토	23	己酉	화	25	庚辰	수	24	己酉	토	26	庚辰	월	26	庚戌	목	28	辛巳
14	일	24	庚戌	수	26	辛巳	목	25	庚戌	일	27	辛巳	화	27	辛亥	금	29	壬午
15	월	25	辛亥	목	27	壬午	금	26	辛亥	월	28	壬午	수	28	壬子	토	30	癸未
16	화	26	壬子	금	28	癸未	토	27	壬子	화	29	癸未	목	29	癸丑	5월		甲申
17	수	27	癸丑	토	29	甲申	일	28	癸丑	수	30	甲申	4월		甲寅	월	2	乙酉
18	목	28	甲寅	일	30	乙酉	월	29	甲寅	3월		乙酉	토	2	乙卯	화	3	丙戌
19	금	29	乙卯	1월		丙戌	2월		乙卯	금	2	丙戌	일	3	丙辰	수	4	丁亥
20	12월		丙辰	화	2	丁亥	수		丙辰	토	3	丁亥	월	4	丁巳	목	5	戊子
21	일	2	丁巳	수	3	戊子	목	3	丁巳	일	4	戊子	화	5	戊午	금	6	己丑
22	월	3	戊午	목	4	己丑	금	4	戊午	월	5	己丑	수	6	己未	토	7	庚寅
23	화	4	己未	금	5	庚寅	토	5	己未	화	6	庚寅	목	7	庚申	일	8	辛卯
24	수	5	庚申	토	6	辛卯	일	6	庚申	수	7	辛卯	금	8	辛酉	월	9	壬辰
25	목	6	辛酉	일	7	壬辰	월	7	辛酉	목	8	壬辰	토	9	壬戌	화	10	癸巳
26	금	7	壬戌	월	8	癸巳	화	8	壬戌	금	9	癸巳	일	10	癸亥	수	11	甲午
27	토	8	癸亥	화	9	甲午	수	9	癸亥	토	10	甲午	월	11	甲子	목	12	乙未
28	일	9	甲子	수	10	乙未	목	10	甲子	일	11	乙未	화	12	乙丑	금	13	丙申
29	월	10	乙丑	목	11	丙申	금	11	乙丑	월	12	丙申	수	13	丙寅	토	14	丁酉
30	화	11	丙寅				토	12	丙寅	화	13	丁酉	목	14	丁卯	일	15	戊戌
31	수	12	丁卯				일	13	丁卯				금	15	戊辰			

단기 4329년

월(양력)	7월			8월			9월			10월			11월			12월		
월간지	乙未			丙申			丁酉			戊戌			己亥			庚子		
절기시작	소서小暑 7일 05:00			입추立秋 7일 14:49			백로白露 7일 17:42			한로寒露 8일 09:19			입동立冬 7일 12:27			대설大雪 7일 05:14		
	대서大暑 22일 22:19			처서處暑 23일 05:23			추분秋分 23일 03:00			상강霜降 23일 12:19			소설小雪 22일 09:49			동지冬至 21일 23:06		
양력	요일	음력	일진	요일	음력	일진	요일	음력	일진	요일	음력	일진	요일	음력	일진	요일	음력	일진
1	월	16	己亥	목	17	庚午	일	19	辛丑	화	19	辛未	금	21	壬寅	일	21	壬申
2	화	17	更子	금	18	辛未	월	20	壬寅	수	20	壬申	토	22	癸卯	월	22	癸酉
3	수	18	辛丑	토	19	壬申	화	21	癸卯	목	21	癸酉	일	23	甲辰	화	23	甲戌
4	목	19	壬寅	일	20	癸酉	수	22	甲辰	금	22	甲戌	월	24	乙巳	수	24	乙亥
5	금	20	癸卯	월	21	甲戌	목	23	乙巳	토	23	乙亥	화	25	丙午	목	25	丙子
6	토	21	甲辰	화	22	乙亥	금	24	丙午	일	24	丙子	수	26	丁未	금	26	丁丑
7	일	22	乙巳	수	23	丙子	토	25	丁未	월	25	丁丑	목	27	戊申	토	27	戊寅
8	월	23	丙午	목	24	丁丑	일	26	戊申	화	26	戊寅	금	28	己酉	일	28	己卯
9	화	24	丁未	금	25	戊寅	월	27	己酉	수	27	己卯	토	29	庚戌	월	29	庚辰
10	수	25	戊申	토	26	己卯	화	28	庚戌	목	28	庚辰	일	30	辛亥	화	30	辛巳
11	목	26	己酉	일	27	庚辰	수	29	辛亥	금	29	辛巳	10월		壬子	11월		壬午
12	금	27	庚戌	월	28	辛巳	목	30	壬子	9월		壬午	화	2	癸丑	목	2	癸未
13	토	28	辛亥	화	29	壬午	8월		癸丑	일	2	癸未	수	3	甲寅	금	3	甲申
14	일	29	壬子	7월		癸未	토	2	甲寅	월	3	甲申	목	4	乙卯	토	4	乙酉
15	월	30	癸丑	목	2	甲申	일	3	乙卯	화	4	乙酉	금	5	丙辰	일	5	丙戌
16	6월		甲寅	금	3	乙酉	월	4	丙辰	수	5	丙戌	토	6	丁巳	월	6	丁亥
17	수	2	乙卯	토	4	丙戌	화	5	丁巳	목	6	丁亥	일	7	戊午	화	7	戊子
18	목	3	丙辰	일	5	丁亥	수	6	戊午	금	7	戊子	월	8	己未	수	8	己丑
19	금	4	丁巳	월	6	戊子	목	7	己未	토	8	己丑	화	9	庚申	목	9	庚寅
20	토	5	戊午	화	7	己丑	금	8	庚申	일	9	庚寅	수	10	辛酉	금	10	辛卯
21	일	6	己未	수	8	庚寅	토	9	辛酉	월	10	辛卯	목	11	壬戌	토	11	壬辰
22	월	7	庚申	목	9	辛卯	일	10	壬戌	화	11	壬辰	금	12	癸亥	일	12	癸巳
23	화	8	辛酉	금	10	壬辰	월	11	癸亥	수	12	癸巳	토	13	甲子	월	13	甲午
24	수	9	壬戌	토	11	癸巳	화	12	甲子	목	13	甲午	일	14	乙丑	화	14	乙未
25	목	10	癸亥	일	12	甲午	수	13	乙丑	금	14	乙未	월	15	丙寅	수	15	丙申
26	금	11	甲子	월	13	乙未	목	14	丙寅	토	15	丙申	화	16	丁卯	목	16	丁酉
27	토	12	乙丑	화	14	丙申	금	15	丁卯	일	16	丁酉	수	17	戊辰	금	17	戊戌
28	일	13	丙寅	수	15	丁酉	토	16	戊辰	월	17	戊戌	목	18	己巳	토	18	己亥
29	월	14	丁卯	목	16	戊戌	일	17	己巳	화	18	己亥	금	19	庚午	일	19	更子
30	화	15	戊辰	금	17	己亥	월	18	庚午	수	19	更子	토	20	辛未	월	20	辛丑
31	수	16	己巳	토	18	更子				목	20	辛丑				화	21	壬寅

만세력 269

서기 1997년 정축丁丑

월(양력)	1월			2월			3월			4월			5월			6월		
월간지	辛丑			壬寅			癸卯			甲辰			乙巳			丙午		
절기시작	소한小寒 5일 16:24			입춘立春 4일 04:02			경칩驚蟄 5일 22:04			청명淸明 5일 02:56			입하立夏 5일 20:19			망종亡種 6일 00:33		
	대한大寒 20일 09:43			우수雨水 18일 23:51			춘분春分 20일 22:55			곡우穀雨 20일 10:03			소만小滿 21일 09:18			하지夏至 21일 17:20		
양력	요일	음력	일진	요일	음력	일진	요일	음력	일진	요일	음력	일진	요일	음력	일진	요일	음력	일진
1	수	22	癸卯	토	24	甲戌	토	22	壬寅	화	24	癸酉	목	25	癸卯	일	26	甲戌
2	목	23	甲辰	일	25	乙亥	일	23	癸卯	수	25	甲戌	금	26	甲辰	월	27	乙亥
3	금	24	乙巳	월	26	丙子	월	24	甲辰	목	26	乙亥	토	27	乙巳	화	28	丙子
4	토	25	丙午	화	27	丁丑	화	25	乙巳	금	27	丙子	일	28	丙午	수	29	丁丑
5	일	26	丁未	수	28	戊寅	수	26	丙午	토	28	丁丑	월	29	丁未	5월		戊寅
6	월	27	戊申	목	29	己卯	목	27	丁未	일	29	戊寅	화	30	戊申	금	2	己卯
7	화	28	己酉	금	30	庚辰	금	28	戊申	3월		己卯	4월		己酉	토	3	庚辰
8	수	29	庚戌	1월		辛巳	토	29	己酉	화	2	庚辰	목	2	庚戌	일	4	辛巳
9	12월		辛亥	일	2	壬午	2월		庚戌	수	3	辛巳	금	3	辛亥	월	5	壬午
10	금	2	壬子	월	3	癸未	월	2	辛亥	목	4	壬午	토	4	壬子	화	6	癸未
11	토	3	癸丑	화	4	甲申	화	3	壬子	금	5	癸未	일	5	癸丑	수	7	甲申
12	일	4	甲寅	수	5	乙酉	수	4	癸丑	토	6	甲申	월	6	甲寅	목	8	乙酉
13	월	5	乙卯	목	6	丙戌	목	5	甲寅	일	7	乙酉	화	7	乙卯	금	9	丙戌
14	화	6	丙辰	금	7	丁亥	금	6	乙卯	월	8	丙戌	수	8	丙辰	토	10	丁亥
15	수	7	丁巳	토	8	戊子	토	7	丙辰	화	9	丁亥	목	9	丁巳	일	11	戊子
16	목	8	戊午	일	9	己丑	일	8	丁巳	수	10	戊子	금	10	戊午	월	12	己丑
17	금	9	己未	월	10	庚寅	월	9	戊午	목	11	己丑	토	11	己未	화	13	庚寅
18	토	10	庚申	화	11	辛卯	화	10	己未	금	12	庚寅	일	12	庚申	수	14	辛卯
19	일	11	辛酉	수	12	壬辰	수	11	庚申	토	13	辛卯	월	13	辛酉	목	15	壬辰
20	월	12	壬戌	목	13	癸巳	목	12	辛酉	일	14	壬辰	화	14	壬戌	금	16	癸巳
21	화	13	癸亥	금	14	甲午	금	13	壬戌	월	15	癸巳	수	15	癸亥	토	17	甲午
22	수	14	甲子	토	15	乙未	토	14	癸亥	화	16	甲午	목	16	甲子	일	18	乙未
23	목	15	乙丑	일	16	丙申	일	15	甲子	수	17	乙未	금	17	乙丑	월	19	丙申
24	금	16	丙寅	월	17	丁酉	월	16	乙丑	목	18	丙申	토	18	丙寅	화	20	丁酉
25	토	17	丁卯	화	18	戊戌	화	17	丙寅	금	19	丁酉	일	19	丁卯	수	21	戊戌
26	일	18	戊辰	수	19	己亥	수	18	丁卯	토	20	戊戌	월	20	戊辰	목	22	己亥
27	월	19	己巳	목	20	更子	목	19	戊辰	일	21	己亥	화	21	己巳	금	23	更子
28	화	20	庚午	금	21	辛丑	금	20	己巳	월	22	更子	수	22	庚午	토	24	辛丑
29	수	21	辛未				토	21	庚午	화	23	辛丑	목	23	辛未	일	25	壬寅
30	목	22	壬申				일	22	辛未	수	24	壬寅	금	24	壬申	월	26	癸卯
31	금	23	癸酉				월	23	壬申				토	25	癸酉			

단기 4330년

월(양력)	7월			8월			9월			10월			11월			12월		
월간지	丁未			戊申			己酉			庚戌			辛亥			壬子		
절기시작	소서小暑			입추立秋			백로白露			한로寒露			입동立冬			대설大雪		
	7일 10:49			7일 20:36			7일 23:29			8일 15:05			7일 18:15			7일 11:05		
	대서大暑			처서處暑			추분秋分			상강霜降			소설小雪			동지冬至		
	23일 04:15			23일 11:19			23일 08:56			23일 18:15			22일 15:48			22일 05:07		
양력	요일	음력	일진	요일	음력	일진	요일	음력	일진	요일	음력	일진	요일	음력	일진	요일	음력	일진
1	화	27	甲辰	금	28	乙亥	월	30	丙午	수	30	丙子	토	2	丁未	월	2	丁丑
2	수	28	乙巳	토	29	丙子	8월		丁未	9월		丁丑	일	3	戊申	화	3	戊寅
3	목	29	丙午	7월		丁丑	수	2	戊申	금	2	戊寅	월	4	己酉	수	4	己卯
4	금	30	丁未	월	2	戊寅	목	3	己酉	토	3	己卯	화	5	庚戌	목	5	庚辰
5	6월		戊申	화	3	己卯	금	4	庚戌	일	4	庚辰	수	6	辛亥	금	6	辛巳
6	일	2	己酉	수	4	庚辰	토	5	辛亥	월	5	辛巳	목	7	壬子	토	7	壬午
7	월	3	庚戌	목	5	辛巳	일	6	壬子	화	6	壬午	금	8	癸丑	일	8	癸未
8	화	4	辛亥	금	6	壬午	월	7	癸丑	수	7	癸未	토	9	甲寅	월	9	甲申
9	수	5	壬子	토	7	癸未	화	8	甲寅	목	8	甲申	일	10	乙卯	화	10	乙酉
10	목	6	癸丑	일	8	甲申	수	9	乙卯	금	9	乙酉	월	11	丙辰	수	11	丙戌
11	금	7	甲寅	월	9	乙酉	목	10	丙辰	토	10	丙戌	화	12	丁巳	목	12	丁亥
12	토	8	乙卯	화	10	丙戌	금	11	丁巳	일	11	丁亥	수	13	戊午	금	13	戊子
13	일	9	丙辰	수	11	丁亥	토	12	戊午	월	12	戊子	목	14	己未	토	14	己丑
14	월	10	丁巳	목	12	戊子	일	13	己未	화	13	己丑	금	15	庚申	일	15	庚寅
15	화	11	戊午	금	13	己丑	월	14	庚申	수	14	庚寅	토	16	辛酉	월	16	辛卯
16	수	12	己未	토	14	庚寅	화	15	辛酉	목	15	辛卯	일	17	壬戌	화	17	壬辰
17	목	13	庚申	일	15	辛卯	수	16	壬戌	금	16	壬辰	월	18	癸亥	수	18	癸巳
18	금	14	辛酉	월	16	壬辰	목	17	癸亥	토	17	癸巳	화	19	甲子	목	19	甲午
19	토	15	壬戌	화	17	癸巳	금	18	甲子	일	18	甲午	수	20	乙丑	금	20	乙未
20	일	16	癸亥	수	18	甲午	토	19	乙丑	월	19	乙未	목	21	丙寅	토	21	丙申
21	월	17	甲子	목	19	乙未	일	20	丙寅	화	20	丙申	금	22	丁卯	일	22	丁酉
22	화	18	乙丑	금	20	丙申	월	21	丁卯	수	21	丁酉	토	23	戊辰	월	23	戊戌
23	수	19	丙寅	토	21	丁酉	화	22	戊辰	목	22	戊戌	일	24	己巳	화	24	己亥
24	목	20	丁卯	일	22	戊戌	수	23	己巳	금	23	己亥	월	25	庚午	수	25	庚子
25	금	21	戊辰	월	23	己亥	목	24	庚午	토	24	庚子	화	26	辛未	목	26	辛丑
26	토	22	己巳	화	24	庚子	금	25	辛未	일	25	辛丑	수	27	壬申	금	27	壬寅
27	일	23	庚午	수	25	辛丑	토	26	壬申	월	26	壬寅	목	28	癸酉	토	28	癸卯
28	월	24	辛未	목	26	壬寅	일	27	癸酉	화	27	癸卯	금	29	甲戌	일	29	甲辰
29	화	25	壬申	금	27	癸卯	월	28	甲戌	수	28	甲辰	토	30	乙亥	월	30	乙巳
30	수	26	癸酉	토	28	甲辰	화	29	乙亥	목	29	乙巳	11월		丙子	12월		丙午
31	목	27	甲戌	일	29	乙巳				10월		丙午				수	2	丁未

만세력

서기 1998년 **무인戊寅**

월(양력)	1월			2월			3월			4월			5월			6월		
월간지	癸丑			甲寅			乙卯			丙辰			丁巳			戊午		
절기시작	소한小寒 5일 22:18			입춘立春 4일 09:57			경칩驚蟄 6일 03:57			청명淸明 5일 08:45			입하立夏 6일 02:03			망종芒種 6일 06:13		
	대한大寒 20일 15:46			우수雨水 19일 05:55			춘분春分 21일 04:55			곡우穀雨 20일 15:57			소만小滿 21일 15:05			하지夏至 21일 23:03		
양력	요일	음력	일진	요일	음력	일진	요일	음력	일진	요일	음력	일진	요일	음력	일진	요일	음력	일진
1	목	3	戊申	일	5	己卯	일	3	丁未	수	5	戊寅	금	6	戊申	월	7	己卯
2	금	4	己酉	월	6	庚辰	월	4	戊申	목	6	己卯	토	7	己酉	화	8	庚辰
3	토	5	庚戌	화	7	辛巳	화	5	己酉	금	7	庚辰	일	8	庚戌	수	9	辛巳
4	일	6	辛亥	수	8	壬午	수	6	庚戌	토	8	辛巳	월	9	辛亥	목	10	壬午
5	월	7	壬子	목	9	癸未	목	7	辛亥	일	9	壬午	화	10	壬子	금	11	癸未
6	화	8	癸丑	금	10	甲申	금	8	壬子	월	10	癸未	수	11	癸丑	토	12	甲申
7	수	9	甲寅	토	11	乙酉	토	9	癸丑	화	11	甲申	목	12	甲寅	일	13	乙酉
8	목	10	乙卯	일	12	丙戌	일	10	甲寅	수	12	乙酉	금	13	乙卯	월	14	丙戌
9	금	11	丙辰	월	13	丁亥	월	11	乙卯	목	13	丙戌	토	14	丙辰	화	15	丁亥
10	토	12	丁巳	화	14	戊子	화	12	丙辰	금	14	丁亥	일	15	丁巳	수	16	戊子
11	일	13	戊午	수	15	己丑	수	13	丁巳	토	15	戊子	월	16	戊午	목	17	己丑
12	월	14	己未	목	16	庚寅	목	14	戊午	일	16	己丑	화	17	己未	금	18	庚寅
13	화	15	庚申	금	17	辛卯	금	15	己未	월	17	庚寅	수	18	庚申	토	19	辛卯
14	수	16	辛酉	토	18	壬辰	토	16	庚申	화	18	辛卯	목	19	辛酉	일	20	壬辰
15	목	17	壬戌	일	19	癸巳	일	17	辛酉	수	19	壬辰	금	20	壬戌	월	21	癸巳
16	금	18	癸亥	월	20	甲午	월	18	壬戌	목	20	癸巳	토	21	癸亥	화	22	甲午
17	토	19	甲子	화	21	乙未	화	19	癸亥	금	21	甲午	일	22	甲子	수	23	乙未
18	일	20	乙丑	수	22	丙申	수	20	甲子	토	22	乙未	월	23	乙丑	목	24	丙申
19	월	21	丙寅	목	23	丁酉	목	21	乙丑	일	23	丙申	화	24	丙寅	금	25	丁酉
20	화	22	丁卯	금	24	戊戌	금	22	丙寅	월	24	丁酉	수	25	丁卯	토	26	戊戌
21	수	23	戊辰	토	25	己亥	토	23	丁卯	화	25	戊戌	목	26	戊辰	일	27	己亥
22	목	24	己巳	일	26	更子	일	24	戊辰	수	26	己亥	금	27	己巳	월	28	更子
23	금	25	庚午	월	27	辛丑	월	25	己巳	목	27	更子	토	28	庚午	화	29	辛丑
24	토	26	辛未	화	28	壬寅	화	26	庚午	금	28	辛丑	일	29	辛未	윤5월		壬寅
25	일	27	壬申	수	29	癸卯	수	27	辛未	토	29	壬寅	월	30	壬申	목	2	癸卯
26	월	28	癸酉	목	30	甲辰	목	28	壬申	4월		癸卯	5월		癸酉	금	3	甲辰
27	화	29	甲戌	2월		乙巳	금	29	癸酉	월		甲辰	수	2	甲戌	토	4	乙巳
28		1월	乙亥	토	2	丙午	3월		甲戌			乙巳	목	3	乙亥	일	5	丙午
29	목	2	丙子				일	2	乙亥	수	4	丙午	금	4	丙子	월	6	丁未
30	금	3	丁丑				월	3	丙子	목	5	丁未	토	5	丁丑	화	7	戊申
31	토	4	戊寅				화	4	丁丑				일	6	戊寅			

단기 4331년

월(양력)	7월			8월			9월			10월			11월			12월		
월간지	己未			庚申			辛酉			壬戌			癸亥			甲子		
절기시작	소서小暑 7일 16:30			입추立秋 8일 02:20			백로白露 8일 05:16			한로寒露 8일 20:56			입동立冬 8일 00:08			대설大雪 7일 17:02		
	대서大暑 23일 09:55			처서處暑 23일 16:59			추분秋分 23일 14:37			상강霜降 23일 23:59			소설小雪 22일 21:34			동지冬至 22일 10:56		
양력	요일	음력	일진	요일	음력	일진	요일	음력	일진	요일	음력	일진	요일	음력	일진	요일	음력	일진
1	수	8	己酉	토	10	庚辰	화	11	辛亥	목	11	辛巳	일	13	壬子	화	13	壬午
2	목	9	庚戌	일	11	辛巳	수	12	壬子	금	12	壬午	월	14	癸丑	수	14	癸未
3	금	10	辛亥	월	12	壬午	목	13	癸丑	토	13	癸未	화	15	甲寅	목	15	甲申
4	토	11	壬子	화	13	癸未	금	14	甲寅	일	14	甲申	수	16	乙卯	금	16	乙酉
5	일	12	癸丑	수	14	甲申	토	15	乙卯	월	15	乙酉	목	17	丙辰	토	17	丙戌
6	월	13	甲寅	목	15	乙酉	일	16	丙辰	화	16	丙戌	금	18	丁巳	일	18	丁亥
7	화	14	乙卯	금	16	丙戌	월	17	丁巳	수	17	丁亥	토	19	戊午	월	19	戊子
8	수	15	丙辰	토	17	丁亥	화	18	戊午	목	18	戊子	일	20	己未	화	20	己丑
9	목	16	丁巳	일	18	戊子	수	19	己未	금	19	己丑	월	21	庚申	수	21	庚寅
10	금	17	戊午	월	19	己丑	목	20	庚申	토	20	庚寅	화	22	辛酉	목	22	辛卯
11	토	18	己未	화	20	庚寅	금	21	辛酉	일	21	辛卯	수	23	壬戌	금	23	壬辰
12	일	19	庚申	수	21	辛卯	토	22	壬戌	월	22	壬辰	목	24	癸亥	토	24	癸巳
13	월	20	辛酉	목	22	壬辰	일	23	癸亥	화	23	癸巳	금	25	甲子	일	25	甲午
14	화	21	壬戌	금	23	癸巳	월	24	甲子	수	24	甲午	토	26	乙丑	월	26	乙未
15	수	22	癸亥	토	24	甲午	화	25	乙丑	목	25	乙未	일	27	丙寅	화	27	丙申
16	목	23	甲子	일	25	乙未	수	26	丙寅	금	26	丙申	월	28	丁卯	수	28	丁酉
17	금	24	乙丑	월	26	丙申	목	27	丁卯	토	27	丁酉	화	29	戊辰	목	29	戊戌
18	토	25	丙寅	화	27	丁酉	금	28	戊辰	일	28	戊戌	수	30	己巳	금	30	己亥
19	일	26	丁卯	수	28	戊戌	토	29	己巳	월	29	己亥	목	10월	庚午	토	11월	庚子
20	월	27	戊辰	목	29	己亥	일	30	庚午	화	9월	庚子	금	2	辛未	일	2	辛丑
21	화	28	己巳	금	30	庚子	월	8월	辛未	수	2	辛丑	토	3	壬申	월	3	壬寅
22	수	29	庚午	토	7월	辛丑	화	2	壬申	목	3	壬寅	일	4	癸酉	화	4	癸卯
23	목	6월	辛未	일	2	壬寅	수	3	癸酉	금	4	癸卯	월	5	甲戌	수	5	甲辰
24	금	2	壬申	월	3	癸卯	목	4	甲戌	토	5	甲辰	화	6	乙亥	목	6	乙巳
25	토	3	癸酉	화	4	甲辰	금	5	乙亥	일	6	乙巳	수	7	丙子	금	7	丙午
26	일	4	甲戌	수	5	乙巳	토	6	丙子	월	7	丙午	목	8	丁丑	토	8	丁未
27	월	5	乙亥	목	6	丙午	일	7	丁丑	화	8	丁未	금	9	戊寅	일	9	戊申
28	화	6	丙子	금	7	丁未	월	8	戊寅	수	9	戊申	토	10	己卯	월	10	己酉
29	수	7	丁丑	토	8	戊申	화	9	己卯	목	10	己酉	일	11	庚辰	화	11	庚戌
30	목	8	戊寅	일	9	己酉	수	10	庚辰	금	11	庚戌	월	12	辛巳	수	12	辛亥
31	금	9	己卯	월	10	庚戌				토	12	辛亥				목	13	壬子

만세력 273

서기 1999년 기묘己卯

월(양력)	1월			2월			3월			4월			5월			6월		
월간지	乙丑			丙寅			丁卯			戊辰			己巳			庚午		
절기 시작	소한小寒 6일 04:17 대한大寒 20일 21:37			입춘立春 4일 15:57 우수雨水 19일 11:47			경칩驚蟄 6일 09:58 춘분春分 21일 10:46			청명淸明 5일 14:45 곡우穀雨 20일 21:46			입하立夏 6일 08:01 소만小滿 21일 20:52			망종亡種 6일 12:09 하지夏至 22일 04:49		
양력	요일	음력	일진	요일	음력	일진	요일	음력	일진	요일	음력	일진	요일	음력	일진	요일	음력	일진
1	금	14	癸丑	월	15	甲申	월	14	壬子	목	15	癸未	토	16	癸丑	화	18	甲申
2	토	15	甲寅	화	16	乙酉	화	15	癸丑	금	16	甲申	일	17	甲寅	수	19	乙酉
3	일	16	乙卯	수	17	丙戌	수	16	甲寅	토	17	乙酉	월	18	乙卯	목	20	丙戌
4	월	17	丙辰	목	18	丁亥	목	17	乙卯	일	18	丙戌	화	19	丙辰	금	21	丁亥
5	화	18	丁巳	금	19	戊子	금	18	丙辰	월	19	丁亥	수	20	丁巳	토	22	戊子
6	수	19	戊午	토	20	己丑	토	19	丁巳	화	20	戊子	목	21	戊午	일	23	己丑
7	목	20	己未	일	21	庚寅	일	20	戊午	수	21	己丑	금	22	己未	월	24	庚寅
8	금	21	庚申	월	22	辛卯	월	21	己未	목	22	庚寅	토	23	庚申	화	25	辛卯
9	토	22	辛酉	화	23	壬辰	화	22	庚申	금	23	辛卯	일	24	辛酉	수	26	壬辰
10	일	23	壬戌	수	24	癸巳	수	23	辛酉	토	24	壬辰	월	25	壬戌	목	27	癸巳
11	월	24	癸亥	목	25	甲午	목	24	壬戌	일	25	癸巳	화	26	癸亥	금	28	甲午
12	화	25	甲子	금	26	乙未	금	25	癸亥	월	26	甲午	수	27	甲子	토	29	乙未
13	수	26	乙丑	토	27	丙申	토	26	甲子	화	27	乙未	목	28	乙丑	일	30	丙申
14	목	27	丙寅	일	28	丁酉	일	27	乙丑	수	28	丙申	금	29	丙寅	5월		丁酉
15	금	28	丁卯	월	29	戊戌	월	28	丙寅	목	29	丁酉	4월		丁卯	화	2	戊戌
16	토	29	戊辰	1월		己亥	화	29	丁卯	3월		戊戌	일	2	戊辰	수	3	己亥
17	일	30	己巳	수	2	更子	수	30	戊辰	토	2	己亥	월	3	己巳	목	4	更子
18	12월		庚午	목	3	辛丑	2월		己巳	일	3	更子	화	4	庚午	금	5	辛丑
19	화	2	辛未	금	4	壬寅	금	2	庚午	월	4	辛丑	수	5	辛未	토	6	壬寅
20	수	3	壬申	토	5	癸卯	토	3	辛未	화	5	壬寅	목	6	壬申	일	7	癸卯
21	목	4	癸酉	일	6	甲辰	일	4	壬申	수	6	癸卯	금	7	癸酉	월	8	甲辰
22	금	5	甲戌	월	7	乙巳	월	5	癸酉	목	7	甲辰	토	8	甲戌	화	9	乙巳
23	토	6	乙亥	화	8	丙午	화	6	甲戌	금	8	乙巳	일	9	乙亥	수	10	丙午
24	일	7	丙子	수	9	丁未	수	7	乙亥	토	9	丙午	월	10	丙子	목	11	丁未
25	월	8	丁丑	목	10	戊申	목	8	丙子	일	10	丁未	화	11	丁丑	금	12	戊申
26	화	9	戊寅	금	11	己酉	금	9	丁丑	월	11	戊申	수	12	戊寅	토	13	己酉
27	수	10	己卯	토	12	庚戌	토	10	戊寅	화	12	己酉	목	13	己卯	일	14	庚戌
28	목	11	庚辰	일	13	辛亥	일	11	己卯	수	13	庚戌	금	14	庚辰	월	15	辛亥
29	금	12	辛巳				월	12	庚辰	목	14	辛亥	토	15	辛巳	화	16	壬子
30	토	13	壬午				화	13	辛巳	금	15	壬子	일	16	壬午	수	17	癸丑
31	일	14	癸未				수	14	壬午				월	17	癸未			

단기 4332년

월(양력)	7월			8월			9월			10월			11월			12월		
월간지	辛未			壬申			癸酉			甲戌			乙亥			丙子		
절기시작	소서小暑 7일 22:25			입추立秋 8일 08:14			백로白露 8일 11:10			한로寒露 9일 02:48			입동立冬 8일 05:58			대설大雪 7일 22:47		
	대서大暑 23일 15:44			처서處暑 23일 22:51			추분秋分 23일 20:32			상강霜降 24일 05:52			소설小雪 23일 03:25			동지冬至 22일 16:44		
양력	요일	음력	일진	요일	음력	일진	요일	음력	일진	요일	음력	일진	요일	음력	일진	요일	음력	일진
1	목	18	甲寅	일	20	乙酉	수	22	丙辰	금	22	丙戌	월	24	丁巳	수	24	丁亥
2	금	19	乙卯	월	21	丙戌	목	23	丁巳	토	23	丁亥	화	25	戊午	목	25	戊子
3	토	20	丙辰	화	22	丁亥	금	24	戊午	일	24	戊子	수	26	己未	금	26	己丑
4	일	21	丁巳	수	23	戊子	토	25	己未	월	25	己丑	목	27	庚申	토	27	庚寅
5	월	22	戊午	목	24	己丑	일	26	庚申	화	26	庚寅	금	28	辛酉	일	28	辛卯
6	화	23	己未	금	25	庚寅	월	27	辛酉	수	27	辛卯	토	29	壬戌	월	29	壬辰
7	수	24	庚申	토	26	辛卯	화	28	壬戌	목	28	壬辰	일	30	癸亥	화	30	癸巳
8	목	25	辛酉	일	27	壬辰	수	29	癸亥	금	29	癸巳	10월		甲子	11월		甲午
9	금	26	壬戌	월	28	癸巳	목	30	甲子	9월		甲午	화	2	乙丑	목	2	乙未
10	토	27	癸亥	화	29	甲午	8월		乙丑	일	2	乙未	수	3	丙寅	금	3	丙申
11	일	28	甲子	7월		乙未	토	2	丙寅	월	3	丙申	목	4	丁卯	토	4	丁酉
12	월	29	乙丑	목	2	丙申	일	3	丁卯	화	4	丁酉	금	5	戊辰	일	5	戊戌
13	6월		丙寅	금	3	丁酉	월	4	戊辰	수	5	戊戌	토	6	己巳	월	6	己亥
14	수	2	丁卯	토	4	戊戌	화	5	己巳	목	6	己亥	일	7	庚午	화	7	庚子
15	목	3	戊辰	일	5	己亥	수	6	庚午	금	7	庚子	월	8	辛未	수	8	辛丑
16	금	4	己巳	월	6	庚子	목	7	辛未	토	8	辛丑	화	9	壬申	목	9	壬寅
17	토	5	庚午	화	7	辛丑	금	8	壬申	일	9	壬寅	수	10	癸酉	금	10	癸卯
18	일	6	辛未	수	8	壬寅	토	9	癸酉	월	10	癸卯	목	11	甲戌	토	11	甲辰
19	월	7	壬申	목	9	癸卯	일	10	甲戌	화	11	甲辰	금	12	乙亥	일	12	乙巳
20	화	8	癸酉	금	10	甲辰	월	11	乙亥	수	12	乙巳	토	13	丙子	월	13	丙午
21	수	9	甲戌	토	11	乙巳	화	12	丙子	목	13	丙午	일	14	丁丑	화	14	丁未
22	목	10	乙亥	일	12	丙午	수	13	丁丑	금	14	丁未	월	15	戊寅	수	15	戊申
23	금	11	丙子	월	13	丁未	목	14	戊寅	토	15	戊申	화	16	己卯	목	16	己酉
24	토	12	丁丑	화	14	戊申	금	15	己卯	일	16	己酉	수	17	庚辰	금	17	庚戌
25	일	13	戊寅	수	15	己酉	토	16	庚辰	월	17	庚戌	목	18	辛巳	토	18	辛亥
26	월	14	己卯	목	16	庚戌	일	17	辛巳	화	18	辛亥	금	19	壬午	일	19	壬子
27	화	15	庚辰	금	17	辛亥	월	18	壬午	수	19	壬子	토	20	癸未	월	20	癸丑
28	수	16	辛巳	토	18	壬子	화	19	癸未	목	20	癸丑	일	21	甲申	화	21	甲寅
29	목	17	壬午	일	19	癸丑	수	20	甲申	금	21	甲寅	월	22	乙酉	수	22	乙卯
30	금	18	癸未	월	20	甲寅	목	21	乙酉	토	22	乙卯	화	23	丙戌	목	23	丙辰
31	토	19	甲申	화	21	乙卯				일	23	丙辰				금	24	丁巳

서기 2000년 경진庚辰

월(양력)	1월			2월			3월			4월			5월			6월		
월간지	丁丑			戊寅			己卯			庚辰			辛巳			壬午		
절기시작	소한小寒 6일 10:00			입춘立春 4일 21:40			경칩驚蟄 5일 15:42			청명淸明 4일 20:31			입하立夏 5일 13:50			망종亡種 5일 17:58		
	대한大寒 21일 03:22			우수雨水 19일 17:33			춘분春分 20일 16:35			곡우穀雨 20일 03:39			소만小滿 21일 02:49			하지夏至 21일 10:47		
양력	요일	음력	일진	요일	음력	일진	요일	음력	일진	요일	음력	일진	요일	음력	일진	요일	음력	일진
1	토	25	戊午	화	26	己丑	수	26	戊午	토	27	己丑	월	27	己未	목	29	庚寅
2	일	26	己未	수	27	庚寅	목	27	己未	일	28	庚寅	화	28	庚申	5월	辛卯	
3	월	27	庚申	목	28	辛卯	금	28	庚申	월	29	辛卯	수	29	辛酉	토	2	壬辰
4	화	28	辛酉	금	29	壬辰	토	29	辛酉	화	30	壬辰	4월	壬戌		일	3	癸巳
5	수	29	壬戌	1월	癸巳		일	30	壬戌	3월	癸巳		금	2	癸亥	월	4	甲午
6	목	30	癸亥	일	2	甲午	2월	癸亥		목	2	甲午	토	3	甲子	화	5	乙未
7	12월	甲子		월	3	乙未	화	2	甲子	금	3	乙未	일	4	乙丑	수	6	丙申
8	토	2	乙丑	화	4	丙申	수	3	乙丑	토	4	丙申	월	5	丙寅	목	7	丁酉
9	일	3	丙寅	수	5	丁酉	목	4	丙寅	일	5	丁酉	화	6	丁卯	금	8	戊戌
10	월	4	丁卯	목	6	戊戌	금	5	丁卯	월	6	戊戌	수	7	戊辰	토	9	己亥
11	화	5	戊辰	금	7	己亥	토	6	戊辰	화	7	己亥	목	8	己巳	일	10	庚子
12	수	6	己巳	토	8	庚子	일	7	己巳	수	8	庚子	금	9	庚午	월	11	辛丑
13	목	7	庚午	일	9	辛丑	월	8	庚午	목	9	辛丑	토	10	辛未	화	12	壬寅
14	금	8	辛未	월	10	壬寅	화	9	辛未	금	10	壬寅	일	11	壬申	수	13	癸卯
15	토	9	壬申	화	11	癸卯	수	10	壬申	토	11	癸卯	월	12	癸酉	목	14	甲辰
16	일	10	癸酉	수	12	甲辰	목	11	癸酉	일	12	甲辰	화	13	甲戌	금	15	乙巳
17	월	11	甲戌	목	13	乙巳	금	12	甲戌	월	13	乙巳	수	14	乙亥	토	16	丙午
18	화	12	乙亥	금	14	丙午	토	13	乙亥	화	14	丙午	목	15	丙子	일	17	丁未
19	수	13	丙子	토	15	丁未	일	14	丙子	수	15	丁未	금	16	丁丑	월	18	戊申
20	목	14	丁丑	일	16	戊申	월	15	丁丑	목	16	戊申	토	17	戊寅	화	19	己酉
21	금	15	戊寅	월	17	己酉	화	16	戊寅	금	17	己酉	일	18	己卯	수	20	庚戌
22	토	16	己卯	화	18	庚戌	수	17	己卯	토	18	庚戌	월	19	庚辰	목	21	辛亥
23	일	17	庚辰	수	19	辛亥	목	18	庚辰	일	19	辛亥	화	20	辛巳	금	22	壬子
24	월	18	辛巳	목	20	壬子	금	19	辛巳	월	20	壬子	수	21	壬午	토	23	癸丑
25	화	19	壬午	금	21	癸丑	토	20	壬午	화	21	癸丑	목	22	癸未	일	24	甲寅
26	수	20	癸未	토	22	甲寅	일	21	癸未	수	22	甲寅	금	23	甲申	월	25	乙卯
27	목	21	甲申	일	23	乙卯	월	22	甲申	목	23	乙卯	토	24	乙酉	화	26	丙辰
28	금	22	乙酉	월	24	丙辰	화	23	乙酉	금	24	丙辰	일	25	丙戌	수	27	丁巳
29	토	23	丙戌	화	25	丁巳	수	24	丙戌	토	25	丁巳	월	26	丁亥	목	28	戊午
30	일	24	丁亥				목	25	丁亥	일	26	戊午	화	27	戊子	금	29	己未
31	월	25	戊子				금	26	戊子				수	28	己丑			

단기 4333년

월(양력)	7월	8월	9월	10월	11월	12월
월간지	癸未	甲申	乙酉	丙戌	丁亥	戊子
절기시작	소서小暑 7일 04:13 / 대서大暑 22일 21:42	입추立秋 7일 14:02 / 처서處暑 23일 04:48	백로白露 7일 16:59 / 추분秋分 23일 02:27	한로寒露 8일 08:38 / 상강霜降 23일 11:47	입동立冬 7일 11:47 / 소설小雪 22일 09:19	대설大雪 7일 04:36 / 동지冬至 21일 22:37

양력	요일	음력	일진	요일	음력	일진	요일	음력	일진	요일	음력	일진	요일	음력	일진	요일	음력	일진
1	토	30	庚申	화	2	辛卯	금	4	壬戌	일	4	壬辰	수	6	癸亥	금	6	癸巳
2	일	6월	辛酉	수	3	壬辰	토	5	癸亥	월	5	癸巳	목	7	甲子	토	7	甲午
3	월	2	壬戌	목	4	癸巳	일	6	甲子	화	6	甲午	금	8	乙丑	일	8	乙未
4	화	3	癸亥	금	5	甲午	월	7	乙丑	수	7	乙未	토	9	丙寅	월	9	丙申
5	수	4	甲子	토	6	乙未	화	8	丙寅	목	8	丙申	일	10	丁卯	화	10	丁酉
6	목	5	乙丑	일	7	丙申	수	9	丁卯	금	9	丁酉	월	11	戊辰	수	11	戊戌
7	금	6	丙寅	월	8	丁酉	목	10	戊辰	토	10	戊戌	화	12	己巳	목	12	己亥
8	토	7	丁卯	화	9	戊戌	금	11	己巳	일	11	己亥	수	13	庚午	금	13	庚子
9	일	8	戊辰	수	10	己亥	토	12	庚午	월	12	庚子	목	14	辛未	토	14	辛丑
10	월	9	己巳	목	11	庚子	일	13	辛未	화	13	辛丑	금	15	壬申	일	15	壬寅
11	화	10	庚午	금	12	辛丑	월	14	壬申	수	14	壬寅	토	16	癸酉	월	16	癸卯
12	수	11	辛未	토	13	壬寅	화	15	癸酉	목	15	癸卯	일	17	甲戌	화	17	甲辰
13	목	12	壬申	일	14	癸卯	수	16	甲戌	금	16	甲辰	월	18	乙亥	수	18	乙巳
14	금	13	癸酉	월	15	甲辰	목	17	乙亥	토	17	乙巳	화	19	丙子	목	19	丙午
15	토	14	甲戌	화	16	乙巳	금	18	丙子	일	18	丙午	수	20	丁丑	금	20	丁未
16	일	15	乙亥	수	17	丙午	토	19	丁丑	월	19	丁未	목	21	戊寅	토	21	戊申
17	월	16	丙子	목	18	丁未	일	20	戊寅	화	20	戊申	금	22	己卯	일	22	己酉
18	화	17	丁丑	금	19	戊申	월	21	己卯	수	21	己酉	토	23	庚辰	월	23	庚戌
19	수	18	戊寅	토	20	己酉	화	22	庚辰	목	22	庚戌	일	24	辛巳	화	24	辛亥
20	목	19	己卯	일	21	庚戌	수	23	辛巳	금	23	辛亥	월	25	壬午	수	25	壬子
21	금	20	庚辰	월	22	辛亥	목	24	壬午	토	24	壬子	화	26	癸未	목	26	癸丑
22	토	21	辛巳	화	23	壬子	금	25	癸未	일	25	癸丑	수	27	甲申	금	27	甲寅
23	일	22	壬午	수	24	癸丑	토	26	甲申	월	26	甲寅	목	28	乙酉	토	28	乙卯
24	월	23	癸未	목	25	甲寅	일	27	乙酉	화	27	乙卯	금	29	丙戌	일	29	丙辰
25	화	24	甲申	금	26	乙卯	월	28	丙戌	수	28	丙辰	토	30	丁亥	월	30	丁巳
26	수	25	乙酉	토	27	丙辰	화	29	丁亥	목	29	丁巳	일	11월	戊子	화	12월	戊午
27	목	26	丙戌	일	28	丁巳	수	30	戊子	금	10월	戊午	월	2	己丑	수	2	己未
28	금	27	丁亥	월	29	戊午	목	9월	己丑	토	2	己未	화	3	庚寅	목	3	庚申
29	토	28	戊子	화	8월	己未	금	2	庚寅	일	3	庚申	수	4	辛卯	금	4	辛酉
30	일	29	己丑	수	2	庚申	토	3	辛卯	월	4	辛酉	목	5	壬辰	토	5	壬戌
31	월	7월	庚寅	목	3	辛酉				화	5	壬戌				일	6	癸亥

만세력 277

서기 2001년 **신사辛巳**

월(양력)	1월			2월			3월			4월			5월			6월		
월간지	己丑			庚寅			辛卯			壬辰			癸巳			甲午		
절기시작	소한小寒 5일 15:49 대한大寒 20일 09:16			입춘立春 4일 03:28 우수雨水 18일 23:27			경칩驚蟄 5일 21:32 춘분春分 20일 22:30			청명淸明 5일 02:24 곡우穀雨 20일 09:35			입하立夏 5일 19:44 소만小滿 21일 08:44			망종芒種 5일 23:53 하지夏至 21일 16:37		
양력	요일	음력	일진	요일	음력	일진	요일	음력	일진	요일	음력	일진	요일	음력	일진	요일	음력	일진
1	월	7	甲子	목	9	乙未	목	7	癸亥	일	8	甲午	화	8	甲子	금	10	乙未
2	화	8	乙丑	금	10	丙申	금	8	甲子	월	9	乙未	수	9	乙丑	토	11	丙申
3	수	9	丙寅	토	11	丁酉	토	9	乙丑	화	10	丙申	목	10	丙寅	일	12	丁酉
4	목	10	丁卯	일	12	戊戌	일	10	丙寅	수	11	丁酉	금	11	丁卯	월	13	戊戌
5	금	11	戊辰	월	13	己亥	월	11	丁卯	목	12	戊戌	토	12	戊辰	화	14	己亥
6	토	12	己巳	화	14	庚子	화	12	戊辰	금	13	己亥	일	13	己巳	수	15	庚子
7	일	13	庚午	수	15	辛丑	수	13	己巳	토	14	庚子	월	14	庚午	목	16	辛丑
8	월	14	辛未	목	16	壬寅	목	14	庚午	일	15	辛丑	화	15	辛未	금	17	壬寅
9	화	15	壬申	금	17	癸卯	금	15	辛未	월	16	壬寅	수	16	壬申	토	18	癸卯
10	수	16	癸酉	토	18	甲辰	토	16	壬申	화	17	癸卯	목	17	癸酉	일	19	甲辰
11	목	17	甲戌	일	19	乙巳	일	17	癸酉	수	18	甲辰	금	18	甲戌	월	20	乙巳
12	금	18	乙亥	월	20	丙午	월	18	甲戌	목	19	乙巳	토	19	乙亥	화	21	丙午
13	토	19	丙子	화	21	丁未	화	19	乙亥	금	20	丙午	일	20	丙子	수	22	丁未
14	일	20	丁丑	수	22	戊申	수	20	丙子	토	21	丁未	월	21	丁丑	목	23	戊申
15	월	21	戊寅	목	23	己酉	목	21	丁丑	일	22	戊申	화	22	戊寅	금	24	己酉
16	화	22	己卯	금	24	庚戌	금	22	戊寅	월	23	己酉	수	23	己卯	토	25	庚戌
17	수	23	庚辰	토	25	辛亥	토	23	己卯	화	24	庚戌	목	24	庚辰	일	26	辛亥
18	목	24	辛巳	일	26	壬子	일	24	庚辰	수	25	辛亥	금	25	辛巳	월	27	壬子
19	금	25	壬午	월	27	癸丑	월	25	辛巳	목	26	壬子	토	26	壬午	화	28	癸丑
20	토	26	癸未	화	28	甲寅	화	26	壬午	금	27	癸丑	일	27	癸未	수	29	甲寅
21	일	27	甲申	수	29	乙卯	수	27	癸未	토	28	甲寅	월	28	甲申	5월	1	乙卯
22	월	28	乙酉	목	30	丙辰	목	28	甲申	일	29	乙卯	화	29	乙酉	금	2	丙辰
23	화	29	丙戌	2월	1	丁巳	금	29	乙酉	월	30	丙辰	윤4월	1	丙戌	토	3	丁巳
24	1월	1	丁亥	토	2	戊午	토	30	丙戌	4월	1	丁巳	목	2	丁亥	일	4	戊午
25	목	2	戊子	일	3	己未	3월	1	丁亥	수	2	戊午	금	3	戊子	월	5	己未
26	금	3	己丑	월	4	庚申	월	2	戊子	목	3	己未	토	4	己丑	화	6	庚申
27	토	4	庚寅	화	5	辛酉	화	3	己丑	금	4	庚申	일	5	庚寅	수	7	辛酉
28	일	5	辛卯	수	6	壬戌	수	4	庚寅	토	5	辛酉	월	6	辛卯	목	8	壬戌
29	월	6	壬辰				목	5	辛卯	일	6	壬戌	화	7	壬辰	금	9	癸亥
30	화	7	癸巳				금	6	壬辰	월	7	癸亥	수	8	癸巳	토	10	甲子
31	수	8	甲午				토	7	癸巳				목	9	甲午			

단기 4334년

월(양력)	7월			8월			9월			10월			11월			12월		
월간지	乙未			丙申			丁酉			戊戌			己亥			庚子		
절기시작	소서小暑 7일 10:06			입추立秋 7일 19:52			백로白露 7일 22:46			한로寒露 8일 14:24			입동立冬 7일 17:36			대설大雪 7일 10:28		
	대서大暑 23일 03:26			처서處暑 23일 10:26			추분秋分 23일 08:04			상강霜降 23일 17:25			소설小雪 22일 15:00			동지冬至 22일 04:21		
양력	요일	음력	일진	요일	음력	일진	요일	음력	일진	요일	음력	일진	요일	음력	일진	요일	음력	일진
1	일	11	乙丑	수	12	丙申	토	14	丁卯	월	15	丁酉	목	16	戊辰	토	17	戊戌
2	월	12	丙寅	목	13	丁酉	일	15	戊辰	화	16	戊戌	금	17	己巳	일	18	己亥
3	화	13	丁卯	금	14	戊戌	월	16	己巳	수	17	己亥	토	18	庚午	월	19	更子
4	수	14	戊辰	토	15	己亥	화	17	庚午	목	18	更子	일	19	辛未	화	20	辛丑
5	목	15	己巳	일	16	更子	수	18	辛未	금	19	辛丑	월	20	壬申	수	21	壬寅
6	금	16	庚午	월	17	辛丑	목	19	壬申	토	20	壬寅	화	21	癸酉	목	22	癸卯
7	토	17	辛未	화	18	壬寅	금	20	癸酉	일	21	癸卯	수	22	甲戌	금	23	甲辰
8	일	18	壬申	수	19	癸卯	토	21	甲戌	월	22	甲辰	목	23	乙亥	토	24	乙巳
9	월	19	癸酉	목	20	甲辰	일	22	乙亥	화	23	乙巳	금	24	丙子	일	25	丙午
10	화	20	甲戌	금	21	乙巳	월	23	丙子	수	24	丙午	토	25	丁丑	월	26	丁未
11	수	21	乙亥	토	22	丙午	화	24	丁丑	목	25	丁未	일	26	戊寅	화	27	戊申
12	목	22	丙子	일	23	丁未	수	25	戊寅	금	26	戊申	월	27	己卯	수	28	己酉
13	금	23	丁丑	월	24	戊申	목	26	己卯	토	27	己酉	화	28	庚辰	목	29	庚戌
14	토	24	戊寅	화	25	己酉	금	27	庚辰	일	28	庚戌	수	29	辛巳	금	30	辛亥
15	일	25	己卯	수	26	庚戌	토	28	辛巳	월	29	辛亥	목	10월	壬午	토	11월	壬子
16	월	26	庚辰	목	27	辛亥	일	29	壬午	화	30	壬子	금	2	癸未	일	2	癸丑
17	화	27	辛巳	금	28	壬子	월	8월	癸未	수	9월	癸丑	토	3	甲申	월	3	甲寅
18	수	28	壬午	토	29	癸丑	화	2	甲申	목	2	甲寅	일	4	乙酉	화	4	乙卯
19	목	29	癸未	일	7월	甲寅	수	3	乙酉	금	3	乙卯	월	5	丙戌	수	5	丙辰
20	금	30	甲申	월	2	乙卯	목	4	丙戌	토	4	丙辰	화	6	丁亥	목	6	丁巳
21	토	6월	乙酉	화	3	丙辰	금	5	丁亥	일	5	丁巳	수	7	戊子	금	7	戊午
22	일	2	丙戌	수	4	丁巳	토	6	戊子	월	6	戊午	목	8	己丑	토	8	己未
23	월	3	丁亥	목	5	戊午	일	7	己丑	화	7	己未	금	9	庚寅	일	9	庚申
24	화	4	戊子	금	6	己未	월	8	庚寅	수	8	庚申	토	10	辛卯	월	10	辛酉
25	수	5	己丑	토	7	庚申	화	9	辛卯	목	9	辛酉	일	11	壬辰	화	11	壬戌
26	목	6	庚寅	일	8	辛酉	수	10	壬辰	금	10	壬戌	월	12	癸巳	수	12	癸亥
27	금	7	辛卯	월	9	壬戌	목	11	癸巳	토	11	癸亥	화	13	甲午	목	13	甲子
28	토	8	壬辰	화	10	癸亥	금	12	甲午	일	12	甲子	수	14	乙未	금	14	乙丑
29	일	9	癸巳	수	11	甲子	토	13	乙未	월	13	乙丑	목	15	丙申	토	15	丙寅
30	월	10	甲午	목	12	乙丑	일	14	丙申	화	14	丙寅	금	16	丁酉	일	16	丁卯
31	화	11	乙未	금	13	丙寅				수	15	丁卯				월	17	戊辰

서기 2002년 임오 **壬午**

월(양력)	1월			2월			3월			4월			5월			6월		
월간지	辛丑			壬寅			癸卯			甲辰			乙巳			丙午		
절기시작	소한小寒 5일 21:43			입춘立春 4일 09:23			경칩驚蟄 6일 03:27			청명淸明 5일 08:18			입하立夏 6일 01:37			망종亡種 6일 05:44		
	대한大寒 20일 15:01			우수雨水 19일 05:13			춘분春分 21일 04:15			곡우穀雨 20일 15:20			소만小滿 21일 14:28			하지夏至 21일 22:24		
양력	요일	음력	일진	요일	음력	일진	요일	음력	일진	요일	음력	일진	요일	음력	일진	요일	음력	일진
1	화	18	己巳	금	20	更子	금	18	戊辰	월	19	己亥	수	19	己巳	토	21	更子
2	수	19	庚午	토	21	辛丑	토	19	己巳	화	20	更子	목	20	庚午	일	22	辛丑
3	목	20	辛未	일	22	壬寅	일	20	庚午	수	21	辛丑	금	21	辛未	월	23	壬寅
4	금	21	壬申	월	23	癸卯	월	21	辛未	목	22	壬寅	토	22	壬申	화	24	癸卯
5	토	22	癸酉	화	24	甲辰	화	22	壬申	금	23	癸卯	일	23	癸酉	수	25	甲辰
6	일	23	甲戌	수	25	乙巳	수	23	癸酉	토	24	甲辰	월	24	甲戌	목	26	乙巳
7	월	24	乙亥	목	26	丙午	목	24	甲戌	일	25	乙巳	화	25	乙亥	금	27	丙午
8	화	25	丙子	금	27	丁未	금	25	乙亥	월	26	丙午	수	26	丙子	토	28	丁未
9	수	26	丁丑	토	28	戊申	토	26	丙子	화	27	丁未	목	27	丁丑	일	29	戊申
10	목	27	戊寅	일	29	己酉	일	27	丁丑	수	28	戊申	금	28	戊寅	월	30	己酉
11	금	28	己卯	월	30	庚戌	월	28	戊寅	목	29	己酉	토	29	己卯	**5월**		庚戌
12	토	29	庚辰	**1월**		辛亥	화	29	己卯	금	30	庚戌	**4월**		庚辰	수	2	辛亥
13	**12월**		辛巳	수	2	壬子	수	30	庚辰	**3월**		辛亥	월	2	辛巳	목	3	壬子
14	월	2	壬午	목	3	癸丑	**2월**		辛巳	일	2	壬子	화	3	壬午	금	4	癸丑
15	화	3	癸未	금	4	甲寅	금	2	壬午	월	3	癸丑	수	4	癸未	토	5	甲寅
16	수	4	甲申	토	5	乙卯	토	3	癸未	화	4	甲寅	목	5	甲申	일	6	乙卯
17	목	5	乙酉	일	6	丙辰	일	4	甲申	수	5	乙卯	금	6	乙酉	월	7	丙辰
18	금	6	丙戌	월	7	丁巳	월	5	乙酉	목	6	丙辰	토	7	丙戌	화	8	丁巳
19	토	7	丁亥	화	8	戊午	화	6	丙戌	금	7	丁巳	일	8	丁亥	수	9	戊午
20	일	8	戊子	수	9	己未	수	7	丁亥	토	8	戊午	월	9	戊子	목	10	己未
21	월	9	己丑	목	10	庚申	목	8	戊子	일	9	己未	화	10	己丑	금	11	庚申
22	화	10	庚寅	금	11	辛酉	금	9	己丑	월	10	庚申	수	11	庚寅	토	12	辛酉
23	수	11	辛卯	토	12	壬戌	토	10	庚寅	화	11	辛酉	목	12	辛卯	일	13	壬戌
24	목	12	壬辰	일	13	癸亥	일	11	辛卯	수	12	壬戌	금	13	壬辰	월	14	癸亥
25	금	13	癸巳	월	14	甲子	월	12	壬辰	목	13	癸亥	토	14	癸巳	화	15	甲子
26	토	14	甲午	화	15	乙丑	화	13	癸巳	금	14	甲子	일	15	甲午	수	16	乙丑
27	일	15	乙未	수	16	丙寅	수	14	甲午	토	15	乙丑	월	16	乙未	목	17	丙寅
28	월	16	丙申	목	17	丁卯	목	15	乙未	일	16	丙寅	화	17	丙申	금	18	丁卯
29	화	17	丁酉				금	16	丙申	월	17	丁卯	수	18	丁酉	토	19	戊辰
30	수	18	戊戌				토	17	丁酉	화	18	戊辰	목	19	戊戌	일	20	己巳
31	목	19	己亥				일	18	戊戌				금	20	己亥			

단기 4335년

월(양력)	7월			8월			9월			10월			11월			12월		
월간지	丁未			戊申			己酉			庚戌			辛亥			壬子		
절기시작	소서小暑 7일 15:56			입추立秋 8일 01:39			백로白露 8일 04:30			한로寒露 8일 20:09			입동立冬 7일 23:21			대설大雪 7일 16:14		
	대서大暑 23일 09:14			처서處暑 23일 16:16			추분秋分 23일 13:55			상강霜降 23일 23:17			소설小雪 22일 20:53			동지冬至 22일 10:14		
양력	요일	음력	일진	요일	음력	일진	요일	음력	일진	요일	음력	일진	요일	음력	일진	요일	음력	일진
1	월	21	庚午	목	23	辛丑	일	24	壬申	화	25	壬寅	금	27	癸酉	일	27	癸卯
2	화	22	辛未	금	24	壬寅	월	25	癸酉	수	26	癸卯	토	28	甲戌	월	28	甲辰
3	수	23	壬申	토	25	癸卯	화	26	甲戌	목	27	甲辰	일	29	乙亥	화	29	乙巳
4	목	24	癸酉	일	26	甲辰	수	27	乙亥	금	28	乙巳	월	30	丙子	11월		丙午
5	금	25	甲戌	월	27	乙巳	목	28	丙子	토	29	丙午	10월		丁丑	목	2	丁未
6	토	26	乙亥	화	28	丙午	금	29	丁丑	9월		丁未	수	2	戊寅	금	3	戊申
7	일	27	丙子	수	29	丁未	8월		戊寅	월	2	戊申	목	3	己卯	토	4	己酉
8	월	28	丁丑	목	30	戊申	일	2	己卯	화	3	己酉	금	4	庚辰	일	5	庚戌
9	화	29	戊寅	7월		己酉	월	3	庚辰	수	4	庚戌	토	5	辛巳	월	6	辛亥
10	6월		己卯	토	2	庚戌	화	4	辛巳	목	5	辛亥	일	6	壬午	화	7	壬子
11	목	2	庚辰	일	3	辛亥	수	5	壬午	금	6	壬子	월	7	癸未	수	8	癸丑
12	금	3	辛巳	월	4	壬子	목	6	癸未	토	7	癸丑	화	8	甲申	목	9	甲寅
13	토	4	壬午	화	5	癸丑	금	7	甲申	일	8	甲寅	수	9	乙酉	금	10	乙卯
14	일	5	癸未	수	6	甲寅	토	8	乙酉	월	9	乙卯	목	10	丙戌	토	11	丙辰
15	월	6	甲申	목	7	乙卯	일	9	丙戌	화	10	丙辰	금	11	丁亥	일	12	丁巳
16	화	7	乙酉	금	8	丙辰	월	10	丁亥	수	11	丁巳	토	12	戊子	월	13	戊午
17	수	8	丙戌	토	9	丁巳	화	11	戊子	목	12	戊午	일	13	己丑	화	14	己未
18	목	9	丁亥	일	10	戊午	수	12	己丑	금	13	己未	월	14	庚寅	수	15	庚申
19	금	10	戊子	월	11	己未	목	13	庚寅	토	14	庚申	화	15	辛卯	목	16	辛酉
20	토	11	己丑	화	12	庚申	금	14	辛卯	일	15	辛酉	수	16	壬辰	금	17	壬戌
21	일	12	庚寅	수	13	辛酉	토	15	壬辰	월	16	壬戌	목	17	癸巳	토	18	癸亥
22	월	13	辛卯	목	14	壬戌	일	16	癸巳	화	17	癸亥	금	18	甲午	일	19	甲子
23	화	14	壬辰	금	15	癸亥	월	17	甲午	수	18	甲子	토	19	乙未	월	20	乙丑
24	수	15	癸巳	토	16	甲子	화	18	乙未	목	19	乙丑	일	20	丙申	화	21	丙寅
25	목	16	甲午	일	17	乙丑	수	19	丙申	금	20	丙寅	월	21	丁酉	수	22	丁卯
26	금	17	乙未	월	18	丙寅	목	20	丁酉	토	21	丁卯	화	22	戊戌	목	23	戊辰
27	토	18	丙申	화	19	丁卯	금	21	戊戌	일	22	戊辰	수	23	己亥	금	24	己巳
28	일	19	丁酉	수	20	戊辰	토	22	己亥	월	23	己巳	목	24	庚子	토	25	庚午
29	월	20	戊戌	목	21	己巳	일	23	庚子	화	24	庚午	금	25	辛丑	일	26	辛未
30	화	21	己亥	금	22	庚午	월	24	辛丑	수	25	辛未	토	26	壬寅	월	27	壬申
31	수	22	庚子	토	23	辛未				목	26	壬申				화	28	癸酉

서기 2003년 계미 **癸未**

월(양력)	1월	2월	3월	4월	5월	6월
월간지	癸丑	甲寅	乙卯	丙辰	丁巳	戊午
절기시작	소한小寒 6일 03:27 대한大寒 20일 20:52	입춘立春 4일 15:05 우수雨水 19일 11:00	경칩驚蟄 6일 09:04 춘분春分 21일 09:59	청명淸明 5일 13:52 곡우穀雨 20일 21:02	입하立夏 6일 07:10 소만小滿 21일 20:12	망종芒種 6일 11:19 하지夏至 22일 14:10

양력	요일	음력	일진	요일	음력	일진	요일	음력	일진	요일	음력	일진	요일	음력	일진	요일	음력	일진
1	수	29	甲戌	토	1월	乙巳	토	29	癸酉	화	30	甲辰	목	4월	甲戌	일	2	乙巳
2	목	30	乙亥	일	2	丙午	일	30	甲戌	수	3월	乙巳	금	2	乙亥	월	3	丙午
3	금	12월	丙子	월	3	丁未	월	2월	乙亥	목	2	丙午	토	3	丙子	화	4	丁未
4	토	2	丁丑	화	4	戊申	화	2	丙子	금	3	丁未	일	4	丁丑	수	5	戊申
5	일	3	戊寅	수	5	己酉	수	3	丁丑	토	4	戊申	월	5	戊寅	목	6	己酉
6	월	4	己卯	목	6	庚戌	목	4	戊寅	일	5	己酉	화	6	己卯	금	7	庚戌
7	화	5	庚辰	금	7	辛亥	금	5	己卯	월	6	庚戌	수	7	庚辰	토	8	辛亥
8	수	6	辛巳	토	8	壬子	토	6	庚辰	화	7	辛亥	목	8	辛巳	일	9	壬子
9	목	7	壬午	일	9	癸丑	일	7	辛巳	수	8	壬子	금	9	壬午	월	10	癸丑
10	금	8	癸未	월	10	甲寅	월	8	壬午	목	9	癸丑	토	10	癸未	화	11	甲寅
11	토	9	甲申	화	11	乙卯	화	9	癸未	금	10	甲寅	일	11	甲申	수	12	乙卯
12	일	10	乙酉	수	12	丙辰	수	10	甲申	토	11	乙卯	월	12	乙酉	목	13	丙辰
13	월	11	丙戌	목	13	丁巳	목	11	乙酉	일	12	丙辰	화	13	丙戌	금	14	丁巳
14	화	12	丁亥	금	14	戊午	금	12	丙戌	월	13	丁巳	수	14	丁亥	토	15	戊午
15	수	13	戊子	토	15	己未	토	13	丁亥	화	14	戊午	목	15	戊子	일	16	己未
16	목	14	己丑	일	16	庚申	일	14	戊子	수	15	己未	금	16	己丑	월	17	庚申
17	금	15	庚寅	월	17	辛酉	월	15	己丑	목	16	庚申	토	17	庚寅	화	18	辛酉
18	토	16	辛卯	화	18	壬戌	화	16	庚寅	금	17	辛酉	일	18	辛卯	수	19	壬戌
19	일	17	壬辰	수	19	癸亥	수	17	辛卯	토	18	壬戌	월	19	壬辰	목	20	癸亥
20	월	18	癸巳	목	20	甲子	목	18	壬辰	일	19	癸亥	화	20	癸巳	금	21	甲子
21	화	19	甲午	금	21	乙丑	금	19	癸巳	월	20	甲子	수	21	甲午	토	22	乙丑
22	수	20	乙未	토	22	丙寅	토	20	甲午	화	21	乙丑	목	22	乙未	일	23	丙寅
23	목	21	丙申	일	23	丁卯	일	21	乙未	수	22	丙寅	금	23	丙申	월	24	丁卯
24	금	22	丁酉	월	24	戊辰	월	22	丙申	목	23	丁卯	토	24	丁酉	화	25	戊辰
25	토	23	戊戌	화	25	己巳	화	23	丁酉	금	24	戊辰	일	25	戊戌	수	26	己巳
26	일	24	己亥	수	26	庚午	수	24	戊戌	토	25	己巳	월	26	己亥	목	27	庚午
27	월	25	庚子	목	27	辛未	목	25	己亥	일	26	庚午	화	27	庚子	금	28	辛未
28	화	26	辛丑	금	28	壬申	금	26	庚子	월	27	辛未	수	28	辛丑	토	29	壬申
29	수	27	壬寅				토	27	辛丑	화	28	壬申	목	29	壬寅	일	30	癸酉
30	목	28	癸卯				일	28	壬寅	수	29	癸酉	금	30	癸卯	월	6월	甲戌
31	금	29	甲辰				월	29	癸卯				토	5월	甲辰			

단기 4336년

월(양력)	7월			8월			9월			10월			11월			12월		
월간지	己未			庚申			辛酉			壬戌			癸亥			甲子		
절기시작	소서小暑 7일 21:35			입추立秋 8일 07:24			백로白露 8일 10:20			한로寒露 9일 02:00			입동立冬 8일 05:12			대설大雪 7일 22:04		
	대서大暑 23일 15:03			처서處暑 23일 22:07			추분秋分 23일 19:46			상강霜降 24일 05:08			소설小雪 23일 02:43			동지冬至 22일 16:03		
양력	요일	음력	일진	요일	음력	일진	요일	음력	일진	요일	음력	일진	요일	음력	일진	요일	음력	일진
1	화	2	乙亥	금	4	丙午	월	5	丁丑	수	6	丁未	토	8	戊寅	월	8	戊申
2	수	3	丙子	토	5	丁未	화	6	戊寅	목	7	戊申	일	9	己卯	화	9	己酉
3	목	4	丁丑	일	6	戊申	수	7	己卯	금	8	己酉	월	10	庚辰	수	10	庚戌
4	금	5	戊寅	월	7	己酉	목	8	庚辰	토	9	庚戌	화	11	辛巳	목	11	辛亥
5	토	6	己卯	화	8	庚戌	금	9	辛巳	일	10	辛亥	수	12	壬午	금	12	壬子
6	일	7	庚辰	수	9	辛亥	토	10	壬午	월	11	壬子	목	13	癸未	토	13	癸丑
7	월	8	辛巳	목	10	壬子	일	11	癸未	화	12	癸丑	금	14	甲申	일	14	甲寅
8	화	9	壬午	금	11	癸丑	월	12	甲申	수	13	甲寅	토	15	乙酉	월	15	乙卯
9	수	10	癸未	토	12	甲寅	화	13	乙酉	목	14	乙卯	일	16	丙戌	화	16	丙辰
10	목	11	甲申	일	13	乙卯	수	14	丙戌	금	15	丙辰	월	17	丁亥	수	17	丁巳
11	금	12	乙酉	월	14	丙辰	목	15	丁亥	토	16	丁巳	화	18	戊子	목	18	戊午
12	토	13	丙戌	화	15	丁巳	금	16	戊子	일	17	戊午	수	19	己丑	금	19	己未
13	일	14	丁亥	수	16	戊午	토	17	己丑	월	18	己未	목	20	庚寅	토	20	庚申
14	월	15	戊子	목	17	己未	일	18	庚寅	화	19	庚申	금	21	辛卯	일	21	辛酉
15	화	16	己丑	금	18	庚申	월	19	辛卯	수	20	辛酉	토	22	壬辰	월	22	壬戌
16	수	17	庚寅	토	19	辛酉	화	20	壬辰	목	21	壬戌	일	23	癸巳	화	23	癸亥
17	목	18	辛卯	일	20	壬戌	수	21	癸巳	금	22	癸亥	월	24	甲午	수	24	甲子
18	금	19	壬辰	월	21	癸亥	목	22	甲午	토	23	甲子	화	25	乙未	목	25	乙丑
19	토	20	癸巳	화	22	甲子	금	23	乙未	일	24	乙丑	수	26	丙申	금	26	丙寅
20	일	21	甲午	수	23	乙丑	토	24	丙申	월	25	丙寅	목	27	丁酉	토	27	丁卯
21	월	22	乙未	목	24	丙寅	일	25	丁酉	화	26	丁卯	금	28	戊戌	일	28	戊辰
22	화	23	丙申	금	25	丁卯	월	26	戊戌	수	27	戊辰	토	29	己亥	월	29	己巳
23	수	24	丁酉	토	26	戊辰	화	27	己亥	목	28	己巳	일	30	更子	12월		庚午
24	목	25	戊戌	일	27	己巳	수	28	更子	금	29	庚午	11월		辛丑	수	2	辛未
25	금	26	己亥	월	28	庚午	목	29	辛丑	10월		辛未	화	2	壬寅	목	3	壬申
26	토	27	更子	화	29	辛未	9월		壬寅	일	2	壬申	수	3	癸卯	금	4	癸酉
27	일	28	辛丑	수	30	壬申	토	2	癸卯	월	3	癸酉	목	4	甲辰	토	5	甲戌
28	월	29	壬寅	8월		癸酉	일	3	甲辰	화	4	甲戌	금	5	乙巳	일	6	乙亥
29	7월		癸卯	금	2	甲戌	월	4	乙巳	수	5	乙亥	토	6	丙午	월	7	丙子
30	수	2	甲辰	토	3	乙亥	화	5	丙午	목	6	丙子	일	7	丁未	화	8	丁丑
31	목	3	乙巳	일	4	丙午				금	7	丁丑				수	9	戊寅

서기 2004년 신묘辛卯

월(양력)	1월			2월			3월			4월			5월			6월		
월간지	乙丑			丙寅			丁卯			戊辰			己巳			庚午		
절기 시작	소한小寒 6일 09:18 대한大寒 21일 02:42			입춘立春 4일 20:55 우수雨水 19일 16:49			경칩驚蟄 5일 14:55 춘분春分 20일 15:48			청명清明 4일 19:43 곡우穀雨 20일 02:50			입하立夏 5일 13:02 소만小滿 21일 01:58			망종亡種 5일 17:13 하지夏至 21일 09:56		
양력	요일	음력	일진	요일	음력	일진	요일	음력	일진	요일	음력	일진	요일	음력	일진	요일	음력	일진
1	목	10	己卯	일	11	庚戌	월	11	己卯	목	12	庚戌	토	13	庚辰	화	14	辛亥
2	금	11	庚辰	월	12	辛亥	화	12	庚辰	금	13	辛亥	일	14	辛巳	수	15	壬子
3	토	12	辛巳	화	13	壬子	수	13	辛巳	토	14	壬子	월	15	壬午	목	16	癸丑
4	일	13	壬午	수	14	癸丑	목	14	壬午	일	15	癸丑	화	16	癸未	금	17	甲寅
5	월	14	癸未	목	15	甲寅	금	15	癸未	월	16	甲寅	수	17	甲申	토	18	乙卯
6	화	15	甲申	금	16	乙卯	토	16	甲申	화	17	乙卯	목	18	乙酉	일	19	丙辰
7	수	16	乙酉	토	17	丙辰	일	17	乙酉	수	18	丙辰	금	19	丙戌	월	20	丁巳
8	목	17	丙戌	일	18	丁巳	월	18	丙戌	목	19	丁巳	토	20	丁亥	화	21	戊午
9	금	18	丁亥	월	19	戊午	화	19	丁亥	금	20	戊午	일	21	戊子	수	22	己未
10	토	19	戊子	화	20	己未	수	20	戊子	토	21	己未	월	22	己丑	목	23	庚申
11	일	20	己丑	수	21	庚申	목	21	己丑	일	22	庚申	화	23	庚寅	금	24	辛酉
12	월	21	庚寅	목	22	辛酉	금	22	庚寅	월	23	辛酉	수	24	辛卯	토	25	壬戌
13	화	22	辛卯	금	23	壬戌	토	23	辛卯	화	24	壬戌	목	25	壬辰	일	26	癸亥
14	수	23	壬辰	토	24	癸亥	일	24	壬辰	수	25	癸亥	금	26	癸巳	월	27	甲子
15	목	24	癸巳	일	25	甲子	월	25	癸巳	목	26	甲子	토	27	甲午	화	28	乙丑
16	금	25	甲午	월	26	乙丑	화	26	甲午	금	27	乙丑	일	28	乙未	수	29	丙寅
17	토	26	乙未	화	27	丙寅	수	27	乙未	토	28	丙寅	월	29	丙申	목	30	丁卯
18	일	27	丙申	수	28	丁卯	목	28	丙申	일	29	丁卯	화	30	丁酉	5월		戊辰
19	월	28	丁酉	목	29	戊辰	금	29	丁酉	3월		戊辰	4월		戊戌	토	2	己巳
20	화	29	戊戌	2월		己巳	토	30	戊戌	화	2	己巳	목	2	己亥	일	3	庚午
21	수	30	己亥	토	2	庚午	윤2월		己亥	수	3	庚午	금	3	更子	월	4	辛未
22	1월		更子	일	3	辛未	월	2	更子	목	4	辛未	토	4	辛丑	화	5	壬申
23	금	2	辛丑	월	4	壬申	화	3	辛丑	금	5	壬申	일	5	壬寅	수	6	癸酉
24	토	3	壬寅	화	5	癸酉	수	4	壬寅	토	6	癸酉	월	6	癸卯	목	7	甲戌
25	일	4	癸卯	수	6	甲戌	목	5	癸卯	일	7	甲戌	화	7	甲辰	금	8	乙亥
26	월	5	甲辰	목	7	乙亥	금	6	甲辰	월	8	乙亥	수	8	乙巳	토	9	丙子
27	화	6	乙巳	금	8	丙子	토	7	乙巳	화	9	丙子	목	9	丙午	일	10	丁丑
28	수	7	丙午	토	9	丁丑	일	8	丙午	수	10	丁丑	금	10	丁未	월	11	戊寅
29	목	8	丁未				월	9	丁未	목	11	戊寅	토	11	戊申	화	12	己卯
30	금	9	戊申				화	10	戊申	금	12	己卯	일	12	己酉	수	13	庚辰
31	토	10	己酉				수	11	己酉				월	13	庚戌			

운이 좋아지는 사주 공부

단기 4337년

월(양력)	7월			8월			9월			10월			11월			12월		
월간지	辛未			壬申			癸酉			甲戌			乙亥			丙子		
절기시작	소서小暑 7일 03:31			입추立秋 7일 13:19			백로白露 7일 16:12			한로寒露 8일 07:49			입동立冬 7일 10:58			대설大雪 7일 03:48		
	대서大暑 22일 20:49			처서處暑 23일 03:53			추분秋分 23일 01:29			상강霜降 23일 10:48			소설小雪 22일 08:21			동지冬至 21일 21:41		
양력	요일	음력	일진	요일	음력	일진	요일	음력	일진	요일	음력	일진	요일	음력	일진	요일	음력	일진
1	목	14	辛巳	일	16	壬子	수	17	癸未	금	18	癸丑	월	19	甲申	수	20	甲寅
2	금	15	壬午	월	17	癸丑	목	18	甲申	토	19	甲寅	화	20	乙酉	목	21	乙卯
3	토	16	癸未	화	18	甲寅	금	19	乙酉	일	20	乙卯	수	21	丙戌	금	22	丙辰
4	일	17	甲申	수	19	乙卯	토	20	丙戌	월	21	丙辰	목	22	丁亥	토	23	丁巳
5	월	18	乙酉	목	20	丙辰	일	21	丁亥	화	22	丁巳	금	23	戊子	일	24	戊午
6	화	19	丙戌	금	21	丁巳	월	22	戊子	수	23	戊午	토	24	己丑	월	25	己未
7	수	20	丁亥	토	22	戊午	화	23	己丑	목	24	己未	일	25	庚寅	화	26	庚申
8	목	21	戊子	일	23	己未	수	24	庚寅	금	25	庚申	월	26	辛卯	수	27	辛酉
9	금	22	己丑	월	24	庚申	목	25	辛卯	토	26	辛酉	화	27	壬辰	목	28	壬戌
10	토	23	庚寅	화	25	辛酉	금	26	壬辰	일	27	壬戌	수	28	癸巳	금	29	癸亥
11	일	24	辛卯	수	26	壬戌	토	27	癸巳	월	28	癸亥	목	29	甲午	토	30	甲子
12	월	25	壬辰	목	27	癸亥	일	28	甲午	화	29	甲子	금	10월	乙未	일	11월	乙丑
13	화	26	癸巳	금	28	甲子	월	29	乙未	수	30	乙丑	토	2	丙申	월	2	丙寅
14	수	27	甲午	토	29	乙丑	화	8월	丙申	목	9월	丙寅	일	3	丁酉	화	3	丁卯
15	목	28	乙未	일	30	丙寅	수	2	丁酉	금	2	丁卯	월	4	戊戌	수	4	戊辰
16	금	29	丙申	월	7월	丁卯	목	3	戊戌	토	3	戊辰	화	5	己亥	목	5	己巳
17	토	6월	丁酉	화	2	戊辰	금	4	己亥	일	4	己巳	수	6	庚子	금	6	庚午
18	일	2	戊戌	수	3	己巳	토	5	庚子	월	5	庚午	목	7	辛丑	토	7	辛未
19	월	3	己亥	목	4	庚午	일	6	辛丑	화	6	辛未	금	8	壬寅	일	8	壬申
20	화	4	庚子	금	5	辛未	월	7	壬寅	수	7	壬申	토	9	癸卯	월	9	癸酉
21	수	5	辛丑	토	6	壬申	화	8	癸卯	목	8	癸酉	일	10	甲辰	화	10	甲戌
22	목	6	壬寅	일	7	癸酉	수	9	甲辰	금	9	甲戌	월	11	乙巳	수	11	乙亥
23	금	7	癸卯	월	8	甲戌	목	10	乙巳	토	10	乙亥	화	12	丙午	목	12	丙子
24	토	8	甲辰	화	9	乙亥	금	11	丙午	일	11	丙子	수	13	丁未	금	13	丁丑
25	일	9	乙巳	수	10	丙子	토	12	丁未	월	12	丁丑	목	14	戊申	토	14	戊寅
26	월	10	丙午	목	11	丁丑	일	13	戊申	화	13	戊寅	금	15	己酉	일	15	己卯
27	화	11	丁未	금	12	戊寅	월	14	己酉	수	14	己卯	토	16	庚戌	월	16	庚辰
28	수	12	戊申	토	13	己卯	화	15	庚戌	목	15	庚辰	일	17	辛亥	화	17	辛巳
29	목	13	己酉	일	14	庚辰	수	16	辛亥	금	16	辛巳	월	18	壬子	수	18	壬午
30	금	14	庚戌	월	15	辛巳	목	17	壬子	토	17	壬午	화	19	癸丑	목	19	癸未
31	토	15	辛亥	화	16	壬午				일	18	癸未				금	20	甲申

서기 2005년 **을유乙酉**

월(양력)	1월			2월			3월			4월			5월			6월		
월간지	丁丑			戊寅			己卯			庚辰			辛巳			壬午		
절기시작	소한小寒 5일 15:02			입춘立春 4일 02:42			경칩驚蟄 5일 20:44			청명淸明 5일 01:34			입하立夏 5일 18:52			망종亡種 5일 23:01		
	대한大寒 20일 08:21			우수雨水 18일 22:31			춘분春分 20일 21:33			곡우穀雨 20일 08:36			소만小滿 21일 07:47			하지夏至 21일 15:45		
양력	요일	음력	일진	요일	음력	일진	요일	음력	일진	요일	음력	일진	요일	음력	일진	요일	음력	일진
1	토	21	乙酉	화	23	丙辰	화	21	甲申	금	23	乙卯	일	23	乙酉	수	25	丙辰
2	일	22	丙戌	수	24	丁巳	수	22	乙酉	토	24	丙辰	월	24	丙戌	목	26	丁巳
3	월	23	丁亥	목	25	戊午	목	23	丙戌	일	25	丁巳	화	25	丁亥	금	27	戊午
4	화	24	戊子	금	26	己未	금	24	丁亥	월	26	戊午	수	26	戊子	토	28	己未
5	수	25	己丑	토	27	庚申	토	25	戊子	화	27	己未	목	27	己丑	일	29	庚申
6	목	26	庚寅	일	28	辛酉	일	26	己丑	수	28	庚申	금	28	庚寅	월	30	辛酉
7	금	27	辛卯	월	29	壬戌	월	27	庚寅	목	29	辛酉	토	29	辛卯	5월		壬戌
8	토	28	壬辰	화	30	癸亥	화	28	辛卯	금	30	壬戌	4월		壬辰	수	2	癸亥
9	일	29	癸巳	1월		甲子	수	29	壬辰	3월		癸亥	월	2	癸巳	목	3	甲子
10	12월		甲午	목	2	乙丑	2월		癸巳	일	2	甲子	화	3	甲午	금	4	乙丑
11	화	2	乙未	금	3	丙寅	금	2	甲午	월	3	乙丑	수	4	乙未	토	5	丙寅
12	수	3	丙申	토	4	丁卯	토	3	乙未	화	4	丙寅	목	5	丙申	일	6	丁卯
13	목	4	丁酉	일	5	戊辰	일	4	丙申	수	5	丁卯	금	6	丁酉	월	7	戊辰
14	금	5	戊戌	월	6	己巳	월	5	丁酉	목	6	戊辰	토	7	戊戌	화	8	己巳
15	토	6	己亥	화	7	庚午	화	6	戊戌	금	7	己巳	일	8	己亥	수	9	庚午
16	일	7	庚子	수	8	辛未	수	7	己亥	토	8	庚午	월	9	庚子	목	10	辛未
17	월	8	辛丑	목	9	壬申	목	8	庚子	일	9	辛未	화	10	辛丑	금	11	壬申
18	화	9	壬寅	금	10	癸酉	금	9	辛丑	월	10	壬申	수	11	壬寅	토	12	癸酉
19	수	10	癸卯	토	11	甲戌	토	10	壬寅	화	11	癸酉	목	12	癸卯	일	13	甲戌
20	목	11	甲辰	일	12	乙亥	일	11	癸卯	수	12	甲戌	금	13	甲辰	월	14	乙亥
21	금	12	乙巳	월	13	丙子	월	12	甲辰	목	13	乙亥	토	14	乙巳	화	15	丙子
22	토	13	丙午	화	14	丁丑	화	13	乙巳	금	14	丙子	일	15	丙午	수	16	丁丑
23	일	14	丁未	수	15	戊寅	수	14	丙午	토	15	丁丑	월	16	丁未	목	17	戊寅
24	월	15	戊申	목	16	己卯	목	15	丁未	일	16	戊寅	화	17	戊申	금	18	己卯
25	화	16	己酉	금	17	庚辰	금	16	戊申	월	17	己卯	수	18	己酉	토	19	庚辰
26	수	17	庚戌	토	18	辛巳	토	17	己酉	화	18	庚辰	목	19	庚戌	일	20	辛巳
27	목	18	辛亥	일	19	壬午	일	18	庚戌	수	19	辛巳	금	20	辛亥	월	21	壬午
28	금	19	壬子	월	20	癸未	월	19	辛亥	목	20	壬午	토	21	壬子	화	22	癸未
29	토	20	癸丑				화	20	壬子	금	21	癸未	일	22	癸丑	수	23	甲申
30	일	21	甲寅				수	21	癸丑	토	22	甲申	월	23	甲寅	목	24	乙酉
31	월	22	乙卯				목	22	甲寅				화	24	乙卯			

단기 4338년

월(양력)	7월			8월			9월			10월			11월			12월		
월간지	癸未			甲申			乙酉			丙戌			丁亥			戊子		
절기 시작	소서小暑 7일 09:16			입추立秋 7일 19:03			백로白露 7일 21:56			한로寒露 8일 13:33			입동立冬 7일 16:42			대설大雪 7일 09:32		
	대서大暑 23일 02:40			처서處暑 23일 09:45			추분秋分 23일 07:22			상강霜降 23일 16:42			소설小雪 22일 14:14			동지冬至 22일 03:34		
양력	요일	음력	일진	요일	음력	일진	요일	음력	일진	요일	음력	일진	요일	음력	일진	요일	음력	일진
1	금	25	丙戌	월	27	丁巳	목	28	戊子	토	28	戊午	화	30	己丑	목	30	己未
2	토	26	丁亥	화	28	戊午	금	29	己丑	일	29	己未	10월		庚寅	11월		庚申
3	일	27	戊子	수	29	己未	토	30	庚寅	9월		庚申	목	2	辛卯	토	2	辛酉
4	월	28	己丑	목	30	庚申	8월		辛卯	화	2	辛酉	금	3	壬辰	일	3	壬戌
5	화	29	庚寅	7월		辛酉	월	2	壬辰	수	3	壬戌	토	4	癸巳	월	4	癸亥
6	6월		辛卯	토	2	壬戌	화	3	癸巳	목	4	癸亥	일	5	甲午	화	5	甲子
7	목	2	壬辰	일	3	癸亥	수	4	甲午	금	5	甲子	월	6	乙未	수	6	乙丑
8	금	3	癸巳	월	4	甲子	목	5	乙未	토	6	乙丑	화	7	丙申	목	7	丙寅
9	토	4	甲午	화	5	乙丑	금	6	丙申	일	7	丙寅	수	8	丁酉	금	8	丁卯
10	일	5	乙未	수	6	丙寅	토	7	丁酉	월	8	丁卯	목	9	戊戌	토	9	戊辰
11	월	6	丙申	목	7	丁卯	일	8	戊戌	화	9	戊辰	금	10	己亥	일	10	己巳
12	화	7	丁酉	금	8	戊辰	월	9	己亥	수	10	己巳	토	11	庚子	월	11	庚午
13	수	8	戊戌	토	9	己巳	화	10	庚子	목	11	庚午	일	12	辛丑	화	12	辛未
14	목	9	己亥	일	10	庚午	수	11	辛丑	금	12	辛未	월	13	壬寅	수	13	壬申
15	금	10	庚子	월	11	辛未	목	12	壬寅	토	13	壬申	화	14	癸卯	목	14	癸酉
16	토	11	辛丑	화	12	壬申	금	13	癸卯	일	14	癸酉	수	15	甲辰	금	15	甲戌
17	일	12	壬寅	수	13	癸酉	토	14	甲辰	월	15	甲戌	목	16	乙巳	토	16	乙亥
18	월	13	癸卯	목	14	甲戌	일	15	乙巳	화	16	乙亥	금	17	丙午	일	17	丙子
19	화	14	甲辰	금	15	乙亥	월	16	丙午	수	17	丙子	토	18	丁未	월	18	丁丑
20	수	15	乙巳	토	16	丙子	화	17	丁未	목	18	丁丑	일	19	戊申	화	19	戊寅
21	목	16	丙午	일	17	丁丑	수	18	戊申	금	19	戊寅	월	20	己酉	수	20	己卯
22	금	17	丁未	월	18	戊寅	목	19	己酉	토	20	己卯	화	21	庚戌	목	21	庚辰
23	토	18	戊申	화	19	己卯	금	20	庚戌	일	21	庚辰	수	22	辛亥	금	22	辛巳
24	일	19	己酉	수	20	庚辰	토	21	辛亥	월	22	辛巳	목	23	壬子	토	23	壬午
25	월	20	庚戌	목	21	辛巳	일	22	壬子	화	23	壬午	금	24	癸丑	일	24	癸未
26	화	21	辛亥	금	22	壬午	월	23	癸丑	수	24	癸未	토	25	甲寅	월	25	甲申
27	수	22	壬子	토	23	癸未	화	24	甲寅	목	25	甲申	일	26	乙卯	화	26	乙酉
28	목	23	癸丑	일	24	甲申	수	25	乙卯	금	26	乙酉	월	27	丙辰	수	27	丙戌
29	금	24	甲寅	월	25	乙酉	목	26	丙辰	토	27	丙戌	화	28	丁巳	목	28	丁亥
30	토	25	乙卯	화	26	丙戌	금	27	丁巳	일	28	丁亥	수	29	戊午	금	29	戊子
31	일	26	丙辰	수	27	丁亥				월	29	戊子				12월		己丑

서기 2006년 병무丙戌

월(양력)	1월			2월			3월			4월			5월			6월		
월간지	己丑			庚寅			辛卯			壬辰			癸巳			甲午		
절기시작	소한小寒 5일 20:46 대한大寒 20일 14:15			입춘立春 4일 08:27 우수雨水 19일 04:25			경칩驚蟄 6일 02:28 춘분春分 21일 03:25			청명淸明 5일 07:15 곡우穀雨 20일 14:25			입하立夏 6일 00:30 소만小滿 21일 13:31			망종亡種 6일 04:36 하지夏至 21일 21:25		
양력	요일	음력	일진	요일	음력	일진	요일	음력	일진	요일	음력	일진	요일	음력	일진	요일	음력	일진
1	일	2	庚寅	수	4	辛酉	수	2	己丑	토	4	庚申	월	4	庚寅	목	6	辛酉
2	월	3	辛卯	목	5	壬戌	목	3	庚寅	일	5	辛酉	화	5	辛卯	금	7	壬戌
3	화	4	壬辰	금	6	癸亥	금	4	辛卯	월	6	壬戌	수	6	壬辰	토	8	癸亥
4	수	5	癸巳	토	7	甲子	토	5	壬辰	화	7	癸亥	목	7	癸巳	일	9	甲子
5	목	6	甲午	일	8	乙丑	일	6	癸巳	수	8	甲子	금	8	甲午	월	10	乙丑
6	금	7	乙未	월	9	丙寅	월	7	甲午	목	9	乙丑	토	9	乙未	화	11	丙寅
7	토	8	丙申	화	10	丁卯	화	8	乙未	금	10	丙寅	일	10	丙申	수	12	丁卯
8	일	9	丁酉	수	11	戊辰	수	9	丙申	토	11	丁卯	월	11	丁酉	목	13	戊辰
9	월	10	戊戌	목	12	己巳	목	10	丁酉	일	12	戊辰	화	12	戊戌	금	14	己巳
10	화	11	己亥	금	13	庚午	금	11	戊戌	월	13	己巳	수	13	己亥	토	15	庚午
11	수	12	庚子	토	14	辛未	토	12	己亥	화	14	庚午	목	14	庚子	일	16	辛未
12	목	13	辛丑	일	15	壬申	일	13	庚子	수	15	辛未	금	15	辛丑	월	17	壬申
13	금	14	壬寅	월	16	癸酉	월	14	辛丑	목	16	壬申	토	16	壬寅	화	18	癸酉
14	토	15	癸卯	화	17	甲戌	화	15	壬寅	금	17	癸酉	일	17	癸卯	수	19	甲戌
15	일	16	甲辰	수	18	乙亥	수	16	癸卯	토	18	甲戌	월	18	甲辰	목	20	乙亥
16	월	17	乙巳	목	19	丙子	목	17	甲辰	일	19	乙亥	화	19	乙巳	금	21	丙子
17	화	18	丙午	금	20	丁丑	금	18	乙巳	월	20	丙子	수	20	丙午	토	22	丁丑
18	수	19	丁未	토	21	戊寅	토	19	丙午	화	21	丁丑	목	21	丁未	일	23	戊寅
19	목	20	戊申	일	22	己卯	일	20	丁未	수	22	戊寅	금	22	戊申	월	24	己卯
20	금	21	己酉	월	23	庚辰	월	21	戊申	목	23	己卯	토	23	己酉	화	25	庚辰
21	토	22	庚戌	화	24	辛巳	화	22	己酉	금	24	庚辰	일	24	庚戌	수	26	辛巳
22	일	23	辛亥	수	25	壬午	수	23	庚戌	토	25	辛巳	월	25	辛亥	목	27	壬午
23	월	24	壬子	목	26	癸未	목	24	辛亥	일	26	壬午	화	26	壬子	금	28	癸未
24	화	25	癸丑	금	27	甲申	금	25	壬子	월	27	癸未	수	27	癸丑	토	29	甲申
25	수	26	甲寅	토	28	乙酉	토	26	癸丑	화	28	甲申	목	28	甲寅	일	30	乙酉
26	목	27	乙卯	일	29	丙戌	일	27	甲寅	수	29	乙酉	금	29	乙卯	6월		丙戌
27	금	28	丙辰	월	30	丁亥	월	28	乙卯	목	30	丙戌	5월		丙辰	화	2	丁亥
28	토	29	丁巳	2월		戊子	화	29	丙辰	4월		丁亥	일	2	丁巳	수	3	戊子
29	1월		戊午				3월		丁巳	토	2	戊子	월	3	戊午	목	4	己丑
30	월	2	己未				목	2	戊午	일	3	己丑	화	4	己未	금	5	庚寅
31	화	3	庚申				금	3	己未				수	5	庚申			

단기 4339년

월(양력)	7월			8월			9월			10월			11월			12월		
월간지	乙未			丙申			丁酉			戊戌			己亥			庚子		
절기시작	소서小暑 7일 14:51			입추立秋 8일 00:40			백로白露 8일 03:38			한로寒露 8일 19:21			입동立冬 7일 22:34			대설大雪 7일 15:26		
	대서大暑 23일 08:17			처서處暑 23일 15:22			추분秋分 23일 13:03			상강霜降 23일 22:26			소설小雪 22일 20:01			동지冬至 22일 09:21		
양력	요일	음력	일진	요일	음력	일진	요일	음력	일진	요일	음력	일진	요일	음력	일진	요일	음력	일진
1	토	6	辛卯	화	8	壬戌	금	9	癸巳	일	10	癸亥	수	11	甲午	금	11	甲子
2	일	7	壬辰	수	9	癸亥	토	10	甲午	월	11	甲子	목	12	乙未	토	12	乙丑
3	월	8	癸巳	목	10	甲子	일	11	乙未	화	12	乙丑	금	13	丙申	일	13	丙寅
4	화	9	甲午	금	11	乙丑	월	12	丙申	수	13	丙寅	토	14	丁酉	월	14	丁卯
5	수	10	乙未	토	12	丙寅	화	13	丁酉	목	14	丁卯	일	15	戊戌	화	15	戊辰
6	목	11	丙申	일	13	丁卯	수	14	戊戌	금	15	戊辰	월	16	己亥	수	16	己巳
7	금	12	丁酉	월	14	戊辰	목	15	己亥	토	16	己巳	화	17	庚子	목	17	庚午
8	토	13	戊戌	화	15	己巳	금	16	庚子	일	17	庚午	수	18	辛丑	금	18	辛未
9	일	14	己亥	수	16	庚午	토	17	辛丑	월	18	辛未	목	19	壬寅	토	19	壬申
10	월	15	庚子	목	17	辛未	일	18	壬寅	화	19	壬申	금	20	癸卯	일	20	癸酉
11	화	16	辛丑	금	18	壬申	월	19	癸卯	수	20	癸酉	토	21	甲辰	월	21	甲戌
12	수	17	壬寅	토	19	癸酉	화	20	甲辰	목	21	甲戌	일	22	乙巳	화	22	乙亥
13	목	18	癸卯	일	20	甲戌	수	21	乙巳	금	22	乙亥	월	23	丙午	수	23	丙子
14	금	19	甲辰	월	21	乙亥	목	22	丙午	토	23	丙子	화	24	丁未	목	24	丁丑
15	토	20	乙巳	화	22	丙子	금	23	丁未	일	24	丁丑	수	25	戊申	금	25	戊寅
16	일	21	丙午	수	23	丁丑	토	24	戊申	월	25	戊寅	목	26	己酉	토	26	己卯
17	월	22	丁未	목	24	戊寅	일	25	己酉	화	26	己卯	금	27	庚戌	일	27	庚辰
18	화	23	戊申	금	25	己卯	월	26	庚戌	수	27	庚辰	토	28	辛亥	월	28	辛巳
19	수	24	己酉	토	26	庚辰	화	27	辛亥	목	28	辛巳	일	29	壬子	화	29	壬午
20	목	25	庚戌	일	27	辛巳	수	28	壬子	금	29	壬午	월	30	癸丑	11월	1	癸未
21	금	26	辛亥	월	28	壬午	목	29	癸丑	토	30	癸未	10월	1	甲寅	목	2	甲申
22	토	27	壬子	화	29	癸未	8월	1	甲寅	9월	1	甲申	수	2	乙卯	금	3	乙酉
23	일	28	癸丑	수	30	甲申	토	2	乙卯	월	2	乙酉	목	3	丙辰	토	4	丙戌
24	월	29	甲寅	윤7월	1	乙酉	일	3	丙辰	화	3	丙戌	금	4	丁巳	일	5	丁亥
25	7월	1	乙卯	금	2	丙戌	월	4	丁巳	수	4	丁亥	토	5	戊午	월	6	戊子
26	수	2	丙辰	토	3	丁亥	화	5	戊午	목	5	戊子	일	6	己未	화	7	己丑
27	목	3	丁巳	일	4	戊子	수	6	己未	금	6	己丑	월	7	庚申	수	8	庚寅
28	금	4	戊午	월	5	己丑	목	7	庚申	토	7	庚寅	화	8	辛酉	목	9	辛卯
29	토	5	己未	화	6	庚寅	금	8	辛酉	일	8	辛卯	수	9	壬戌	금	10	壬辰
30	일	6	庚申	수	7	辛卯	토	9	壬戌	월	9	壬辰	목	10	癸亥	토	11	癸巳
31	월	7	辛酉	목	8	壬辰				화	10	癸巳				일	12	甲午

단기 2007년 정해 丁亥

월(양력)	1월			2월			3월			4월			5월			6월		
월간지	辛丑			壬寅			癸卯			甲辰			乙巳			丙午		
절기시작	소한小寒 6일 02:39			입춘立春 4일 14:17			경칩驚蟄 6일 08:17			청명淸明 5일 13:04			입하立夏 6일 06:20			망종芒種 6일 10:26		
	대한大寒 20일 20:00			우수雨水 19일 10:08			춘분春分 21일 09:07			곡우穀雨 20일 20:06			소만小滿 21일 19:11			하지夏至 22일 03:06		
양력	요일	음력	일진	요일	음력	일진	요일	음력	일진	요일	음력	일진	요일	음력	일진	요일	음력	일진
1	월	13	乙未	목	14	丙寅	목	12	甲午	일	14	乙丑	화	15	乙未	금	16	丙寅
2	화	14	丙申	금	15	丁卯	금	13	乙未	월	15	丙寅	수	16	丙申	토	17	丁卯
3	수	15	丁酉	토	16	戊辰	토	14	丙申	화	16	丁卯	목	17	丁酉	일	18	戊辰
4	목	16	戊戌	일	17	己巳	일	15	丁酉	수	17	戊辰	금	18	戊戌	월	19	己巳
5	금	17	己亥	월	18	庚午	월	16	戊戌	목	18	己巳	토	19	己亥	화	20	庚午
6	토	18	庚子	화	19	辛未	화	17	己亥	금	19	庚午	일	20	庚子	수	21	辛未
7	일	19	辛丑	수	20	壬申	수	18	庚子	토	20	辛未	월	21	辛丑	목	22	壬申
8	월	20	壬寅	목	21	癸酉	목	19	辛丑	일	21	壬申	화	22	壬寅	금	23	癸酉
9	화	21	癸卯	금	22	甲戌	금	20	壬寅	월	22	癸酉	수	23	癸卯	토	24	甲戌
10	수	22	甲辰	토	23	乙亥	토	21	癸卯	화	23	甲戌	목	24	甲辰	일	25	乙亥
11	목	23	乙巳	일	24	丙子	일	22	甲辰	수	24	乙亥	금	25	乙巳	월	26	丙子
12	금	24	丙午	월	25	丁丑	월	23	乙巳	목	25	丙子	토	26	丙午	화	27	丁丑
13	토	25	丁未	화	26	戊寅	화	24	丙午	금	26	丁丑	일	27	丁未	수	28	戊寅
14	일	26	戊申	수	27	己卯	수	25	丁未	토	27	戊寅	월	28	戊申	목	29	己卯
15	월	27	己酉	목	28	庚辰	목	26	戊申	일	28	己卯	화	29	己酉	5월		庚辰
16	화	28	庚戌	금	29	辛巳	금	27	己酉	월	29	庚辰	수	30	庚戌	토	2	辛巳
17	수	29	辛亥	토	30	壬午	토	28	庚戌	3월		辛巳	4월		辛亥	일	3	壬午
18	목	30	壬子	1월		癸未	일	29	辛亥	수	2	壬午	금	2	壬子	월	4	癸未
19	12월		癸丑	월	2	甲申	2월		壬子	목	3	癸未	토	3	癸丑	화	5	甲申
20	토	2	甲寅	화	3	乙酉	화	2	癸丑	금	4	甲申	일	4	甲寅	수	6	乙酉
21	일	3	乙卯	수	4	丙戌	수	3	甲寅	토	5	乙酉	월	5	乙卯	목	7	丙戌
22	월	4	丙辰	목	5	丁亥	목	4	乙卯	일	6	丙戌	화	6	丙辰	금	8	丁亥
23	화	5	丁巳	금	6	戊子	금	5	丙辰	월	7	丁亥	수	7	丁巳	토	9	戊子
24	수	6	戊午	토	7	己丑	토	6	丁巳	화	8	戊子	목	8	戊午	일	10	己丑
25	목	7	己未	일	8	庚寅	일	7	戊午	수	9	己丑	금	9	己未	월	11	庚寅
26	금	8	庚申	월	9	辛卯	월	8	己未	목	10	庚寅	토	10	庚申	화	12	辛卯
27	토	9	辛酉	화	10	壬辰	화	9	庚申	금	11	辛卯	일	11	辛酉	수	13	壬辰
28	일	10	壬戌	수	11	癸巳	수	10	辛酉	토	12	壬辰	월	12	壬戌	목	14	癸巳
29	월	11	癸亥				목	11	壬戌	일	13	癸巳	화	13	癸亥	금	15	甲午
30	화	12	甲子				금	12	癸亥	월	14	甲午	수	14	甲子	토	16	乙未
31	수	13	乙丑				토	13	甲子				목	15	乙丑			

단기 4340년

월(양력)	7월			8월			9월			10월			11월			12월		
월간지	丁未			戊申			己酉			庚戌			辛亥			壬子		
절기 시작	소서小暑 7일 20:41			입추立秋 8일 06:30			백로白露 8일 09:29			한로寒露 9일 01:11			입동立冬 8일 04:23			대설大雪 7일 21:13		
	대서大暑 23일 13:59			처서處暑 23일 21:07			추분秋分 23일 18:50			상강霜降 24일 04:15			소설小雪 23일 01:49			동지冬至 22일 15:07		
양력	요일	음력	일진	요일	음력	일진	요일	음력	일진	요일	음력	일진	요일	음력	일진	요일	음력	일진
1	일	17	丙申	수	19	丁卯	토	20	戊戌	월	21	戊辰	목	22	己亥	토	22	己巳
2	월	18	丁酉	목	20	戊辰	일	21	己亥	화	22	己巳	금	23	庚子	일	23	庚午
3	화	19	戊戌	금	21	己巳	월	22	庚子	수	23	庚午	토	24	辛丑	월	24	辛未
4	수	20	己亥	토	22	庚午	화	23	辛丑	목	24	辛未	일	25	壬寅	화	25	壬申
5	목	21	庚子	일	23	辛未	수	24	壬寅	금	25	壬申	월	26	癸卯	수	26	癸酉
6	금	22	辛丑	월	24	壬申	목	25	癸卯	토	26	癸酉	화	27	甲辰	목	27	甲戌
7	토	23	壬寅	화	25	癸酉	금	26	甲辰	일	27	甲戌	수	28	乙巳	금	28	乙亥
8	일	24	癸卯	수	26	甲戌	토	27	乙巳	월	28	乙亥	목	29	丙午	토	29	丙子
9	월	25	甲辰	목	27	乙亥	일	28	丙午	화	29	丙子	금	30	丁未	일	30	丁丑
10	화	26	乙巳	금	28	丙子	월	29	丁未	수	30	丁丑	토	10월	戊申	월	11월	戊寅
11	수	27	丙午	토	29	丁丑	화	8월	戊申	목	9월	戊寅	일	2	己酉	화	2	己卯
12	목	28	丁未	일	30	戊寅	수	2	己酉	금	2	己卯	월	3	庚戌	수	3	庚辰
13	금	29	戊申	월	7월	己卯	목	3	庚戌	토	3	庚辰	화	4	辛亥	목	4	辛巳
14	토	6월	己酉	화	2	庚辰	금	4	辛亥	일	4	辛巳	수	5	壬子	금	5	壬午
15	일	2	庚戌	수	3	辛巳	토	5	壬子	월	5	壬午	목	6	癸丑	토	6	癸未
16	월	3	辛亥	목	4	壬午	일	6	癸丑	화	6	癸未	금	7	甲寅	일	7	甲申
17	화	4	壬子	금	5	癸未	월	7	甲寅	수	7	甲申	토	8	乙卯	월	8	乙酉
18	수	5	癸丑	토	6	甲申	화	8	乙卯	목	8	乙酉	일	9	丙辰	화	9	丙戌
19	목	6	甲寅	일	7	乙酉	수	9	丙辰	금	9	丙戌	월	10	丁巳	수	10	丁亥
20	금	7	乙卯	월	8	丙戌	목	10	丁巳	토	10	丁亥	화	11	戊午	목	11	戊子
21	토	8	丙辰	화	9	丁亥	금	11	戊午	일	11	戊子	수	12	己未	금	12	己丑
22	일	9	丁巳	수	10	戊子	토	12	己未	월	12	己丑	목	13	庚申	토	13	庚寅
23	월	10	戊午	목	11	己丑	일	13	庚申	화	13	庚寅	금	14	辛酉	일	14	辛卯
24	화	11	己未	금	12	庚寅	월	14	辛酉	수	14	辛卯	토	15	壬戌	월	15	壬辰
25	수	12	庚申	토	13	辛卯	화	15	壬戌	목	15	壬辰	일	16	癸亥	화	16	癸巳
26	목	13	辛酉	일	14	壬辰	수	16	癸亥	금	16	癸巳	월	17	甲子	수	17	甲午
27	금	14	壬戌	월	15	癸巳	목	17	甲子	토	17	甲午	화	18	乙丑	목	18	乙未
28	토	15	癸亥	화	16	甲午	금	18	乙丑	일	18	乙未	수	19	丙寅	금	19	丙申
29	일	16	甲子	수	17	乙未	토	19	丙寅	월	19	丙申	목	20	丁卯	토	20	丁酉
30	월	17	乙丑	목	18	丙申	일	20	丁卯	화	20	丁酉	금	21	戊辰	일	21	戊戌
31	화	18	丙寅	금	19	丁酉				수	21	戊戌				월	22	己亥

서기 2008년 **무자戊子**

월(양력)	1월			2월			3월			4월			5월			6월		
월간지	癸丑			甲寅			乙卯			丙辰			丁巳			戊午		
절기시작	소한小寒 6일 08:24			입춘立春 4일 20:00			경칩驚蟄 5일 13:58			청명淸明 4일 18:45			입하立夏 5일 12:03			망종亡種 5일 16:11		
	대한大寒 21일 01:43			우수雨水 19일 15:49			춘분春分 20일 14:47			곡우穀雨 20일 01:50			소만小滿 21일 01:00			하지夏至 21일 08:59		
양력	요일	음력	일진	요일	음력	일진	요일	음력	일진	요일	음력	일진	요일	음력	일진	요일	음력	일진
1	화	23	庚午	금	25	辛未	토	24	庚子	화	25	辛未	목	26	辛丑	일	28	壬申
2	수	24	辛丑	토	26	壬申	일	25	辛丑	수	26	壬申	금	27	壬寅	월	29	癸酉
3	목	25	壬寅	일	27	癸酉	월	26	壬寅	목	27	癸酉	토	28	癸卯	화	30	甲戌
4	금	26	癸卯	월	28	甲戌	화	27	癸卯	금	28	甲戌	일	29	甲辰	5월		乙亥
5	토	27	甲辰	화	29	乙亥	수	28	甲辰	토	29	乙亥	4월		乙巳	목	2	丙子
6	일	28	乙巳	수	30	丙子	목	29	乙巳	3월		丙子	화	2	丙午	금	3	丁丑
7	월	29	丙午	1월		丁丑	금	30	丙午	월	2	丁丑	수	3	丁未	토	4	戊寅
8	12월		丁未	금	2	戊寅	2월		丁未	화	3	戊寅	목	4	戊申	일	5	己卯
9	수	2	戊申	토	3	己卯	일	2	戊申	수	4	己卯	금	5	己酉	월	6	庚辰
10	목	3	己酉	일	4	庚辰	월	3	己酉	목	5	庚辰	토	6	庚戌	화	7	辛巳
11	금	4	庚戌	월	5	辛巳	화	4	庚戌	금	6	辛巳	일	7	辛亥	수	8	壬午
12	토	5	辛亥	화	6	壬午	수	5	辛亥	토	7	壬午	월	8	壬子	목	9	癸未
13	일	6	壬子	수	7	癸未	목	6	壬子	일	8	癸未	화	9	癸丑	금	10	甲申
14	월	7	癸丑	목	8	甲申	금	7	癸丑	월	9	甲申	수	10	甲寅	토	11	乙酉
15	화	8	甲寅	금	9	乙酉	토	8	甲寅	화	10	乙酉	목	11	乙卯	일	12	丙戌
16	수	9	乙卯	토	10	丙戌	일	9	乙卯	수	11	丙戌	금	12	丙辰	월	13	丁亥
17	목	10	丙辰	일	11	丁亥	월	10	丙辰	목	12	丁亥	토	13	丁巳	화	14	戊子
18	금	11	丁巳	월	12	戊子	화	11	丁巳	금	13	戊子	일	14	戊午	수	15	己丑
19	토	12	戊午	화	13	己丑	수	12	戊午	토	14	己丑	월	15	己未	목	16	庚寅
20	일	13	己未	수	14	庚寅	목	13	己未	일	15	庚寅	화	16	庚申	금	17	辛卯
21	월	14	庚申	목	15	辛卯	금	14	庚申	월	16	辛卯	수	17	辛酉	토	18	壬辰
22	화	15	辛酉	금	16	壬辰	토	15	辛酉	화	17	壬辰	목	18	壬戌	일	19	癸巳
23	수	16	壬戌	토	17	癸巳	일	16	壬戌	수	18	癸巳	금	19	癸亥	월	20	甲午
24	목	17	癸亥	일	18	甲午	월	17	癸亥	목	19	甲午	토	20	甲子	화	21	乙未
25	금	18	甲子	월	19	乙未	화	18	甲子	금	20	乙未	일	21	乙丑	수	22	丙申
26	토	19	乙丑	화	20	丙申	수	19	乙丑	토	21	丙申	월	22	丙寅	목	23	丁酉
27	일	20	丙寅	수	21	丁酉	목	20	丙寅	일	22	丁酉	화	23	丁卯	금	24	戊戌
28	월	21	丁卯	목	22	戊戌	금	21	丁卯	월	23	戊戌	수	24	戊辰	토	25	己亥
29	화	22	戊辰	금	23	己亥	토	22	戊辰	화	24	己亥	목	25	己巳	일	26	庚子
30	수	23	己巳				일	23	己巳	수	25	庚子	금	26	庚午	월	27	辛丑
31	목	24	庚午				월	24	庚午				토	27	辛未			

단기 4341년

월(양력)	7월			8월			9월			10월			11월			12월		
월간지	己未			庚申			辛酉			壬戌			癸亥			甲子		
절기 시작	소서小暑 7일 02:26			입추立秋 7일 12:15			백로白露 7일 15:13			한로寒露 8일 06:56			입동立冬 7일 10:10			대설大雪 7일 03:02		
	대서大暑 22일 19:54			처서處暑 23일 03:01			추분秋分 23일 00:44			상강霜降 23일 10:08			소설小雪 22일 07:44			동지冬至 21일 21:03		
양력	요일	음력	일진	요일	음력	일진	요일	음력	일진	요일	음력	일진	요일	음력	일진	요일	음력	일진
1	화	28	壬寅	금	7월	癸酉	월	2	甲辰	수	3	甲戌	토	4	乙巳	월	4	乙亥
2	수	29	癸卯	토	2	甲戌	화	3	乙巳	목	4	乙亥	일	5	丙午	화	5	丙子
3	목	6월	甲辰	일	3	乙亥	수	4	丙午	금	5	丙子	월	6	丁未	수	6	丁丑
4	금	2	乙巳	월	4	丙子	목	5	丁未	토	6	丁丑	화	7	戊申	목	7	戊寅
5	토	3	丙午	화	5	丁丑	금	6	戊申	일	7	戊寅	수	8	己酉	금	8	己卯
6	일	4	丁未	수	6	戊寅	토	7	己酉	월	8	己卯	목	9	庚戌	토	9	庚辰
7	월	5	戊申	목	7	己卯	일	8	庚戌	화	9	庚辰	금	10	辛亥	일	10	辛巳
8	화	6	己酉	금	8	庚辰	월	9	辛亥	수	10	辛巳	토	11	壬子	월	11	壬午
9	수	7	庚戌	토	9	辛巳	화	10	壬子	목	11	壬午	일	12	癸丑	화	12	癸未
10	목	8	辛亥	일	10	壬午	수	11	癸丑	금	12	癸未	월	13	甲寅	수	13	甲申
11	금	9	壬子	월	11	癸未	목	12	甲寅	토	13	甲申	화	14	乙卯	목	14	乙酉
12	토	10	癸丑	화	12	甲申	금	13	乙卯	일	14	乙酉	수	15	丙辰	금	15	丙戌
13	일	11	甲寅	수	13	乙酉	토	14	丙辰	월	15	丙戌	목	16	丁巳	토	16	丁亥
14	월	12	乙卯	목	14	丙戌	일	15	丁巳	화	16	丁亥	금	17	戊午	일	17	戊子
15	화	13	丙辰	금	15	丁亥	월	16	戊午	수	17	戊子	토	18	己未	월	18	己丑
16	수	14	丁巳	토	16	戊子	화	17	己未	목	18	己丑	일	19	庚申	화	19	庚寅
17	목	15	戊午	일	17	己丑	수	18	庚申	금	19	庚寅	월	20	辛酉	수	20	辛卯
18	금	16	己未	월	18	庚寅	목	19	辛酉	토	20	辛卯	화	21	壬戌	목	21	壬辰
19	토	17	庚申	화	19	辛卯	금	20	壬戌	일	21	壬辰	수	22	癸亥	금	22	癸巳
20	일	18	辛酉	수	20	壬辰	토	21	癸亥	월	22	癸巳	목	23	甲子	토	23	甲午
21	월	19	壬戌	목	21	癸巳	일	22	甲子	화	23	甲午	금	24	乙丑	일	24	乙未
22	화	20	癸亥	금	22	甲午	월	23	乙丑	수	24	乙未	토	25	丙寅	월	25	丙申
23	수	21	甲子	토	23	乙未	화	24	丙寅	목	25	丙申	일	26	丁卯	화	26	丁酉
24	목	22	乙丑	일	24	丙申	수	25	丁卯	금	26	丁酉	월	27	戊辰	수	27	戊戌
25	금	23	丙寅	월	25	丁酉	목	26	戊辰	토	27	戊戌	화	28	己巳	목	28	己亥
26	토	24	丁卯	화	26	戊戌	금	27	己巳	일	28	己亥	수	29	庚午	금	29	更子
27	일	25	戊辰	수	27	己亥	토	28	庚午	월	29	更子	목	30	辛未	토	12월	辛丑
28	월	26	己巳	목	28	更子	일	29	辛未	화	30	辛未	금	11월	壬申	일	2	壬寅
29	화	27	庚午	금	29	辛丑	월	9월	壬申	수	10월	壬寅	토	2	癸酉	월	3	癸卯
30	수	28	辛未	토	30	壬寅	화	2	癸酉	목	2	癸卯	일	3	甲戌	화	4	甲辰
31	목	29	壬申	일	8월	癸卯				금	3	甲辰				수	5	乙巳

서기 2009년 기축己丑

월(양력)	1월			2월			3월			4월			5월			6월		
월간지	乙丑			丙寅			丁卯			戊辰			己巳			庚午		
절기시작	소한小寒 5일 14:13 대한大寒 20일 07:40			입춘立春 4일 01:49 우수雨水 18일 21:45			경칩驚蟄 5일 19:47 춘분春分 20일 20:43			청명淸明 5일 00:33 곡우穀雨 20일 07:44			입하立夏 5일 17:50 소만小滿 21일 06:50			망종亡種 5일 21:58 하지夏至 21일 14:45		
양력	요일	음력	일진	요일	음력	일진	요일	음력	일진	요일	음력	일진	요일	음력	일진	요일	음력	일진
1	목	6	丙午	일	7	丁丑	일	5	乙巳	수	6	丙子	금	7	丙午	월	9	丁丑
2	금	7	丁未	월	8	戊寅	월	6	丙午	목	7	丁丑	토	8	丁未	화	10	戊寅
3	토	8	戊申	화	9	己卯	화	7	丁未	금	8	戊寅	일	9	戊申	수	11	己卯
4	일	9	己酉	수	10	庚辰	수	8	戊申	토	9	己卯	월	10	己酉	목	12	庚辰
5	월	10	庚戌	목	11	辛巳	목	9	己酉	일	10	庚辰	화	11	庚戌	금	13	辛巳
6	화	11	辛亥	금	12	壬午	금	10	庚戌	월	11	辛巳	수	12	辛亥	토	14	壬午
7	수	12	壬子	토	13	癸未	토	11	辛亥	화	12	壬午	목	13	壬子	일	15	癸未
8	목	13	癸丑	일	14	甲申	일	12	壬子	수	13	癸未	금	14	癸丑	월	16	甲申
9	금	14	甲寅	월	15	乙酉	월	13	癸丑	목	14	甲申	토	15	甲寅	화	17	乙酉
10	토	15	乙卯	화	16	丙戌	화	14	甲寅	금	15	乙酉	일	16	乙卯	수	18	丙戌
11	일	16	丙辰	수	17	丁亥	수	15	乙卯	토	16	丙戌	월	17	丙辰	목	19	丁亥
12	월	17	丁巳	목	18	戊子	목	16	丙辰	일	17	丁亥	화	18	丁巳	금	20	戊子
13	화	18	戊午	금	19	己丑	금	17	丁巳	월	18	戊子	수	19	戊午	토	21	己丑
14	수	19	己未	토	20	庚寅	토	18	戊午	화	19	己丑	목	20	己未	일	22	庚寅
15	목	20	庚申	일	21	辛卯	일	19	己未	수	20	庚寅	금	21	庚申	월	23	辛卯
16	금	21	辛酉	월	22	壬辰	월	20	庚申	목	21	辛卯	토	22	辛酉	화	24	壬辰
17	토	22	壬戌	화	23	癸巳	화	21	辛酉	금	22	壬辰	일	23	壬戌	수	25	癸巳
18	일	23	癸亥	수	24	甲午	수	22	壬戌	토	23	癸巳	월	24	癸亥	목	26	甲午
19	월	24	甲子	목	25	乙未	목	23	癸亥	일	24	甲午	화	25	甲子	금	27	乙未
20	화	25	乙丑	금	26	丙申	금	24	甲子	월	25	乙未	수	26	乙丑	토	28	丙申
21	수	26	丙寅	토	27	丁酉	토	25	乙丑	화	26	丙申	목	27	丙寅	일	29	丁酉
22	목	27	丁卯	일	28	戊戌	일	26	丙寅	수	27	丁酉	금	28	丁卯	월	30	戊戌
23	금	28	戊辰	월	29	己亥	월	27	丁卯	목	28	戊戌	토	29	戊辰	윤5월	1	己亥
24	토	29	己巳	화	30	庚子	화	28	戊辰	금	29	己亥	5월	1	己巳	수	2	庚子
25	일	30	庚午	2월	1	辛丑	수	29	己巳	4월	1	庚午	월	2	庚午	목	3	辛丑
26	1월	1	辛未	목	2	壬寅	목	30	庚午	일	2	辛未	화	3	辛未	금	4	壬寅
27	화	2	壬申	금	3	癸卯	3월	1	辛未	월	3	壬申	수	4	壬申	토	5	癸卯
28	수	3	癸酉	토	4	甲辰	토	2	壬申	화	4	癸酉	목	5	癸酉	일	6	甲辰
29	목	4	甲戌				일	3	癸酉	수	5	甲戌	금	6	甲戌	월	7	乙巳
30	금	5	乙亥				월	4	甲戌	목	6	乙亥	토	7	乙亥	화	8	丙午
31	토	6	丙子				화	5	乙亥				일	8	丙子			

단기 4342년

월(양력)	7월			8월			9월			10월			11월			12월		
월간지	辛未			壬申			癸酉			甲戌			乙亥			丙子		
절기시작	소서小暑 7일 08:13			입추立秋 7일 18:00			백로白露 7일 20:57			한로寒露 8일 12:39			입동立冬 7일 15:55			대설大雪 7일 08:51		
	대서大暑 23일 01:35			처서處暑 23일 08:38			추분秋分 23일 06:18			상강霜降 23일 15:43			소설小雪 22일 13:22			동지冬至 22일 02:46		
양력	요일	음력	일진	요일	음력	일진	요일	음력	일진	요일	음력	일진	요일	음력	일진	요일	음력	일진
1	수	9	丁未	토	11	戊寅	화	13	己酉	목	13	己卯	일	15	庚戌	화	15	庚辰
2	목	10	戊申	일	12	己卯	수	14	庚戌	금	14	庚辰	월	16	辛亥	수	16	辛巳
3	금	11	己酉	월	13	庚辰	목	15	辛亥	토	15	辛巳	화	17	壬子	목	17	壬午
4	토	12	庚戌	화	14	辛巳	금	16	壬子	일	16	壬午	수	18	癸丑	금	18	癸未
5	일	13	辛亥	수	15	壬午	토	17	癸丑	월	17	癸未	목	19	甲寅	토	19	甲申
6	월	14	壬子	목	16	癸未	일	18	甲寅	화	18	甲申	금	20	乙卯	일	20	乙酉
7	화	15	癸丑	금	17	甲申	월	19	乙卯	수	19	乙酉	토	21	丙辰	월	21	丙戌
8	수	16	甲寅	토	18	乙酉	화	20	丙辰	목	20	丙戌	일	22	丁巳	화	22	丁亥
9	목	17	乙卯	일	19	丙戌	수	21	丁巳	금	21	丁亥	월	23	戊午	수	23	戊子
10	금	18	丙辰	월	20	丁亥	목	22	戊午	토	22	戊子	화	24	己未	목	24	己丑
11	토	19	丁巳	화	21	戊子	금	23	己未	일	23	己丑	수	25	庚申	금	25	庚寅
12	일	20	戊午	수	22	己丑	토	24	庚申	월	24	庚寅	목	26	辛酉	토	26	辛卯
13	월	21	己未	목	23	庚寅	일	25	辛酉	화	25	辛卯	금	27	壬戌	일	27	壬辰
14	화	22	庚申	금	24	辛卯	월	26	壬戌	수	26	壬辰	토	28	癸亥	월	28	癸巳
15	수	23	辛酉	토	25	壬辰	화	27	癸亥	목	27	癸巳	일	29	甲子	화	29	甲午
16	목	24	壬戌	일	26	癸巳	수	28	甲子	금	28	甲午	월	30	乙丑	수	11월	乙未
17	금	25	癸亥	월	27	甲午	목	29	乙丑	토	29	乙未	화	10월	丙寅	목	2	丙申
18	토	26	甲子	화	28	乙未	금	30	丙寅	일	9월	丙申	수	2	丁卯	금	3	丁酉
19	일	27	乙丑	수	29	丙申	토	8월	丁卯	월	2	丁酉	목	3	戊辰	토	4	戊戌
20	월	28	丙寅	목	7월	丁酉	일	2	戊辰	화	3	戊戌	금	4	己巳	일	5	己亥
21	화	29	丁卯	금	2	戊戌	월	3	己巳	수	4	己亥	토	5	庚午	월	6	庚子
22	수	6월	戊辰	토	3	己亥	화	4	庚午	목	5	庚子	일	6	辛未	화	7	辛丑
23	목	2	己巳	일	4	庚子	수	5	辛未	금	6	辛丑	월	7	壬申	수	8	壬寅
24	금	3	庚午	월	5	辛丑	목	6	壬申	토	7	壬寅	화	8	癸酉	목	9	癸卯
25	토	4	辛未	화	6	壬寅	금	7	癸酉	일	8	癸卯	수	9	甲戌	금	10	甲辰
26	일	5	壬申	수	7	癸卯	토	8	甲戌	월	9	甲辰	목	10	乙亥	토	11	乙巳
27	월	6	癸酉	목	8	甲辰	일	9	乙亥	화	10	乙巳	금	11	丙子	일	12	丙午
28	화	7	甲戌	금	9	乙巳	월	10	丙子	수	11	丙午	토	12	丁丑	월	13	丁未
29	수	8	乙亥	토	10	丙午	화	11	丁丑	목	12	丁未	일	13	戊寅	화	14	戊申
30	목	9	丙子	일	11	丁未	수	12	戊寅	금	13	戊申	월	14	己卯	수	15	己酉
31	금	10	丁丑	월	12	戊申				토	14	己酉				목	16	庚戌

서기 2010년 경인 庚寅

월(양력)	1월			2월			3월			4월			5월			6월		
월간지	丁丑			戊寅			己卯			庚辰			辛巳			壬午		
절기시작	소한小寒 5일 20:08			입춘立春 4일 07:47			경칩驚蟄 6일 01:46			청명淸明 5일 06:30			입하立夏 5일 23:43			망종亡種 6일 03:49		
	대한大寒 20일 13:27			우수雨水 19일 03:35			춘분春分 21일 02:31			곡우穀雨 20일 13:29			소만小滿 21일 12:33			하지夏至 21일 20:28		
양력	요일	음력	일진	요일	음력	일진	요일	음력	일진	요일	음력	일진	요일	음력	일진	요일	음력	일진
1	금	17	辛亥	월	18	壬午	월	16	庚戌	목	17	辛巳	토	18	辛亥	화	19	壬午
2	토	18	壬子	화	19	癸未	화	17	辛亥	금	18	壬午	일	19	壬子	수	20	癸未
3	일	19	癸丑	수	20	甲申	수	18	壬子	토	19	癸未	월	20	癸丑	목	21	甲申
4	월	20	甲寅	목	21	乙酉	목	19	癸丑	일	20	甲申	화	21	甲寅	금	22	乙酉
5	화	21	乙卯	금	22	丙戌	금	20	甲寅	월	21	乙酉	수	22	乙卯	토	23	丙戌
6	수	22	丙辰	토	23	丁亥	토	21	乙卯	화	22	丙戌	목	23	丙辰	일	24	丁亥
7	목	23	丁巳	일	24	戊子	일	22	丙辰	수	23	丁亥	금	24	丁巳	월	25	戊子
8	금	24	戊午	월	25	己丑	월	23	丁巳	목	24	戊子	토	25	戊午	화	26	己丑
9	토	25	己未	화	26	庚寅	화	24	戊午	금	25	己丑	일	26	己未	수	27	庚寅
10	일	26	庚申	수	27	辛卯	수	25	己未	토	26	庚寅	월	27	庚申	목	28	辛卯
11	월	27	辛酉	목	28	壬辰	목	26	庚申	일	27	辛卯	화	28	辛酉	금	29	壬辰
12	화	28	壬戌	금	29	癸巳	금	27	辛酉	월	28	壬辰	수	29	壬戌	5월	1	癸巳
13	수	29	癸亥	토	30	甲午	토	28	壬戌	화	29	癸巳	목	30	癸亥	일	2	甲午
14	목	30	甲子	1월	1	乙未	일	29	癸亥	3월	1	甲午	4월	1	甲子	월	3	乙未
15	12월	1	乙丑	월	2	丙申	월	30	甲子	목	2	乙未	토	2	乙丑	화	4	丙申
16	토	2	丙寅	화	3	丁酉	2월	1	乙丑	금	3	丙申	일	3	丙寅	수	5	丁酉
17	일	3	丁卯	수	4	戊戌	수	2	丙寅	토	4	丁酉	월	4	丁卯	목	6	戊戌
18	월	4	戊辰	목	5	己亥	목	3	丁卯	일	5	戊戌	화	5	戊辰	금	7	己亥
19	화	5	己巳	금	6	庚子	금	4	戊辰	월	6	己亥	수	6	己巳	토	8	庚子
20	수	6	庚午	토	7	辛丑	토	5	己巳	화	7	庚子	목	7	庚午	일	9	辛丑
21	목	7	辛未	일	8	壬寅	일	6	庚午	수	8	辛丑	금	8	辛未	월	10	壬寅
22	금	8	壬申	월	9	癸卯	월	7	辛未	목	9	壬寅	토	9	壬申	화	11	癸卯
23	토	9	癸酉	화	10	甲辰	화	8	壬申	금	10	癸卯	일	10	癸酉	수	12	甲辰
24	일	10	甲戌	수	11	乙巳	수	9	癸酉	토	11	甲辰	월	11	甲戌	목	13	乙巳
25	월	11	乙亥	목	12	丙午	목	10	甲戌	일	12	乙巳	화	12	乙亥	금	14	丙午
26	화	12	丙子	금	13	丁未	금	11	乙亥	월	13	丙午	수	13	丙子	토	15	丁未
27	수	13	丁丑	토	14	戊申	토	12	丙子	화	14	丁未	목	14	丁丑	일	16	戊申
28	목	14	戊寅	일	15	己酉	일	13	丁丑	수	15	戊申	금	15	戊寅	월	17	己酉
29	금	15	己卯				월	14	戊寅	목	16	己酉	토	16	己卯	화	18	庚戌
30	토	16	庚辰				화	15	己卯	금	17	庚戌	일	17	庚辰	수	19	辛亥
31	일	17	辛巳				수	16	庚辰				월	18	辛巳			

단기 4343년

월(양력)	7월			8월			9월			10월			11월			12월		
월간지	癸未			甲申			乙酉			丙戌			丁亥			戊子		
절기 시작	소서小暑 7일 14:02			입추立秋 7일 23:48			백로白露 8일 02:44			한로寒露 8일 18:26			입동立冬 7일 21:42			대설大雪 7일 14:38		
	대서大暑 23일 07:20			처서處暑 23일 14:26			추분秋分 23일 12:08			상강霜降 23일 21:34			소설小雪 22일 19:14			동지冬至 22일 08:38		
양력	요일	음력	일진	요일	음력	일진	요일	음력	일진	요일	음력	일진	요일	음력	일진	요일	음력	일진
1	목	20	壬子	일	21	癸未	수	23	甲寅	금	24	甲申	월	25	乙卯	목	26	乙酉
2	금	21	癸丑	월	22	甲申	목	24	乙卯	토	25	乙酉	화	26	丙辰	금	27	丙戌
3	토	22	甲寅	화	23	乙酉	금	25	丙辰	일	26	丙戌	수	27	丁巳	토	28	丁亥
4	일	23	乙卯	수	24	丙戌	토	26	丁巳	월	27	丁亥	목	28	戊午	일	29	戊子
5	월	24	丙辰	목	25	丁亥	일	27	戊午	화	28	戊子	금	29	己未	월	30	己丑
6	화	25	丁巳	금	26	戊子	월	28	己未	수	29	己丑	10월		庚申	11월		庚寅
7	수	26	戊午	토	27	己丑	화	29	庚申	목	30	庚寅	일	2	辛酉	화	2	辛卯
8	목	27	己未	일	28	庚寅	8월		辛酉	9월		辛卯	월	3	壬戌	수	3	壬辰
9	금	28	庚申	월	29	辛卯	목	2	壬戌	토	2	壬辰	화	4	癸亥	목	4	癸巳
10	토	29	辛酉	7월		壬辰	금	3	癸亥	일	3	癸巳	수	5	甲子	금	5	甲午
11	일	30	壬戌	수	2	癸巳	토	4	甲子	월	4	甲午	목	6	乙丑	토	6	乙未
12	6월		癸亥	목	3	甲午	일	5	乙丑	화	5	乙未	금	7	丙寅	일	7	丙申
13	화	2	甲子	금	4	乙未	월	6	丙寅	수	6	丙申	토	8	丁卯	월	8	丁酉
14	수	3	乙丑	토	5	丙申	화	7	丁卯	목	7	丁酉	일	9	戊辰	화	9	戊戌
15	목	4	丙寅	일	6	丁酉	수	8	戊辰	금	8	戊戌	월	10	己巳	수	10	己亥
16	금	5	丁卯	월	7	戊戌	목	9	己巳	토	9	己亥	화	11	庚午	목	11	庚子
17	토	6	戊辰	화	8	己亥	금	10	庚午	일	10	庚子	수	12	辛未	금	12	辛丑
18	일	7	己巳	수	9	庚子	토	11	辛未	월	11	辛丑	목	13	壬申	토	13	壬寅
19	월	8	庚午	목	10	辛丑	일	12	壬申	화	12	壬寅	금	14	癸酉	일	14	癸卯
20	화	9	辛未	금	11	壬寅	월	13	癸酉	수	13	癸卯	토	15	甲戌	월	15	甲辰
21	수	10	壬申	토	12	癸卯	화	14	甲戌	목	14	甲辰	일	16	乙亥	화	16	乙巳
22	목	11	癸酉	일	13	甲辰	수	15	乙亥	금	15	乙巳	월	17	丙子	수	17	丙午
23	금	12	甲戌	월	14	乙巳	목	16	丙子	토	16	丙午	화	18	丁丑	목	18	丁未
24	토	13	乙亥	화	15	丙午	금	17	丁丑	일	17	丁未	수	19	戊寅	금	19	戊申
25	일	14	丙子	수	16	丁未	토	18	戊寅	월	18	戊申	목	20	己卯	토	20	己酉
26	월	15	丁丑	목	17	戊申	일	19	己卯	화	19	己酉	금	21	庚辰	일	21	庚戌
27	화	16	戊寅	금	18	己酉	월	20	庚辰	수	20	庚戌	토	22	辛巳	월	22	辛亥
28	수	17	己卯	토	19	庚戌	화	21	辛巳	목	21	辛亥	일	23	壬午	화	23	壬子
29	목	18	庚辰	일	20	辛亥	수	22	壬午	금	22	壬子	월	24	癸未	수	24	癸丑
30	금	19	辛巳	월	21	壬子	목	23	癸未	토	23	癸丑	화	25	甲申	목	25	甲寅
31	토	20	壬午	화	22	癸丑				일	24	甲寅				금	26	乙卯

서기 2011년 신묘 辛卯

월(양력)	1월			2월			3월			4월			5월			6월		
월간지	己丑			庚寅			辛卯			壬辰			癸巳			甲午		
절기시작	소한小寒 6일 01:54			입춘立春 4일 13:32			경칩驚蟄 6일 07:29			청명清明 5일 12:11			입하立夏 6일 05:22			망종亡種 6일 09:26		
	대한大寒 20일 19:18			우수雨水 19일 09:24			춘분春分 21일 08:20			곡우穀雨 20일 19:17			소만小滿 21일 18:20			하지夏至 22일 02:16		
양력	요일	음력	일진	요일	음력	일진	요일	음력	일진	요일	음력	일진	요일	음력	일진	요일	음력	일진
1	토	27	丙辰	화	29	丁亥	화	27	乙卯	금	28	丙戌	일	29	丙辰	수	30	丁亥
2	일	28	丁巳	수	30	戊子	수	28	丙辰	토	29	丁亥	월	30	丁巳	5월		戊子
3	월	29	戊午	1월		己丑	목	29	丁巳	3월		戊子	4월		戊午	금	2	己丑
4	12월		己未	금	2	庚寅	금	30	戊午	월	2	己丑	수	2	己未	토	3	庚寅
5	수	2	庚申	토	3	辛卯	2월		己未	화	3	庚寅	목	3	庚申	일	4	辛卯
6	목	3	辛酉	일	4	壬辰	일	2	庚申	수	4	辛卯	금	4	辛酉	월	5	壬辰
7	금	4	壬戌	월	5	癸巳	월	3	辛酉	목	5	壬辰	토	5	壬戌	화	6	癸巳
8	토	5	癸亥	화	6	甲午	화	4	壬戌	금	6	癸巳	일	6	癸亥	수	7	甲午
9	일	6	甲子	수	7	乙未	수	5	癸亥	토	7	甲午	월	7	甲子	목	8	乙未
10	월	7	乙丑	목	8	丙申	목	6	甲子	일	8	乙未	화	8	乙丑	금	9	丙申
11	화	8	丙寅	금	9	丁酉	금	7	乙丑	월	9	丙申	수	9	丙寅	토	10	丁酉
12	수	9	丁卯	토	10	戊戌	토	8	丙寅	화	10	丁酉	목	10	丁卯	일	11	戊戌
13	목	10	戊辰	일	11	己亥	일	9	丁卯	수	11	戊戌	금	11	戊辰	월	12	己亥
14	금	11	己巳	월	12	庚子	월	10	戊辰	목	12	己亥	토	12	己巳	화	13	庚子
15	토	12	庚午	화	13	辛丑	화	11	己巳	금	13	庚子	일	13	庚午	수	14	辛丑
16	일	13	辛未	수	14	壬寅	수	12	庚午	토	14	辛丑	월	14	辛未	목	15	壬寅
17	월	14	壬申	목	15	癸卯	목	13	辛未	일	15	壬寅	화	15	壬申	금	16	癸卯
18	화	15	癸酉	금	16	甲辰	금	14	壬申	월	16	癸卯	수	16	癸酉	토	17	甲辰
19	수	16	甲戌	토	17	乙巳	토	15	癸酉	화	17	甲辰	목	17	甲戌	일	18	乙巳
20	목	17	乙亥	일	18	丙午	일	16	甲戌	수	18	乙巳	금	18	乙亥	월	19	丙午
21	금	18	丙子	월	19	丁未	월	17	乙亥	목	19	丙午	토	19	丙子	화	20	丁未
22	토	19	丁丑	화	20	戊申	화	18	丙子	금	20	丁未	일	20	丁丑	수	21	戊申
23	일	20	戊寅	수	21	己酉	수	19	丁丑	토	21	戊申	월	21	戊寅	목	22	己酉
24	월	21	己卯	목	22	庚戌	목	20	戊寅	일	22	己酉	화	22	己卯	금	23	庚戌
25	화	22	庚辰	금	23	辛亥	금	21	己卯	월	23	庚戌	수	23	庚辰	토	24	辛亥
26	수	23	辛巳	토	24	壬子	토	22	庚辰	화	24	辛亥	목	24	辛巳	일	25	壬子
27	목	24	壬午	일	25	癸丑	일	23	辛巳	수	25	壬子	금	25	壬午	월	26	癸丑
28	금	25	癸未	월	26	甲寅	월	24	壬午	목	26	癸丑	토	26	癸未	화	27	甲寅
29	토	26	甲申				화	25	癸未	금	27	甲寅	일	27	甲申	수	28	乙卯
30	일	27	乙酉				수	26	甲申	토	28	乙卯	월	28	乙酉	목	29	丙辰
31	월	28	丙戌				목	27	乙酉				화	29	丙戌			

단기 4344년

월(양력)	7월			8월			9월			10월			11월			12월		
월간지	乙未			丙申			丁酉			戊戌			己亥			庚子		
절기시작	소서小暑 7일 19:41			입추立秋 8일 05:33			백로白露 8일 08:33			한로寒露 9일 00:18			입동立冬 8일 03:34			대설大雪 7일 20:28		
	대서大暑 23일 13:11			처서處暑 23일 20:20			추분秋分 23일 18:04			상강霜降 24일 03:29			소설小雪 23일 01:07			동지冬至 22일 14:29		
양력	요일	음력	일진	요일	음력	일진	요일	음력	일진	요일	음력	일진	요일	음력	일진	요일	음력	일진
1		6월	丁巳	월	2	戊子	목	4	己未	토	5	己丑	화	6	庚申	목	7	庚寅
2	토	2	戊午	화	3	己丑	금	5	庚申	일	6	庚寅	수	7	辛酉	금	8	辛卯
3	일	3	己未	수	4	庚寅	토	6	辛酉	월	7	辛卯	목	8	壬戌	토	9	壬辰
4	월	4	庚申	목	5	辛卯	일	7	壬戌	화	8	壬辰	금	9	癸亥	일	10	癸巳
5	화	5	辛酉	금	6	壬辰	월	8	癸亥	수	9	癸巳	토	10	甲子	월	11	甲午
6	수	6	壬戌	토	7	癸巳	화	9	甲子	목	10	甲午	일	11	乙丑	화	12	乙未
7	목	7	癸亥	일	8	甲午	수	10	乙丑	금	11	乙未	월	12	丙寅	수	13	丙申
8	금	8	甲子	월	9	乙未	목	11	丙寅	토	12	丙申	화	13	丁卯	목	14	丁酉
9	토	9	乙丑	화	10	丙申	금	12	丁卯	일	13	丁酉	수	14	戊辰	금	15	戊戌
10	일	10	丙寅	수	11	丁酉	토	13	戊辰	월	14	戊戌	목	15	己巳	토	16	己亥
11	월	11	丁卯	목	12	戊戌	일	14	己巳	화	15	己亥	금	16	庚午	일	17	庚子
12	화	12	戊辰	금	13	己亥	월	15	庚午	수	16	庚子	토	17	辛未	월	18	辛丑
13	수	13	己巳	토	14	庚子	화	16	辛未	목	17	辛丑	일	18	壬申	화	19	壬寅
14	목	14	庚午	일	15	辛丑	수	17	壬申	금	18	壬寅	월	19	癸酉	수	20	癸卯
15	금	15	辛未	월	16	壬寅	목	18	癸酉	토	19	癸卯	화	20	甲戌	목	21	甲辰
16	토	16	壬申	화	17	癸卯	금	19	甲戌	일	20	甲辰	수	21	乙亥	금	22	乙巳
17	일	17	癸酉	수	18	甲辰	토	20	乙亥	월	21	乙巳	목	22	丙子	토	23	丙午
18	월	18	甲戌	목	19	乙巳	일	21	丙子	화	22	丙午	금	23	丁丑	일	24	丁未
19	화	19	乙亥	금	20	丙午	월	22	丁丑	수	23	丁未	토	24	戊寅	월	25	戊申
20	수	20	丙子	토	21	丁未	화	23	戊寅	목	24	戊申	일	25	己卯	화	26	己酉
21	목	21	丁丑	일	22	戊申	수	24	己卯	금	25	己酉	월	26	庚辰	수	27	庚戌
22	금	22	戊寅	월	23	己酉	목	25	庚辰	토	26	庚戌	화	27	辛巳	목	28	辛亥
23	토	23	己卯	화	24	庚戌	금	26	辛巳	일	27	辛亥	수	28	壬午	금	29	壬子
24	일	24	庚辰	수	25	辛亥	토	27	壬午	월	28	壬子	목	29	癸未	토	30	癸丑
25	월	25	辛巳	목	26	壬子	일	28	癸未	화	29	癸丑	금	11월	甲申	일	12월	甲寅
26	화	26	壬午	금	27	癸丑	월	29	甲申	수	30	甲寅	토	2	乙酉	월	2	乙卯
27	수	27	癸未	토	28	甲寅	화	9월	乙酉	목	10월	乙卯	일	3	丙戌	화	3	丙辰
28	목	28	甲申	일	29	乙卯	수	2	丙戌	금	2	丙辰	월	4	丁亥	수	4	丁巳
29	금	29	乙酉	월	8월	丙辰	목	3	丁亥	토	3	丁巳	화	5	戊子	목	5	戊午
30	토	30	丙戌	화	2	丁巳	금	4	戊子	일	4	戊午	수	6	己丑	금	6	己未
31	일	7월	丁亥	수	3	戊午				월	5	己未				토	7	庚申

서기 2012년 임진 壬辰

월(양력)	1월			2월			3월			4월			5월			6월		
월간지	辛丑			壬寅			癸卯			甲辰			乙巳			丙午		
절기시작	소한小寒 6일 07:43			입춘立春 4일 19:22			경칩驚蟄 5일 13:20			청명淸明 4일 18:05			입하立夏 5일 11:19			망종亡種 5일 15:25		
	대한大寒 21일 01:09			우수雨水 19일 15:17			춘분春分 20일 14:14			곡우穀雨 20일 01:11			소만小滿 21일 00:15			하지夏至 21일 08:06		
양력	요일	음력	일진	요일	음력	일진	요일	음력	일진	요일	음력	일진	요일	음력	일진	요일	음력	일진
1	일	8	辛酉	수	10	壬辰	목	9	辛酉	일	11	壬辰	화	11	壬戌	금	12	癸巳
2	월	9	壬戌	목	11	癸巳	금	10	壬戌	월	12	癸巳	수	12	癸亥	토	13	甲午
3	화	10	癸亥	금	12	甲午	토	11	癸亥	화	13	甲午	목	13	甲子	일	14	乙未
4	수	11	甲子	토	13	乙未	일	12	甲子	수	14	乙未	금	14	乙丑	월	15	丙申
5	목	12	乙丑	일	14	丙申	월	13	乙丑	목	15	丙申	토	15	丙寅	화	16	丁酉
6	금	13	丙寅	월	15	丁酉	화	14	丙寅	금	16	丁酉	일	16	丁卯	수	17	戊戌
7	토	14	丁卯	화	16	戊戌	수	15	丁卯	토	17	戊戌	월	17	戊辰	목	18	己亥
8	일	15	戊辰	수	17	己亥	목	16	戊辰	일	18	己亥	화	18	己巳	금	19	更子
9	월	16	己巳	목	18	更子	금	17	己巳	월	19	更子	수	19	庚午	토	20	辛丑
10	화	17	庚午	금	19	辛丑	토	18	庚午	화	20	辛丑	목	20	辛未	일	21	壬寅
11	수	18	辛未	토	20	壬寅	일	19	辛未	수	21	壬寅	금	21	壬申	월	22	癸卯
12	목	19	壬申	일	21	癸卯	월	20	壬申	목	22	癸卯	토	22	癸酉	화	23	甲辰
13	금	20	癸酉	월	22	甲辰	화	21	癸酉	금	23	甲辰	일	23	甲戌	수	24	乙巳
14	토	21	甲戌	화	23	乙巳	수	22	甲戌	토	24	乙巳	월	24	乙亥	목	25	丙午
15	일	22	乙亥	수	24	丙午	목	23	乙亥	일	25	丙午	화	25	丙子	금	26	丁未
16	월	23	丙子	목	25	丁未	금	24	丙子	월	26	丁未	수	26	丁丑	토	27	戊申
17	화	24	丁丑	금	26	戊申	토	25	丁丑	화	27	戊申	목	27	戊寅	일	28	己酉
18	수	25	戊寅	토	27	己酉	일	26	戊寅	수	28	己酉	금	28	己卯	월	29	庚戌
19	목	26	己卯	일	28	庚戌	월	27	己卯	목	29	庚戌	토	29	庚辰	화	30	辛亥
20	금	27	庚辰	월	29	辛亥	화	28	庚辰	금	30	辛亥	일	30	辛巳	수	5월	壬子
21	토	28	辛巳	화	30	壬子	수	29	辛巳	윤3월		壬子	4월		壬午	목	2	癸丑
22	일	29	壬午	2월		癸丑	3월		壬午	월	2	癸丑	화	2	癸未	금	3	甲寅
23	1월		癸未	목	2	甲寅	금	2	癸未	화	3	甲寅	수	3	甲申	토	4	乙卯
24	화	2	甲申	금	3	乙卯	토	3	甲申	화	4	乙卯	목	4	乙酉	일	5	丙辰
25	수	3	乙酉	토	4	丙辰	일	4	乙酉	수	5	丙辰	금	5	丙戌	월	6	丁巳
26	목	4	丙戌	일	5	丁巳	월	5	丙戌	목	6	丁巳	토	6	丁亥	화	7	戊午
27	금	5	丁亥	월	6	戊午	화	6	丁亥	금	7	戊午	일	7	戊子	수	8	己未
28	토	6	戊子	화	7	己未	수	7	戊子	토	8	己未	월	8	己丑	목	9	庚申
29	일	7	己丑	수	8	庚申	목	8	己丑	일	9	庚申	화	9	庚寅	금	10	辛酉
30	월	8	庚寅				금	9	庚寅	월	10	辛酉	수	10	辛卯	토	11	壬戌
31	화	9	辛卯				토	10	辛卯				목	11	壬辰			

단기 4345년

월(양력)	7월			8월			9월			10월			11월			12월		
월간지	丁未			戊申			己酉			庚戌			辛亥			壬子		
절기시작	소서小暑 7일 01:40			입추立秋 7일 11:30			백로白露 7일 14:28			한로寒露 8일 06:11			입동立冬 7일 09:25			대설大雪 7일 02:18		
	대서大暑 22일 19:00			처서處暑 23일 02:06			추분秋分 22일 23:48			상강霜降 23일 09:13			소설小雪 22일 06:49			동지冬至 21일 20:11		
양력	요일	음력	일진	요일	음력	일진	요일	음력	일진	요일	음력	일진	요일	음력	일진	요일	음력	일진
1	일	12	癸亥	수	14	甲午	토	15	乙丑	월	16	乙未	목	18	丙寅	토	18	丙申
2	월	13	甲子	목	15	乙未	일	16	丙寅	화	17	丙申	금	19	丁卯	일	19	丁酉
3	화	14	乙丑	금	16	丙申	월	17	丁卯	수	18	丁酉	토	20	戊辰	월	20	戊戌
4	수	15	丙寅	토	17	丁酉	화	18	戊辰	목	19	戊戌	일	21	己巳	화	21	己亥
5	목	16	丁卯	일	18	戊戌	수	19	己巳	금	20	己亥	월	22	庚午	수	22	庚子
6	금	17	戊辰	월	19	己亥	목	20	庚午	토	21	庚子	화	23	辛未	목	23	辛丑
7	토	18	己巳	화	20	庚子	금	21	辛未	일	22	辛丑	수	24	壬申	금	24	壬寅
8	일	19	庚午	수	21	辛丑	토	22	壬申	월	23	壬寅	목	25	癸酉	토	25	癸卯
9	월	20	辛未	목	22	壬寅	일	23	癸酉	화	24	癸卯	금	26	甲戌	일	26	甲辰
10	화	21	壬申	금	23	癸卯	월	24	甲戌	수	25	甲辰	토	27	乙亥	월	27	乙巳
11	수	22	癸酉	토	24	甲辰	화	25	乙亥	목	26	乙巳	일	28	丙子	화	28	丙午
12	목	23	甲戌	일	25	乙巳	수	26	丙子	금	27	丙午	월	29	丁丑	수	29	丁未
13	금	24	乙亥	월	26	丙午	목	27	丁丑	토	28	丁未	화	30	戊寅	**11월**		戊申
14	토	25	丙子	화	27	丁未	금	28	戊寅	일	29	戊申	**10월**		己卯	금	2	己酉
15	일	26	丁丑	수	28	戊申	토	29	己卯	**9월**		己酉	목	2	庚辰	토	3	庚戌
16	월	27	戊寅	목	29	己酉	**8월**		庚辰	화	2	庚戌	금	3	辛巳	일	4	辛亥
17	화	28	己卯	금	30	庚戌	월	2	辛巳	수	3	辛亥	토	4	壬午	월	5	壬子
18	수	29	庚辰	**7월**		辛亥	화	3	壬午	목	4	壬子	일	5	癸未	화	6	癸丑
19	**6월**		辛巳	일	2	壬子	수	4	癸未	금	5	癸丑	월	6	甲申	수	7	甲寅
20	금	2	壬午	월	3	癸丑	목	5	甲申	토	6	甲寅	화	7	乙酉	목	8	乙卯
21	토	3	癸未	화	4	甲寅	금	6	乙酉	일	7	乙卯	수	8	丙戌	금	9	丙辰
22	일	4	甲申	수	5	乙卯	토	7	丙戌	월	8	丙辰	목	9	丁亥	토	10	丁巳
23	월	5	乙酉	목	6	丙辰	일	8	丁亥	화	9	丁巳	금	10	戊子	일	11	戊午
24	화	6	丙戌	금	7	丁巳	월	9	戊子	수	10	戊午	토	11	己丑	월	12	己未
25	수	7	丁亥	토	8	戊午	화	10	己丑	목	11	己未	일	12	庚寅	화	13	庚申
26	목	8	戊子	일	9	己未	수	11	庚寅	금	12	庚申	월	13	辛卯	수	14	辛酉
27	금	9	己丑	월	10	庚申	목	12	辛卯	토	13	辛酉	화	14	壬辰	목	15	壬戌
28	토	10	庚寅	화	11	辛酉	금	13	壬辰	일	14	壬戌	수	15	癸巳	금	16	癸亥
29	일	11	辛卯	수	12	壬戌	토	14	癸巳	월	15	癸亥	목	16	甲午	토	17	甲子
30	월	12	壬辰	목	13	癸亥	일	15	甲午	화	16	甲子	금	17	乙未	일	18	乙丑
31	화	13	癸巳	금	14	甲子				수	17	乙丑				월	19	丙寅

만세력

서기 2013년 계사癸巳

월(양력)	1월			2월			3월			4월			5월			6월		
월간지	癸丑			甲寅			乙卯			丙辰			丁巳			戊午		
절기시작	소한小寒 5일 13:33			입춘立春 4일 01:13			경칩驚蟄 5일 19:14			청명淸明 5일 00:02			입하立夏 5일 17:17			망종亡種 5일 21:22		
	대한大寒 20일 06:51			우수雨水 18일 21:01			춘분春分 20일 20:01			곡우穀雨 20일 07:02			소만小滿 21일 06:09			하지夏至 21일 14:03		
양력	요일	음력	일진	요일	음력	일진	요일	음력	일진	요일	음력	일진	요일	음력	일진	요일	음력	일진
1	화	20	丁卯	금	21	戊戌	금	20	丙寅	월	21	丁酉	수	22	丁卯	토	23	戊戌
2	수	21	戊辰	토	22	己亥	토	21	丁卯	화	22	戊戌	목	23	戊辰	일	24	己亥
3	목	22	己巳	일	23	庚子	일	22	戊辰	수	23	己亥	금	24	己巳	월	25	庚子
4	금	23	庚午	월	24	辛丑	월	23	己巳	목	24	庚子	토	25	庚午	화	26	辛丑
5	토	24	辛未	화	25	壬寅	화	24	庚午	금	25	辛丑	일	26	辛未	수	27	壬寅
6	일	25	壬申	수	26	癸卯	수	25	辛未	토	26	壬寅	월	27	壬申	목	28	癸卯
7	월	26	癸酉	목	27	甲辰	목	26	壬申	일	27	癸卯	화	28	癸酉	금	29	甲辰
8	화	27	甲戌	금	28	乙巳	금	27	癸酉	월	28	甲辰	수	29	甲戌	토	30	乙巳
9	수	28	乙亥	토	29	丙午	토	28	甲戌	화	29	乙巳	목	30	乙亥	일	5월	丙午
10	목	29	丙子	일	1월	丁未	일	29	乙亥	수	3월	丙午	금	4월	丙子	월	2	丁未
11	금	30	丁丑	월	2	戊申	월	30	丙子	목	2	丁未	토	2	丁丑	화	3	戊申
12	토	12월	戊寅	화	3	己酉	화	2월	丁丑	금	3	戊申	일	3	戊寅	수	4	己酉
13	일	2	己卯	수	4	庚戌	수	2	戊寅	토	4	己酉	월	4	己卯	목	5	庚戌
14	월	3	庚辰	목	5	辛亥	목	3	己卯	일	5	庚戌	화	5	庚辰	금	6	辛亥
15	화	4	辛巳	금	6	壬子	금	4	庚辰	월	6	辛亥	수	6	辛巳	토	7	壬子
16	수	5	壬午	토	7	癸丑	토	5	辛巳	화	7	壬子	목	7	壬午	일	8	癸丑
17	목	6	癸未	일	8	甲寅	일	6	壬午	수	8	癸丑	금	8	癸未	월	9	甲寅
18	금	7	甲申	월	9	乙卯	월	7	癸未	목	9	甲寅	토	9	甲申	화	10	乙卯
19	토	8	乙酉	화	10	丙辰	화	8	甲申	금	10	乙卯	일	10	乙酉	수	11	丙辰
20	일	9	丙戌	수	11	丁巳	수	9	乙酉	토	11	丙辰	월	11	丙戌	목	12	丁巳
21	월	10	丁亥	목	12	戊午	목	10	丙戌	일	12	丁巳	화	12	丁亥	금	13	戊午
22	화	11	戊子	금	13	己未	금	11	丁亥	월	13	戊午	수	13	戊子	토	14	己未
23	수	12	己丑	토	14	庚申	토	12	戊子	화	14	己未	목	14	己丑	일	15	庚申
24	목	13	庚寅	일	15	辛酉	일	13	己丑	수	15	庚申	금	15	庚寅	월	16	辛酉
25	금	14	辛卯	월	16	壬戌	월	14	庚寅	목	16	辛酉	토	16	辛卯	화	17	壬戌
26	토	15	壬辰	화	17	癸亥	화	15	辛卯	금	17	壬戌	일	17	壬辰	수	18	癸亥
27	일	16	癸巳	수	18	甲子	수	16	壬辰	토	18	癸亥	월	18	癸巳	목	19	甲子
28	월	17	甲午	목	19	乙丑	목	17	癸巳	일	19	甲子	화	19	甲午	금	20	乙丑
29	화	18	乙未				금	18	甲午	월	20	乙丑	수	20	乙未	토	21	丙寅
30	수	19	丙申				토	19	乙未	화	21	丙寅	목	21	丙申	일	22	丁卯
31	목	20	丁酉				일	20	丙申				금	22	丁酉			

단기 4346년

월(양력)	7월			8월			9월			10월			11월			12월		
월간지	己未			庚申			辛酉			壬戌			癸亥			甲子		
절기시작	소서小暑 7일 07:34			입추立秋 7일 17:19			백로白露 7일 20:15			한로寒露 8일 11:58			입동立冬 7일 15:13			대설大雪 7일 08:08		
	대서大暑 23일 00:55			처서處暑 23일 08:01			추분秋分 23일 05:43			상강霜降 23일 15:09			소설小雪 22일 12:47			동지冬至 22일 02:10		
양력	요일	음력	일진	요일	음력	일진	요일	음력	일진	요일	음력	일진	요일	음력	일진	요일	음력	일진
1	월	23	戊辰	목	25	己亥	일	26	庚午	화	27	庚子	금	28	辛未	일	29	辛丑
2	화	24	己巳	금	26	庚子	월	27	辛未	수	28	辛丑	토	29	壬申	월	30	壬寅
3	수	25	庚午	토	27	辛丑	화	28	壬申	목	29	壬寅	일	**10월**	癸酉	화	**11월**	癸卯
4	목	26	辛未	일	28	壬寅	수	29	癸酉	금	30	癸卯	월	2	甲戌	수	2	甲辰
5	금	27	壬申	월	29	癸卯	목	**8월**	甲戌	토	**9월**	甲辰	화	3	乙亥	목	3	乙巳
6	토	28	癸酉	화	30	甲辰	금	2	乙亥	일	2	乙巳	수	4	丙子	금	4	丙午
7	일	29	甲戌	수	**7월**	乙巳	토	3	丙子	월	3	丙午	목	5	丁丑	토	5	丁未
8	월	**6월**	乙亥	목	2	丙午	일	4	丁丑	화	4	丁未	금	6	戊寅	일	6	戊申
9	화	2	丙子	금	3	丁未	월	5	戊寅	수	5	戊申	토	7	己卯	월	7	己酉
10	수	3	丁丑	토	4	戊申	화	6	己卯	목	6	己酉	일	8	庚辰	화	8	庚戌
11	목	4	戊寅	일	5	己酉	수	7	庚辰	금	7	庚戌	월	9	辛巳	수	9	辛亥
12	금	5	己卯	월	6	庚戌	목	8	辛巳	토	8	辛亥	화	10	壬午	목	10	壬子
13	토	6	庚辰	화	7	辛亥	금	9	壬午	일	9	壬子	수	11	癸未	금	11	癸丑
14	일	7	辛巳	수	8	壬子	토	10	癸未	월	10	癸丑	목	12	甲申	토	12	甲寅
15	월	8	壬午	목	9	癸丑	일	11	甲申	화	11	甲寅	금	13	乙酉	일	13	乙卯
16	화	9	癸未	금	10	甲寅	월	12	乙酉	수	12	乙卯	토	14	丙戌	월	14	丙辰
17	수	10	甲申	토	11	乙卯	화	13	丙戌	목	13	丙辰	일	15	丁亥	화	15	丁巳
18	목	11	乙酉	일	12	丙辰	수	14	丁亥	금	14	丁巳	월	16	戊子	수	16	戊午
19	금	12	丙戌	월	13	丁巳	목	15	戊子	토	15	戊午	화	17	己丑	목	17	己未
20	토	13	丁亥	화	14	戊午	금	16	己丑	일	16	己未	수	18	庚寅	금	18	庚申
21	일	14	戊子	수	15	己未	토	17	庚寅	월	17	庚申	목	19	辛卯	토	19	辛酉
22	월	15	己丑	목	16	庚申	일	18	辛卯	화	18	辛酉	금	20	壬辰	일	20	壬戌
23	화	16	庚寅	금	17	辛酉	월	19	壬辰	수	19	壬戌	토	21	癸巳	월	21	癸亥
24	수	17	辛卯	토	18	壬戌	화	20	癸巳	목	20	癸亥	일	22	甲午	화	22	甲子
25	목	18	壬辰	일	19	癸亥	수	21	甲午	금	21	甲子	월	23	乙未	수	23	乙丑
26	금	19	癸巳	월	20	甲子	목	22	乙未	토	22	乙丑	화	24	丙申	목	24	丙寅
27	토	20	甲午	화	21	乙丑	금	23	丙申	일	23	丙寅	수	25	丁酉	금	25	丁卯
28	일	21	乙未	수	22	丙寅	토	24	丁酉	월	24	丁卯	목	26	戊戌	토	26	戊辰
29	월	22	丙申	목	23	丁卯	일	25	戊戌	화	25	戊辰	금	27	己亥	일	27	己巳
30	화	23	丁酉	금	24	戊辰	월	26	己亥	수	26	己巳	토	28	庚子	월	28	庚午
31	수	24	戊戌	토	25	己巳				목	27	庚午				화	29	辛未

만세력

서기 2014년 갑오甲午

월 (양력)	1월			2월			3월			4월			5월			6월		
월 간지	乙丑			丙寅			丁卯			戊辰			己巳			庚午		
절기 시작	소한小寒 5일 19:23			입춘立春 4일 07:02			경칩驚蟄 6일 01:01			청명淸明 5일 05:46			입하立夏 5일 22:59			망종亡種 6일 03:02		
	대한大寒 20일 12:50			우수雨水 19일 02:59			춘분春分 21일 01:56			곡우穀雨 20일 12:55			소만小滿 21일 11:58			하지夏至 21일 19:50		
양력	요일	음력	일진	요일	음력	일진	요일	음력	일진	요일	음력	일진	요일	음력	일진	요일	음력	일진
1		12월	壬申	토		癸卯		2월	辛未	화	2	壬寅	목	3	壬申	일	4	癸卯
2	목	2	癸酉	일	3	甲辰	일	2	壬申	수	3	癸卯	금	4	癸酉	월	5	甲辰
3	금	3	甲戌	월	4	乙巳	월	3	癸酉	목	4	甲辰	토	5	甲戌	화	6	乙巳
4	토	4	乙亥	화	5	丙午	화	4	甲戌	금	5	乙巳	일	6	乙亥	수	7	丙午
5	일	5	丙子	수	6	丁未	수	5	乙亥	토	6	丙午	월	7	丙子	목	8	丁未
6	월	6	丁丑	목	7	戊申	목	6	丙子	일	7	丁未	화	8	丁丑	금	9	戊申
7	화	7	戊寅	금	8	己酉	금	7	丁丑	월	8	戊申	수	9	戊寅	토	10	己酉
8	수	8	己卯	토	9	庚戌	토	8	戊寅	화	9	己酉	목	10	己卯	일	11	庚戌
9	목	9	庚辰	일	10	辛亥	일	9	己卯	수	10	庚戌	금	11	庚辰	월	12	辛亥
10	금	10	辛巳	월	11	壬子	월	10	庚辰	목	11	辛亥	토	12	辛巳	화	13	壬子
11	토	11	壬午	화	12	癸丑	화	11	辛巳	금	12	壬子	일	13	壬午	수	14	癸丑
12	일	12	癸未	수	13	甲寅	수	12	壬午	토	13	癸丑	월	14	癸未	목	15	甲寅
13	월	13	甲申	목	14	乙卯	목	13	癸未	일	14	甲寅	화	15	甲申	금	16	乙卯
14	화	14	乙酉	금	15	丙辰	금	14	甲申	월	15	乙卯	수	16	乙酉	토	17	丙辰
15	수	15	丙戌	토	16	丁巳	토	15	乙酉	화	16	丙辰	목	17	丙戌	일	18	丁巳
16	목	16	丁亥	일	17	戊午	일	16	丙戌	수	17	丁巳	금	18	丁亥	월	19	戊午
17	금	17	戊子	월	18	己未	월	17	丁亥	목	18	戊午	토	19	戊子	화	20	己未
18	토	18	己丑	화	19	庚申	화	18	戊子	금	19	己未	일	20	己丑	수	21	庚申
19	일	19	庚寅	수	20	辛酉	수	19	己丑	토	20	庚申	월	21	庚寅	목	22	辛酉
20	월	20	辛卯	목	21	壬戌	목	20	庚寅	일	21	辛酉	화	22	辛卯	금	23	壬戌
21	화	21	壬辰	금	22	癸亥	금	21	辛卯	월	22	壬戌	수	23	壬辰	토	24	癸亥
22	수	22	癸巳	토	23	甲子	토	22	壬辰	화	23	癸亥	목	24	癸巳	일	25	甲子
23	목	23	甲午	일	24	乙丑	일	23	癸巳	수	24	甲子	금	25	甲午	월	26	乙丑
24	금	24	乙未	월	25	丙寅	월	24	甲午	목	25	乙丑	토	26	乙未	화	27	丙寅
25	토	25	丙申	화	26	丁卯	화	25	乙未	금	26	丙寅	일	27	丙申	수	28	丁卯
26	일	26	丁酉	수	27	戊辰	수	26	丙申	토	27	丁卯	월	28	丁酉	목	29	戊辰
27	월	27	戊戌	목	28	己巳	목	27	丁酉	일	28	戊辰	화	29	戊戌		6월	己巳
28	화	28	己亥	금	29	庚午	금	28	戊戌	월	29	己巳	수	30	己亥	일	2	庚午
29	수	29	庚子				토	29	己亥		4월	庚午		5월	庚子	월	3	辛未
30	목	30	辛丑				일	30	庚子	수	2	辛未	금	2	辛丑	월	4	壬申
31		1월	壬寅					3월	辛丑				토	3	壬寅			

단기 4347년

월(양력)	7월			8월			9월			10월			11월			12월		
월간지	辛未			壬申			癸酉			甲戌			乙亥			丙子		
절기시작	소서小暑 7일 13:14			입추立秋 7일 23:02			백로白露 8일 02:01			한로寒露 8일 17:47			입동立冬 7일 21:06			대설大雪 7일 14:03		
	대서大暑 23일 06:40			처서處暑 23일 13:45			추분秋分 23일 11:28			상강霜降 23일 20:56			소설小雪 22일 18:37			동지冬至 22일 08:02		
양력	요일	음력	일진	요일	음력	일진	요일	음력	일진	요일	음력	일진	요일	음력	일진	요일	음력	일진
1	화	5	癸酉	금	6	甲辰	월	8	乙亥	수	8	乙巳	토	9	丙子	월	10	丙午
2	수	6	甲戌	토	7	乙巳	화	9	丙子	목	9	丙午	일	10	丁丑	화	11	丁未
3	목	7	乙亥	일	8	丙午	수	10	丁丑	금	10	丁未	월	11	戊寅	수	12	戊申
4	금	8	丙子	월	9	丁未	목	11	戊寅	토	11	戊申	화	12	己卯	목	13	己酉
5	토	9	丁丑	화	10	戊申	금	12	己卯	일	12	己酉	수	13	庚辰	금	14	庚戌
6	일	10	戊寅	수	11	己酉	토	13	庚辰	월	13	庚戌	목	14	辛巳	토	15	辛亥
7	월	11	己卯	목	12	庚戌	일	14	辛巳	화	14	辛亥	금	15	壬午	일	16	壬子
8	화	12	庚辰	금	13	辛亥	월	15	壬午	수	15	壬子	토	16	癸未	월	17	癸丑
9	수	13	辛巳	토	14	壬子	화	16	癸未	목	16	癸丑	일	17	甲申	화	18	甲寅
10	목	14	壬午	일	15	癸丑	수	17	甲申	금	17	甲寅	월	18	乙酉	수	19	乙卯
11	금	15	癸未	월	16	甲寅	목	18	乙酉	토	18	乙卯	화	19	丙戌	목	20	丙辰
12	토	16	甲申	화	17	乙卯	금	19	丙戌	일	19	丙辰	수	20	丁亥	금	21	丁巳
13	일	17	乙酉	수	18	丙辰	토	20	丁亥	월	20	丁巳	목	21	戊子	토	22	戊午
14	월	18	丙戌	목	19	丁巳	일	21	戊子	화	21	戊午	금	22	己丑	일	23	己未
15	화	19	丁亥	금	20	戊午	월	22	己丑	수	22	己未	토	23	庚寅	월	24	庚申
16	수	20	戊子	토	21	己未	화	23	庚寅	목	23	庚申	일	24	辛卯	화	25	辛酉
17	목	21	己丑	일	22	庚申	수	24	辛卯	금	24	辛酉	월	25	壬辰	수	26	壬戌
18	금	22	庚寅	월	23	辛酉	목	25	壬辰	토	25	壬戌	화	26	癸巳	목	27	癸亥
19	토	23	辛卯	화	24	壬戌	금	26	癸巳	일	26	癸亥	수	27	甲午	금	28	甲子
20	일	24	壬辰	수	25	癸亥	토	27	甲午	월	27	甲子	목	28	乙未	토	29	乙丑
21	월	25	癸巳	목	26	甲子	일	28	乙未	화	28	乙丑	금	29	丙申	일	30	丙寅
22	화	26	甲午	금	27	乙丑	월	29	丙申	수	29	丙寅	**10월**	1	丁酉	**11월**	1	丁卯
23	수	27	乙未	토	28	丙寅	화	30	丁酉	목	30	丁卯	일	2	戊戌	화	2	戊辰
24	목	28	丙申	일	29	丁卯	**9월**	1	戊戌	**윤9월**	1	戊辰	월	3	己亥	수	3	己巳
25	금	29	丁酉	**8월**	1	戊辰	목	2	己亥	토	2	己巳	화	4	庚子	목	4	庚午
26	토	30	戊戌	화	2	己巳	금	3	庚子	일	3	庚午	수	5	辛丑	금	5	辛未
27	**7월**	1	己亥	수	3	庚午	토	4	辛丑	월	4	辛未	목	6	壬寅	토	6	壬申
28	월	2	庚子	목	4	辛未	일	5	壬寅	화	5	壬申	금	7	癸卯	일	7	癸酉
29	화	3	辛丑	금	5	壬申	월	6	癸卯	수	6	癸酉	토	8	甲辰	월	8	甲戌
30	수	4	壬寅	토	6	癸酉	화	7	甲辰	목	7	甲戌	일	9	乙巳	화	9	乙亥
31	목	5	癸卯	일	7	甲戌				금	8	乙亥				수	10	丙子

만세력 305

서기 2015년 을미乙未

월(양력)	1월	2월	3월	4월	5월	6월
월간지	丁丑	戊寅	己卯	庚辰	辛巳	壬午
절기시작	소한小寒 6일 01:20	입춘立春 4일 12:58	경칩驚蟄 6일 06:55	청명淸明 5일 11:38	입하立夏 6일 04:52	망종亡種 6일 08:57
	대한大寒 20일 18:42	우수雨水 19일 08:49	춘분春分 21일 07:44	곡우穀雨 20일 18:41	소만小滿 21일 17:44	하지夏至 22일 01:37

양력	요일	음력	일진	요일	음력	일진	요일	음력	일진	요일	음력	일진	요일	음력	일진	요일	음력	일진
1	목	11	丁丑	일	13	戊申	일	11	丙子	수	13	丁未	금	13	丁丑	월	15	戊申
2	금	12	戊寅	월	14	己酉	월	12	丁丑	목	14	戊申	토	14	戊寅	화	16	己酉
3	토	13	己卯	화	15	庚戌	화	13	戊寅	금	15	己酉	일	15	己卯	수	17	庚戌
4	일	14	庚辰	수	16	辛亥	수	14	己卯	토	16	庚戌	월	16	庚辰	목	18	辛亥
5	월	15	辛巳	목	17	壬子	목	15	庚辰	일	17	辛亥	화	17	辛巳	금	19	壬子
6	화	16	壬午	금	18	癸丑	금	16	辛巳	월	18	壬子	수	18	壬午	토	20	癸丑
7	수	17	癸未	토	19	甲寅	토	17	壬午	화	19	癸丑	목	19	癸未	일	21	甲寅
8	목	18	甲申	일	20	乙卯	일	18	癸未	수	20	甲寅	금	20	甲申	월	22	乙卯
9	금	19	乙酉	월	21	丙辰	월	19	甲申	목	21	乙卯	토	21	乙酉	화	23	丙辰
10	토	20	丙戌	화	22	丁巳	화	20	乙酉	금	22	丙辰	일	22	丙戌	수	24	丁巳
11	일	21	丁亥	수	23	戊午	수	21	丙戌	토	23	丁巳	월	23	丁亥	목	25	戊午
12	월	22	戊子	목	24	己未	목	22	丁亥	일	24	戊午	화	24	戊子	금	26	己未
13	화	23	己丑	금	25	庚申	금	23	戊子	월	25	己未	수	25	己丑	토	27	庚申
14	수	24	庚寅	토	26	辛酉	토	24	己丑	화	26	庚申	목	26	庚寅	일	28	辛酉
15	목	25	辛卯	일	27	壬戌	일	25	庚寅	수	27	辛酉	금	27	辛卯	월	29	壬戌
16	금	26	壬辰	월	28	癸亥	월	26	辛卯	목	28	壬戌	토	28	壬辰	5월		癸亥
17	토	27	癸巳	화	29	甲子	화	27	壬辰	금	29	癸亥	일	29	癸巳	수	2	甲子
18	일	28	甲午	수	30	乙丑	수	28	癸巳	토	30	甲子	4월		甲午	목	3	乙丑
19	월	29	乙未	1월		丙寅	목	29	甲午	3월		乙丑	화	2	乙未	금	4	丙寅
20	12월		丙申	금	2	丁卯	2월		乙未	월	2	丙寅	수	3	丙申	토	5	丁卯
21	수	2	丁酉	토	3	戊辰	토	2	丙申	화	3	丁卯	목	4	丁酉	일	6	戊辰
22	목	3	戊戌	일	4	己巳	일	3	丁酉	수	4	戊辰	금	5	戊戌	월	7	己巳
23	금	4	己亥	월	5	庚午	월	4	戊戌	목	5	己巳	토	6	己亥	화	8	庚午
24	토	5	更子	화	6	辛未	화	5	己亥	금	6	庚午	일	7	更子	수	9	辛未
25	일	6	辛丑	수	7	壬申	수	6	更子	토	7	辛未	월	8	辛丑	목	10	壬申
26	월	7	壬寅	목	8	癸酉	목	7	辛丑	일	8	壬申	화	9	壬寅	금	11	癸酉
27	화	8	癸卯	금	9	甲戌	금	8	壬寅	월	9	癸酉	수	10	癸卯	토	12	甲戌
28	수	9	甲辰	토	10	乙亥	토	9	癸卯	화	10	甲戌	목	11	甲辰	일	13	乙亥
29	목	10	乙巳				일	10	甲辰	수	11	乙亥	금	12	乙巳	월	14	丙子
30	금	11	丙午				월	11	乙巳	목	12	丙子	토	13	丙午	화	15	丁丑
31	토	12	丁未				화	12	丙午				일	14	丁未			

단기 4348년

월(양력)	7월			8월			9월			10월			11월			12월		
월간지	癸未			甲申			乙酉			丙戌			丁亥			戊子		
절기시작	소서小暑 7일 19:11			입추立秋 8일 05:00			백로白露 8일 07:59			한로寒露 8일 23:42			입동立冬 8일 02:58			대설大雪 7일 19:52		
	대서大暑 23일 12:30			처서處暑 23일 19:36			추분秋分 23일 17:20			상강霜降 24일 02:46			소설小雪 23일 00:24			동지冬至 22일 13:47		
양력	요일	음력	일진	요일	음력	일진	요일	음력	일진	요일	음력	일진	요일	음력	일진	요일	음력	일진
1	수	16	戊寅	토	17	己酉	화	19	庚寅	목	19	庚戌	일	20	辛巳	화	20	辛亥
2	목	17	己卯	일	18	庚戌	수	20	辛卯	금	20	辛亥	월	21	壬午	수	21	壬子
3	금	18	庚辰	월	19	辛亥	목	21	壬辰	토	21	壬子	화	22	癸未	목	22	癸丑
4	토	19	辛巳	화	20	壬子	금	22	癸巳	일	22	癸丑	수	23	甲申	금	23	甲寅
5	일	20	壬午	수	21	癸丑	토	23	甲午	월	23	甲寅	목	24	乙酉	토	24	乙卯
6	월	21	癸未	목	22	甲寅	일	24	乙未	화	24	乙卯	금	25	丙戌	일	25	丙辰
7	화	22	甲申	금	23	乙卯	월	25	丙申	수	25	丙辰	토	26	丁亥	월	26	丁巳
8	수	23	乙酉	토	24	丙辰	화	26	丁酉	목	26	丁巳	일	27	戊子	화	27	戊午
9	목	24	丙戌	일	25	丁巳	수	27	戊戌	금	27	戊午	월	28	己丑	수	28	己未
10	금	25	丁亥	월	26	戊午	목	28	己丑	토	28	己未	화	29	庚寅	목	29	庚申
11	토	26	戊子	화	27	己未	금	29	庚寅	일	29	庚申	수	30	辛卯	금	11월	辛酉
12	일	27	己丑	수	28	庚申	토	30	辛卯	월	30	辛酉	목	10월	壬辰	토	2	壬戌
13	월	28	庚寅	목	29	辛酉	일	8월	壬辰	화	9월	壬戌	금	2	癸巳	일	3	癸亥
14	화	29	辛卯	금	7월	壬戌	월	2	癸巳	수	2	癸亥	토	3	甲午	월	4	甲子
15	수	30	壬辰	토	2	癸亥	화	3	甲午	목	3	甲子	일	4	乙未	화	5	乙丑
16	목	6월	癸巳	일	3	甲子	수	4	乙未	금	4	乙丑	월	5	丙申	수	6	丙寅
17	금	2	甲午	월	4	乙丑	목	5	丙申	토	5	丙寅	화	6	丁酉	목	7	丁卯
18	토	3	乙未	화	5	丙寅	금	6	丁酉	일	6	丁卯	수	7	戊戌	금	8	戊辰
19	일	4	丙申	수	6	丁卯	토	7	戊戌	월	7	戊辰	목	8	己亥	토	9	己巳
20	월	5	丁酉	목	7	戊辰	일	8	己亥	화	8	己巳	금	9	庚子	일	10	庚午
21	화	6	戊戌	금	8	己巳	월	9	庚子	수	9	庚午	토	10	辛丑	월	11	辛未
22	수	7	己亥	토	9	庚午	화	10	辛丑	목	10	辛未	일	11	壬寅	화	12	壬申
23	목	8	庚子	일	10	辛未	수	11	壬寅	금	11	壬申	월	12	癸卯	수	13	癸酉
24	금	9	辛丑	월	11	壬申	목	12	癸卯	토	12	癸酉	화	13	甲辰	목	14	甲戌
25	토	10	壬寅	화	12	癸酉	금	13	甲辰	일	13	甲戌	수	14	乙巳	금	15	乙亥
26	일	11	癸卯	수	13	甲戌	토	14	乙巳	월	14	乙亥	목	15	丙午	토	16	丙子
27	월	12	甲辰	목	14	乙亥	일	15	丙午	화	15	丙子	금	16	丁未	일	17	丁丑
28	화	13	乙巳	금	15	丙子	월	16	丁未	수	16	丁丑	토	17	戊申	월	18	戊寅
29	수	14	丙午	토	16	丁丑	화	17	戊申	목	17	戊寅	일	18	己酉	화	19	己卯
30	목	15	丁未	일	17	戊寅	수	18	己酉	금	18	己卯	월	19	庚戌	수	20	庚辰
31	금	16	戊申	월	18	己卯				토	19	庚辰				목	21	辛巳

서기 2016년 병신 **丙申**

월(양력)	1월			2월			3월			4월			5월			6월		
월간지	己丑			庚寅			辛卯			壬辰			癸巳			甲午		
절기시작	소한小寒 6일 07:07 대한大寒 21일 00:26			입춘立春 4일 18:45 우수雨水 19일 14:33			경칩驚蟄 5일 12:43 춘분春分 20일 13:29			청명淸明 4일 17:27 곡우穀雨 20일 00:29			입하立夏 5일 10:41 소만小滿 20일 23:36			망종亡種 5일 14:48 하지夏至 21일 07:33		
양력	요일	음력	일진	요일	음력	일진	요일	음력	일진	요일	음력	일진	요일	음력	일진	요일	음력	일진
1	금	22	壬午	월	23	癸丑	화	23	壬午	금	24	癸丑	일	25	癸未	수	26	甲寅
2	토	23	癸未	화	24	甲寅	수	24	癸未	토	25	甲寅	월	26	甲申	목	27	乙卯
3	일	24	甲申	수	25	乙卯	목	25	甲申	일	26	乙卯	화	27	乙酉	금	28	丙辰
4	월	25	乙酉	목	26	丙辰	금	26	乙酉	월	27	丙辰	수	28	丙戌	토	29	丁巳
5	화	26	丙戌	금	27	丁巳	토	27	丙戌	화	28	丁巳	목	29	丁亥	5월		戊午
6	수	27	丁亥	토	28	戊午	일	28	丁亥	수	29	戊午	금	30	戊子	월	2	己未
7	목	28	戊子	일	29	己未	월	29	戊子	3월		己未	4월		己丑	화	3	庚申
8	금	29	己丑	1월		庚申	화	30	己丑	금		庚申	일	2	庚寅	수	4	辛酉
9	토	30	庚寅	화	2	辛酉	2월		庚寅	토	3	辛酉	월	3	辛卯	목	5	壬戌
10	12월		辛卯	수	3	壬戌	목	2	辛卯	일	4	壬戌	화	4	壬辰	금	6	癸亥
11	월	2	壬辰	목	4	癸亥	금	3	壬辰	월	5	癸亥	수	5	癸巳	토	7	甲子
12	화	3	癸巳	금	5	甲子	토	4	癸巳	화	6	甲子	목	6	甲午	일	8	乙丑
13	수	4	甲午	토	6	乙丑	일	5	甲午	수	7	乙丑	금	7	乙未	월	9	丙寅
14	목	5	乙未	일	7	丙寅	월	6	乙未	목	8	丙寅	토	8	丙申	화	10	丁卯
15	금	6	丙申	월	8	丁卯	화	7	丙申	금	9	丁卯	일	9	丁酉	수	11	戊辰
16	토	7	丁酉	화	9	戊辰	수	8	丁酉	토	10	戊辰	월	10	戊戌	목	12	己巳
17	일	8	戊戌	수	10	己巳	목	9	戊戌	일	11	己巳	화	11	己亥	금	13	庚午
18	월	9	己亥	목	11	庚午	금	10	己亥	월	12	庚午	수	12	更子	토	14	辛未
19	화	10	更子	금	12	辛未	토	11	更子	화	13	辛未	목	13	辛丑	일	15	壬申
20	수	11	辛丑	토	13	壬申	일	12	辛丑	수	14	壬申	금	14	壬寅	월	16	癸酉
21	목	12	壬寅	일	14	癸酉	월	13	壬寅	목	15	癸酉	토	15	癸卯	화	17	甲戌
22	금	13	癸卯	월	15	甲戌	화	14	癸卯	금	16	甲戌	일	16	甲辰	수	18	乙亥
23	토	14	甲辰	화	16	乙亥	수	15	甲辰	토	17	乙亥	월	17	乙巳	목	19	丙子
24	일	15	乙巳	수	17	丙子	목	16	乙巳	일	18	丙子	화	18	丙午	금	20	丁丑
25	월	16	丙午	목	18	丁丑	금	17	丙午	월	19	丁丑	수	19	丁未	토	21	戊寅
26	화	17	丁未	금	19	戊寅	토	18	丁未	화	20	戊寅	목	20	戊申	일	22	己卯
27	수	18	戊申	토	20	己卯	일	19	戊申	수	21	己卯	금	21	己酉	월	23	庚辰
28	목	19	己酉	일	21	庚辰	월	20	己酉	목	22	庚辰	토	22	庚戌	화	24	辛巳
29	금	20	庚戌	월	22	辛巳	화	21	庚戌	금	23	辛巳	일	23	辛亥	수	25	壬午
30	토	21	辛亥				수	22	辛亥	토	24	壬午	월	24	壬子	목	26	癸未
31	일	22	壬子				목	23	壬子				화	25	癸丑			

단기 4349년

월(양력)	7월			8월			9월			10월			11월			12월		
월간지	乙未			丙申			丁酉			戊戌			己亥			庚子		
절기시작	소서小暑 7일 01:02			입추立秋 7일 10:38			백로白露 7일 13:50			한로寒露 8일 05:32			입동立冬 7일 08:47			대설大雪 7일 01:40		
	대서大暑 22일 18:29			처서處暑 23일 01:38			추분秋分 22일 23:20			상강霜降 23일 08:45			소설小雪 22일 06:21			동지冬至 21일 19:43		
양력	요일	음력	일진	요일	음력	일진	요일	음력	일진	요일	음력	일진	요일	음력	일진	요일	음력	일진
1	금	27	甲申	일	29	乙卯	8월		丙戌	9월		丙辰	화	2	丁亥	목	3	丁巳
2	토	28	乙酉	화	30	丙辰	금	2	丁亥	일	2	丁巳	수	3	戊子	금	4	戊午
3	일	29	丙戌	7월		丁巳	토	3	戊子	월	3	戊午	목	4	己丑	토	5	己未
4	6월		丁亥	목	2	戊午	일	4	己丑	화	4	己未	금	5	庚寅	일	6	庚申
5	화	2	戊子	금	3	己未	월	5	庚寅	수	5	庚申	토	6	辛卯	월	7	辛酉
6	수	3	己丑	토	4	庚申	화	6	辛卯	목	6	辛酉	일	7	壬辰	화	8	壬戌
7	목	4	庚寅	일	5	辛酉	수	7	壬辰	금	7	壬戌	월	8	癸巳	수	9	癸亥
8	금	5	辛卯	월	6	壬戌	목	8	癸巳	토	8	癸亥	화	9	甲午	목	10	甲子
9	토	6	壬辰	화	7	癸亥	금	9	甲午	일	9	甲子	수	10	乙未	금	11	乙丑
10	일	7	癸巳	수	8	甲子	토	10	乙未	월	10	乙丑	목	11	丙申	토	12	丙寅
11	월	8	甲午	목	9	乙丑	일	11	丙申	화	11	丙寅	금	12	丁酉	일	13	丁卯
12	화	9	乙未	금	10	丙寅	월	12	丁酉	수	12	丁卯	토	13	戊戌	월	14	戊辰
13	수	10	丙申	토	11	丁卯	화	13	戊戌	목	13	戊辰	일	14	己亥	화	15	己巳
14	목	11	丁酉	일	12	戊辰	수	14	己亥	금	14	己巳	월	15	庚子	수	16	庚午
15	금	12	戊戌	월	13	己巳	목	15	庚子	토	15	庚午	화	16	辛丑	목	17	辛未
16	토	13	己亥	화	14	庚午	금	16	辛丑	일	16	辛未	수	17	壬寅	금	18	壬申
17	일	14	庚子	수	15	辛未	토	17	壬寅	월	17	壬申	목	18	癸卯	토	19	癸酉
18	월	15	辛丑	목	16	壬申	일	18	癸卯	화	18	癸酉	금	19	甲辰	일	20	甲戌
19	화	16	壬寅	금	17	癸酉	월	19	甲辰	수	19	甲戌	토	20	乙巳	월	21	乙亥
20	수	17	癸卯	토	18	甲戌	화	20	乙巳	목	20	乙亥	일	21	丙午	화	22	丙子
21	목	18	甲辰	일	19	乙亥	수	21	丙午	금	21	丙子	월	22	丁未	수	23	丁丑
22	금	19	乙巳	월	20	丙子	목	22	丁未	토	22	丁丑	화	23	戊申	목	24	戊寅
23	토	20	丙午	화	21	丁丑	금	23	戊申	일	23	戊寅	수	24	己酉	금	25	己卯
24	일	21	丁未	수	22	戊寅	토	24	己酉	월	24	己卯	목	25	庚戌	토	26	庚辰
25	월	22	戊申	목	23	己卯	일	25	庚戌	화	25	庚辰	금	26	辛亥	일	27	辛巳
26	화	23	己酉	금	24	庚辰	월	26	辛亥	수	26	辛巳	토	27	壬子	월	28	壬午
27	수	24	庚戌	토	25	辛巳	화	27	壬子	목	27	壬午	일	28	癸丑	화	29	癸未
28	목	25	辛亥	일	26	壬午	수	28	癸丑	금	28	癸未	월	29	甲寅	수	30	甲申
29	금	26	壬子	월	27	癸未	목	29	甲寅	토	29	甲申	11월		乙卯	12월		乙酉
30	토	27	癸丑	화	28	甲申	금	30	乙卯	일	30	乙酉	수	2	丙辰	금	2	丙戌
31	일	28	甲寅	수	29	乙酉				10월		丙戌				토	3	丁亥

만세력 309

서기 2017년 정유丁酉

월(양력)	1월			2월			3월			4월			5월			6월		
월간지	辛丑			壬寅			癸卯			甲辰			乙巳			丙午		
절기시작	소한小寒 5일 12:55			입춘立春 4일 00:33			경칩驚蟄 5일 18:32			청명淸明 4일 23:16			입하立夏 5일 16:30			망종亡種 5일 20:36		
	대한大寒 20일 06:23			우수雨水 18일 20:30			춘분春分 20일 19:28			곡우穀雨 20일 06:26			소만小滿 21일 05:30			하지夏至 21일 13:23		
양력	요일	음력	일진	요일	음력	일진	요일	음력	일진	요일	음력	일진	요일	음력	일진	요일	음력	일진
1	일	4	戊子	수	5	己未	수	4	丁亥	토	5	戊午	월	6	戊子	목	7	己未
2	월	5	己丑	목	6	庚申	목	5	戊子	일	6	己未	화	7	己丑	금	8	庚申
3	화	6	庚寅	금	7	辛酉	금	6	己丑	월	7	庚申	수	8	庚寅	토	9	辛酉
4	수	7	辛卯	토	8	壬戌	토	7	庚寅	화	8	辛酉	목	9	辛卯	일	10	壬戌
5	목	8	壬辰	일	9	癸亥	일	8	辛卯	수	9	壬戌	금	10	壬辰	월	11	癸亥
6	금	9	癸巳	월	10	甲子	월	9	壬辰	목	10	癸亥	토	11	癸巳	화	12	甲子
7	토	10	甲午	화	11	乙丑	화	10	癸巳	금	11	甲子	일	12	甲午	수	13	乙丑
8	일	11	乙未	수	12	丙寅	수	11	甲午	토	12	乙丑	월	13	乙未	목	14	丙寅
9	월	12	丙申	목	13	丁卯	목	12	乙未	일	13	丙寅	화	14	丙申	금	15	丁卯
10	화	13	丁酉	금	14	戊辰	금	13	丙申	월	14	丁卯	수	15	丁酉	토	16	戊辰
11	수	14	戊戌	토	15	己巳	토	14	丁酉	화	15	戊辰	목	16	戊戌	일	17	己巳
12	목	15	己亥	일	16	庚午	일	15	戊戌	수	16	己巳	금	17	己亥	월	18	庚午
13	금	16	庚子	월	17	辛未	월	16	己亥	목	17	庚午	토	18	庚子	화	19	辛未
14	토	17	辛丑	화	18	壬申	화	17	庚子	금	18	辛未	일	19	辛丑	수	20	壬申
15	일	18	壬寅	수	19	癸酉	수	18	辛丑	토	19	壬申	월	20	壬寅	목	21	癸酉
16	월	19	癸卯	목	20	甲戌	목	19	壬寅	일	20	癸酉	화	21	癸卯	금	22	甲戌
17	화	20	甲辰	금	21	乙亥	금	20	癸卯	월	21	甲戌	수	22	甲辰	토	23	乙亥
18	수	21	乙巳	토	22	丙子	토	21	甲辰	화	22	乙亥	목	23	乙巳	일	24	丙子
19	목	22	丙午	일	23	丁丑	일	22	乙巳	수	23	丙子	금	24	丙午	월	25	丁丑
20	금	23	丁未	월	24	戊寅	월	23	丙午	목	24	丁丑	토	25	丁未	화	26	戊寅
21	토	24	戊申	화	25	己卯	화	24	丁未	금	25	戊寅	일	26	戊申	수	27	己卯
22	일	25	己酉	수	26	庚辰	수	25	戊申	토	26	己卯	월	27	己酉	목	28	庚辰
23	월	26	庚戌	목	27	辛巳	목	26	己酉	일	27	庚辰	화	28	庚戌	금	29	辛巳
24	화	27	辛亥	금	28	壬午	금	27	庚戌	월	28	辛巳	수	29	辛亥	토	윤5월	壬午
25	수	28	壬子	토	29	癸未	토	28	辛亥	화	29	壬午	목	30	壬子	일	2	癸未
26	목	29	癸丑	2월	1	甲申	일	29	壬子	4월	1	癸未	5월	1	癸丑	월	3	甲申
27	금	30	甲寅	월	2	乙酉	월	30	癸丑	목	2	甲申	토	2	甲寅	화	4	乙酉
28	1월	1	乙卯	화	3	丙戌	3월	1	甲寅	금	3	乙酉	일	3	乙卯	수	5	丙戌
29	일	2	丙辰				수	2	乙卯	토	4	丙戌	월	4	丙辰	목	6	丁亥
30	월	3	丁巳				목	3	丙辰	일	5	丁亥	화	5	丁巳	금	7	戊子
31	화	4	戊午				금	4	丁巳				수	6	戊午			

단기 4350년

월(양력)	7월			8월			9월			10월			11월			12월		
월간지	丁未			戊申			己酉			庚戌			辛亥			壬子		
절기시작	소서小暑 7일 06:50			입추立秋 7일 16:39			백로白露 7일 19:38			한로寒露 8일 11:21			입동立冬 7일 14:37			대설大雪 7일 07:32		
	대서大暑 23일 00:14			처서處暑 23일 07:19			추분秋分 23일 05:01			상강霜降 23일 14:26			소설小雪 22일 12:04			동지冬至 22일 01:27		
양력	요일	음력	일진	요일	음력	일진	요일	음력	일진	요일	음력	일진	요일	음력	일진	요일	음력	일진
1	토	8	己丑	화	10	庚申	금	11	辛卯	일	12	辛酉	수	13	壬辰	금	14	壬戌
2	일	9	庚寅	수	11	辛酉	토	12	壬辰	월	13	壬戌	목	14	癸巳	토	15	癸亥
3	월	10	辛卯	목	12	壬戌	일	13	癸巳	화	14	癸亥	금	15	甲午	일	16	甲子
4	화	11	壬辰	금	13	癸亥	월	14	甲午	수	15	甲子	토	16	乙未	월	17	乙丑
5	수	12	癸巳	토	14	甲子	화	15	乙未	목	16	乙丑	일	17	丙申	화	18	丙寅
6	목	13	甲午	일	15	乙丑	수	16	丙申	금	17	丙寅	월	18	丁酉	수	19	丁卯
7	금	14	乙未	월	16	丙寅	목	17	丁酉	토	18	丁卯	화	19	戊戌	목	20	戊辰
8	토	15	丙申	화	17	丁卯	금	18	戊戌	일	19	戊辰	수	20	己亥	금	21	己巳
9	일	16	丁酉	수	18	戊辰	토	19	己亥	월	20	己巳	목	21	庚子	토	22	庚午
10	월	17	戊戌	목	19	己巳	일	20	庚子	화	21	庚午	금	22	辛丑	일	23	辛未
11	화	18	己亥	금	20	庚午	월	21	辛丑	수	22	辛未	토	23	壬寅	월	24	壬申
12	수	19	庚子	토	21	辛未	화	22	壬寅	목	23	壬申	일	24	癸卯	화	25	癸酉
13	목	20	辛丑	일	22	壬申	수	23	癸卯	금	24	癸酉	월	25	甲辰	수	26	甲戌
14	금	21	壬寅	월	23	癸酉	목	24	甲辰	토	25	甲戌	화	26	乙巳	목	27	乙亥
15	토	22	癸卯	화	24	甲戌	금	25	乙巳	일	26	乙亥	수	27	丙午	금	28	丙子
16	일	23	甲辰	수	25	乙亥	토	26	丙午	월	27	丙子	목	28	丁未	토	29	丁丑
17	월	24	乙巳	목	26	丙子	일	27	丁未	화	28	丁丑	금	29	戊申	일	30	戊寅
18	화	25	丙午	금	27	丁丑	월	28	戊申	수	29	戊寅	토	10월	己酉	월	11월	己卯
19	수	26	丁未	토	28	戊寅	화	29	己酉	목	30	己卯	일	2	庚戌	화	2	庚辰
20	목	27	戊申	일	29	己卯	수	8월	庚戌	금	9월	庚辰	월	3	辛亥	수	3	辛巳
21	금	28	己酉	월	30	庚辰	목	2	辛亥	토	2	辛巳	화	4	壬子	목	4	壬午
22	토	29	庚戌	화	7월	辛巳	금	3	壬子	일	3	壬午	수	5	癸丑	금	5	癸未
23	일	6월	辛亥	수	2	壬午	토	4	癸丑	월	4	癸未	목	6	甲寅	토	6	甲申
24	월	2	壬子	목	3	癸未	일	5	甲寅	화	5	甲申	금	7	乙卯	일	7	乙酉
25	화	3	癸丑	금	4	甲申	월	6	乙卯	수	6	乙酉	토	8	丙辰	월	8	丙戌
26	수	4	甲寅	토	5	乙酉	화	7	丙辰	목	7	丙戌	일	9	丁巳	화	9	丁亥
27	목	5	乙卯	일	6	丙戌	수	8	丁巳	금	8	丁亥	월	10	戊午	수	10	戊子
28	금	6	丙辰	월	7	丁亥	목	9	戊午	토	9	戊子	화	11	己未	목	11	己丑
29	토	7	丁巳	화	8	戊子	금	10	己未	일	10	己丑	수	12	庚申	금	12	庚寅
30	일	8	戊午	수	9	己丑	토	11	庚申	월	11	庚寅	목	13	辛酉	토	13	辛卯
31	월	9	己未	목	10	庚寅				화	12	辛卯				일	14	壬辰

서기 2018년 무술戊戌

월(양력)	1월			2월			3월			4월			5월			6월		
월간지	癸丑			甲寅			乙卯			丙辰			丁巳			戊午		
절기시작	소한小寒 5일 18:48 대한大寒 20일 12:08			입춘立春 4일 06:28 우수雨水 19일 02:17			경칩驚蟄 6일 00:27 춘분春分 21일 01:14			청명淸明 5일 05:12 곡우穀雨 20일 12:12			입하立夏 5일 22:24 소만小滿 21일 11:14			망종亡種 6일 02:28 하지夏至 21일 19:06		
양력	요일	음력	일진	요일	음력	일진	요일	음력	일진	요일	음력	일진	요일	음력	일진	요일	음력	일진
1	월	15	癸巳	목	16	甲子	목	14	壬辰	일	16	癸亥	화	16	癸巳	금	18	甲子
2	화	16	甲午	금	17	乙丑	금	15	癸巳	월	17	甲子	수	17	甲午	토	19	乙丑
3	수	17	乙未	토	18	丙寅	토	16	甲午	화	18	乙丑	목	18	乙未	일	20	丙寅
4	목	18	丙申	일	19	丁卯	일	17	乙未	수	19	丙寅	금	19	丙申	월	21	丁卯
5	금	19	丁酉	월	20	戊辰	월	18	丙申	목	20	丁卯	토	20	丁酉	화	22	戊辰
6	토	20	戊戌	화	21	己巳	화	19	丁酉	금	21	戊辰	일	21	戊戌	수	23	己巳
7	일	21	己亥	수	22	庚午	수	20	戊戌	토	22	己巳	월	22	己亥	목	24	庚午
8	월	22	庚子	목	23	辛未	목	21	己亥	일	23	庚午	화	23	庚子	금	25	辛未
9	화	23	辛丑	금	24	壬申	금	22	庚子	월	24	辛未	수	24	辛丑	토	26	壬申
10	수	24	壬寅	토	25	癸酉	토	23	辛丑	화	25	壬申	목	25	壬寅	일	27	癸酉
11	목	25	癸卯	일	26	甲戌	일	24	壬寅	수	26	癸酉	금	26	癸卯	월	28	甲戌
12	금	26	甲辰	월	27	乙亥	월	25	癸卯	목	27	甲戌	토	27	甲辰	화	29	乙亥
13	토	27	乙巳	화	28	丙子	화	26	甲辰	금	28	乙亥	일	28	乙巳	수	30	丙子
14	일	28	丙午	수	29	丁丑	수	27	乙巳	토	29	丙子	월	29	丙午	5월	1	丁丑
15	월	29	丁未	목	30	戊寅	목	28	丙午	일	30	丁丑	4월	1	丁未	금	2	戊寅
16	화	30	戊申	1월	1	己卯	금	29	丁未	3월	1	戊寅	수	2	戊申	토	3	己卯
17	12월	1	己酉	토	2	庚辰	2월	1	戊申	화	2	己卯	목	3	己酉	일	4	庚辰
18	목	2	庚戌	일	3	辛巳	일	2	己酉	수	3	庚辰	금	4	庚戌	월	5	辛巳
19	금	3	辛亥	월	4	壬午	월	3	庚戌	목	4	辛巳	토	5	辛亥	화	6	壬午
20	토	4	壬子	화	5	癸未	화	4	辛亥	금	5	壬午	일	6	壬子	수	7	癸未
21	일	5	癸丑	수	6	甲申	수	5	壬子	토	6	癸未	월	7	癸丑	목	8	甲申
22	월	6	甲寅	목	7	乙酉	목	6	癸丑	일	7	甲申	화	8	甲寅	금	9	乙酉
23	화	7	乙卯	금	8	丙戌	금	7	甲寅	월	8	乙酉	수	9	乙卯	토	10	丙戌
24	수	8	丙辰	토	9	丁亥	토	8	乙卯	화	9	丙戌	목	10	丙辰	일	11	丁亥
25	목	9	丁巳	일	10	戊子	일	9	丙辰	수	10	丁亥	금	11	丁巳	월	12	戊子
26	금	10	戊午	월	11	己丑	월	10	丁巳	목	11	戊子	토	12	戊午	화	13	己丑
27	토	11	己未	화	12	庚寅	화	11	戊午	금	12	己丑	일	13	己未	수	14	庚寅
28	일	12	庚申	수	13	辛卯	수	12	己未	토	13	庚寅	월	14	庚申	목	15	辛卯
29	월	13	辛酉				목	13	庚申	일	14	辛卯	화	15	辛酉	금	16	壬辰
30	화	14	壬戌				금	14	辛酉	월	15	壬辰	수	16	壬戌	토	17	癸巳
31	수	15	癸亥				토	15	壬戌				목	17	癸亥			

단기 4351년

월(양력)	7월			8월			9월			10월			11월			12월		
월간지	己未			庚申			辛酉			壬戌			癸亥			甲子		
절기시작	소서小暑 7일 12:41			입추立秋 7일 22:30			백로白露 8일 01:29			한로寒露 8일 17:14			입동立冬 7일 20:31			대설大雪 7일 13:25		
	대서大暑 23일 05:59			처서處暑 23일 13:08			추분秋分 23일 10:53			상강霜降 23일 20:21			소설小雪 22일 18:01			동지冬至 22일 07:22		
양력	요일	음력	일진	요일	음력	일진	요일	음력	일진	요일	음력	일진	요일	음력	일진	요일	음력	일진
1	일	18	甲午	수	20	乙丑	토	22	丙申	월	22	丙寅	목	24	丁酉	토	24	丁卯
2	월	19	乙未	목	21	丙寅	일	23	丁酉	화	23	丁卯	금	25	戊戌	일	25	戊辰
3	화	20	丙申	금	22	丁卯	월	24	戊戌	수	24	戊辰	토	26	己亥	월	26	己巳
4	수	21	丁酉	토	23	戊辰	화	25	己亥	목	25	己巳	일	27	庚子	화	27	庚午
5	목	22	戊戌	일	24	己巳	수	26	庚子	금	26	庚午	월	28	辛丑	수	28	辛未
6	금	23	己亥	월	25	庚午	목	27	辛丑	토	27	辛未	화	29	壬寅	목	29	壬申
7	토	24	庚子	화	26	辛未	금	28	壬寅	일	28	壬申	수	30	癸卯	금	11월	癸酉
8	일	25	辛丑	수	27	壬申	토	29	癸卯	월	29	癸酉	목	10월	甲辰	토	2	甲戌
9	월	26	壬寅	목	28	癸酉	일	30	甲辰	화	9월	甲戌	금	2	乙巳	일	3	乙亥
10	화	27	癸卯	금	29	甲戌	월	8월	乙巳	수	2	乙亥	토	3	丙午	월	4	丙子
11	수	28	甲辰	토	7월	乙亥	화	2	丙午	목	3	丙子	일	4	丁未	화	5	丁丑
12	목	29	乙巳	일	2	丙子	수	3	丁未	금	4	丁丑	월	5	戊申	수	6	戊寅
13	금	6월	丙午	월	3	丁丑	목	4	戊申	토	5	戊寅	화	6	己酉	목	7	己卯
14	토	2	丁未	화	4	戊寅	금	5	己酉	일	6	己卯	수	7	庚戌	금	8	庚辰
15	일	3	戊申	수	5	己卯	토	6	庚戌	월	7	庚辰	목	8	辛亥	토	9	辛巳
16	월	4	己酉	목	6	庚辰	일	7	辛亥	화	8	辛巳	금	9	壬子	일	10	壬午
17	화	5	庚戌	금	7	辛巳	월	8	壬子	수	9	壬午	토	10	癸丑	월	11	癸未
18	수	6	辛亥	토	8	壬午	화	9	癸丑	목	10	癸未	일	11	甲寅	화	12	甲申
19	목	7	壬子	일	9	癸未	수	10	甲寅	금	11	甲申	월	12	乙卯	수	13	乙酉
20	금	8	癸丑	월	10	甲申	목	11	乙卯	토	12	乙酉	화	13	丙辰	목	14	丙戌
21	토	9	甲寅	화	11	乙酉	금	12	丙辰	일	13	丙戌	수	14	丁巳	금	15	丁亥
22	일	10	乙卯	수	12	丙戌	토	13	丁巳	월	14	丁亥	목	15	戊午	토	16	戊子
23	월	11	丙辰	목	13	丁亥	일	14	戊午	화	15	戊子	금	16	己未	일	17	己丑
24	화	12	丁巳	금	14	戊子	월	15	己未	수	16	己丑	토	17	庚申	월	18	庚寅
25	수	13	戊午	토	15	己丑	화	16	庚申	목	17	庚寅	일	18	辛酉	화	19	辛卯
26	목	14	己未	일	16	庚寅	수	17	辛酉	금	18	辛卯	월	19	壬戌	수	20	壬辰
27	금	15	庚申	월	17	辛卯	목	18	壬戌	토	19	壬辰	화	20	癸亥	목	21	癸巳
28	토	16	辛酉	화	18	壬辰	금	19	癸亥	일	20	癸巳	수	21	甲子	금	22	甲午
29	일	17	壬戌	수	19	癸巳	토	20	甲子	월	21	甲午	목	22	乙丑	토	23	乙未
30	월	18	癸亥	목	20	甲午	일	21	乙丑	화	22	乙未	금	23	丙寅	일	24	丙申
31	화	19	甲子	금	21	乙未				수	23	丙申				월	25	丁酉

서기 2019년 기해己亥

월(양력)	1월			2월			3월			4월			5월			6월		
월간지	乙丑			丙寅			丁卯			戊辰			己巳			庚午		
절기시작	소한小寒 6일 00:38			입춘立春 4일 12:13			경칩驚蟄 6일 06:09			청명淸明 5일 10:50			입하立夏 6일 04:02			망종芒種 6일 08:05		
	대한大寒 20일 17:59			우수雨水 19일 08:03			춘분春分 21일 06:57			곡우穀雨 20일 17:54			소만小滿 21일 16:58			하지夏至 22일 00:53		
양력	요일	음력	일진	요일	음력	일진	요일	음력	일진	요일	음력	일진	요일	음력	일진	요일	음력	일진
1	화	26	戊戌	금	27	己巳	금	25	丁酉	월	26	戊辰	수	27	戊戌	토	28	己巳
2	수	27	己亥	토	28	庚午	토	26	戊戌	화	27	己巳	목	28	己亥	일	29	庚午
3	목	28	庚子	일	29	辛未	일	27	己亥	수	28	庚午	금	29	庚子	5월	辛未
4	금	29	辛丑	월	30	壬申	월	28	庚子	목	29	辛未	토	30	辛丑	화	2	壬申
5	토	30	壬寅	1월	癸酉	화	29	辛丑	3월	壬申	4월	壬寅	수	3	癸酉
6	12월	癸卯	수	2	甲戌	수	30	壬寅	토	2	癸酉	월	2	癸卯	목	4	甲戌
7	월	2	甲辰	목	3	乙亥	2월	癸卯	일	3	甲戌	화	3	甲辰	금	5	乙亥
8	화	3	乙巳	금	4	丙子	금	2	甲辰	월	4	乙亥	수	4	乙巳	토	6	丙子
9	수	4	丙午	토	5	丁丑	토	3	乙巳	화	5	丙子	목	5	丙午	일	7	丁丑
10	목	5	丁未	일	6	戊寅	일	4	丙午	수	6	丁丑	금	6	丁未	월	8	戊寅
11	금	6	戊申	월	7	己卯	월	5	丁未	목	7	戊寅	토	7	戊申	화	9	己卯
12	토	7	己酉	화	8	庚辰	화	6	戊申	금	8	己卯	일	8	己酉	수	10	庚辰
13	일	8	庚戌	수	9	辛巳	수	7	己酉	토	9	庚辰	월	9	庚戌	목	11	辛巳
14	월	9	辛亥	목	10	壬午	목	8	庚戌	일	10	辛巳	화	10	辛亥	금	12	壬午
15	화	10	壬子	금	11	癸未	금	9	辛亥	월	11	壬午	수	11	壬子	토	13	癸未
16	수	11	癸丑	토	12	甲申	토	10	壬子	화	12	癸未	목	12	癸丑	일	14	甲申
17	목	12	甲寅	일	13	乙酉	일	11	癸丑	수	13	甲申	금	13	甲寅	월	15	乙酉
18	금	13	乙卯	월	14	丙戌	월	12	甲寅	목	14	乙酉	토	14	乙卯	화	16	丙戌
19	토	14	丙辰	화	15	丁亥	화	13	乙卯	금	15	丙戌	일	15	丙辰	수	17	丁亥
20	일	15	丁巳	수	16	戊子	수	14	丙辰	토	16	丁亥	월	16	丁巳	목	18	戊子
21	월	16	戊午	목	17	己丑	목	15	丁巳	일	17	戊子	화	17	戊午	금	19	己丑
22	화	17	己未	금	18	庚寅	금	16	戊午	월	18	己丑	수	18	己未	토	20	庚寅
23	수	18	庚申	토	19	辛卯	토	17	己未	화	19	庚寅	목	19	庚申	일	21	辛卯
24	목	19	辛酉	일	20	壬辰	일	18	庚申	수	20	辛卯	금	20	辛酉	월	22	壬辰
25	금	20	壬戌	월	21	癸巳	월	19	辛酉	목	21	壬辰	토	21	壬戌	화	23	癸巳
26	토	21	癸亥	화	22	甲午	화	20	壬戌	금	22	癸巳	일	22	癸亥	수	24	甲午
27	일	22	甲子	수	23	乙未	수	21	癸亥	토	23	甲午	월	23	甲子	목	25	乙未
28	월	23	乙丑	목	24	丙申	목	22	甲子	일	24	乙未	화	24	乙丑	금	26	丙申
29	화	24	丙寅				금	23	乙丑	월	25	丙申	수	25	丙寅	토	27	丁酉
30	수	25	丁卯				토	24	丙寅	화	26	丁酉	목	26	丁卯	일	28	戊戌
31	목	26	戊辰				일	25	丁卯				금	27	戊辰			

단기 4352년

월(양력)	7월			8월			9월			10월			11월			12월		
월간지	辛未			壬申			癸酉			甲戌			乙亥			丙子		
절기시작	소서小暑 7일 18:20			입추立秋 8일 04:12			백로白露 8일 07:16			한로寒露 8일 23:05			입동立冬 8일 02:23			대설大雪 7일 19:17		
	대서大暑 23일 11:49			처서處暑 23일 19:01			추분秋分 23일 16:49			상강霜降 24일 02:19			소설小雪 22일 23:58			동지冬至 22일 13:18		
양력	요일	음력	일진	요일	음력	일진	요일	음력	일진	요일	음력	일진	요일	음력	일진	요일	음력	일진
1	월	29	己亥	7월		庚午	일	3	辛丑	화	3	辛未	금	5	壬寅	일	5	壬申
2	화	30	庚子	금	2	辛未	월	4	壬寅	수	4	壬申	토	6	癸卯	월	6	癸酉
3	수	6월	辛丑	토	3	壬申	화	5	癸卯	목	5	癸酉	일	7	甲辰	화	7	甲戌
4	목	2	壬寅	일	4	癸酉	수	6	甲辰	금	6	甲戌	월	8	乙巳	수	8	乙亥
5	금	3	癸卯	월	5	甲戌	목	7	乙巳	토	7	乙亥	화	9	丙午	목	9	丙子
6	토	4	甲辰	화	6	乙亥	금	8	丙午	일	8	丙子	수	10	丁未	금	10	丁丑
7	일	5	乙巳	수	7	丙子	토	9	丁未	월	9	丁丑	목	11	戊申	토	11	戊寅
8	월	6	丙午	목	8	丁丑	일	10	戊申	화	10	戊寅	금	12	己酉	일	12	己卯
9	화	7	丁未	금	9	戊寅	월	11	己酉	수	11	己卯	토	13	庚戌	월	13	庚辰
10	수	8	戊申	토	10	己卯	화	12	庚戌	목	12	庚辰	일	14	辛亥	화	14	辛巳
11	목	9	己酉	일	11	庚辰	수	13	辛亥	금	13	辛巳	월	15	壬子	수	15	壬午
12	금	10	庚戌	월	12	辛巳	목	14	壬子	토	14	壬午	화	16	癸丑	목	16	癸未
13	토	11	辛亥	화	13	壬午	금	15	癸丑	일	15	癸未	수	17	甲寅	금	17	甲申
14	일	12	壬子	수	14	癸未	토	16	甲寅	월	16	甲申	목	18	乙卯	토	18	乙酉
15	월	13	癸丑	목	15	甲申	일	17	乙卯	화	17	乙酉	금	19	丙辰	일	19	丙戌
16	화	14	甲寅	금	16	乙酉	월	18	丙辰	수	18	丙戌	토	20	丁巳	월	20	丁亥
17	수	15	乙卯	토	17	丙戌	화	19	丁巳	목	19	丁亥	일	21	戊午	화	21	戊子
18	목	16	丙辰	일	18	丁亥	수	20	戊午	금	20	戊子	월	22	己未	수	22	己丑
19	금	17	丁巳	월	19	戊子	목	21	己未	토	21	己丑	화	23	庚申	목	23	庚寅
20	토	18	戊午	화	20	己丑	금	22	庚申	일	22	庚寅	수	24	辛酉	금	24	辛卯
21	일	19	己未	수	21	庚寅	토	23	辛酉	월	23	辛卯	목	25	壬戌	토	25	壬辰
22	월	20	庚申	목	22	辛卯	일	24	壬戌	화	24	壬辰	금	26	癸亥	일	26	癸巳
23	화	21	辛酉	금	23	壬辰	월	25	癸亥	수	25	癸巳	토	27	甲子	월	27	甲午
24	수	22	壬戌	토	24	癸巳	화	26	甲子	목	26	甲午	일	28	乙丑	화	28	乙未
25	목	23	癸亥	일	25	甲午	수	27	乙丑	금	27	乙未	월	29	丙寅	수	29	丙申
26	금	24	甲子	월	26	乙未	목	28	丙寅	토	28	丙申	화	30	丁卯	12월		丁酉
27	토	25	乙丑	화	27	丙申	금	29	丁卯	일	29	丁酉	11월		戊辰	금	2	戊戌
28	일	26	丙寅	수	28	丁酉	토	30	戊辰	10월		戊戌	목	2	己巳	토	3	己亥
29	월	27	丁卯	목	29	戊戌	9월		己巳	화	2	己亥	금	3	庚午	일	4	庚子
30	화	28	戊辰	8월		己亥	월	2	庚午	수	3	庚子	토	4	辛未	월	5	辛丑
31	수	29	己巳	토	2	庚子				목	4	辛丑				화	6	壬寅

서기 2020년 **경자更子**

월(양력)	1월			2월			3월			4월			5월			6월		
월간지	丁丑			戊寅			己卯			庚辰			辛巳			壬午		
절기시작	소한小寒 6일 06:29			입춘立春 4일 18:02			경칩驚蟄 5일 11:56			청명清明 4일 16:37			입하立夏 5일 09:50			망종亡種 5일 13:57		
	대한大寒 20일 23:54			우수雨水 19일 13:56			춘분春分 20일 12:49			곡우穀雨 19일 23:44			소만小滿 20일 22:48			하지夏至 21일 06:43		
양력	요일	음력	일진	요일	음력	일진	요일	음력	일진	요일	음력	일진	요일	음력	일진	요일	음력	일진
1	수	7	癸卯	토	8	甲戌	일	7	癸卯	수	9	甲戌	금	9	甲辰	월	10	乙亥
2	목	8	甲辰	일	9	乙亥	월	8	甲辰	목	10	乙亥	토	10	乙巳	화	11	丙子
3	금	9	乙巳	월	10	丙子	화	9	乙巳	금	11	丙子	일	11	丙午	수	12	丁丑
4	토	10	丙午	화	11	丁丑	수	10	丙午	토	12	丁丑	월	12	丁未	목	13	戊寅
5	일	11	丁未	수	12	戊寅	목	11	丁未	일	13	戊寅	화	13	戊申	금	14	己卯
6	월	12	戊申	목	13	己卯	금	12	戊申	월	14	己卯	수	14	己酉	토	15	庚辰
7	화	13	己酉	금	14	庚辰	토	13	己酉	화	15	庚辰	목	15	庚戌	일	16	辛巳
8	수	14	庚戌	토	15	辛巳	일	14	庚戌	수	16	辛巳	금	16	辛亥	월	17	壬午
9	목	15	辛亥	일	16	壬午	월	15	辛亥	목	17	壬午	토	17	壬子	화	18	癸未
10	금	16	壬子	월	17	癸未	화	16	壬子	금	18	癸未	일	18	癸丑	수	19	甲申
11	토	17	癸丑	화	18	甲申	수	17	癸丑	토	19	甲申	월	19	甲寅	목	20	乙酉
12	일	18	甲寅	수	19	乙酉	목	18	甲寅	일	20	乙酉	화	20	乙卯	금	21	丙戌
13	월	19	乙卯	목	20	丙戌	금	19	乙卯	월	21	丙戌	수	21	丙辰	토	22	丁亥
14	화	20	丙辰	금	21	丁亥	토	20	丙辰	화	22	丁亥	목	22	丁巳	일	23	戊子
15	수	21	丁巳	토	22	戊子	일	21	丁巳	수	23	戊子	금	23	戊午	월	24	己丑
16	목	22	戊午	일	23	己丑	월	22	戊午	목	24	己丑	토	24	己未	화	25	庚寅
17	금	23	己未	월	24	庚寅	화	23	己未	금	25	庚寅	일	25	庚申	수	26	辛卯
18	토	24	庚申	화	25	辛卯	수	24	庚申	토	26	辛卯	월	26	辛酉	목	27	壬辰
19	일	25	辛酉	수	26	壬辰	목	25	辛酉	일	27	壬辰	화	27	壬戌	금	28	癸巳
20	월	26	壬戌	목	27	癸巳	금	26	壬戌	월	28	癸巳	수	28	癸亥	토	29	甲午
21	화	27	癸亥	금	28	甲午	토	27	癸亥	화	29	甲午	목	29	甲子	5월		乙未
22	수	28	甲子	토	29	乙未	일	28	甲子	수	30	乙未	금	30	乙丑	월	2	丙申
23	목	29	乙丑	일	30	丙申	월	29	乙丑	4월		丙申	윤4월		丙寅	화	3	丁酉
24	금	30	丙寅	2월		丁酉	3월		丙寅	금	2	丁酉	일	2	丁卯	수	4	戊戌
25	1월		丁卯	화	2	戊戌	수	2	丁卯	토	3	戊戌	월	3	戊辰	목	5	己亥
26	일	2	戊辰	수	3	己亥	목	3	戊辰	일	4	己亥	화	4	己巳	금	6	庚子
27	월	3	己巳	목	4	更子	금	4	己巳	월	5	更子	수	5	庚午	토	7	辛丑
28	화	4	庚午	금	5	辛丑	토	5	庚午	화	6	辛丑	목	6	辛未	일	8	壬寅
29	수	5	辛未	토	6	壬寅	일	6	辛未	수	7	壬寅	금	7	壬申	월	9	癸卯
30	목	6	壬申				월	7	壬申	목	8	癸卯	토	8	癸酉	화	10	甲辰
31	금	7	癸酉				화	8	癸酉				일	9	甲戌			

단기 4353년

월(양력)	7월			8월			9월			10월			11월			12월		
월간지	癸未			甲申			乙酉			丙戌			丁亥			戊子		
절기시작	소서小暑 7일 00:13			입추立秋 7일 10:05			백로白露 7일 13:07			한로寒露 8일 04:54			입동立冬 7일 08:13			대설大雪 7일 01:08		
	대서大暑 22일 17:36			처서處暑 23일 00:44			추분秋分 22일 22:30			상강霜降 23일 07:59			소설小雪 22일 05:39			동지冬至 21일 19:01		
양력	요일	음력	일진	요일	음력	일진	요일	음력	일진	요일	음력	일진	요일	음력	일진	요일	음력	일진
1	수	11	乙巳	토	12	丙子	화	14	丁未	목	15	丁丑	일	16	戊申	화	17	戊寅
2	목	12	丙午	일	13	丁丑	수	15	戊申	금	16	戊寅	월	17	己酉	수	18	己卯
3	금	13	丁未	월	14	戊寅	목	16	己酉	토	17	己卯	화	18	庚戌	목	19	庚辰
4	토	14	戊申	화	15	己卯	금	17	庚戌	일	18	庚辰	수	19	辛亥	금	20	辛巳
5	일	15	己酉	수	16	庚辰	토	18	辛亥	월	19	辛巳	목	20	壬子	토	21	壬午
6	월	16	庚戌	목	17	辛巳	일	19	壬子	화	20	壬午	금	21	癸丑	일	22	癸未
7	화	17	辛亥	금	18	壬午	월	20	癸丑	수	21	癸未	토	22	甲寅	월	23	甲申
8	수	18	壬子	토	19	癸未	화	21	甲寅	목	22	甲申	일	23	乙卯	화	24	乙酉
9	목	19	癸丑	일	20	甲申	수	22	乙卯	금	23	乙酉	월	24	丙辰	수	25	丙戌
10	금	20	甲寅	월	21	乙酉	목	23	丙辰	토	24	丙戌	화	25	丁巳	목	26	丁亥
11	토	21	乙卯	화	22	丙戌	금	24	丁巳	일	25	丁亥	수	26	戊午	금	27	戊子
12	일	22	丙辰	수	23	丁亥	토	25	戊午	월	26	戊子	목	27	己未	토	28	己丑
13	월	23	丁巳	목	24	戊子	일	26	己未	화	27	己丑	금	28	庚申	일	29	庚寅
14	화	24	戊午	금	25	己丑	월	27	庚申	수	28	庚寅	토	29	辛酉	월	30	辛卯
15	수	25	己未	토	26	庚寅	화	28	辛酉	목	29	辛卯	일	10月	壬戌	화	11月	壬辰
16	목	26	庚申	일	27	辛卯	수	29	壬戌	금	30	壬辰	월	2	癸亥	수	2	癸巳
17	금	27	辛酉	월	28	壬辰	목	8月	癸亥	토	9月	癸巳	화	3	甲子	목	3	甲午
18	토	28	壬戌	화	29	癸巳	금	2	甲子	일	2	甲午	수	4	乙丑	금	4	乙未
19	일	29	癸亥	수	7月	甲午	토	3	乙丑	월	3	乙未	목	5	丙寅	토	5	丙申
20	월	30	甲子	목	2	乙未	일	4	丙寅	화	4	丙申	금	6	丁卯	일	6	丁酉
21	화	6月	乙丑	금	3	丙申	월	5	丁卯	수	5	丁酉	토	7	戊辰	월	7	戊戌
22	수	2	丙寅	토	4	丁酉	화	6	戊辰	목	6	戊戌	일	8	己巳	화	8	己亥
23	목	3	丁卯	일	5	戊戌	수	7	己巳	금	7	己亥	월	9	庚午	수	9	庚子
24	금	4	戊辰	월	6	己亥	목	8	庚午	토	8	庚子	화	10	辛未	목	10	辛丑
25	토	5	己巳	화	7	庚子	금	9	辛未	일	9	辛丑	수	11	壬申	금	11	壬寅
26	일	6	庚午	수	8	辛丑	토	10	壬申	월	10	壬寅	목	12	癸酉	토	12	癸卯
27	월	7	辛未	목	9	壬寅	일	11	癸酉	화	11	癸卯	금	13	甲戌	일	13	甲辰
28	화	8	壬申	금	10	癸卯	월	12	甲戌	수	12	甲辰	토	14	乙亥	월	14	乙巳
29	수	9	癸酉	토	11	甲辰	화	13	乙亥	목	13	乙巳	일	15	丙子	화	15	丙午
30	목	10	甲戌	일	12	乙巳	수	14	丙子	금	14	丙午	월	16	丁丑	수	16	丁未
31	금	11	乙亥	월	13	丙午				토	15	丁未				목	17	戊申

운이 좋아지는 사주 공부

2014년 1월 6일 초판 1쇄 발행

지은이 | 엄나연
펴낸이 | 노경인

펴낸곳 | 스위치북
주소 | 우)120-842 서울시 영등포구 양평동 2가 37-1 동아프라임밸리 1202-1호
전화 | (02)336-2776   팩스 | 0505-115-0525
전자우편 | switchbook@naver.com

ⓒ 엄나연

* 스위치북은 도서출판 앨피의 실용서적 전문 브랜드입니다.

ISBN 978-89-92151-54-2